北京纸币
八百年·上卷

北京燕山出版社

北京市钱币学会纸币专题小组

《北京纸币八百年》编委会

主任：姜再勇
副主任：李杰
委员：(按姓氏笔画)
　　　王培伍　石长有　刘文和
　　　孙彬　闫淑珍　李志东　顾莹
主编：李志东
副主编：石长有　刘文和　孙彬

目录

序　　　　　　　　　Ⅰ

前言　　　　　　　　Ⅰ

第一编　金、元、明代北京纸币

一　金代北京纸币　　　001
（一）定都北京　　　003
（二）纸币的发行　　　003
（三）北京路壹佰贯交钞版　　　003
（四）纸币回笼　　　004

二　元代北京代纸币　　　005
（一）元代的纸币制度　　　009
（二）中统元宝交钞　　　009
（三）至元通行宝钞　　　010
（四）元代纸币的崩溃　　　011

三　明代北京纸币　　　012
（一）大明宝钞的印造　　　037
（二）大明宝钞的发行　　　037
（三）大明宝钞的贬值　　　038

●059　第二编　清代北京纸币

●061　一　政府发行
●061　（一）顺治贯钞
●062　（二）五天、四乾、五宇、四广官钱号
●097　（三）户部官票、大清宝钞
●146　（四）大清户部银行
●155　（五）户部阜通四钱号
●158　（六）交通银行
●162　（七）大清银行

●175　二　商业银行
●175　（一）横滨正金银行
●178　（二）德华银行
●189　（三）中国通商银行
●195　（四）美国花旗银行
●199　（五）华商上海信成银行
●203　（六）北京和华银行
●206　（七）华俄道胜银行

●217　三　地方银行
●217　天津银号

●221　四　民间私营银钱号
●221　北京钱铺

序

戴志强

北京纸币八百年

序

目前所见到的，最早制有北京地名的古钞版，是金宣宗贞祐二年（1214年）的壹佰贯"贞祐宝券"。此钞版由当时的"北京路按察转运司"制造，并书明此钞可以在中都（即今北京）、南京（即今河南开封）、北京（即今内蒙古宁城）、上京（即今黑龙江阿城）、咸平府（即今辽宁开原）各地兑换通行。此钞发行至今，正好八百年，书名《北京纸币八百年》便因此而得。

金、元以降，北京多是历朝的首都，因为有这样的特殊地位，所以，北京的地方纸币，实际上也是中国纸币的一个缩影，是一部中国纸币史的概览。所以读通北京纸币八百年，对于了解、收集和研究中国纸币的重要性，自然就不言而喻了。

《北京纸币八百年》按历史沿革的顺序排列，金、元、明、清和民国纸币，分为上下卷。民国纸币中，又在国家银行、商业银行、地方银行的钞票之后，对军用票、日伪票、边区票和私票分别作了单独的阐述。此外，对库券、债券、储蓄券，以及股票、礼券、代价券等，和纸币文化有关的各种资料，也都收入附录，做了介绍。所以这部书的内容丰富，几乎涵盖了纸币文化的各个方面。同时，这部书的编纂，思路清晰，结构合理，不仅图文并茂，还特意制作了十几幅不同特色、不同重点的表格，诸如：元纸币统计表、清户部官票不同冠字表、大清宝钞不同冠字表、交通银行法币券、中国银行法币券不同版式介绍，以及河北省银行领用券暗记统计表、北京钱铺钱店统计表等等，取得了简捷明了，一目了然的效果，不仅便利读者查阅，而且符合收藏者、爱好者、研究者的心理需求，具有很好的实用价值。

从酝酿编辑北京地方纸币，到今天成书，已经历时18年，其中也包涵着老一代纸币学家徐枫先生和赵隆业先生的心血。今天《北京纸币八百年》正式出版，不禁又一次追忆起老一代钱币学家对于我们这项事业所做的贡献，我想此书的出版正是对他们的最好的缅怀和纪念。如果他们在天有灵，能够知道当今钱币界、纸币界后代辈出的大好形势，该会有多么高兴。

为此，我要衷心祝愿：我们的事业兴旺发达，人才辈出；对于纸币的集藏和保护，越来越完善；对于纸币的认识和理解越来越深入；让我国的纸币文化代代相传，不断发扬光大。

甲午初冬字于续斋

前言

北京纸币八百年

前言

编写本书的动因，还是在 18 年前，北京市钱币学会在 1996 年 3 月 22 日常务理事会上通过成立纸币专题小组，3 月 28 日召开了第一次小组会，参加者有徐枫、赵隆业、刘文和、石长有及学会秘书处程纪中、李志东，会上讨论制定了七项任务，其中第六项就是把编著《北京地区纸币图集》作为重点，这项任务由赵隆业老师负责。但不幸的是赵老师于 1997 年 4 月 21 日因病逝世，纸币小组失去了主心骨，编写北京地区纸币图集就此搁浅。总认为前辈徐枫老师健在，我们就不必操心编书的事，去年 7 月 24 日徐老师以 96 岁高寿驾鹤西去时，这才感到吾辈身负重任，为了完成老师弥留之际的委托，又恰逢 2014 年正是发现有北京地名并在北京地区"金中都"流通，"贞祐宝券"（贞祐二年，1214 年）的钞版 800 年。因此我们决心编写《北京纸币八百年》一书。

纸币起源于北宋的交子，至今已有 1000 多年。交子的流通仅限于四川地区，后来又流入了陕西，同时期还出现了小钞、钱引、会子、关子等纸币，也都流通于宋地。1127 年（金太宗天会五年）金军在灭亡北宋后，俘虏了徽宗、钦宗二帝，后妃，皇子，公主及宗室贵戚三千余人，将他们安置在燕京（今北京）。1149 年（天德元年）海陵王继位，金的统治区包括了从东北到华北、中原的半个中国，而首都却仍在会宁（哈尔滨东南），这明显地愈来愈不符合统治的需要了，于是 1151 年（天德三年）海陵王颁发《议迁都燕京诏》，经过三年时间的营造，宫城竣工，海陵王正式下诏迁都。改南京（原燕京）为中都，改析津府为大兴府。其他上京（会宁府）、东京（辽阳府）、西京（大同府）仍旧，另以汴京（开封府）为南京，中京（大定府）为北京，原来的上京宫殿、宅第被夷为耕地，所有宗室也都迁来中都（北京）。海陵王迁都不单是金朝发展史上标志了一个新阶段，而且在北京历史上也是一个意义重大的新纪元，从此北京就成为一代王朝的正式首都，一直沿行到元、明、清三代。

由于海陵王把统一制度、加强中央集权、统一江南作为统治目标，积极准备对南宋发动战争，使金政府财政军费开支巨增，本地铜矿较少，而宋、辽的旧铜钱不能满足逐渐繁荣的商品贸易需求，于是在迁都后一年（贞元二年，即 1154 年）铸金属货币之前，首先发行了纸币。目前所见金代北京最早纸币印版就是出土于内蒙古宁城县北京路壹佰贯交钞版，该版最早由法国人缪勒发表于法文《通报》第33卷。据称，此版由法籍天主教士雪夏昂得之于原金北京大定府旧址（今内蒙古宁城县）后转赠缪勒。该钞为北京路所造，可在中都（北京）、南京（汴京）、北京（宁城）、上京（黑龙江阿城）、咸平府（辽宁开原县）兑换。钞版上刻制贞祐二年（1214年）制。是目前可见北京最早的纸币流通实物证据，至今正好是八百年。

在以后的元、明、清几百年中，北京一直是首都，是当朝的政治、经济中心，政治经济活动都由本中心发布实施，所以元朝的交钞、明朝的宝钞、清朝的官票都围绕北京去运转。但到1894年甲午战争后，这种格局被打破了，由于战争失败割地赔款、准予驻军、设立租界，给予领事裁判权，开放通商口岸，控制海关贸易，控制交通工矿事业，设立银行、发行货币。当时在华的外商银行有65家，在各地的分支机构达226处。这些外籍银行主要业务就是坐收战争赔款和对华贷款。在近代史上资本主义国家对中国发动侵略战争，每当中国战败，就被迫签订国家赔款条款，如：1840年鸦片战争后签订的《南京条约》向英国赔款白银2100万两；1857年英法挑起第二次鸦片战争，签订《中英北京条约》《中法北京条约》，向英、法各赔款白银800万两；1894年中日甲午战争签订《马关条约》向日本赔款2.315亿两白银；1900年八国联军攻陷天津、北京后签订《辛丑条约》，中国向有关国家赔偿4.5亿两白银，规定39年还清，年息四厘，本息折合9.8亿白银，以海关税、常关税和盐税作抵押，以上这些赔款大部是由有关国家在华银行坐收，他们通过在华银行控制了中国的主要财政收入，4亿多中国人在自己的国土上给外国人打了半个世纪的工。

1897年（光绪二十三年）中国第一家商业银行——中国通商银行成立，1905年（光绪三十一年）成立了中国第一家国家银行——大清户部银行，以后成立了多家银行，外国银行一统天下的局面一去不复返了。北京纸币八百年也是中国纸币八百年的写照，是中国纸币的历史。

《北京纸币八百年》收入纸币从贞祐二年（1214年）北京路壹佰贯交钞版始，历元、明、清，至民国三十八年（1949年）终。发行机构和总行在北京的如：大清银行、中国银行等。总行不在北京，分行在北京，发行纸币有北京地名券，如：美国花旗银行、华商上海信成银行等商业银行。还有一种是北京周边省、市银行发行有北京地名券的纸币，也收入本书的有：河北银行、山西银行、河南银行等。有的总行在北京，但发行纸币未见有北京地名券，因此未收入本书，如：华富殖业银行、兴华银行、蔚丰商业银行、蒙藏银行等。本书下卷后边增加附录将与纸币相关的有价证券收入其中，如：库券、债券、储蓄券、股票、礼券、代价券、赠券、优待券等，并附录北京纸币八百年大事记、图片索引及参考书目。

编者

第一编

金、元、明代北京纸币

一 金代北京纸币

（一）定都北京

收国元年（1115年），女真族完颜阿骨打在东北地区建立了大金国。天会三年（1125年）金灭辽，次年，金军南下攻陷宋汴京（开封），掳徽、钦二帝，并占领了燕山府（今北京），命名为南京，天德元年（1149年）海陵王完颜亮即位，把统一制度、加强中央集权、统一江南作为统治目标，与南京成相持对峙局面，但都城远在会宁（今黑龙江阿城）与当时的形势要求不符合。天德三年（1151年）海陵王颁发《议迁都燕京诏》营造南京（今北京）宫城，作迁都准备，并派遣张浩等负责进京的修建工程。宫阙制度，完全模仿汴京（开封）。三年间，役使民夫达八十万，兵士四十万，从涿州到南京把夫匠排成一长列，用筐传递运送土石，繁重的劳作，加上盛暑天气，瘟疫流行，许多夫匠因而致死。宫殿皆以黄金五彩为饰，"一殿之成以亿万计"。穷奢极侈，使南京人见了也为之惊叹。

天德五年（1153年），宫城竣工，海陵王正式下诏迁都，改南京为中都，改析津府为大兴府，上京（会宁府）、东京（辽阳府）、西京（大同府）仍旧，另以汴京（开封府）为南京，中京（大定府）为北京。海陵王于是尽毁上京宫殿、宅第，并夷为耕地，所有宗室也都被迁来中都。

海陵王迁都不单在金朝的发展史上标志为一个新的阶段，而且在北京历史上也是一个新的阶段，而且在北京历史上也是一个意义重大的新纪元。从此，北京就成为一代王朝的正式首都，一直沿行到元、明、清三代。

（二）纸币的发行

海陵王迁都后，积极准备对宋发动战争继续实行女真人南迁政策，使金政府财政军费开支巨增，由于金统治区域铜矿较少，而宋、辽的旧钱已不能满足逐渐繁荣的商品贸易需要。于是迁都后一年（贞元二年，1154年）金在铸造铜金属货币之前首先发行了纸币交钞。交钞由时任户部尚书蔡松年主持，印造借鉴宋行纸币、行钞引法，印行交钞，与钱并行，以七年为限，纳旧易新。金占据有辽刻版中心燕京（今北京），又从开封掳掌握有雕印纸币技术百工伎艺千余人。而随着商品贸易的繁荣，受乏钱之困扰的原北宋商民，耳闻目睹北宋时使用纸币与茶盐引的便利，便乐意接受交钞，这些都为金印行纸币提供了不可缺少的条件和便利。

在金政权统治的120年中，纸币流通达80年，在流通中虽有币制和名称更替变化但一直没有间断过。金代纸币的发行可分为三个阶段，即自贞元二年（1154年）至大定二十九年（1189年）为第一个阶段，自大定二十九年（1189年）至贞祐三年（1215年）为第二阶段，自贞祐三年（1215年）至天兴三年（1234年）为第三阶段。第一二阶段的纸币仅交钞一种，第三阶段就比较复杂多变。金廷设置印造钞引库和交钞库负责印造发行，管理交钞的交钞库使为正七品。大定二十九年（1189年）前，交钞印有壹贯、贰贯、叁贯、伍贯、拾贯5等，谓之大钞。壹百文、贰百文、叁百文、伍百文、柒百文5等谓之小钞。贞祐二年（1214年）又造有贰拾贯至百贯、贰百贯至千贯面额的大钞。第三阶段的钞券就比较复杂，有贞祐三年（1215年）的贞祐宝券，兴定三年（1219年）的贞祐通宝，元光元年（1222年）的兴定宝泉，元光二年（1223年）的元光重宝、元光珍货，天兴二年（1233年）的天兴宝会。

（三）北京路壹佰贯交钞版

该钞版出土于内蒙古宁城城里，最早由法国人缪勒发表于法文《通报》刊物33卷。据缪勒称，此版由法籍天主教士雪夏昂得于原金北京大定府旧址（今宁城县境），后转赠缪勒。

钞面云鹤纹花栏外上方横书"壹佰贯"、右侧上部有"每纸工墨钱捌文足"、下部有"纳旧换新减半"字样。花栏内上部正中书"壹佰贯八十足陌"、右"字料"、左"字号"，两侧篆文为"伪造交钞处斩""赏钱伯贯文"。下部文字八行，为：

北京路按察转运司奉户符承

圣旨印造通行交钞内中都南京交钞库

北京上京咸平府省库倒换钱钞

攒司（押）库子（押）覆点勘讫都目（押）

伪造交钞处斩赏钱叁佰贯文

贞祐二年　月　日　印造钞库子（押）

印造钞官　（押）

尚书户部委差官　（押）

此钞面额壹百贯，是现存古钞中面额最大的一种。《金史·食货志》："至宣宗贞祐二年（1214年）二月，思有以重之，易更作二十贯至百贯例交钞……"此钞为北京路所造，并可于中都、南京、北京、上京（今黑龙江阿城）、咸平府（今辽宁开原县）兑换。

据《金史·宣宗纪》贞祐三年（1215年）春正月："北京军乱"杀宣抚使奥屯襄。叛军北去后降于成吉思汗。因此这种钞使用不到一年。目前此钞是所见有北京地名的最早的纸币钞版，至今正好800年。

注：虽说当时的北京路非现在的北京城，但该钞流通于金中都（北京）是无疑的。

（四）纸币回笼

金纸币的发行，初与宋有所不同，主要通过商旅持钱兑换而投放市场。大定二十九年（1189年）以后，由于铜钱不敷用，交钞也被用作官兵俸禄的形式流入市场，自此以后，交钞发行由以钱兑换变为通过市场，发放官、军俸及政府其他支付而流入市场，以致逐渐形成国家制度。章宗以后，纸币发行量逐渐增大流通受阻，政府才开始注重纸币回笼。采取的措施有以下几种：（1）用赋税收纳回笼纸币。规定国家所收赋税、许收银钞各半，但在税收纳回笼的纸币时，有以钞易钞，即以小钞易大钞的现象发生。（2）以有价证券回笼纸币。金纸币发行无固定准备金，纸币回笼不得不借助于他物，金实行榷盐制，沿袭宋之盐法，使用盐引，章宗时，以出卖盐引作为回笼纸币手段。曾规定以钞买盐引每贯作一贯一百文用。（3）用绢帛等物回笼纸币。用绢帛等物回笼纸币，始于承安三年（1198年），当时为了回笼纸币特设回易务，以绵绢物缎易银钞、回易务是经营官物买卖的机构，因此，其收纳好纸币，既有回笼部分，又有支出部分。（4）以钱、银回笼纸币。金纸币一直以钱、银为本位货币，流通中与钱、银并行，由于金一直缺铜、银，故在用银、钱回笼纸币时附加一些条件。金章宗时，纸币流通7年后，只是回收破旧币，发新币，不以钱回收，因而数量越发越多，形成了流通困难的局面。使交钞变为无限期流通货币，由于发行量失去控制，超过社会容纳量而导致通货膨胀产生了信用危机，大安三年（1211年），金与蒙古发生会河之战"金以八十四车"交钞为军赏。交钞之轻，至有交钞十贯不抵十文用者。贞祐三年（1215年）四月，河东宣抚使称交钞每贯仅有一钱，曾不及工墨之费。兴定元年（1217年）二月，行贞祐通宝，规定1贯当贞祐宝券千贯，把贞祐宝券币值贬降了近千倍，至兴定五年（1221年）末，原按规定4贯为银1两的贞祐通宝跌至800余贯才值银1两，银价上涨了200倍，元光二年（1223年），兴定宝泉，每贯当通宝400贯，政府规定最高不得超过300贯，如折合交钞或宝券，银价则上涨了6000万倍，即交钞、宝券流通至此时，贬值达600万倍，因此发行百贯、千贯大钞。以更易纸币名称、面值来掩盖通货膨胀，只是自欺欺人，一旦银价失控，纸币随之成一堆废纸，政权也就不稳固了，当然金灭亡的原因是复杂的，但政治腐败、军事失败、经济衰败，是其统治败亡的根本原因。

→ 001-1 /
北京路壹佰贯交钞版
《中国古钞图辑》

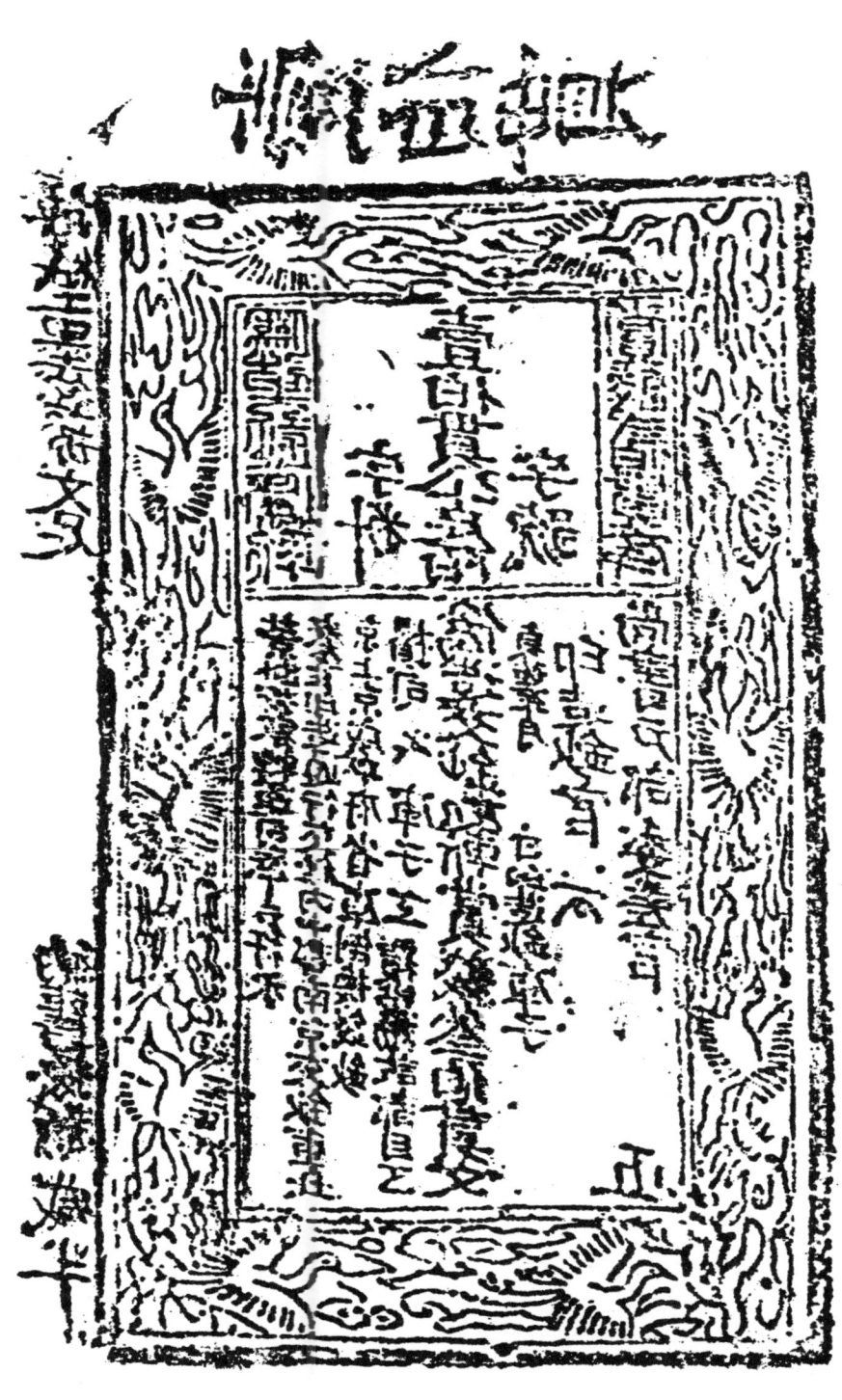

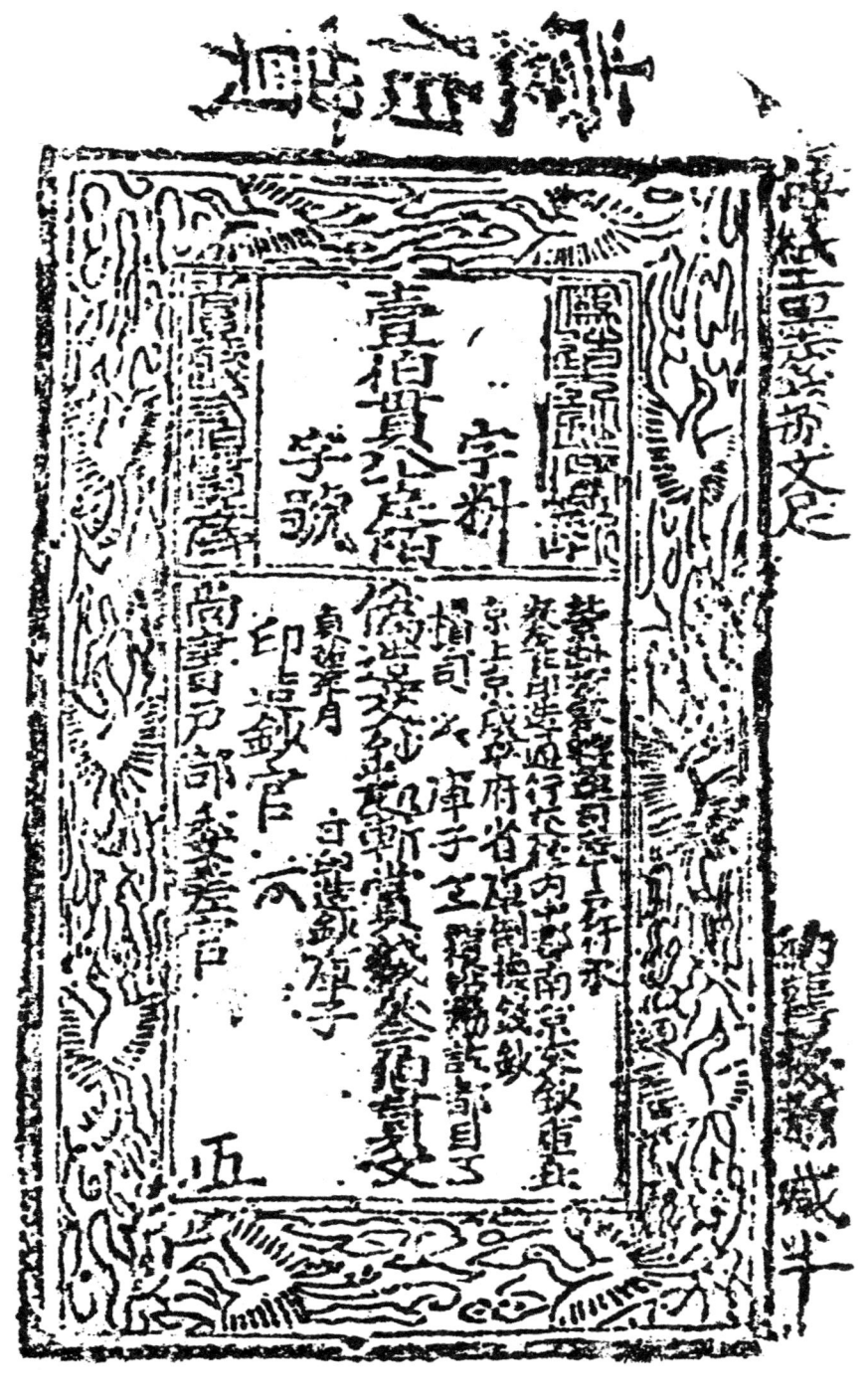

← 001-2 /
北京路壹佰贯交钞版（翻转图）
《中国古钞图辑》

二 元代北京纸币

（一）元代的纸币制度

1260年，元世祖忽必烈即位，改国号为大元，建年号为"中统"元年。从铁木真的四方征战到忽必烈建立元朝的半个世纪中，蒙古军不断对外扩张，发动战争，1234年灭金，1279年灭宋，建立起地跨欧亚的蒙古大帝国。忽必烈建立元朝时都城仍在开平（今内蒙古正蓝旗东）称上都，同时，他在燕京"修建宫室"，至元六年（1269年）把燕京改名为中都，府名仍为大兴，并作迁都准备，至元九年（1272年）二月改中都为大都，定为元朝的都城。

元朝的货币制度沿袭宋、金币制，主要流通行使纸币。元朝初年，仿照宋、金，以丝为本或以银为本，发行纸币。这些纸币限于各地发行，不能出境，三年换发一次，没有金属作保证。由于北京是大都，这些纸币在北京都有流通。

《元典章》二〇《户部》卷六《钞法》所载《世祖》，至元十九年（1282年）十月中书省奏准《整治钞法条画》原文如下：

倒换金银价例：课银每定入库价一百二两五钱，出库价钞一百三两；白银每两入库价钞一两九钱五分，出库价钞二两；花银每两入库价钞二两，出库价钞二两五分；赤金每两入库价钞一十四两八钱，出库价钞十五两。

一、钞库内倒换昏钞，每两取要工墨三分，不得习蹬多要工本。库官吏人等令人于街市暗递添答工墨，转行倒换，一十两以下决杖五十七下，一十两之上决杖七十七下，一定（锭）之上决杖一百七下，罢职，两相倒钞之人罪同，于犯人名下追钞五定（锭），给付捉事人充赏，专委管民官常切捉调。如不用心提调，治罪施行。

一、买卖金银，付官库依价回易倒换，如私下买卖，诸人告捉到官，金银价钞全行断没；于内一半付告捉人充赏，应捕人减半。一十两以下决杖五十七下，一十两以上决杖七十七下，一定（锭）以上决杖一百七下，于犯人名下更追钞两，给付捉事人充赏。

一、卖金银人自首告者免本罪，将金银官收给价。买主不首者价钞断没，更于犯人名下追钞一定，与告人捉人充赏。买主自首者依上施行。

一、金银匠人开铺打造开张生活之家，凭诸人将到金银打造于上錾记匠人姓名，不许自用金银打造发卖。若已有成造器皿，赴平准库货卖。如违，诸人告捉到官，依私倒金银例断罪给赏。

一、如拿获私下买卖金银等要讫钱物，放了，有人首告，依例追没给赏断罪，放了的人一般罪，本坊偶巡禁应捕启兵人等不用心捉拿，取招断罪。

一、收倒钞当面于昏钞上就使讫毁印封记，将昏钞每季解纳。如不使毁印者，决杖五十七下，罢职。

一、钞库官吏侵盗金银宝钞出库，借贷移易做买卖使用，见奉圣旨条画断罪，委本处管民长官兑管一月一次计点。如本处官吏通行作弊，与犯人同罪。

一、钞库官吏将倒下金银不行附历，却添价倒出，更将本库倒下金银，捏合买金银人姓名用钞换出，却暗地添价转卖与人，许诸人捉拿得获，不计多寡处死，将价钞给付捉事人充赏。

一、如诸人将金银到库，依殊色随即将倒，不得添减殊色，非理刁蹬。如违，决杖五十七下，罢职。

引自《北京金融史料·货币篇》，第203-204页。

（二）中统元宝交钞

元世祖忽必烈于中统五年（1264年）实行币制改革，发行"中统元宝交钞"，和"中统元宝宝钞"。发行权集中于政府。"中统元宝交钞"又称"丝钞"，是以丝为本位，以两为单位，丝钞2两值银1两。宝钞以文贯为单位，分10等计拾文、贰拾文、叁拾文、伍拾文、壹百文、贰百文、叁百文、伍百文、壹贯、贰贯，不限年月，诸路通用。赋税全可用交钞交纳，政府规定，钞1贯等于丝钞1两，宝钞2贯等于白银1两，以前发行各钞均用中统钞收回。中统钞初发行时以白银为保证，作为发行准备金，在政府设置的"钞本"、纸币可以兑换白银。并规定伪造宝钞者处死，首告者赏5锭（百贯）以犯人家产给之。元政府在各地设置"交钞库""平准库"管理货币发行，调节货币流通，稳定币值办理纸币的更换和兑现工作。平准库负责买卖金银，如果纸币流通过多则出卖金银，收回纸币，换钞工作是钞2贯换白银1两，钞15贯换赤金1两。金银由政府买卖，不准私相买卖。昏钞（旧烂钞）兑换新钞收费30文。换入的昏钞则由廉访司和行政官监督焚毁。但元朝纸币发行量越来越多，纸币又不能兑现，"钞本"形成虚设。中统元年（1260年）交钞发行量为73352锭（1贯为1两，50两为1锭），到了至元十三年（1276年）则达到1419665锭。在此情况下，忽必烈命令中书省整治钞法。至元十九年（1282年）中书省奏准"整治钞法"条画九条，对纸币制度实行新的改革。主要是：提高白银对宝钞比价，停止宝钞兑换白银，惩罚私相买卖金银和旧钞换新钞中的舞弊等。这些从法律上确定了交钞、宝钞为不兑现纸币。

（三）至元通行宝钞

至元二十四年（1287年）三月元世祖实行第二次币制改革，发行"至元通行宝钞"，新钞面额分11等，伍文、拾文、贰拾文、叁拾文、伍拾文、壹百文、贰百文、叁百文、伍百文、壹贯、贰贯。规定新钞和中统元宝钞并行流通。政府的岁赐，军饷等仍以中统钞为计算标准。至元钞1贯等于中统钞5贯，至元钞2贯等于白银1两，至元钞20贯等于黄金1两，实际上是发行大钞。中统钞贬值了5倍。至元钞的流通超过了60年，发行额共3168万锭，是元朝流通的主要货币。在发行至元宝钞时，尚书省颁行《至元宝钞通行条画》，这应该是世界上最早、较完备的纸币币制条例。

至元二十四年（1287年）三月尚书省颁发的《至元宝钞通行条画》如下：

一、至元宝钞一贯当中统宝钞五贯，新（旧）并行，公私通例。

一、依中统之初，随路设立官库，买卖金银，平准钞法；私（相）买卖，并行禁断。每花银一两，入库官价至元宝钞二贯，出库二贯五分；白银各依上买卖；课（银）一定（锭），官价宝钞二定，发卖宝钞一百二贯五百文；赤金每两，价钞二十贯，出库二十贯五百文。今后若有私下买卖金银者，许诸人首告，金银价值没官，于内一半付告人充赏，仍于犯人名下征钞二定一就付给。银一十两，金一两以下决杖五十七下，银一十两、金一两以上决杖七十七下，银五十两、金一十两以上决杖九十九下。

一、民间将昏钞赴平准库倒换至元宝钞，以一折五，其工墨不正，依旧例每贯三分。客旅买卖欲图轻便，用中统宝钞倒换至元宝钞者，以一折五，依数收换。各道宣慰司、按察司，总管府常切体究禁治，毋致势要之家并库官人等自行结揽，多除工墨，沮壤钞法。违者痛断。库官违犯，断罪除名。

一、民户包银愿纳中统宝钞者，依旧止听收四贯，愿纳至元宝钞，折收八百文，随处官并仰收受，毋得阻当，其余差税内有折收者依上施行。

一、随处盐课，每引见卖官价钞二十贯，今后卖引许用至元宝钞二贯，中统宝钞一十贯。买盐一引，新旧中半依理收受，愿纳至元宝钞四贯者听。

一、诸道茶、酒、醋税，竹货，丹粉、锡碌诸色课程，如收至元宝钞，以一当五，愿纳中统宝钞者并仰收受。

一、系官并诸设下营运（斡）脱公私钱债，关借中统宝钞，若还至元宝钞，以一折五；愿还中统宝钞者，抵贯归还；出放（斡）脱钱债人员即便收受，毋得阻滞。

一、随路平准库官收差办课人等，如遇收支交易，务要听从民便，不致迟滞。若有不依条画，乞取刁蹬，故行阻抑钞法者，取问是实，断罪除名。

一、街市诸行铺户与贩客旅人等，如用中统官钞买卖诸物，止依旧价发卖，无得疑惑，陡添价值。其随时诸物减价者听。富商大贾、高抬物价，取问是实，并行断罪。

一、访闻民间缺少零钞，难为贴兑，今颁行至元宝钞自二贯至五文，凡十一等，便于行用。

一、伪造通行宝钞者处死，首告者赏银五定，仍给犯人家产。

一、委各路总管并各处管民长官，上下半月计点平准钞库应有见在金银宝钞。若有移易借贷，私己买卖，营运利息，取问明白，中部呈省定罪。长官公出，次官承行。仰各道宣慰司、提刑按察司常切体察。如有看狗通同作弊，取问得实，与犯人一样治罪，不得因而骚扰，沮坏钞法。

一、应质典田宅，并以宝钞为则，不得该写解粟、丝、绵等物，低昂钞法。如违断罪。

一、随路提调官吏不得赴平准库收买金银，及多将昏钞倒换料钞。违者治罪。

一、条画颁行之后，仰行省宣慰司，各路府州司县，达鲁花赤管民长官，常切用心提调禁约，毋致违犯。若禁治不严，流转涩滞，亏损公私，其亲管司县府断罪解任，路府州官，亦行究治。仍仰监察御史、按察司常切究察。不严行，治罪。

引自《北京金融史料·货币篇》，第204—206页。

（四）元代纸币的崩溃

元代纸币发行经过了四个阶段，从交钞到中统钞，中统钞到至元钞，至元钞到至大钞，至大钞到至正钞，这些钞币都在大都流通过，其中，中统钞至元钞始终占主要地位，通行时间最长。到至大钞，钱币屡屡贬值，官价已公开贬值25倍。元中期以后纸币不断贬值，其主要原因是浩大军费等财政过多支出。成宗大德三年

（1299年）中书省言，连年公帑所费，动辄巨万，岁入之数，抵不上半年开支，不得不动用钞本。武宗即位后中书省言，政府的税赋收入为钞400万锭，仅中央政府可动用的为280万锭，当时实际支出已达420万锭，而且还有该支未支的款100万锭。也动用了钞本710余万锭。由于宫廷权贵奢侈挥霍无度，当年用钞600多万锭，土木营缮用几百万锭，赏赐用300多万锭，再加上北边军需要六七百万锭，这几项开支已达2000万锭，而国库只有11万锭，不及支出的二百分之一。造成纸币发行量过多还有两个原因：

一是私钞的发行。元政府规定钞币的发行由中央统一印制发行。但从至元以后就不再集中统一了。除地方自行印钞外，还准许私人发行。元世祖后期对有功朝臣实行赏赐印钞，还有许多不经政府许可而大量私发情况，出现了乱发钞币。

二是伪钞严重。元政府虽然规定对印造伪钞处以死刑，但还是有敢冒禁私印造者。元李存《伪钞谣》云："国朝钞法古今无，绝胜钱贯为青蚨。试令童子置怀袖，千里万里忘羁孤。岂期俗下有奸弊，往往伪造潜隈隅。设科定例非不重，赖此趋利甘捐躯。"致使在流通使用的纸币中出了所谓"观音钞"、"画钞"、"折腰钞"、"波钞"、"熬不烂"等名称。当时京师流传民谣云："堂堂大元，奸佞擅权，开河变钞祸根源，惹红巾万千。官制滥，刑法重，黎民怨，人吃人，钞买钞，何曾见？贼作官，官作贼，混愚贤，哀哉可怜！"表达了人民的愤怒之情。元末米价飞涨，比中统初上涨六七万倍，出现了恶性膨胀，民间交易，钞币用车载，纸币成为废纸。交易都用铜钱或者以物易物。人们视钞币为"弊楮"。这时，各地群雄并起，元朝已奄奄一息。随着元朝的统治覆灭，整个纸币制度也完全崩溃。

元代纸钞统计表

名称	面值	数量	发现时间地点	资料来源	备注
至元通行宝钞		1	1959年 西藏日喀则萨迦寺	西藏文管会：《西藏萨迦寺发现的元代纸币》，《文物》1975年第9期	灰黑色 桑皮纸 铜版印
中统元宝交钞	一贯	1			
至元通行宝钞	二百文 五百文	33	1960年 江苏无锡市郊元代延祐七年钱裕墓	冯玉蓉：《无锡市博物馆藏"至元通行宝钞"》，《中国钱币》1989年第3期	桑皮纸
至元通行宝钞	二贯	1	1965年10月 陕西咸阳	咸阳市博物馆：《咸阳发现的元代纸币》，《考古与文物》1980年第3期	27.5×19.6（cm） 26.4×18.2（cm） 24.4×16.9（cm）
中统元宝交钞	五百文 一贯	1 1			
中统元宝交钞	十文	1	1982年 内蒙古呼和浩特东郊白塔	卫月望《壹拾文中统元宝、交钞考说》，《中国钱币》1985年第4期	16.4×9.3（cm）
至元通行宝钞	一百文 二百文 一贯 二贯	132	1983年－1984年 内蒙古额济纳旗黑城元代古城址	李逸友《元代草原丝绸之路上的货币——内蒙古额济纳旗黑城出土的元钞及票券》，《中国钱币》1991年第3期	灰色 灰黑色 树皮纸
中统无宝交钞	一贯	12			
至元通行宝钞	一贯 二贯	288	1985年 内蒙古额济纳旗黑城元代古城址	庞文秀：《黑城出土元代纸币及流通状况概述》，《内蒙古金融研究》2001年增刊第二期	有一张至元通行宝钞钤盖有"昏钞"
中统元宝交钞	五百文	2			

名称	面值	数量	发现时间地点	资料来源	备注
至元通行宝钞	一贯	1	1985年4月	那生德力格尔:《内蒙古额济纳旗出土元代纸币》,《考古》1990年第八期	26.7×18.4（cm）
	二贯	1	内蒙古额济纳旗吉日格朗图苏木		27.2×18.4（cm）
中统元宝交钞	五百文	1			27.2×18.8（cm）
至元通行宝钞	二十文		1985年底 湖南沅陵县双桥黄澄存夫妇合葬墓	湘军、石见:《沅陵元墓出土元代纸币考说》,《湖南文物》1986年第一辑	钞纸由棉麻桑皮所造，出土时灰黑色
	三十文				
	五十文				
	一百文				
	三百文				
至元通行宝钞	二贯		1986年 山西定襄	山西省钱币学会:《中国山西历代钱币》山西人民出版社1989年	28.5×20.5(cm)
中统元宝交钞	一贯				28.5×20（cm）
中统元宝交钞	三百文	1	1986年 宁夏贺兰县拜寺口双塔西塔	雷润泽等《宁夏拜寺口双塔发现的大朝通宝和中统元宝交钞》,《中国钱币》1989年第4期	棉麻
	五百文	1			桑皮
中统元宝交钞	五百文	6	1988年4月 湖南华容县关镇元墓	李正鑫《湖南华容出土元钞》,《中国钱币》1994年第四期	
至元通行宝钞	五十文	3			
	三百文	1			
	五百文	1			

摘自：周祥《中国古代纸钞》。

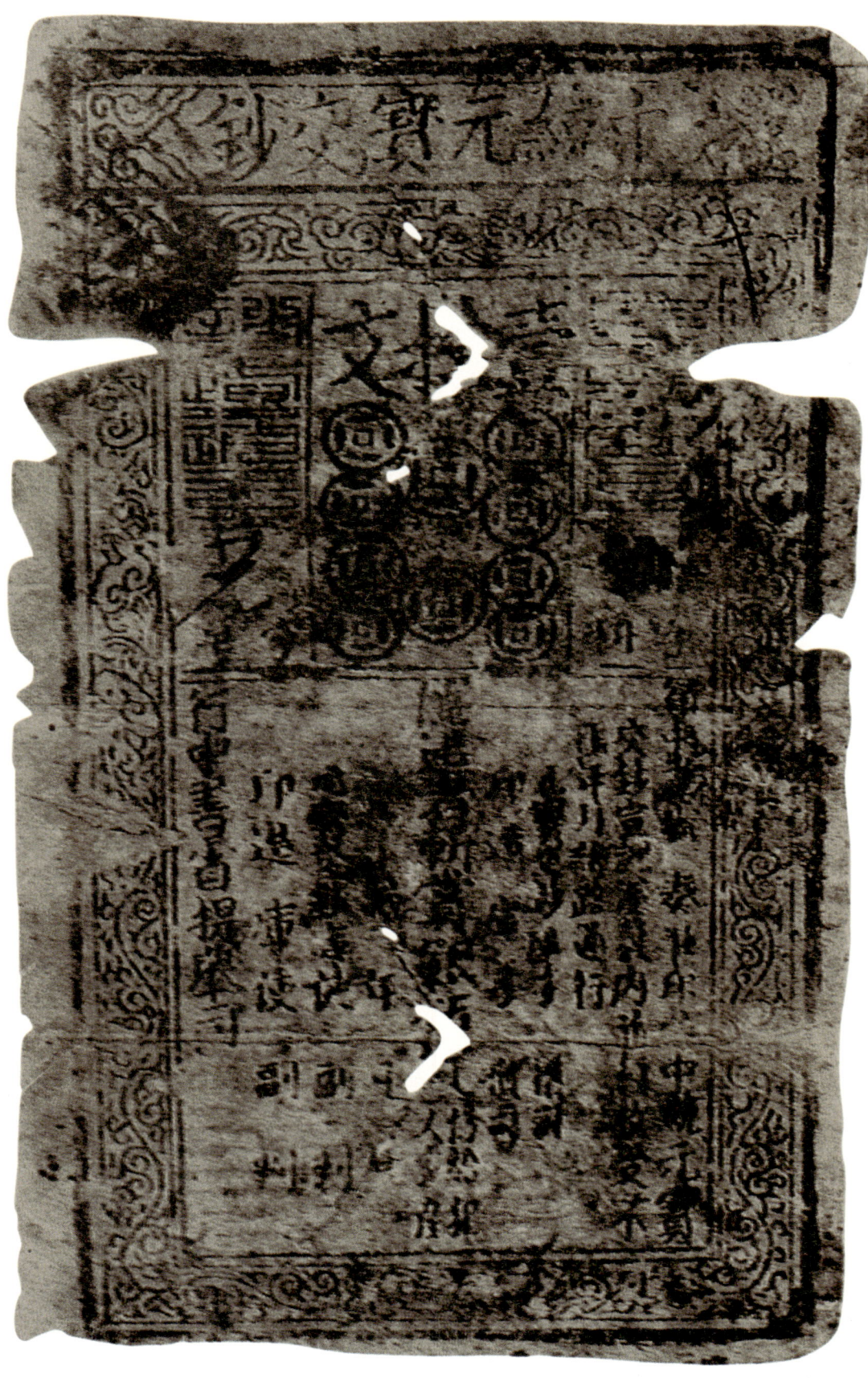

第一编 金、元、明代北京纸币

← 002 /
中统元宝交钞壹拾文
《中国古钞图辑》

→ 003 /
中统元宝交钞叁百文
《中国古钞图辑》

北京纸币八百年

← 004 /
中统元宝交钞壹贯文
北京市古代钱币展览馆

北京纸币八百年

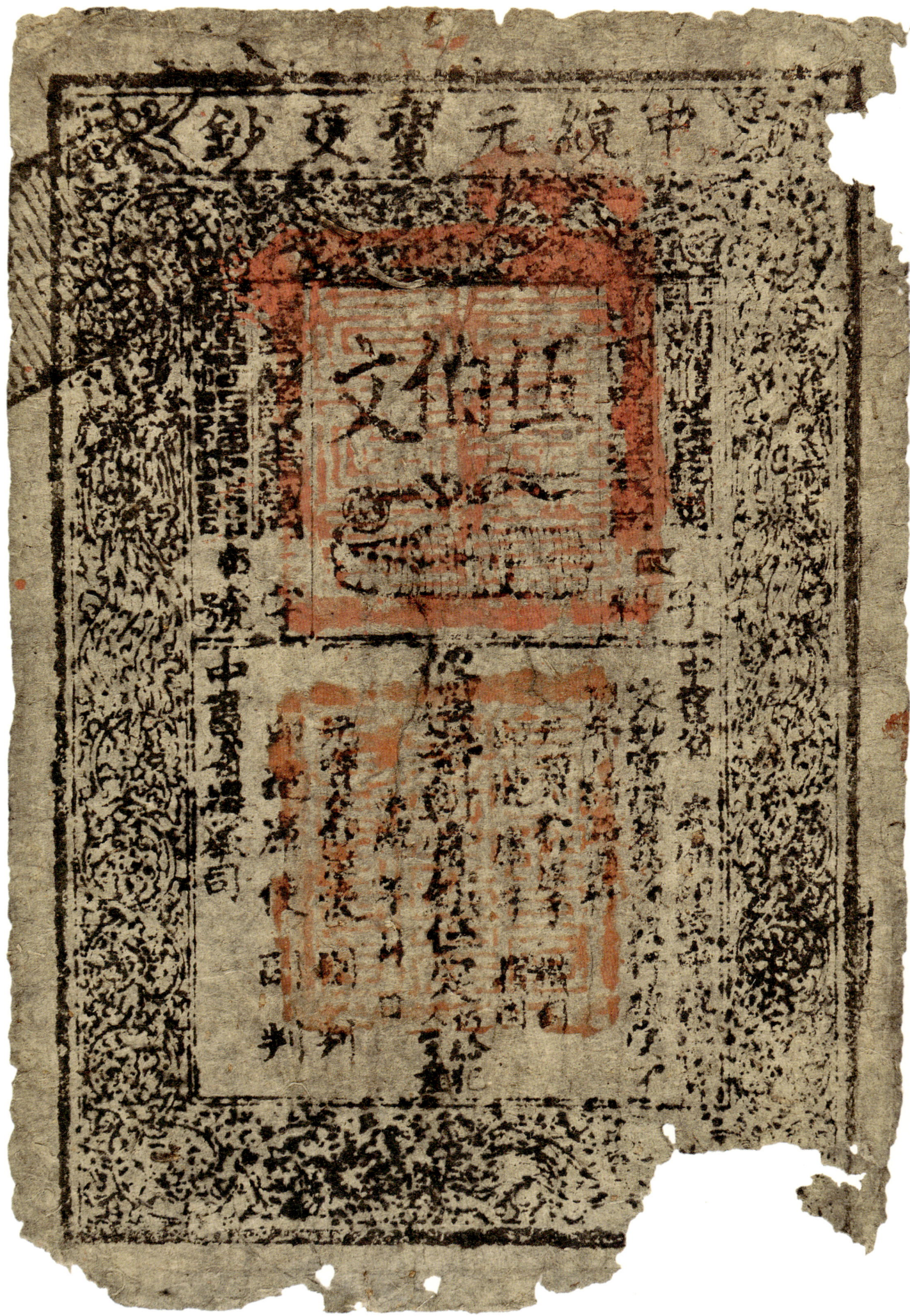

← 005-1 /
中统元宝交钞伍佰文
刘继辉

→ 005-2 /
中统元宝交钞伍佰文（背印章）

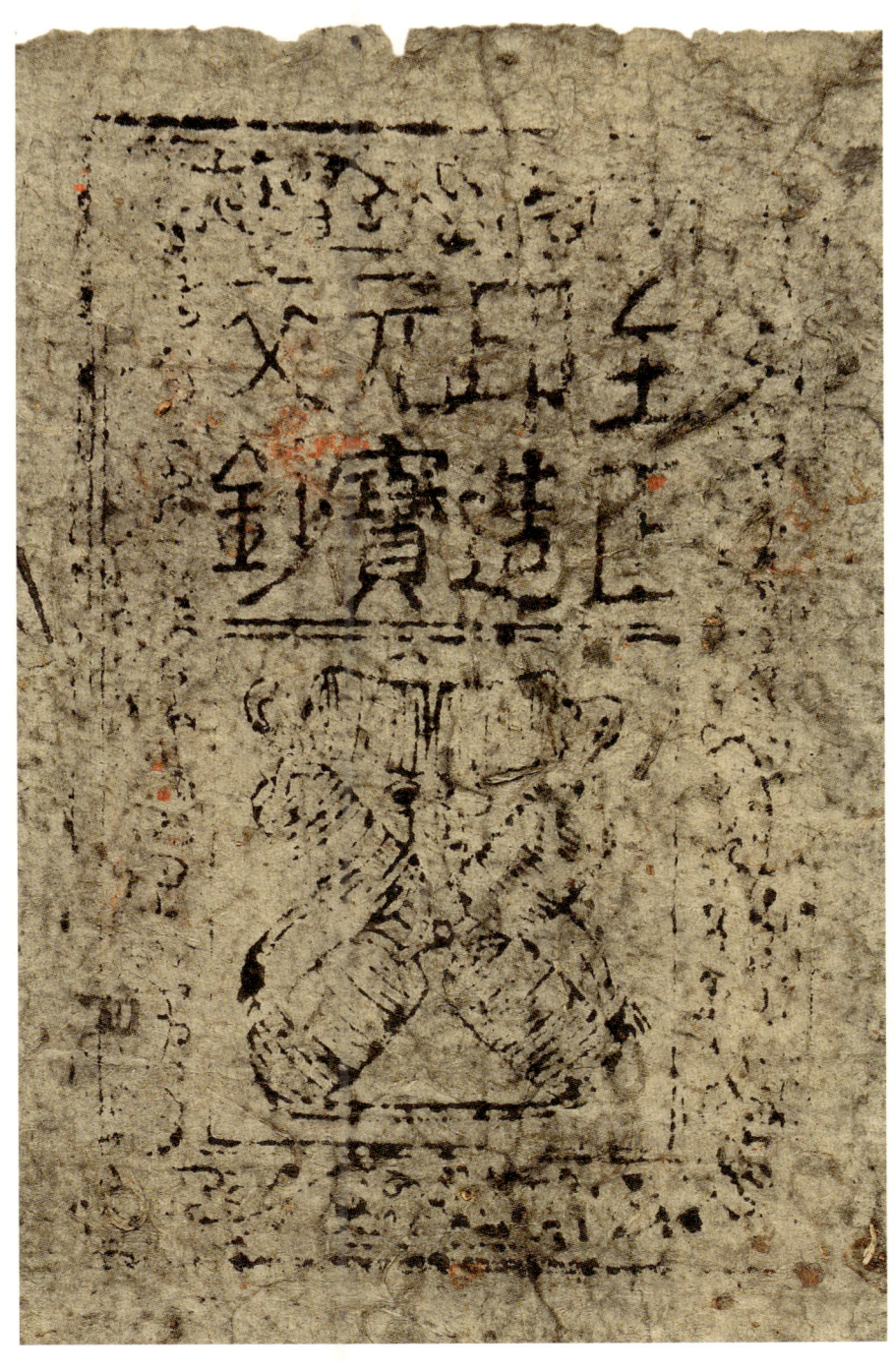

←006-1 /
中统元宝交钞壹贯文
刘继辉

→006-2 /
中统元宝交钞壹贯文（背印章）

第一编　金、元、明代北京纸币

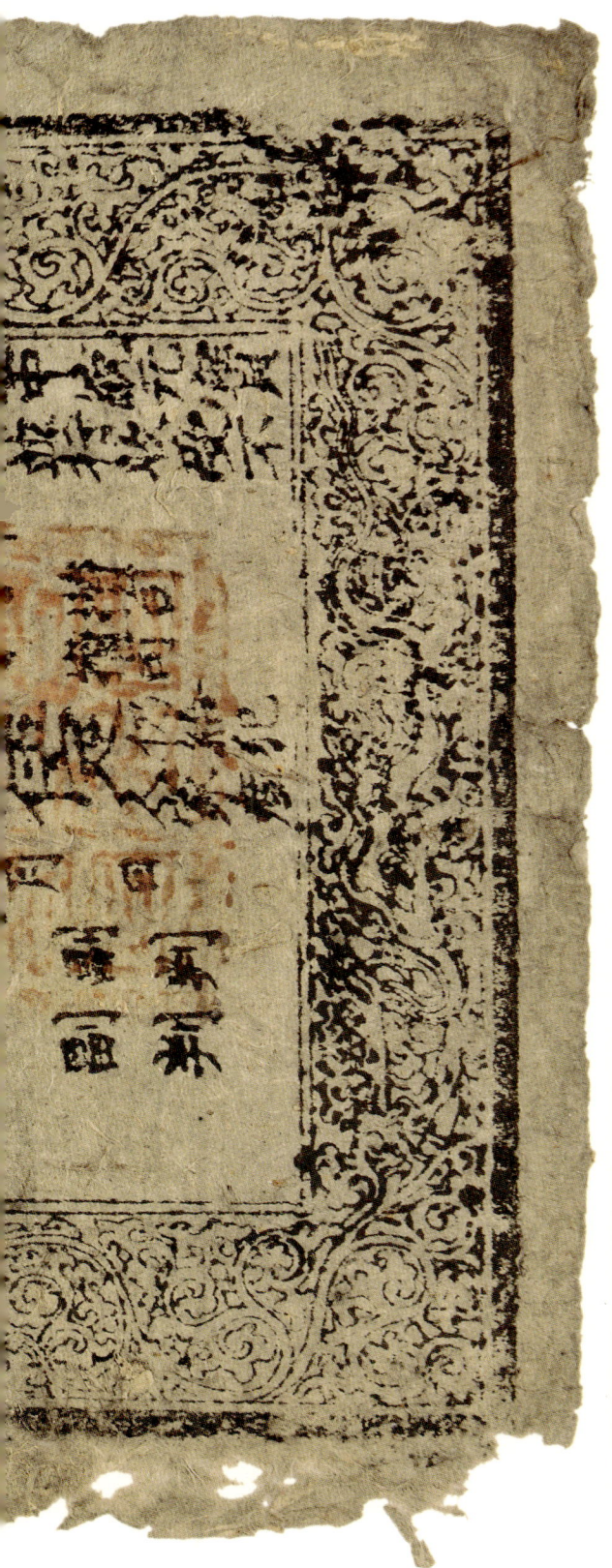

北京纸币八百年

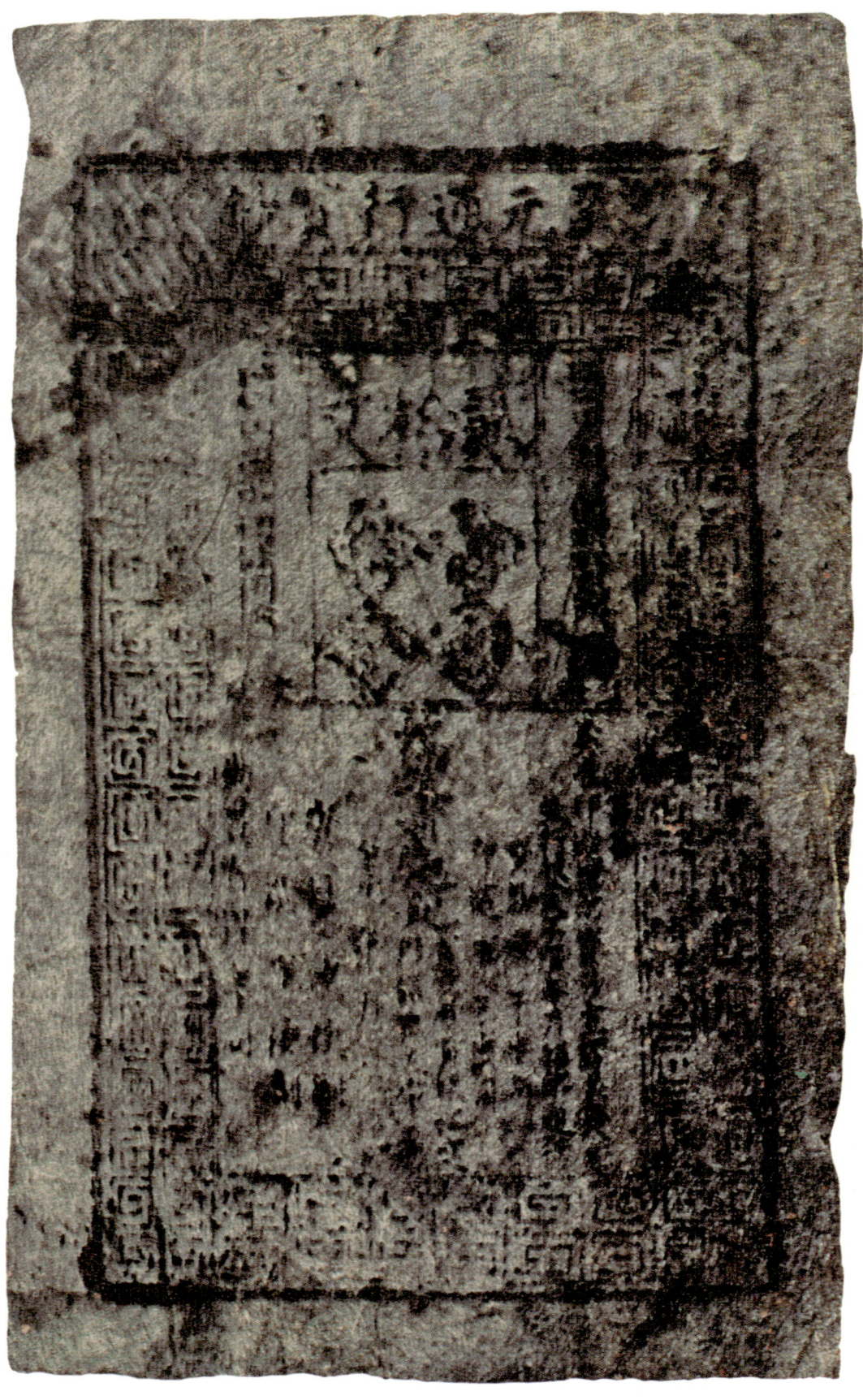

← 007 /
至元通行宝钞贰拾文
《中国古钞图辑》

→ 008 /
至元通行宝钞叁拾文
《中国古钞图辑》

第一编　金、元、明代北京纸币

北京纸币八百年

第一编 金、元、明代北京纸币

←009 /
至元通行宝钞伍拾文
《中国古钞图辑》

→010 /
至元通行宝钞壹佰文
《中国古钞图辑》

北京纸币八百年

← 011-1 /
至元通行宝钞壹佰文版
上海博物馆

→ 011-2 /
至元通行宝钞壹佰文版（翻转图）

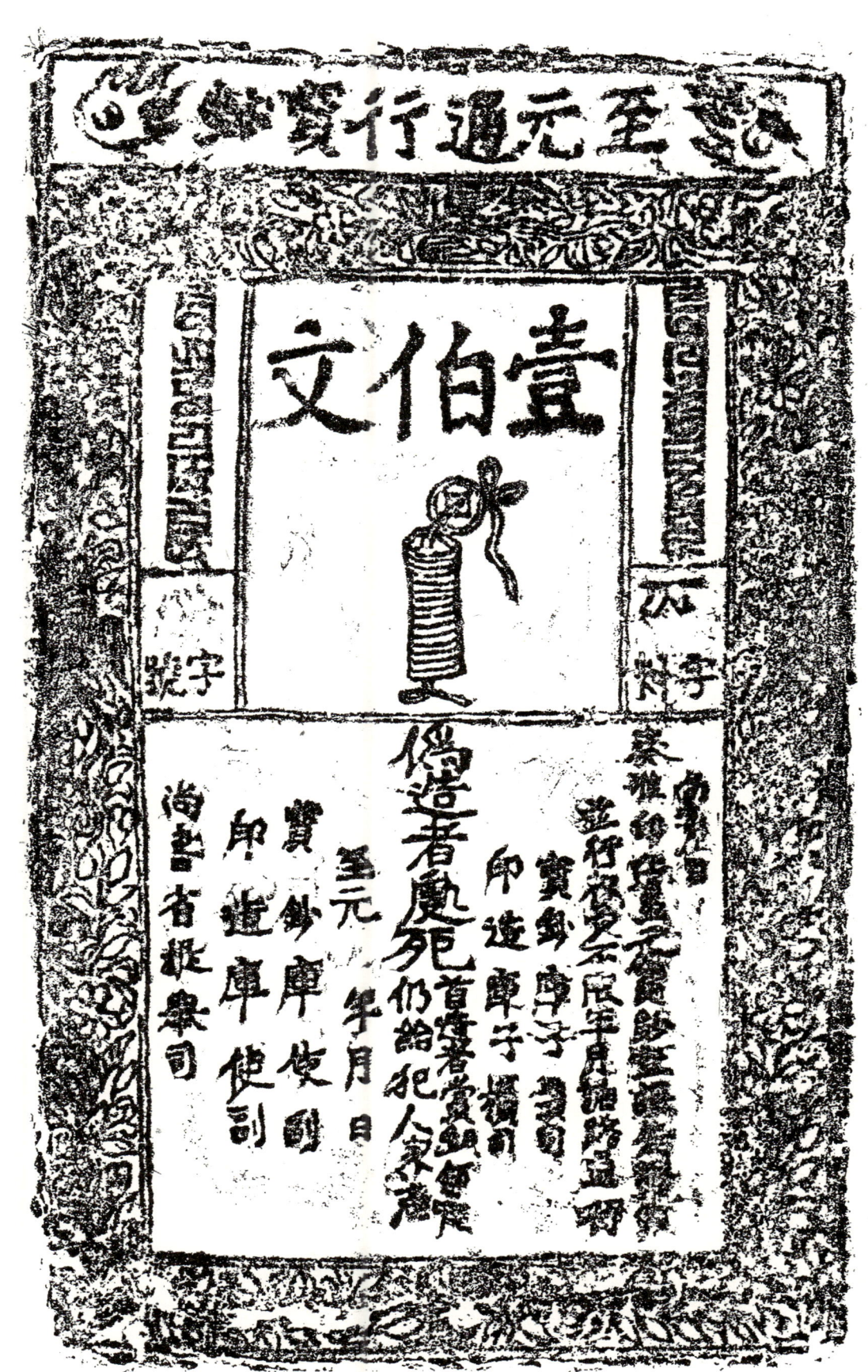

←012 /
至元通行宝钞贰伯文版
《中国古钞图辑》

→013 /
至元通行宝钞伍伯文
《中国古钞图辑》

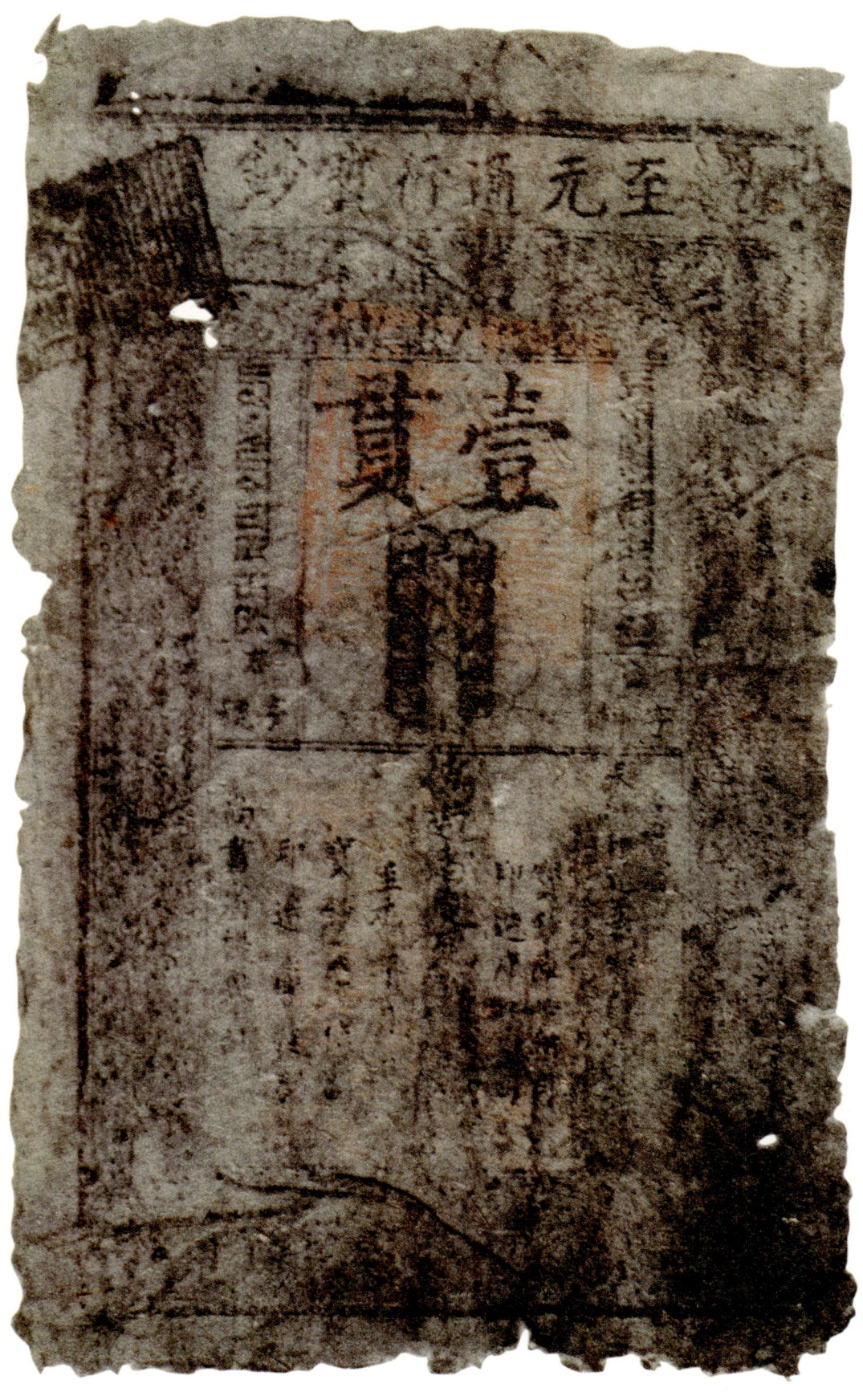

← 014 /
至元通行宝钞壹贯文
《中国古钞图辑》

→ 015 /
至元通行宝钞贰贯文
刘文和

第一编　金、元、明代北京纸币

北京纸币八百年

三 明代北京纸币

(一) 大明宝钞的印造

元朝末年天下大乱。各地农民起义，摧毁了蒙古族的统治。明太祖朱元璋于洪武三年（1370年）八月占领了大都，改大都为北平府，并设置了地方行政机构——北平布政司，洪武十三年（1380年）明太祖封四子朱棣为燕王，1398年，朱元璋崩，其孙建文帝继位。朱棣于1399年从北平发兵，1402年攻占南京，夺取了皇位。明成祖永乐元年（1403年）正月北平升为北京，二月改北平府改称为顺天府。由于北京地势险要，三面奇峰峻岭环绕京城，而且交通便利，东有海道，南有运河，可以南北联系。明成祖早有筹划，迁都北京。为此作了长期准备。永乐四年（1406年）下诏迁都，第二年大规模营造北京城修建宫殿、坛庙。永乐十八年（1420年）初步完工，第二年正式迁都北京。

明朝初年，仿照元朝的币制，用纸币而不用钱，不准民间用金银流通交易。明太祖洪武八年（1375年）开始发行"大明宝钞"，设宝钞提举司办理发行事宜，并建立钞法即纸币流通制度。明初钞法规定的内容是：①"大明宝钞"面额有六种：壹佰文、贰佰文、叁佰文、肆佰文、伍佰文和壹贯，每贯等于铜钱1000文，洪武二十二年（1389年）增造小钞五等，有拾文、贰拾文、叁拾文、肆拾文、伍拾文；②明政府发钞没有金银本钱，禁止民间私易金银，只允许金银卖给政府换取宝钞，金银的法定价格比例是钞1贯等于银1两，钞4贯等于金1两；③钱钞兼用，商税课征，钞七钱三，100文以下可用铜钱支付，税粮以银钱钞米折纳，银1两，钱千分，钞1贯都折收米1石。对于昏钞，军民可用旧钞赴行用库易换新钞。政府量值收工墨费。

(二) 大明宝钞的发行

明成祖永乐元年（1403年）决定只发行一种大明宝钞，集中于政府印制发行。宝钞发行不分界、不限地区、不限时间、不限币名和形制、不定发行限额。发行的宝钞只出不进。政府发钞支付俸给和军饷，向民间收购物资和金银。但纳税不收钞或少收钞，这就是宝钞只投放不回笼，或多投放少回笼，通过这种办法搜刮人民的财富。洪武九年（1376年）颁布倒钞法，收换昏烂的钞币。洪武十三年（1380年）又明令调换昏烂钞的界限。票面文字金额可辨认者一律继续使用流通，并一再申明对旧钞应全部收受。但实际上政府收税只收新钞。民间购货用旧钞则降价或拒用。由于宝钞没有分界发行办法，使旧钞越来越多，新旧钞的价格不断扩大。政府官吏利用新旧的价格差别强迫人民用新钞纳税，然后换成昏烂钞送交国库，从中获利，造成宝钞流通的混乱现象。洪武二十四年（1391年）政府又命户部申明禁令，政府收税凡宝钞文字金额真伪可辨者，不问破烂、油污、水迹、纸补全可收受，故意阻难者有罪。但新旧钞在交易时价格仍有差别，最多时旧钞只抵新钞的二分之一或三分之一。宝钞发行后，由于国内不断进行战争，耗资巨大，民间大量制造伪钞和钞库作弊，使宝钞的流通量大增，过多纸币充斥市面不能流回。为了维持钞币流通，政府禁止用钱、命令人民持钱赴官依数换钞。这就破坏了原来规定的钞为主，钱钞并用的制度。禁用钱后，商人买卖交易不论商品贵贱都用金银计价，政府又禁止金银流通。违者全家戍边，直至死刑。但没有奏效，为了维持钞币制度，永乐二年（1404年）又实行"户口食盐法"命令全国民户"计口纳钞食盐"，即全国成人每月食盐1斤，纳钞1贯，未成年人减半。这样一年可收回宝钞二三万万贯。这种办法本来是为了解决"朝廷"出钞太多，收敛无法，以至"物重钞轻"问题。但实行起来结果是收而又发，形成了恶性循环，加之永乐帝修建皇宫，从山西迁移万余民户，动员几百万民工劳役，派重兵征伐鞑靼可汗，郑和多次出使南洋等都耗用巨资，因此宝钞连年增发。

（三）大明宝钞的贬值

永乐年间是明朝通货膨胀严重时期。明朝官俸用米来计算，以宝钞折合支付。洪武时钞1贯抵米1石。永乐六年（1408年）改为钞10贯折抵米1石，洪熙元年（1425年）钞25贯折米1石。当时，官家收购1匹布给钞50贯，比洪武九年（1376年）涨了50倍，绢1匹400贯，比洪武年间涨了330多倍。嘉靖十四年（1535年）宝钞100贯折银4钱，白银对宝钞上涨2500倍，钞券1000贯折合铜钱276文，一贯钞值不到半文钱，铜钱对宝钞增涨了623倍。嘉靖四十五年（1566年）宝钞5000贯才折白银1两。万历四十六年（1618年）宝钞10贯才值1文银。此时，军饷还有用宝钞支付，每个军士给钞几百贯只值几十文，他们领到宝钞后立刻换成铜钱、宝钞又流回政府。孝宗弘治后，政府各关的钱钞都折银，钱7文折银1分，钞1贯折银3厘，此时纸币流通是名存实亡。在商品货币流通中已毫无意义了，民间只用银和钱，到穆宗隆庆时基本不用了。但到明思宗崇祯十七年（1644年）蒋臣曾提出行钞建设，获得统治阶层赞同。明思宗更是急于行钞法，解救财政困难，当时户部议行发钞，举出"十便十妙"的说法："一曰造之本省，二曰行之途广，三曰赍之也轻，四曰藏之也简，五曰无成色之好丑，六曰无税兑之轻重，七曰革银匠之奸偷，八曰杜盗贼之窥伺，九曰钱不用而用钞，其铜尽铸军器，十曰钞法大行。"民间卖货并可不用银，天下之银可尽实内库。蒋臣的计划用白银作准备金发钞，用发钞换取民间白银，钞1贯合银1两或铜钱1000文。他说："今岁行五千万，五岁为界，是为二万五千万，则民间之白银约已尽出，后且不可继矣。故一届以后，以旧易新、五界即行、则通天下之钱又是相抵。"这是明显的向民间搜括白银，这个计划传出后"京师骚然，绸缎各铺，皆卷箧而去"。这个计划还未实施，明朝就灭亡了。现留下很多的大明宝钞就是这时印制还未发行的。

← 016-1 /
大明通行宝钞叁拾文版
上海博物馆

→ 016-2 /
大明通行宝钞叁拾文版（拓片）

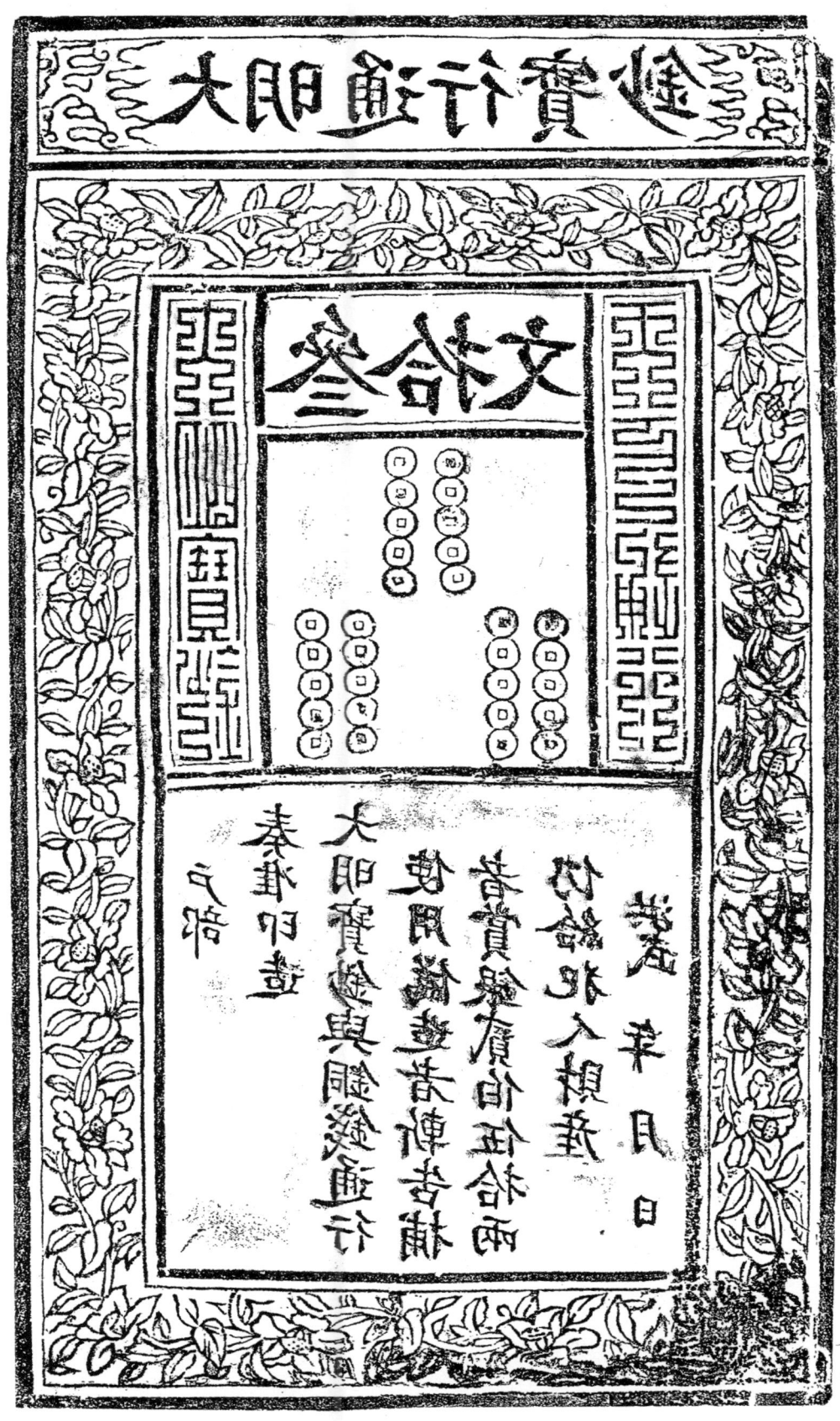

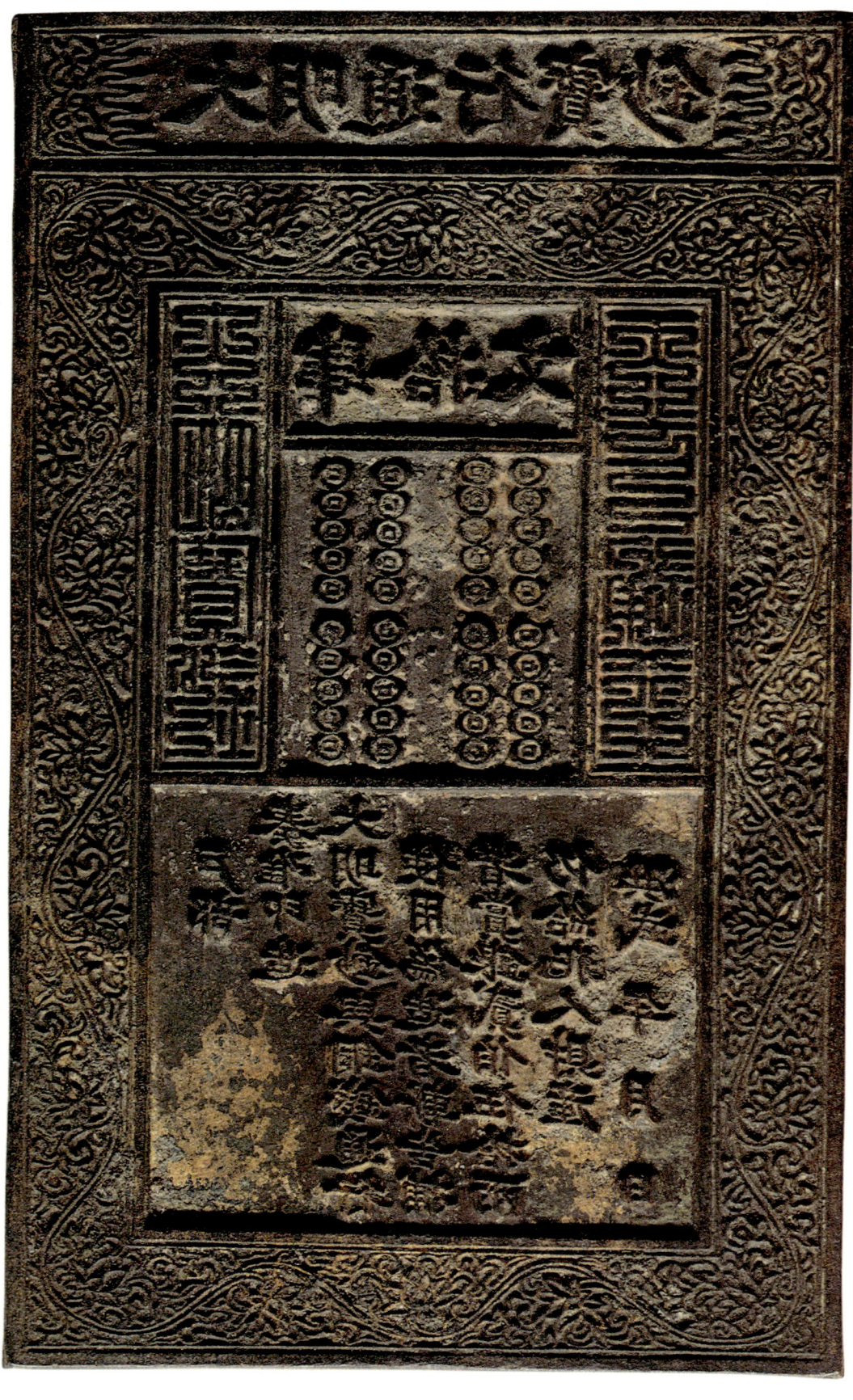

← 017-1 /
大明通行宝钞肆拾文版
上海博物馆

→ 017-2 /
大明通行宝钞肆拾文版（拓片）

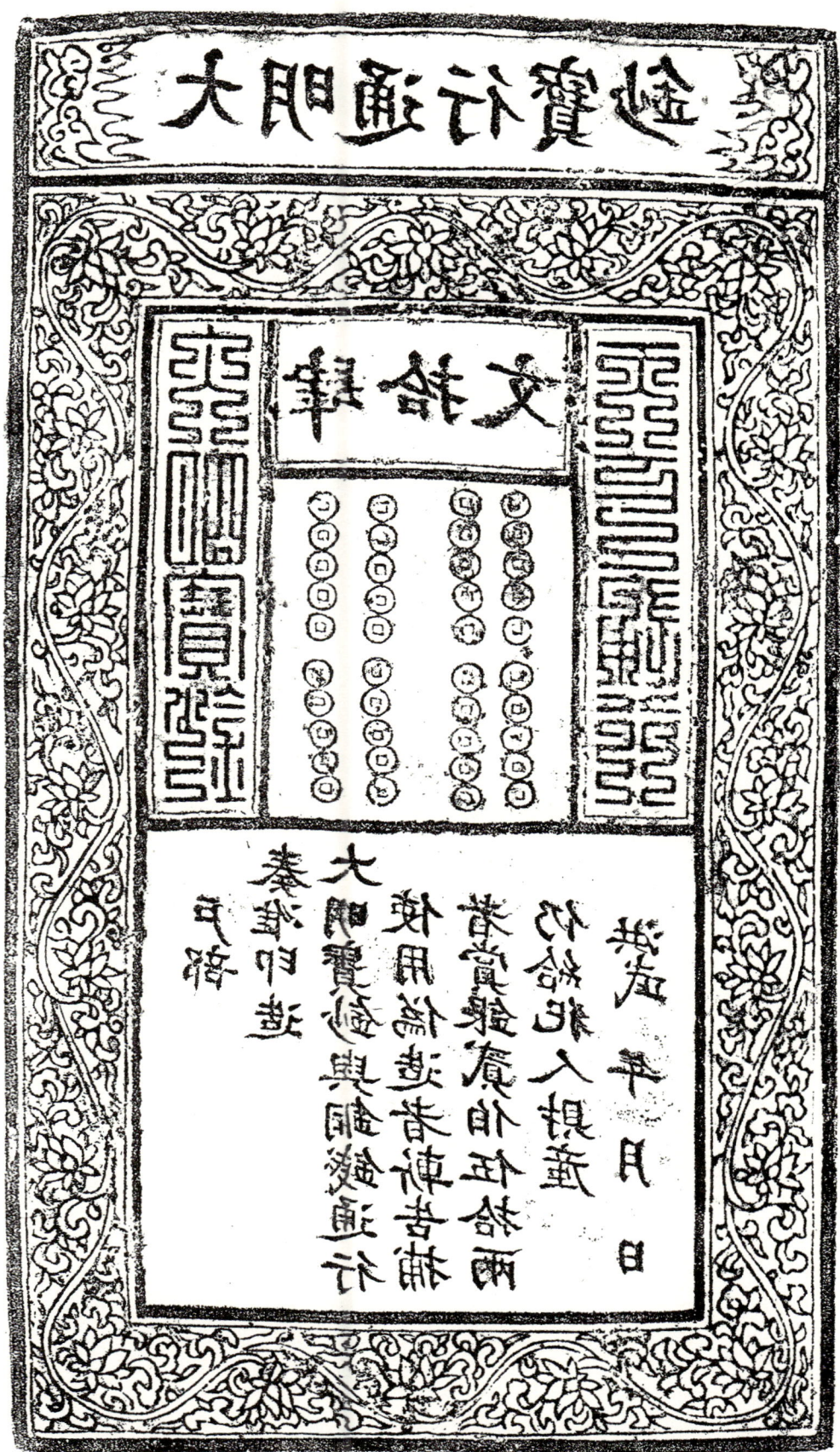

北京纸币八百年

←018-1 /
大明通行宝钞伍拾文版
上海博物馆

→018-2 /
大明通行宝钞伍拾文版（拓片）

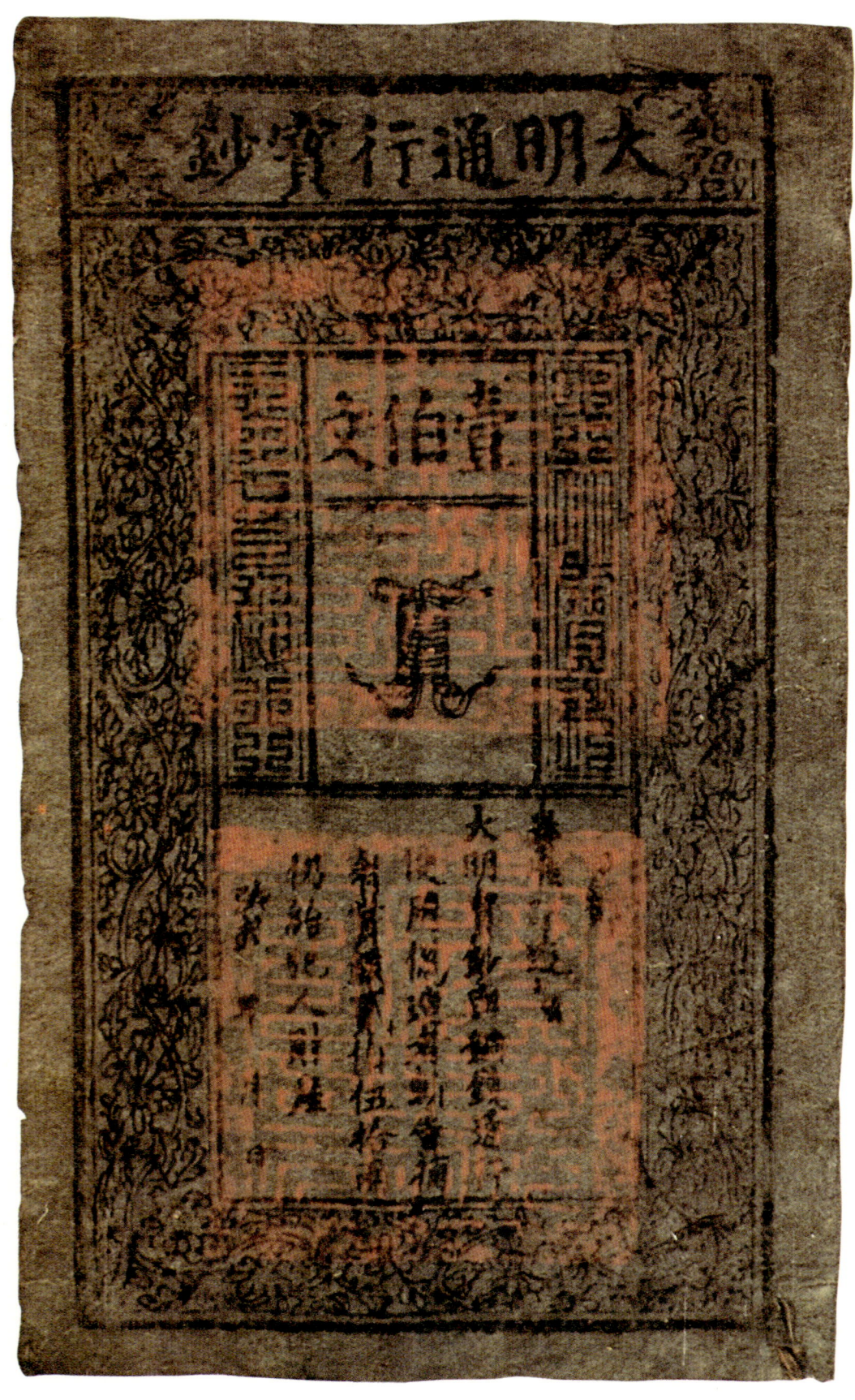

← 019 /
大明通行宝钞壹佰文
山西博物馆

→ 020 /
大明通行宝钞贰佰文
山西博物馆

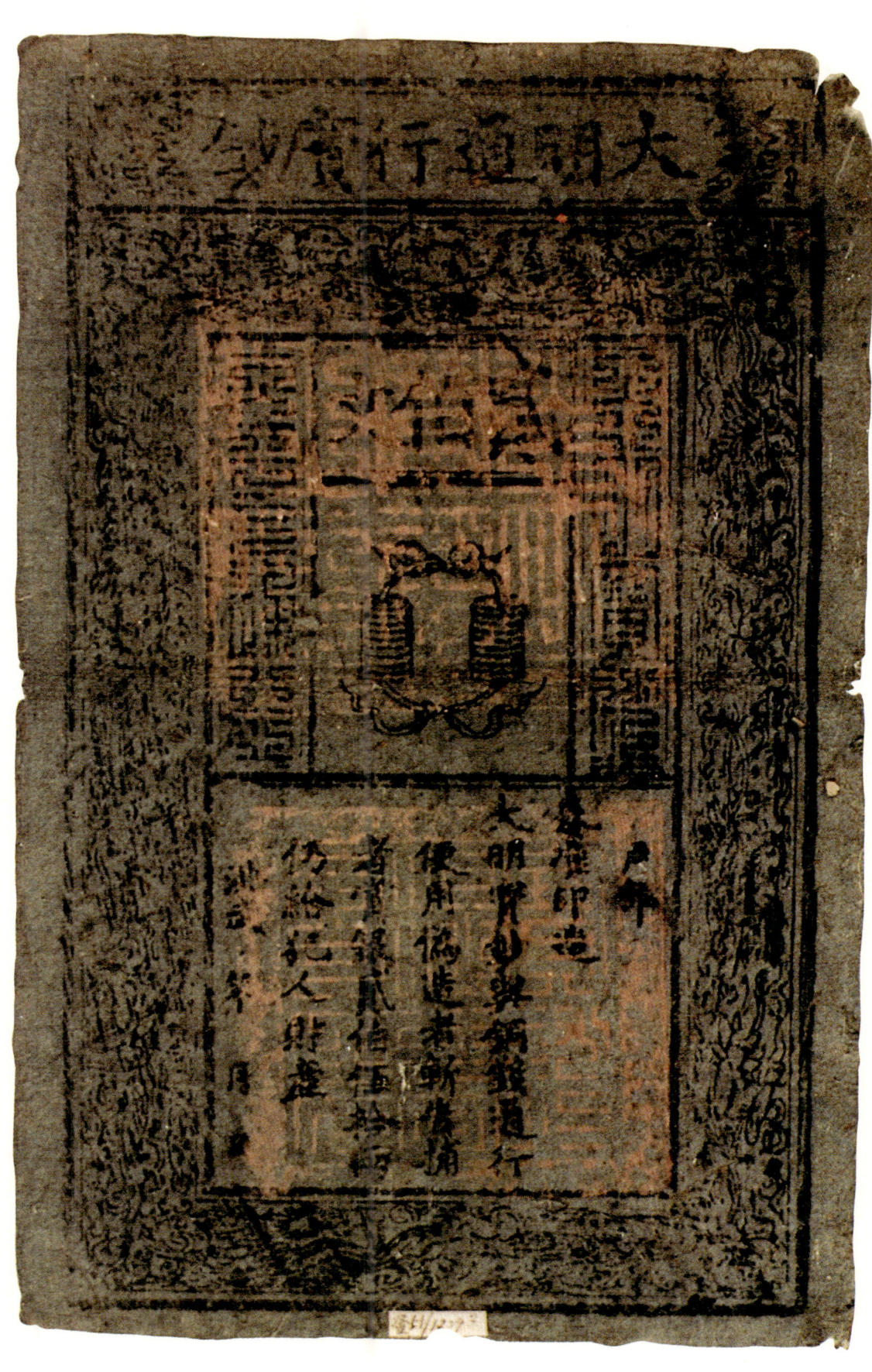

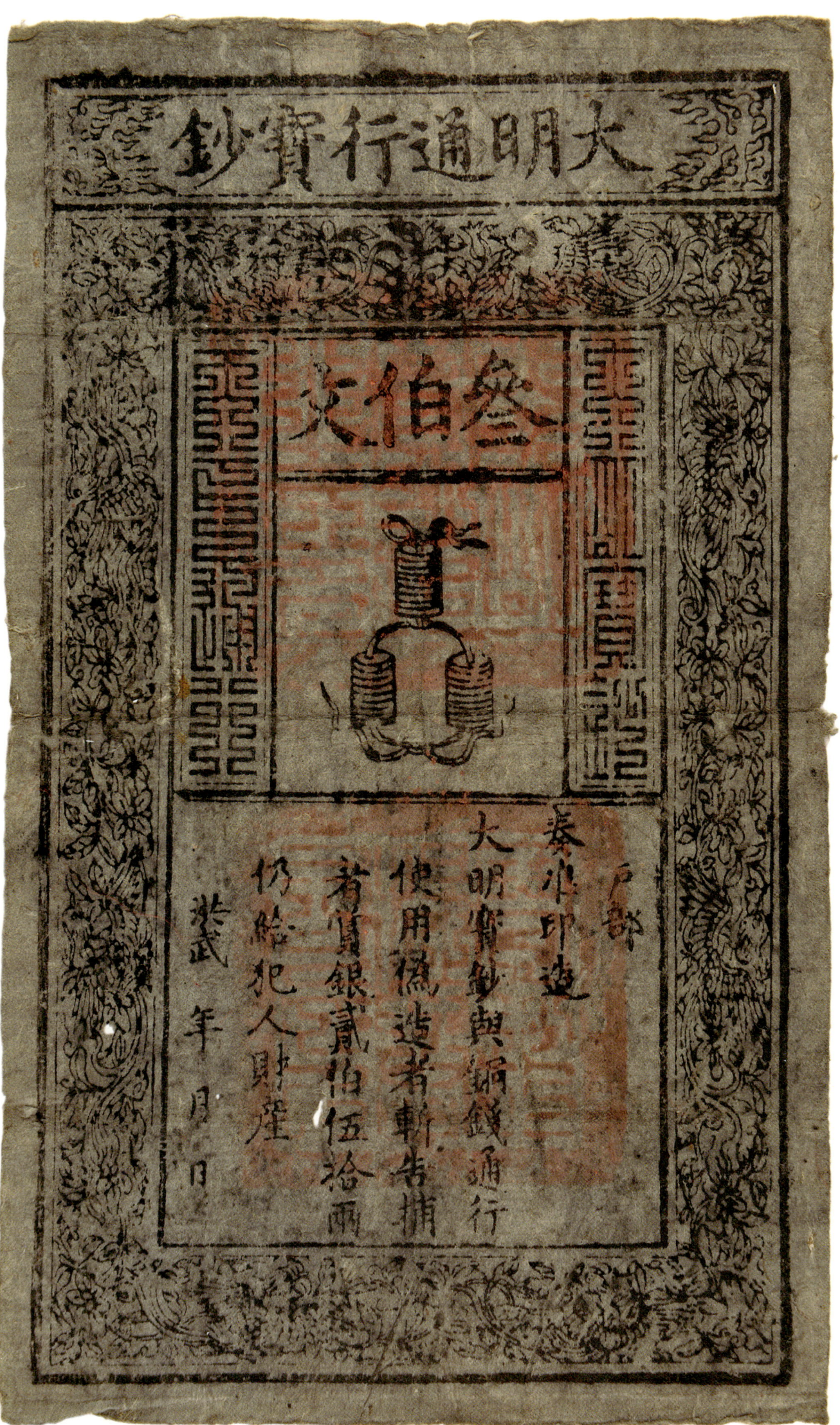

←021-1 /
大明通行宝钞叁佰文
刘继辉

→021-2 /
大明通行宝钞叁佰文（背印章）

第一编　金、元、明代北京纸币

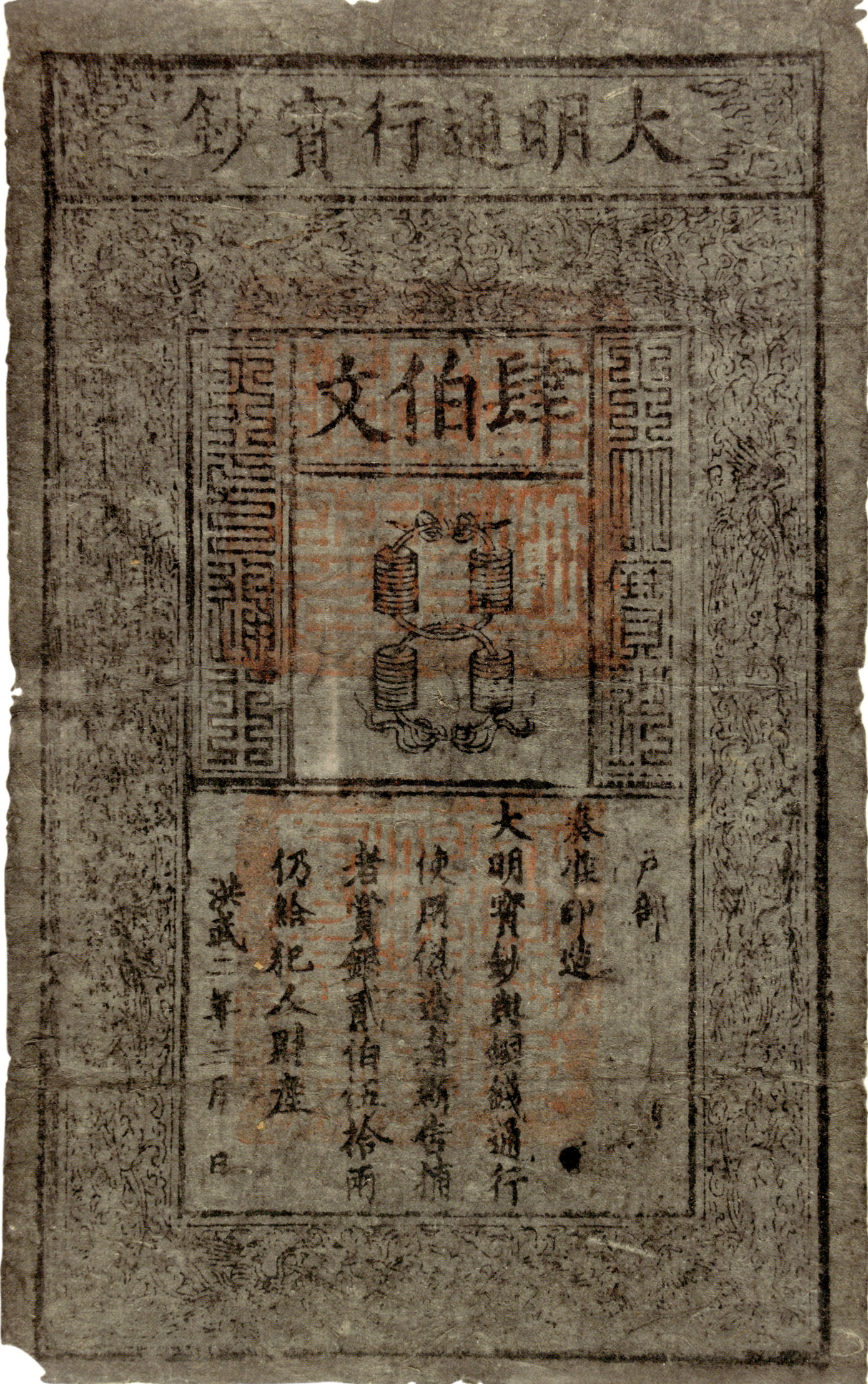

← 022-1 /
大明通行宝钞肆佰文
刘继辉

→ 022-2 /
大明通行宝钞肆佰文（背印章）

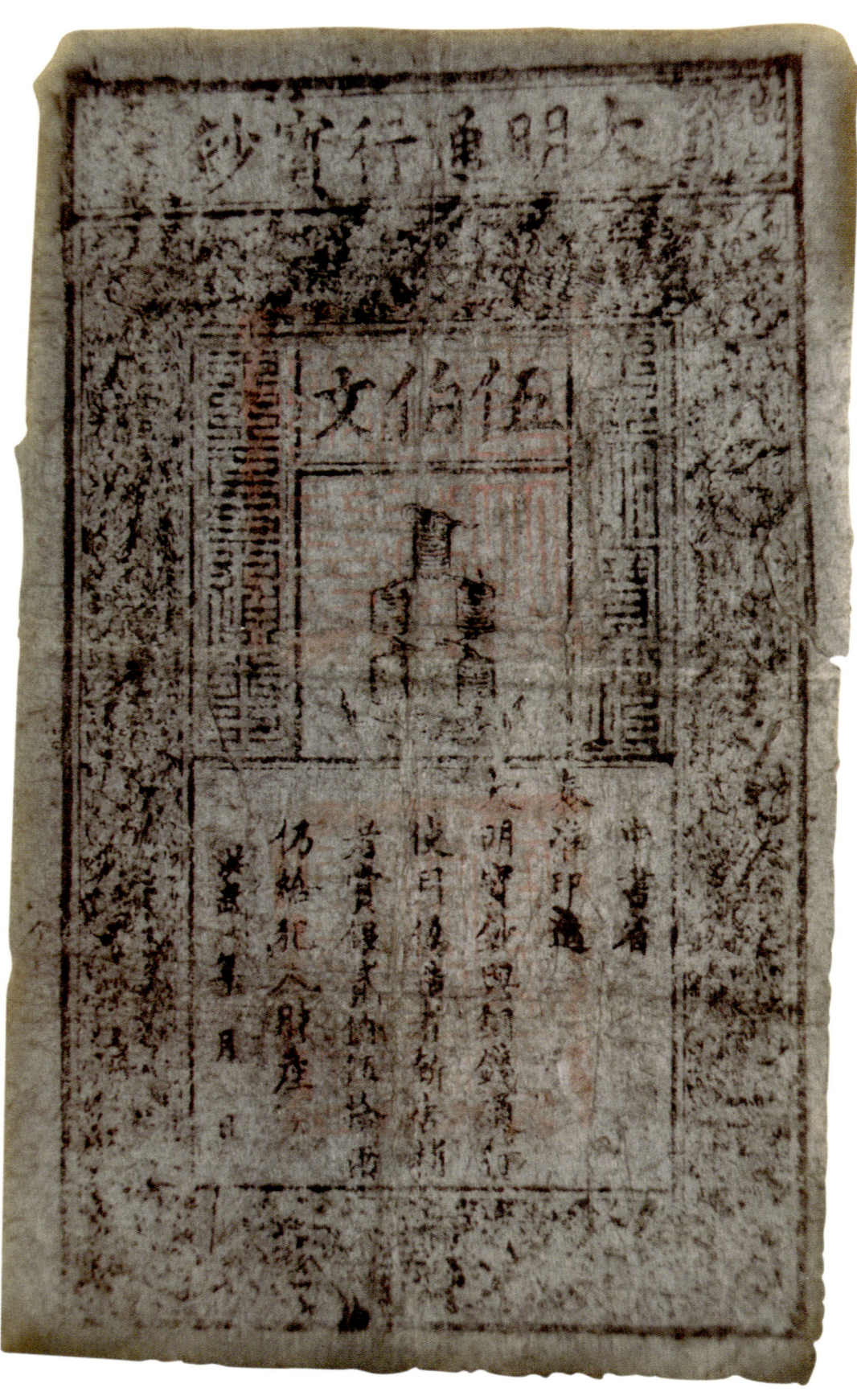

←023 /
大明通行宝钞伍佰文
刘继辉

→024 /
大明通行宝钞壹贯文版
《中国古钞图辑》

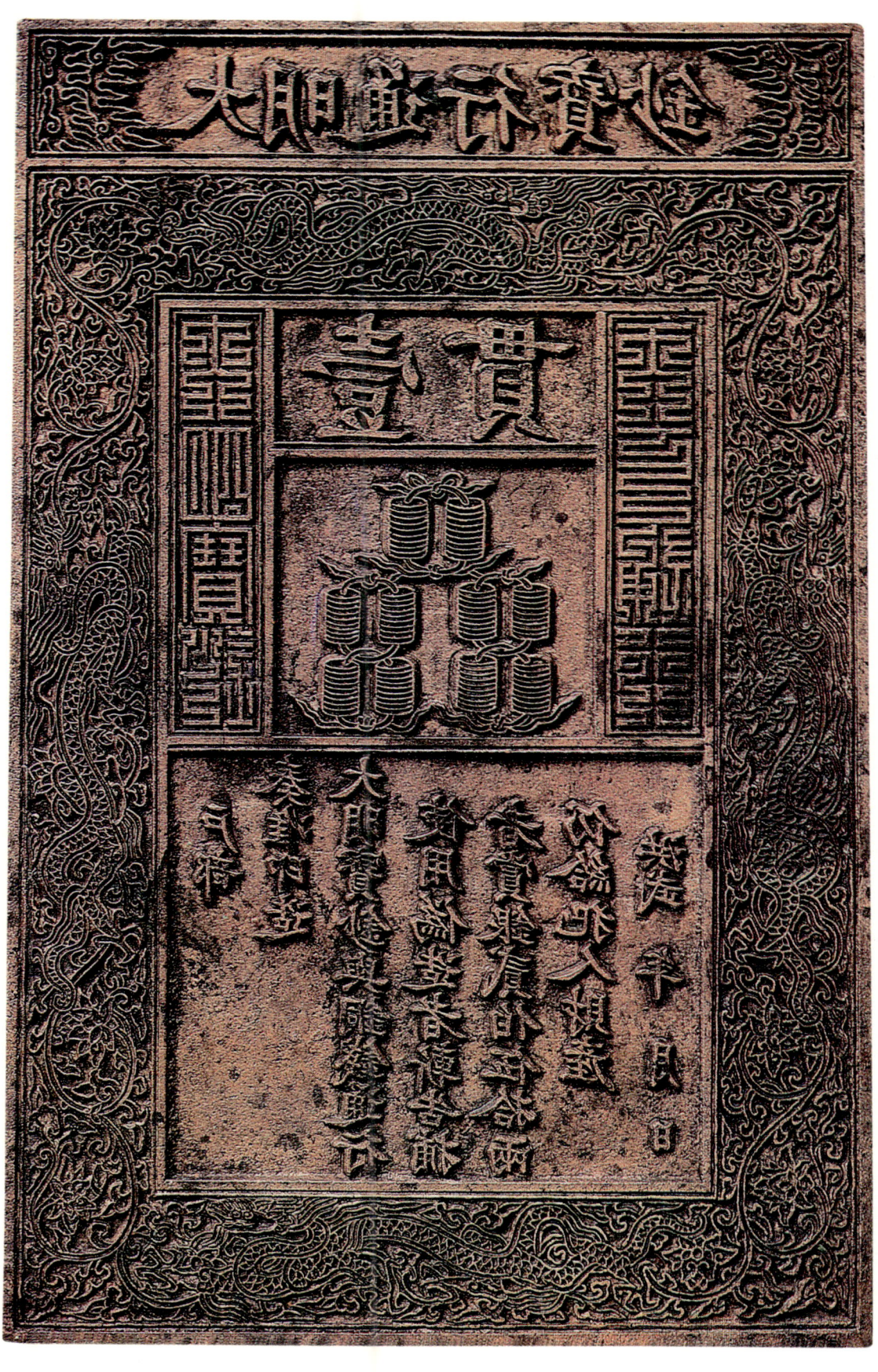

← 025-1 /
大明通行宝钞壹贯文
刘文和

→ 025-2 /
大明通行宝钞壹贯文（背）

第二编

清代北京纸币

一 政府发行

清代二百六十八年内都有纸币发行和流通，但大多数是民间，而清政府仅发行了三次纸币，流通时间很短不过几十年。第一次是顺治八年（1651年）发行顺治钞贯（没有实物）。第二次是咸丰三年（1853年）发行的户部官票，大清宝钞。第三次是光绪三十一年（1905年）发行的大清户部银行钞票。此外各省地方官钞局，各商业银行，民间钱庄、银号发行了大量纸币流通于市面。

清代纸币在中国纸币史上起到了承上启下的作用，它继承了老式直型纸币，又开创了西式横型纸币，可谓是丰富多彩，百钞百态。

（一）顺治贯钞

清政府鉴于宋、金、元、明的纸币，都是因为发行过盛、过滥失去信用，致使通货膨胀而失败，所以主张使用银两和铜钱，不用钞券，凡政府地丁、钱粮、课捐杂税都用银钱支付。

世祖顺治八年（1651年），清军进取浙江舟山及四明诸岛，军用浩繁，府库支付困难，开始发行钞券。以制钱为单位，每年发行十二万八千一百七十二贯四百七十文为最高标准，以后每年都按这个标准定额发行，绝不多发。贯钞的形制，仿明旧制，以大明宝钞为蓝本，稍有改进，因为以制钱为单位，推测顺治贯钞应该有拾文、贰拾文、叁拾文、伍拾文、壹百文、贰百文、伍百文、壹千文等数。顺治十八年（1661年）进行十一年的战事结束，财政难关解除。发行十一年的顺治贯钞停止发行，共发行制钱贯钞一百二十八万一千七百二十四贯。钞券流通全国十一年后，全部悉数收回销毁，没有给后人留下蛛丝马迹，可以说是中国货币史上的一件憾事。反之，这更证明顺治贯钞发行的成功之处。

顺治贯钞发行十一年，流通行使无疾弊，府库充实，军需支付通畅，市肆百姓乐意相用。这主要取决于印造数量的限制，流通时间短，不因财政变化而滥发。顺治贯钞原始资料极为有限，这对收藏和研究中国历代货币学者是最大的遗憾，只等未来顺治贯钞的实物发现和史籍笔记的发掘，填补空白。

（二）五天、四乾、五宇、四广官钱号

道光初年，民间已盛行银钱票帖，存储银钱即发给帖票，见帖票即付银钱。银票立兑纹银，钱票立换制钱。这种以银易票、按票付银，以钱易票、按票支钱的理念，深得工商交易的信任、地方百姓的民心，当时朝廷薪俸、军饷灾账，河费等各项款目烦琐，中央无法筹措财源，制钱日夜制造也无法支付庞大的费用，朝野议论救国济民之方，只有行钞法之策发行银钱官票，以上济国用，下便民生。

道光二十一年（1841年）十二月初六日，奉旨请于京师内外城，酌设官银号二三座，以济民用折、著照所设办理，即派内务府大臣敬徵、裕诚、恩桂，慎选习员，实心经理，此项本银由广储司封贮银五十万两内陆续领用，将生息充盈，再行决定归本章程，奏明核辨。钦此。

道光二十五年（1845年）内务府设立天元、天亨、天利、天贞、西天元五官号，或称天字号官铺，发行通用银钱票，所得获利，作为内务府进款，当时对朝廷财经颇有贡献。

道光五天官银钱票，银钱兑换，信用可靠，朝廷官吏、民间百姓全力支持拥护。无论找零、兑换、市肆、畅通无阻，已无疑忌，持有不及时取用银钱者，换取纸票流转通行携带称便。官银钱号设立之后，本银丰裕，决无匮乏之虞。民间持票取钱，尽可源源应对。民用既便，公用自充。日久官票流通，如兵丁之饷，官员公费及各项工程，都以官票酌成搭放。官银钱号初列时期，成绩斐然发行卓越。

咸丰三年（1853年）二月，副都御史和淳等折，请令道光五天官银钱号以京票替代户部官票，大清宝钞放饷，官俸、职薪及一切杂项支付，均照现行发票，以京钱四千文折合银一两，照全数支给，不折不扣，无须按成搭放。户工二部钱局已无可发之款，即按卯期铸钱，所有总数，分运天元、天亨、天利、天贞、西天元五官银钱铺，以备各处支取。并可暂借内务库银贮数万两，以济五官铺协用。民间以钱易票，照数发给，钱票相数并用不悖，且无弊病发生。

咸丰三年（1853年）副御史和淳、文瑞奏请变通钞法，行使银钱票，部议设立官银钱号以内务府八万吊库藏为资本，于署内设置官票厅、户部设立官银钱总局。设乾豫于东四牌楼路东，乾恒于东江米巷路北，乾丰于新街口路北，乾益于西单牌楼路东。四官号为户部四乾官号，或称乾字号官铺，四乾号发行银钱票，以经营交换满清，八旗官兵粮饷为目的。

咸丰三年（1853年）秋，置宝钞局于东交民巷，分局于东华门外丁字街，统归官票厅司员管理。设宇升、宇恒、宇丰、宇泰、宇谦五官号，为五宇官号，或称宇

字官钱铺。开放铺中钞本，发行银钱票。

咸丰三年（1853年）圆明园八旗包衣，三旗官兵，共同组织设广益官钱号于海甸老虎洞，广盛官钱号于树村。满洲火器营设立广通官钱号于廊房头条胡同，广亨官钱号于打磨厂为四广官钱号，或称广字号官铺，发行钱票，兑换银钱，以兑换八旗包衣、三旗官兵、火器营银钱票为目的。这些官钱号设立之初信誉极佳，收放自如，畅通无阻。但受太平天国战乱影响，以铺号银钱票筹措军饷，越发越多。银钱兑换资本空虚，逐年随月贬值，摧毁了官银钱票的信用。如：

咸丰四年（1854年），五天官银钱号，协助京城八旗兵饷。

咸丰五年（1855年），五宇官银钱铺，协助兵饷现钞三成，四乾官银钱号，协助兵饷现钞七成。银钱兑换，信用诚实、官兵乐于持有。

咸丰七年（1857年），四乾、五宇九家官银钱铺，为朝廷解决财政困难，对兵饷的协助发放，将八成宝银更以钱票，信用开始失落，有票无法领取银钱，自此内务府官银钱铺的信誉在官兵心中逐渐消失。

咸丰九年（1859年），八旗兵饷搭放三成现银，八月起，八旗兵饷搭放五成现银，其余银两，仍由乾豫等九官号开票发放。

咸丰十年（1860年），五天官银钱号，户部四乾官号互相往来开票，私自买卖银钱，竟图私利，弊病丛生。官票每张面值竟有高达一二千吊、三五千吊、八九千吊，甚至高达万吊，数万吊。假借钱庄行号之名，代为买卖交换，贪图厚利不计其数，四牌楼广和等钱号老板焦德顺、源太平、李达泉、陆万年、陆永隆等大商贾，官商勾结，替代官银钱号收买银两，每日高达数万两，或数十万两，百万两。国家宝银之利，竟饱官票铺官吏，钱铺行号老板私囊之中。使国家财政收往日益短拙，金融活动受阻，市无银钱交易。

咸丰十年（1860年），户部尚书肃顺，折请四乾五宇官钱号将银钱各票贬值，兑现官兵薪饷，四乾五宇官银钱号按当时市价兑换给予官兵现银现钱，解除官兵薪饷难题。由于四乾五宇官银钱号在京城内外总计发行有三四千万吊，如何应朝廷压力，如何为官兵薪饷信用，官号煞费心机。既保朝廷财政支出诚信，亦须安定军商民心，现实环境是十分困难。朝野未见其利，深受其害。京城内外发生挤兑银钱现象，中央府库空虚匮乏，无法提供财政支给。户部官票大清宝钞兑现银钱困难。四乾五宇官银钱号的信用也将成为历史记忆。

咸丰十一年（1861年）十月户部周祖培折议，以捐铜局捐项变法，暂行收官钱票，每月可收一百数十万吊，已发出官票一千五百七十四余万吊计，一年内可以收清，户部官票收清之日，将道光年间内务府设立的天元、天亨、天利、天贞、西天元五大字号官铺，会同内务府办理，或将换撤招牌、更名改制。同年户部将乾豫、乾恒、乾丰、乾益四乾官银钱铺号设施，行号招牌，现有钱票，铺存票版等，一律销毁，撤散户部银钱号字样名称，交予顺天府管理，更改为民间私铺私号，继续营业民间兑换。四乾官号之原保铺号恒利、恒和、恒兴、恒源、鸿仪、庆淦、广利等商贾，官商勾结图利，交予五城守备查明严惩治罪。

咸丰十一年（1861年）冬，宇字号官银钱铺之宇恒、宇丰、宇泰、宇谦同时撤散（宇升已于咸丰七年裁歇），五宇将退出金融舞台。

咸丰十一年（1861年）十一月，广字号官银银号之广益、广盛、广亨、广通，也扮演完调济户部官票大清宝钞角色后，别离满洲朝廷、汉家百姓。

户部奏折，从咸丰三年（1853年）六月起至咸丰九年（1859年）五月止，"五天"、"四乾"九官号共发出长开京钱票一千五百六十七万九千九十七吊六百九十文。而《户部银库大进黄册》记录，单是咸丰五年、六年、九年、十年计四年所发的京钱票就达二百十八亿二千七百五十五万二千三百四十八文。

九官号虽然于咸丰十一年（1861年）被裁撤，但遗留下来一个非常棘手的问题，就是对已发出的银钱票如何收兑。据同治六年（1867年）正月初十京城六十五家当铺呈于户部的公文称：九官号裁撤之后单是京城六十五家当铺所保存的五大官号的私票就达四百十八万吊之多。

同治三年（1864年）二月初五，户部就结清这些官票私票，拟了一份奏折，规定：对官号银钱票除收回捐项留抵各衙门存公之款，捐铜局收捐项下以四十吊作银一两，发还各衙门，以清款项，毋庸收捐。对于各官员所开私票，则勒限清偿，九官号银钱票一直到同治三年（1864年）十月才全部结清。

→ 026-1 /
天元银号
叁拾吊
美国史迪威将军旧藏

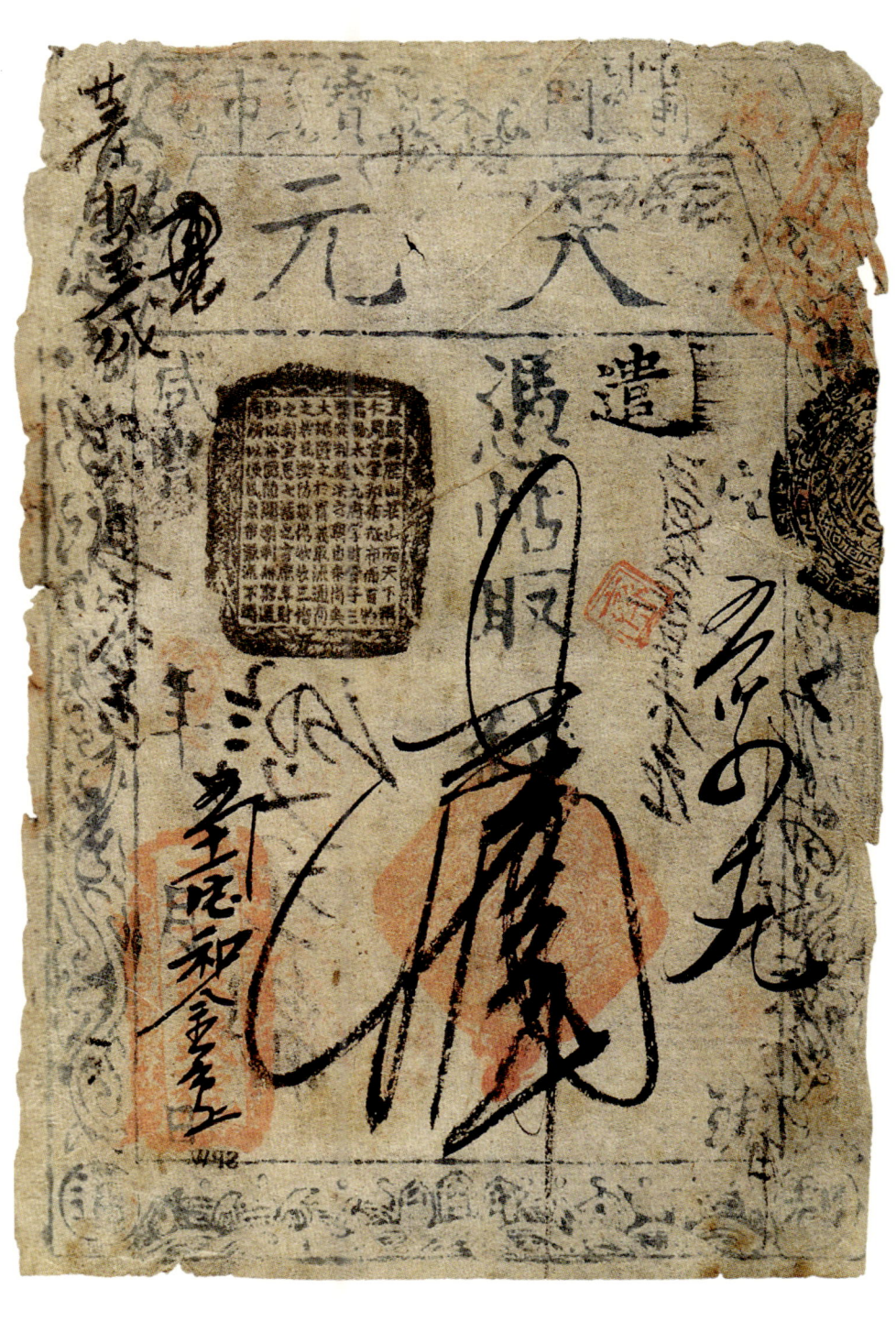

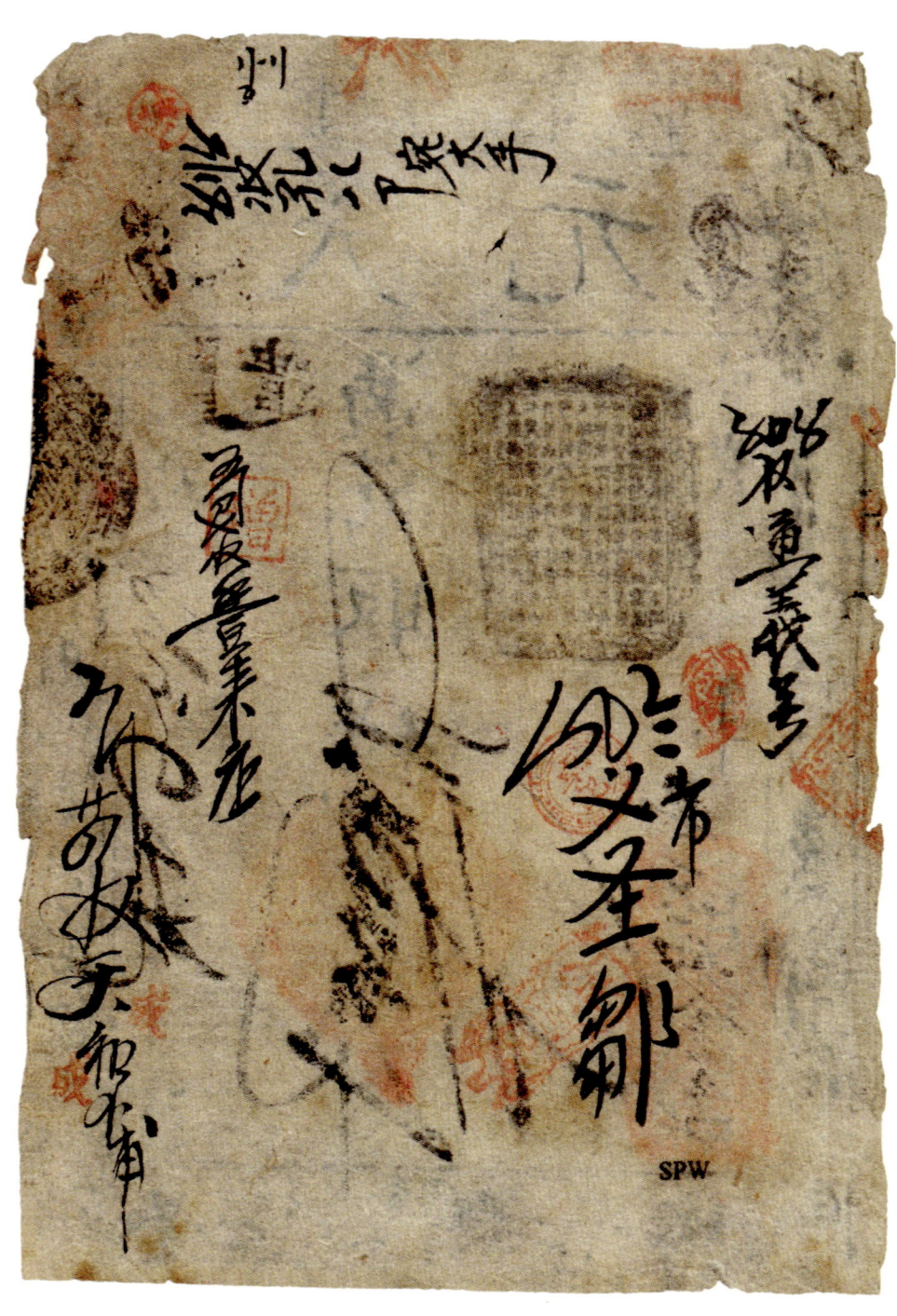

←026-2 /
天元银号
叁拾吊（背）

→027-1 /
天元银钱号
拾吊
孙彬

→→027-2 /
天元银钱号
拾吊（背）

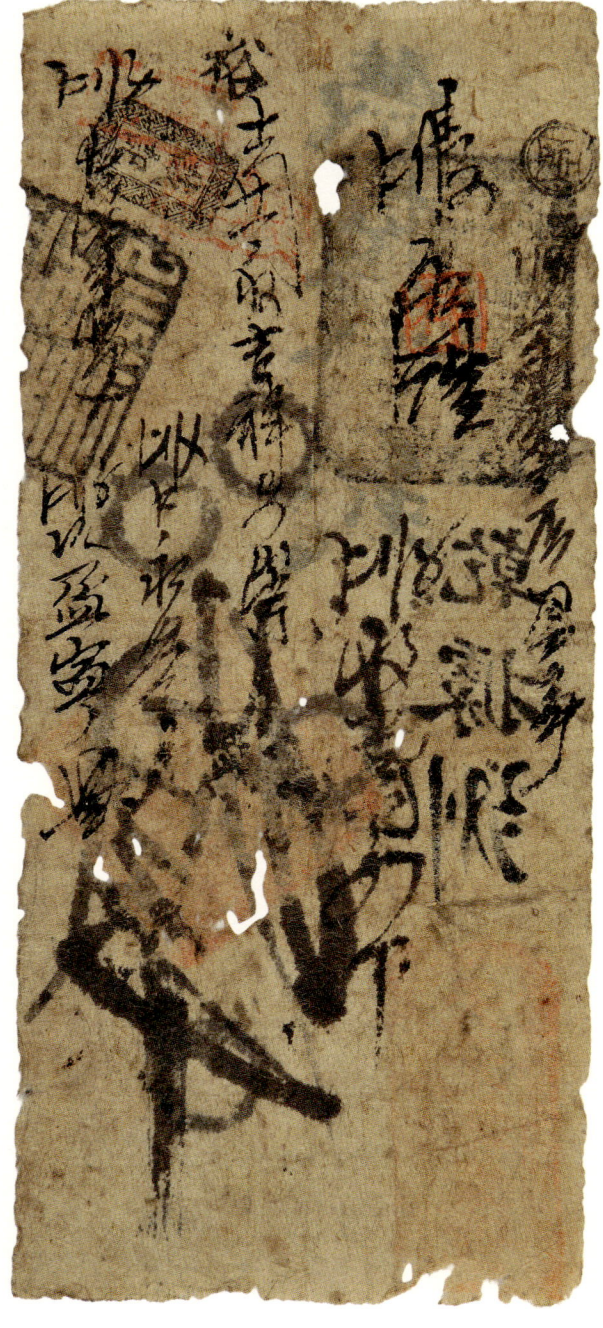

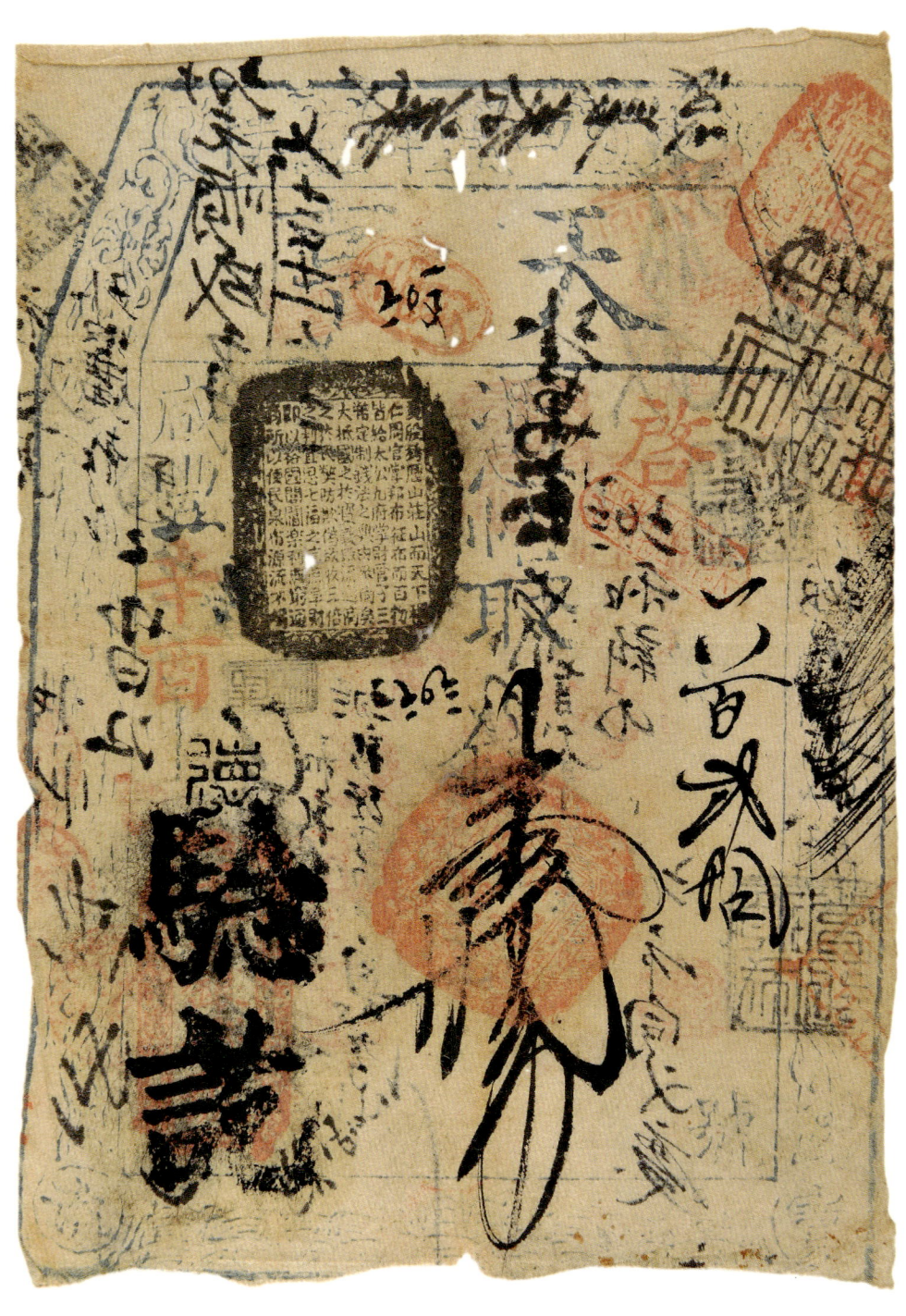

← 028-1 /
天亨银钱号
贰吊
(辛酉 1861 年)
刘继辉

→ 028-2 /
天亨银钱号
贰吊(背)
(辛酉 1861 年)

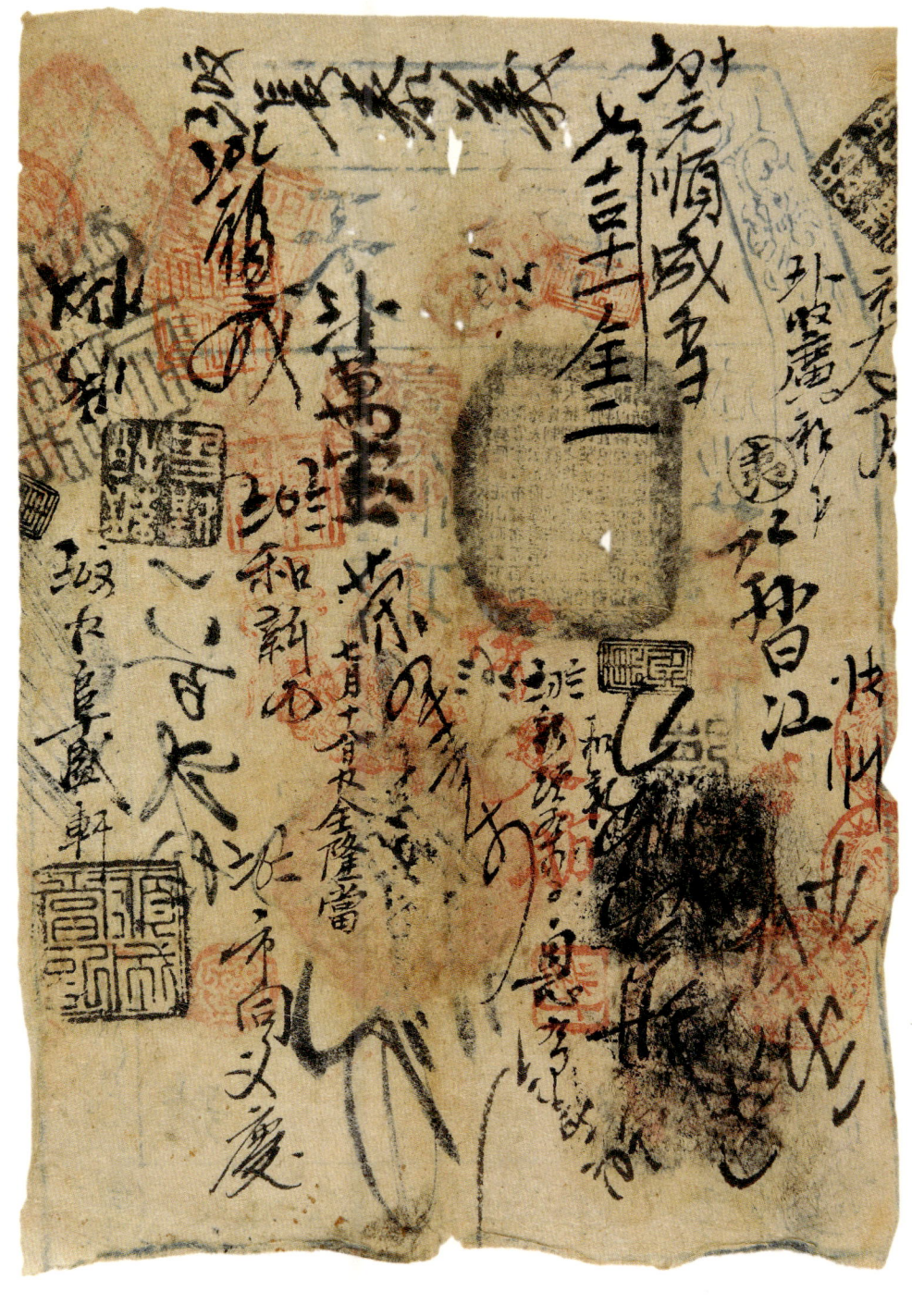

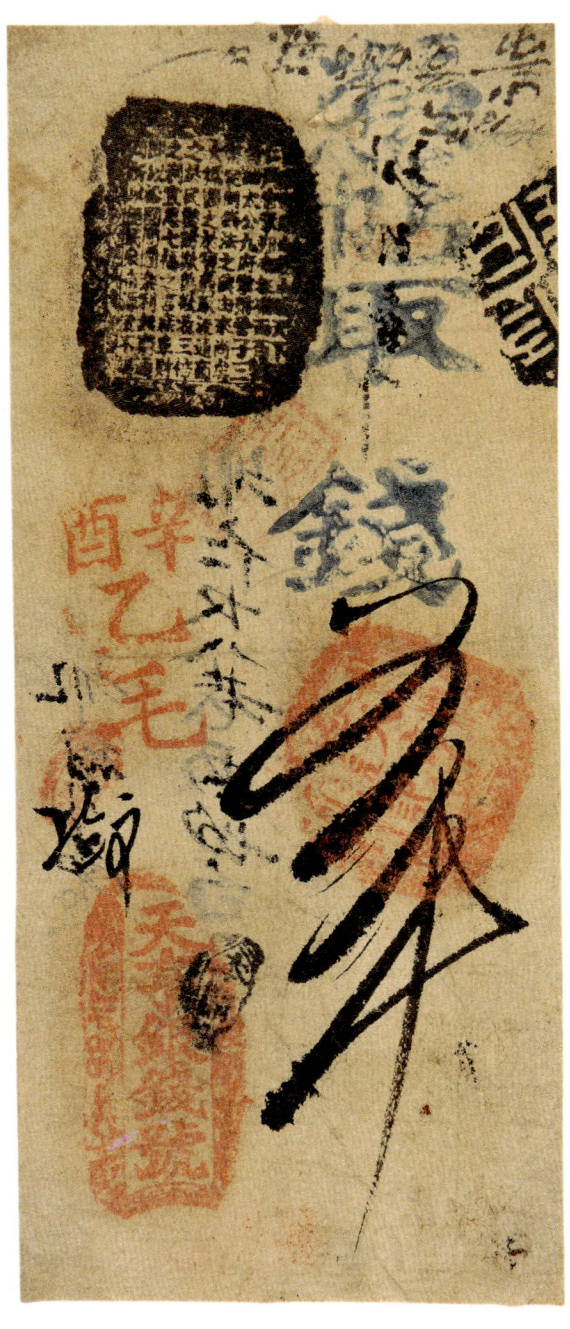

← 029 /
天亨银钱号
伍吊
(辛酉 1831 年)
刘文和

→ 030-1 /
天利银钱号
贰吊
孙彬

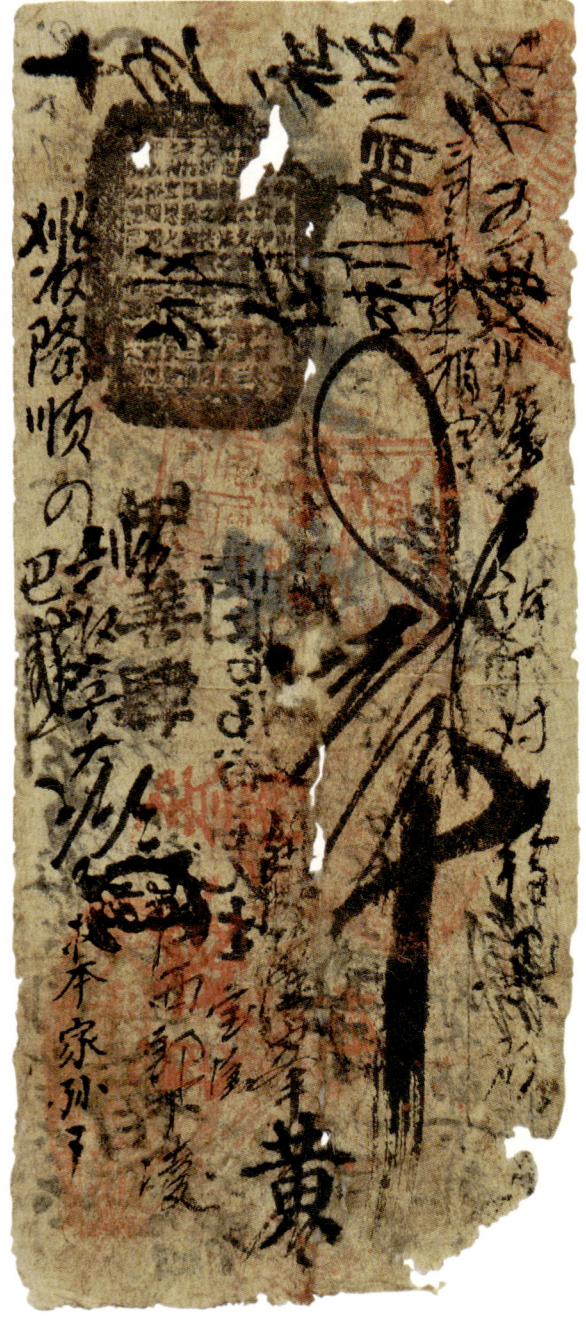
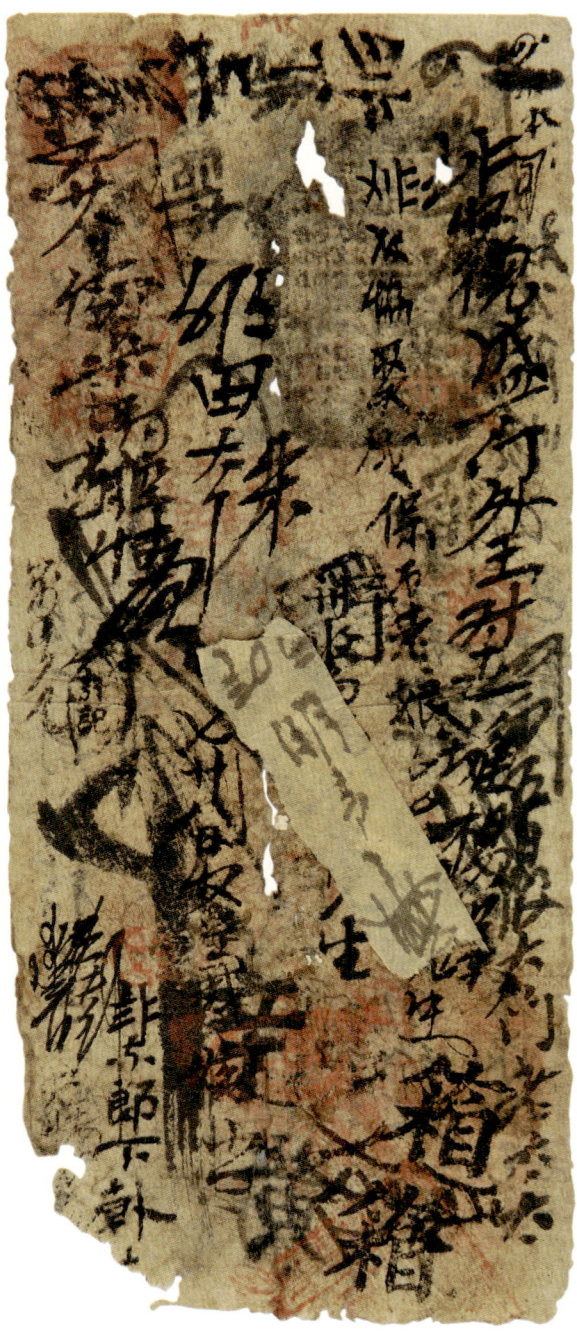

← 030-2 /
天利银钱号
贰吊
孙彬

← 030-3 /
天利银钱号
贰吊（背）
孙彬

→ 031 /
天利银钱号
肆吊
孙彬

← 032 /
天贞银钱号
伍拾吊
（咸丰）
上海博物馆

→ 033 /
天贞银钱号
叁拾吊
美国史迪威将军旧藏

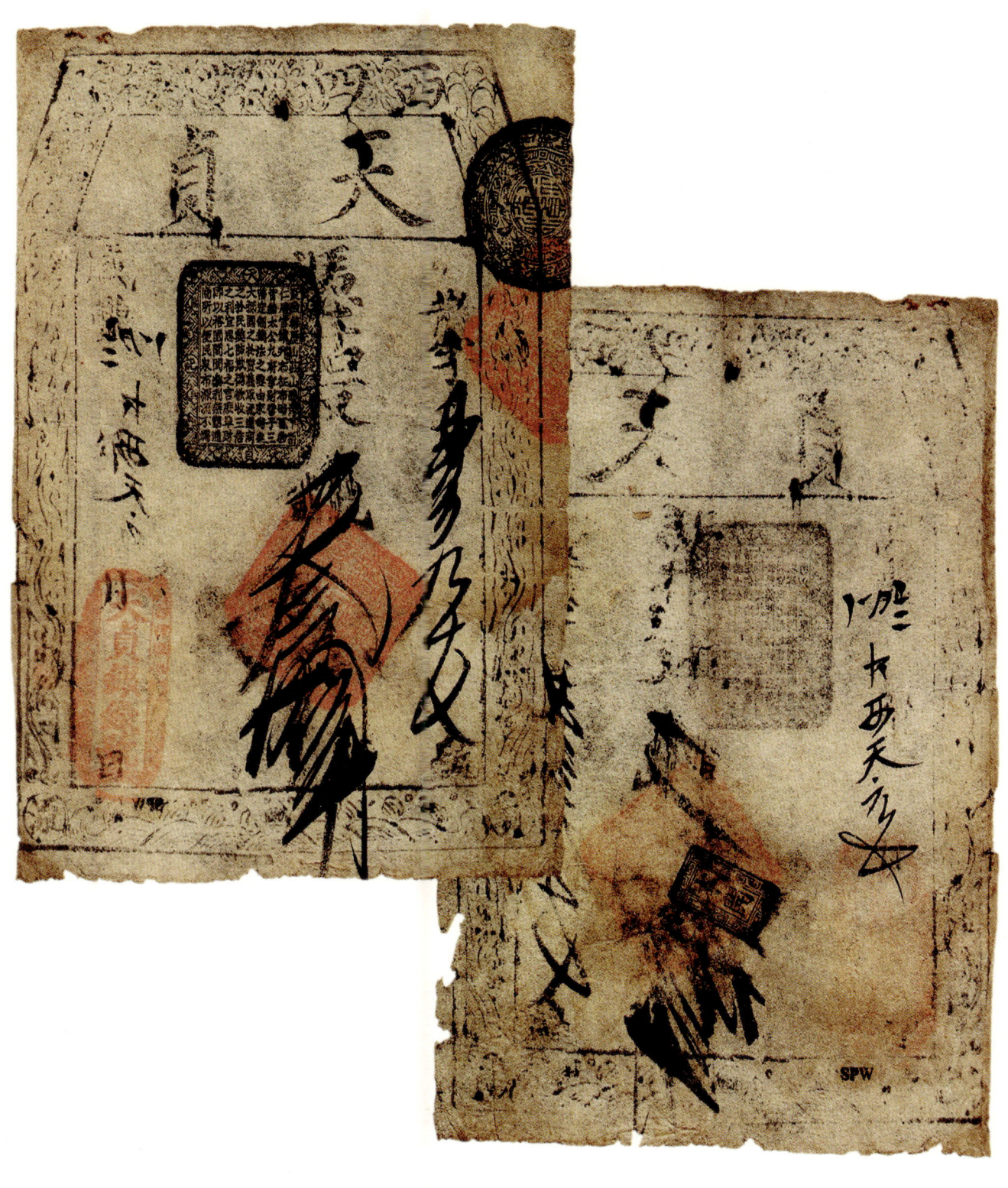

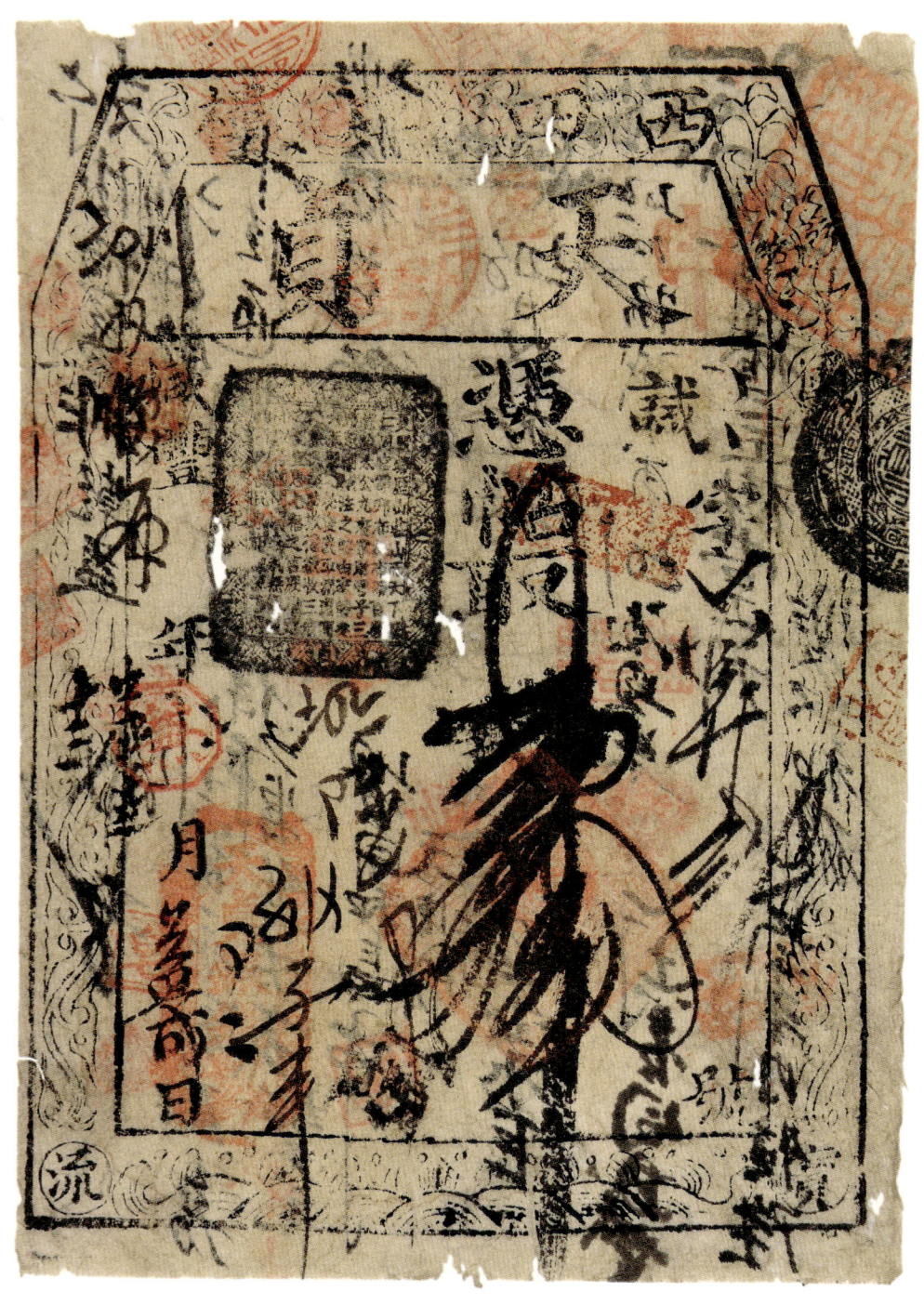

← 034-1 /
天贞银钱号
壹拾吊
董沅朋

→ 034-2 /
天贞银钱号
壹拾吊（背）
董沅朋

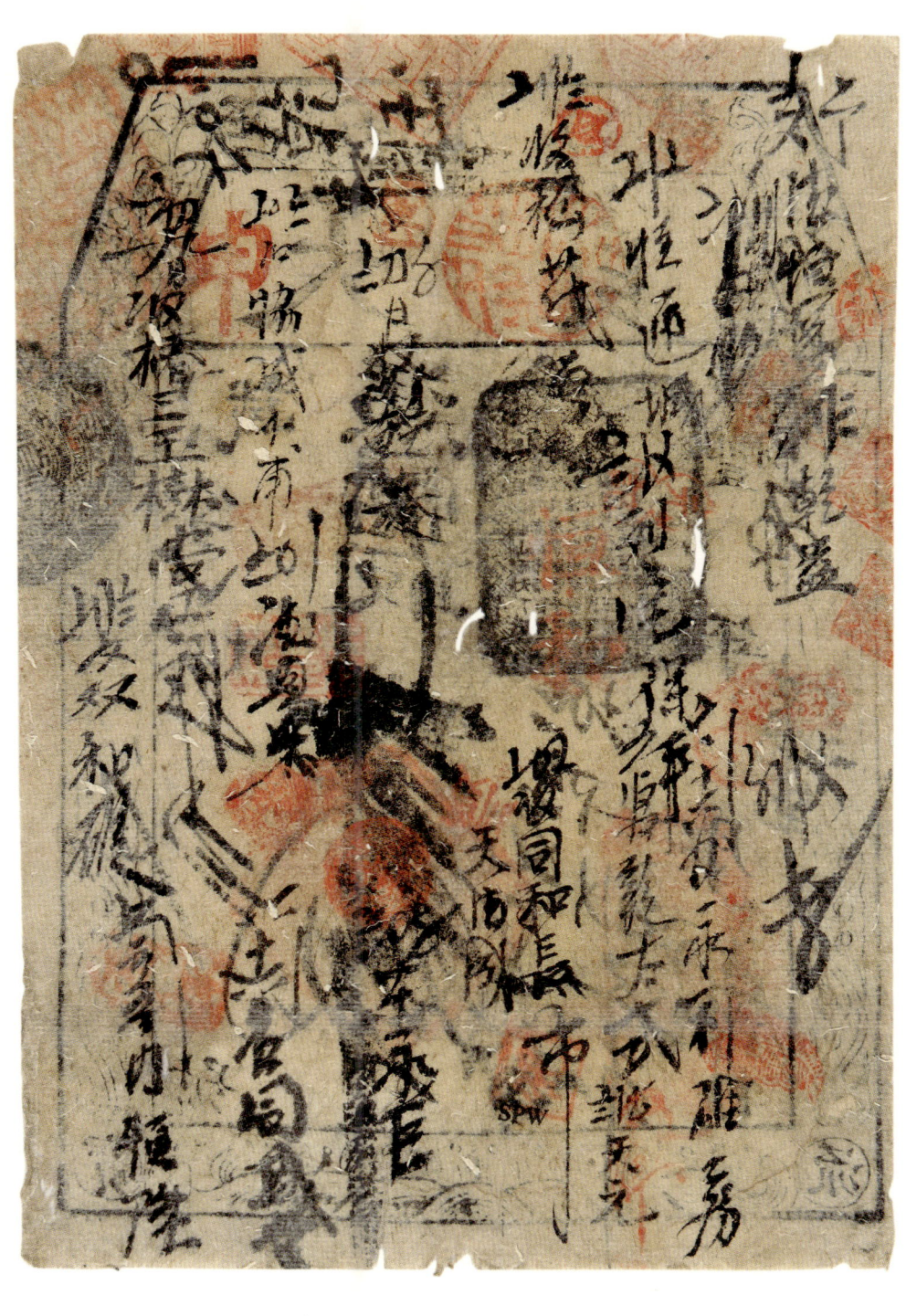

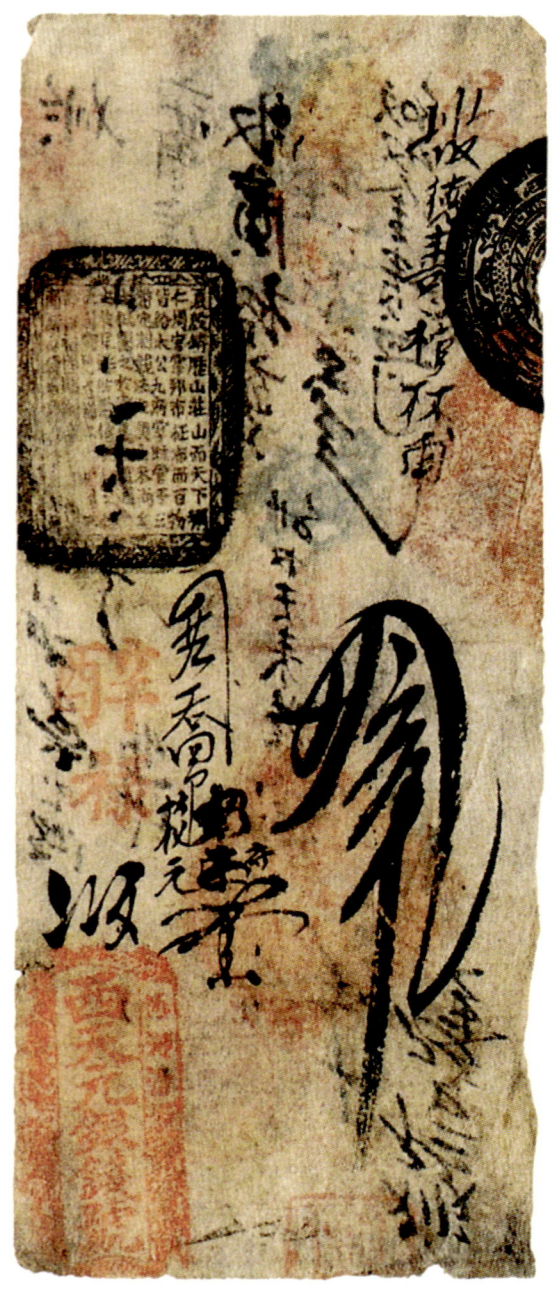
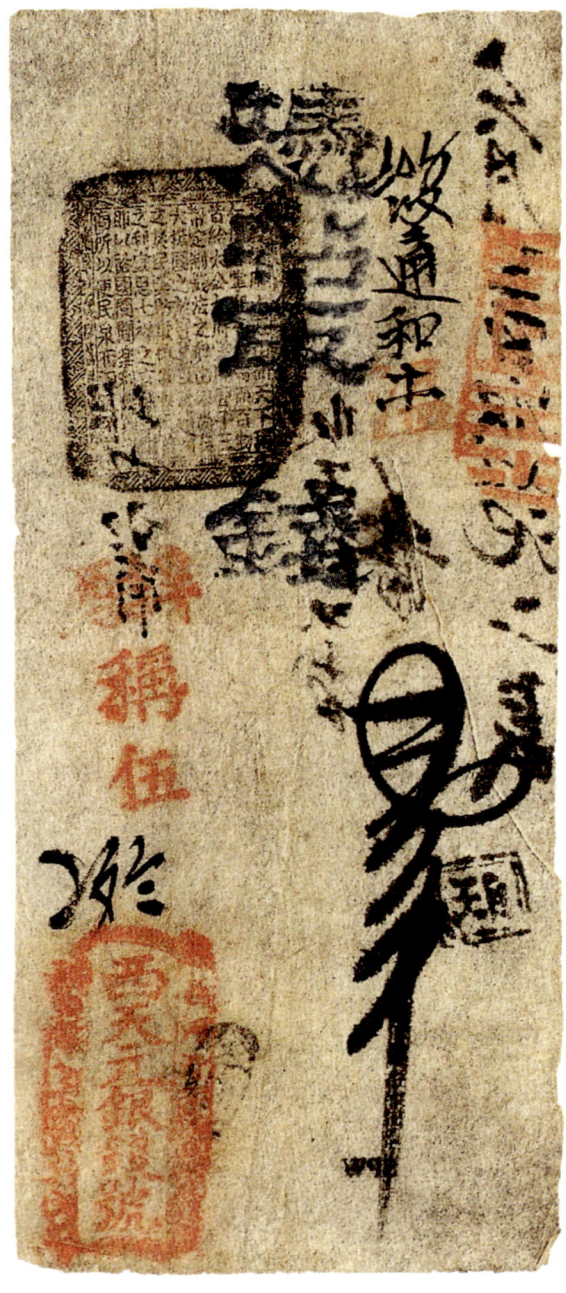

←← 035 /
西天元银钱号
拾吊
王士平旧藏

← 036 /
西天元银钱号
壹吊
王士平旧藏

→ 037 /
户部乾豫官号
贰拾吊
（咸丰）
上海银行博物馆

←— 038 /
户部乾豫官银号
贰吊
（乙卯 1855 年）
上海博物馆

←— 039 /
户部乾恒官号
贰吊
（丙辰 1856 年）
上海博物馆

→ 040 /
户部乾丰官号
贰吊
刘文和

→→ 041 /
户部乾丰官号
壹吊
上海博物馆

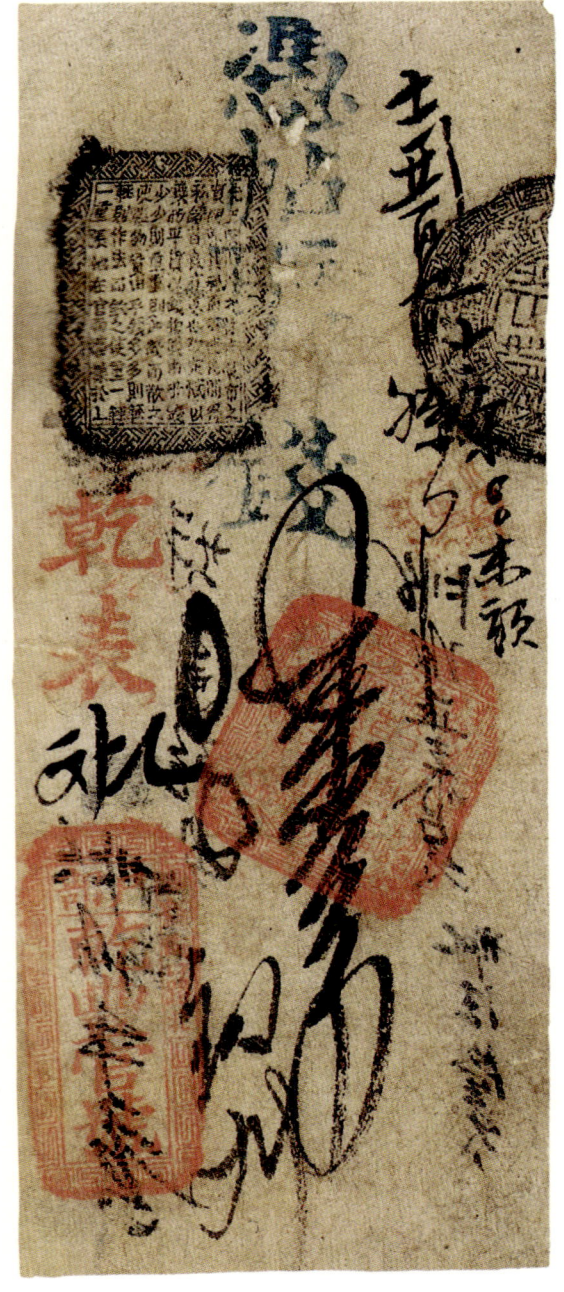

←— 042 /
户部乾益官号
贰吊
美国史迪威将军旧藏

←— 043 /
户部乾益官号
贰吊
刘文和旧藏

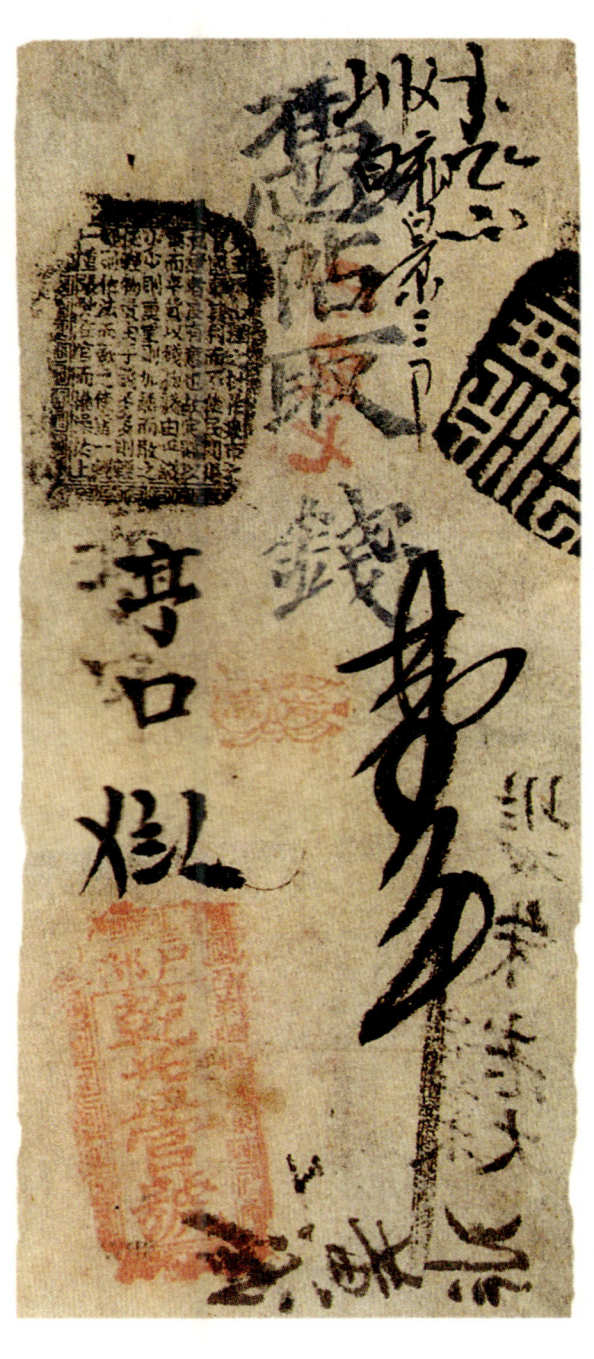

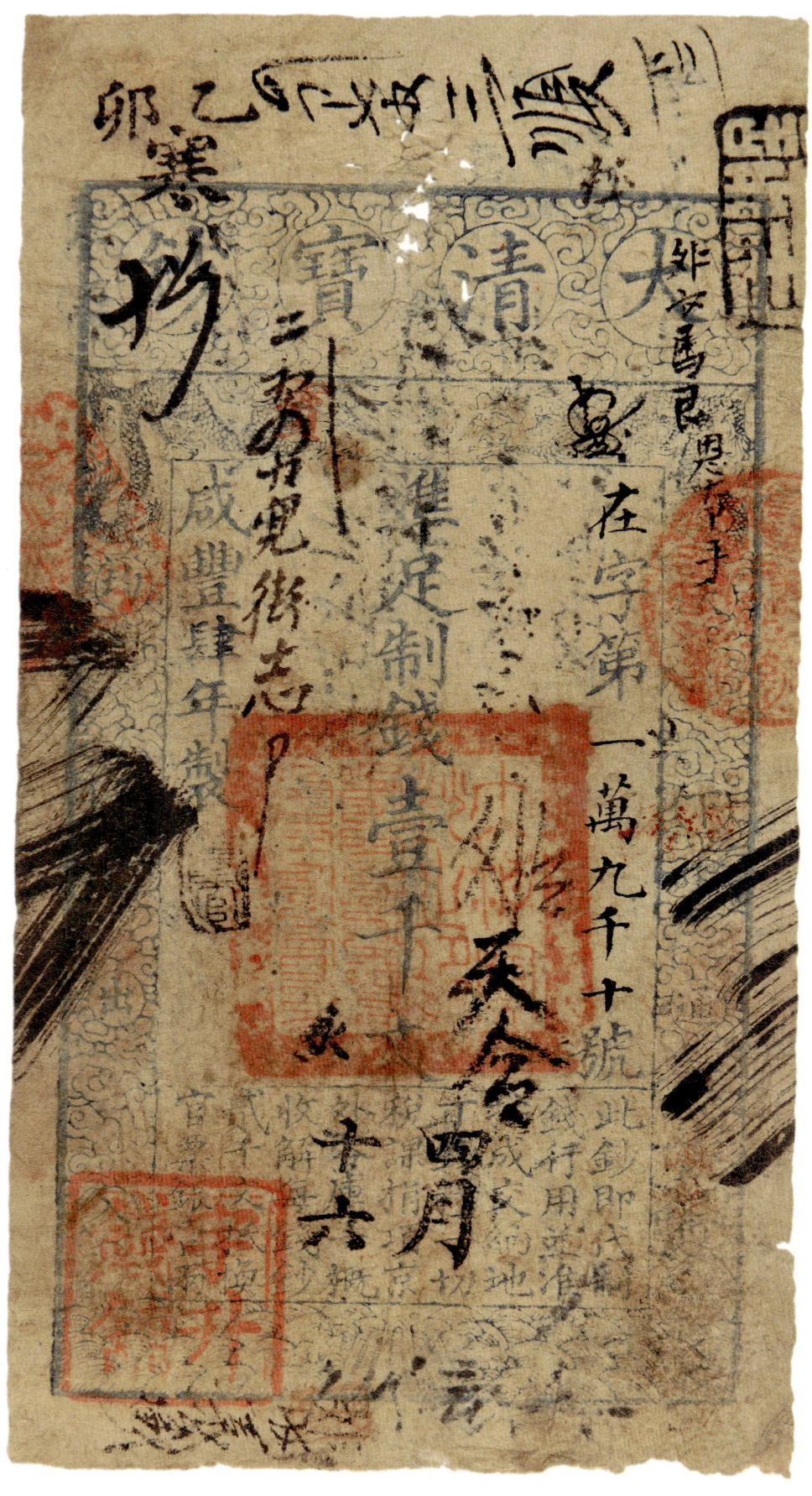

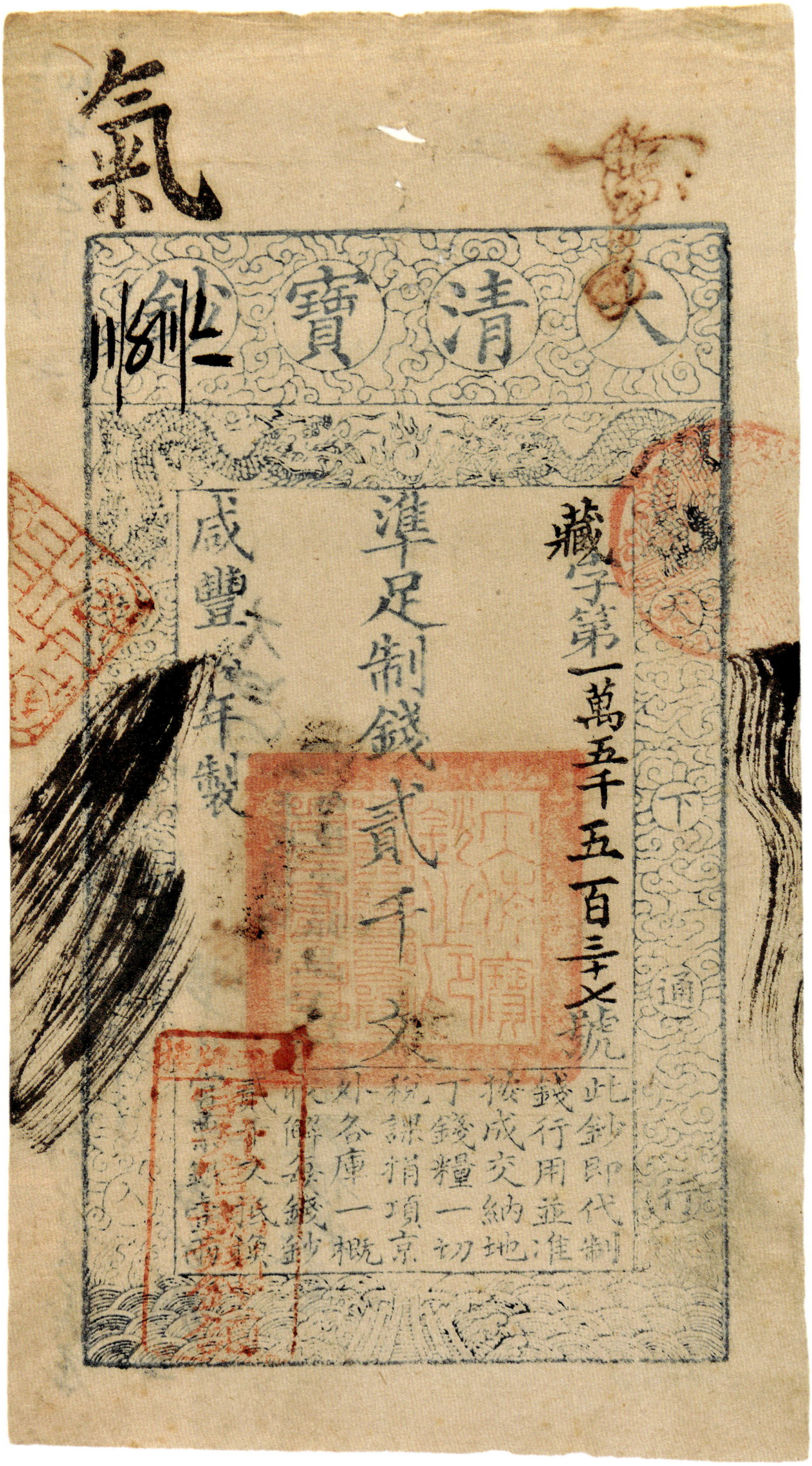

大清寶鈔

藏字第一萬五千五百三十七號

準足制錢貳千文

咸豐柒年製

此鈔即代制錢行用並准按成交納地丁錢糧一切稅課捐項京外各庫一概收解每錢鈔貳千文抵銀壹兩

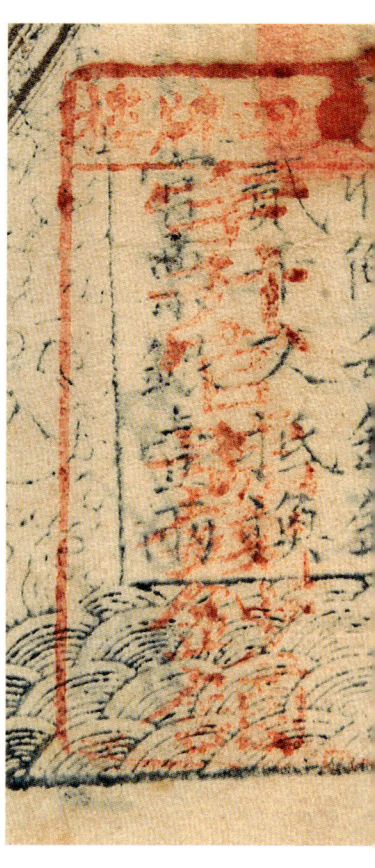

←— 045-1 /
宇升官银钱钞铺加盖票
贰千文（正）
（咸丰年）
孙彬

→ 046 /
宇升官号加盖票
伍百文
（咸丰陆年）
马定祥旧藏

←— 045-2 /
宇升官银钱钞铺加盖票
贰千文（局部放大）
（咸丰年）
孙彬

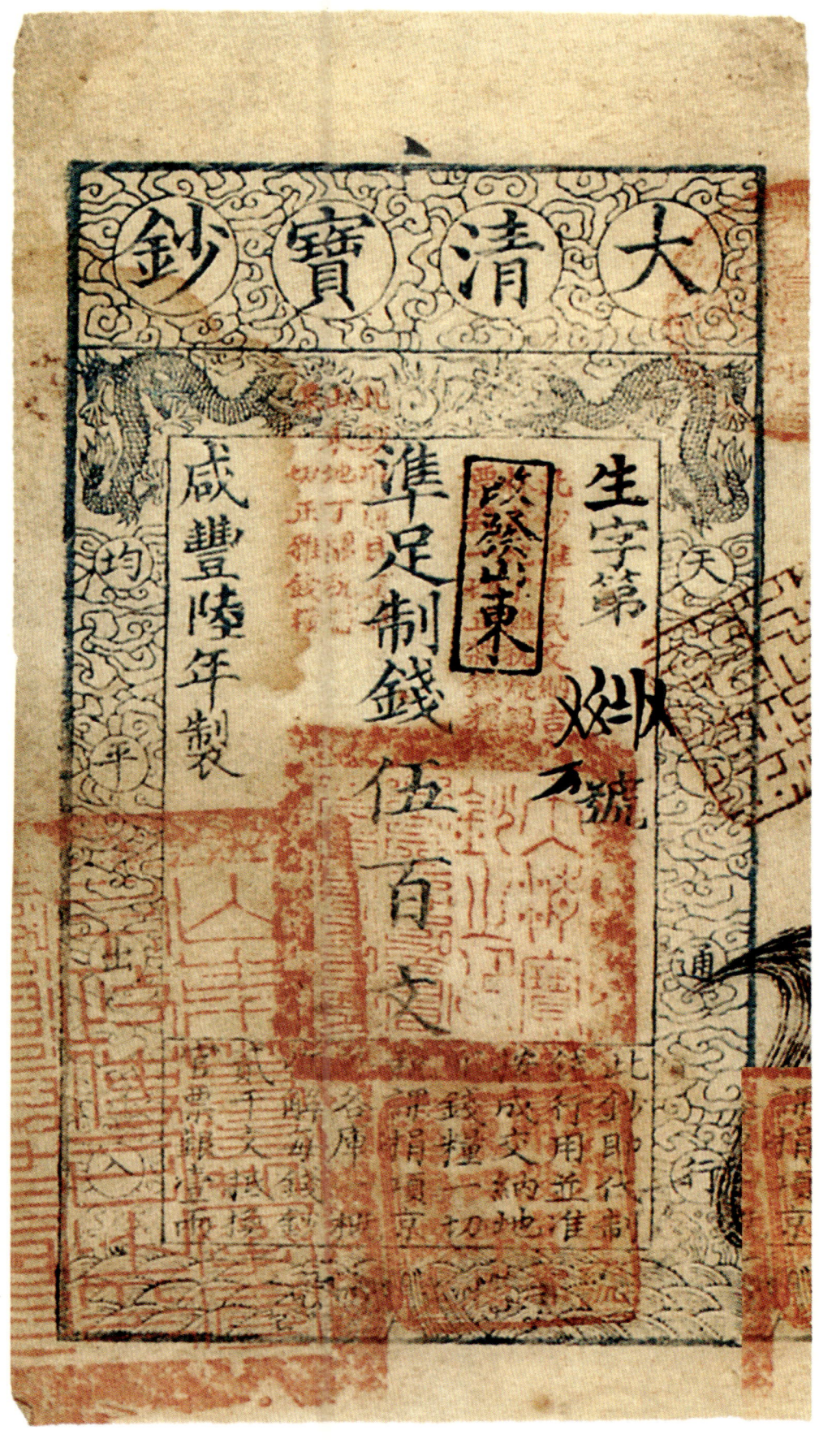

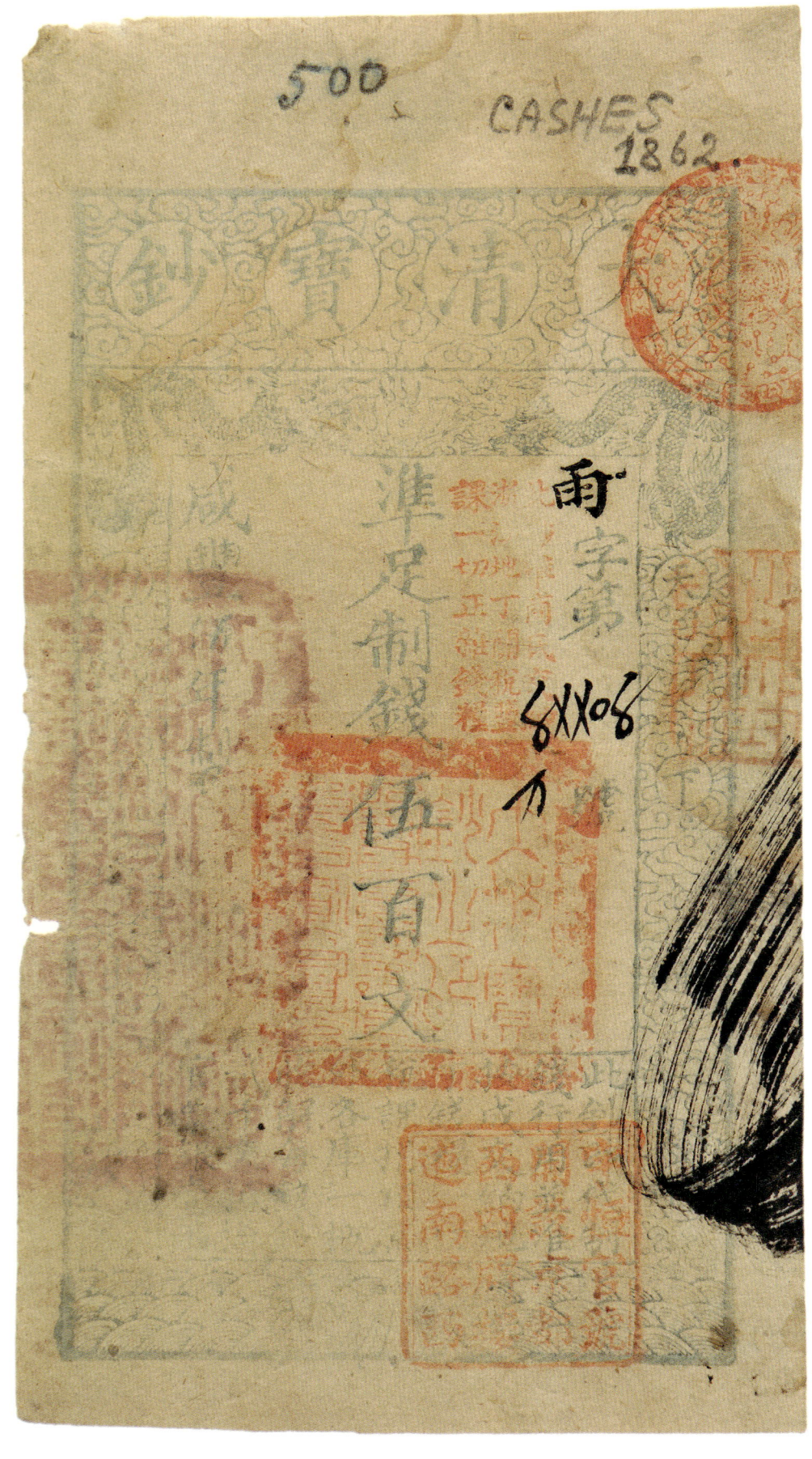

← 047-1 /
宇恒官号加盖票
伍百文
（咸丰五年）
孙彬

→ 047-2 /
宇恒官号加盖票
伍百文（局部放大）
（咸丰五年）
孙彬

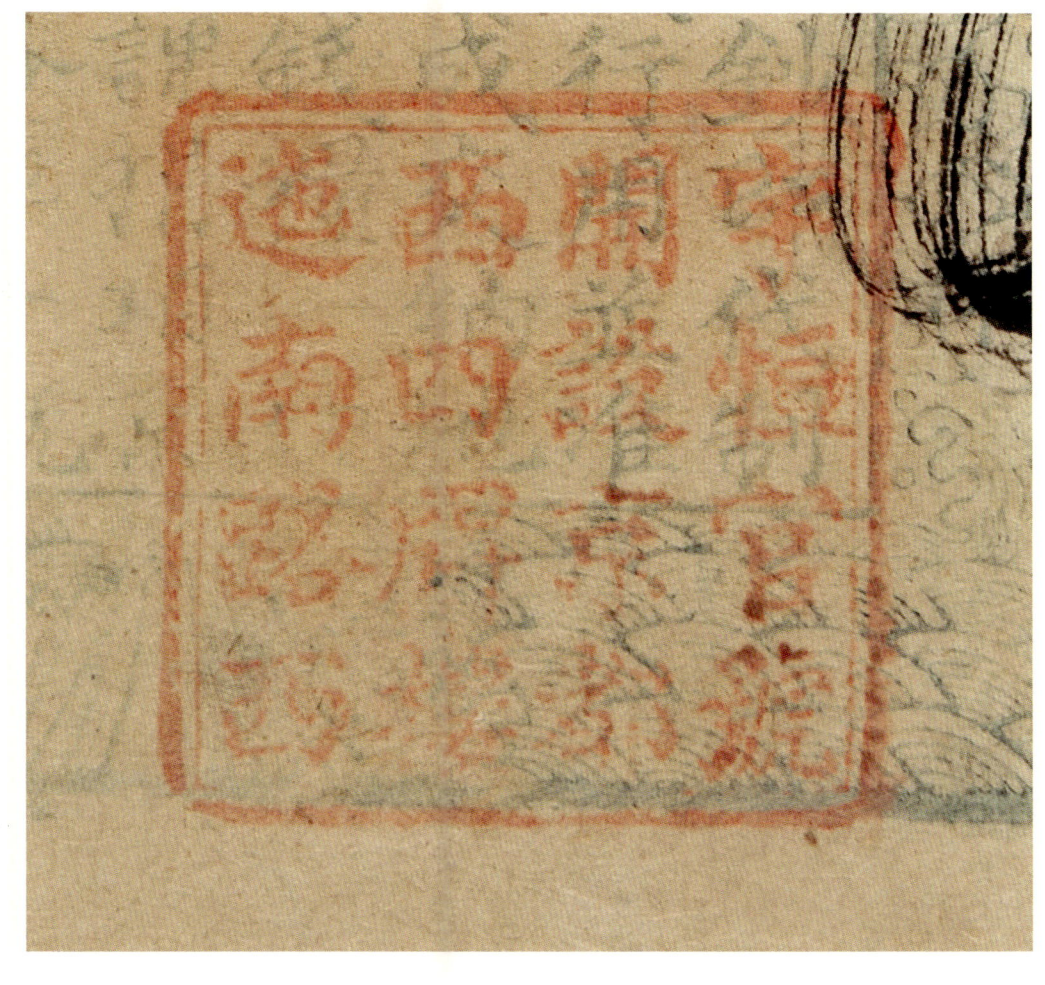

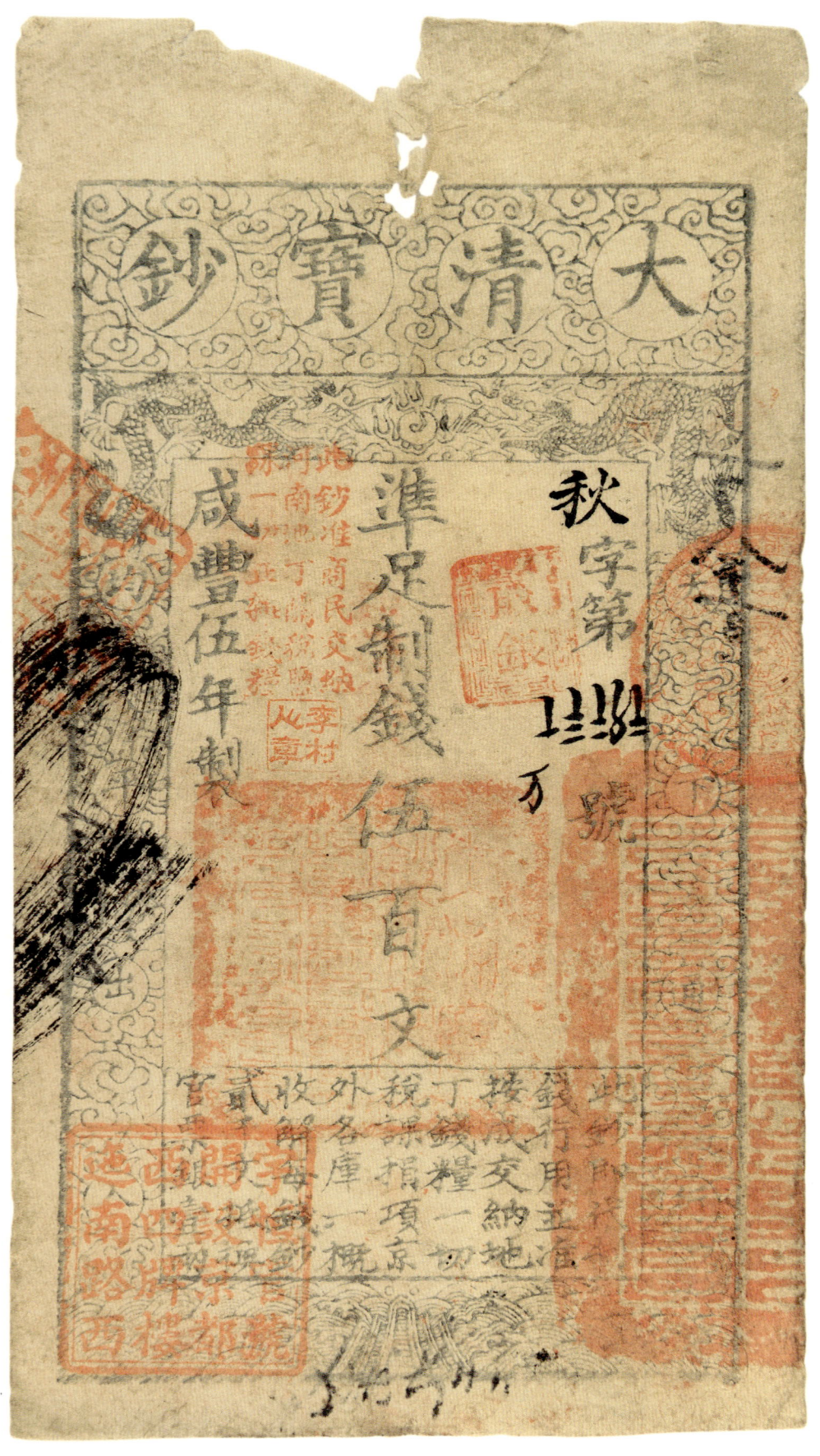

←047-3 /
宇恒官号加盖票
伍佰文
(咸丰伍年)
刘文和

→047-4 /
宇恒官号加盖票
伍佰文
(咸丰伍年)(背)
刘文和

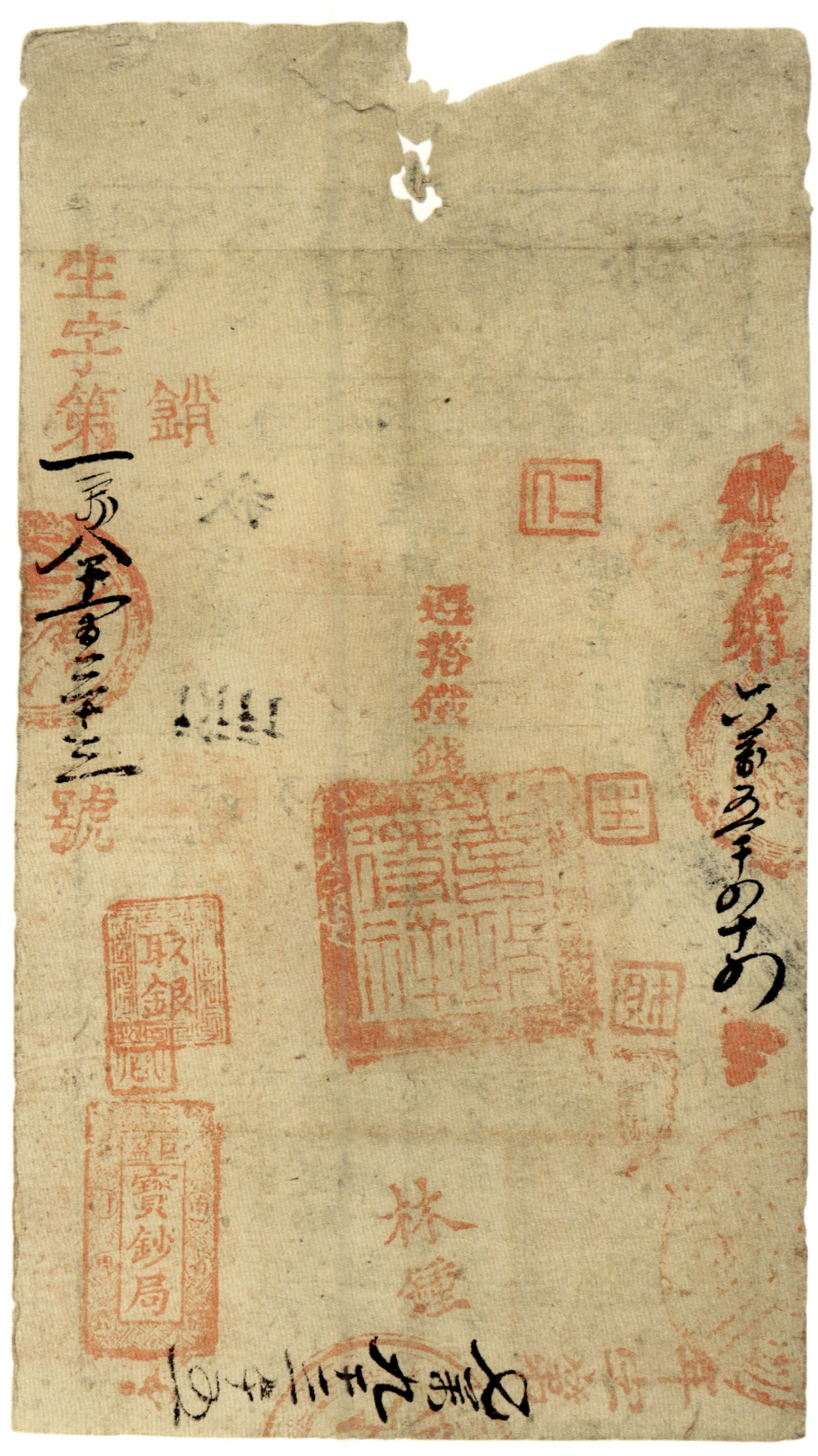

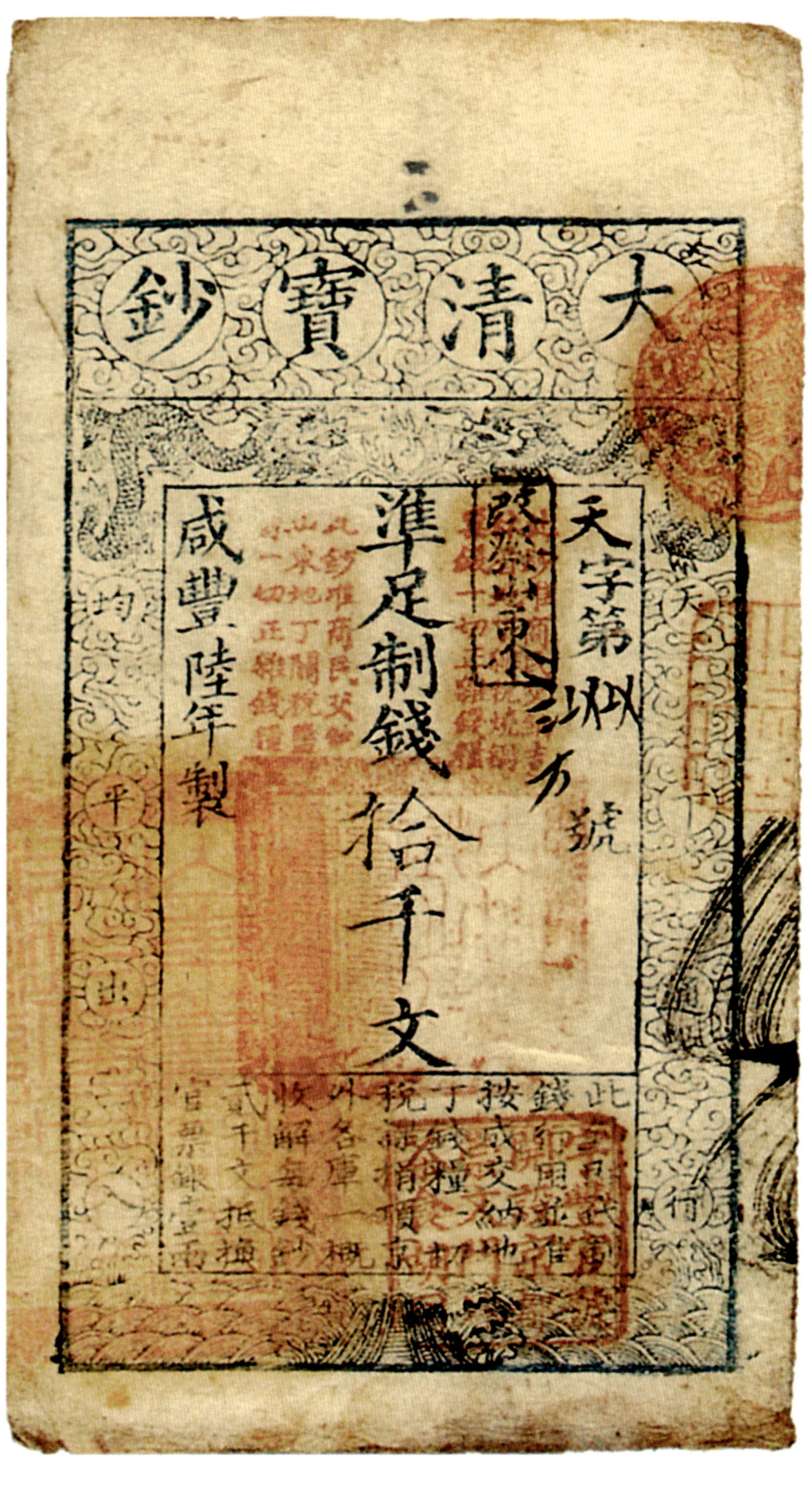

←048 /
宇丰官号加盖票
拾千文
（咸丰陆年）
马定祥旧藏

→049 /
宇泰官号加盖票
壹千文
（咸丰肆年）
徐枫旧藏

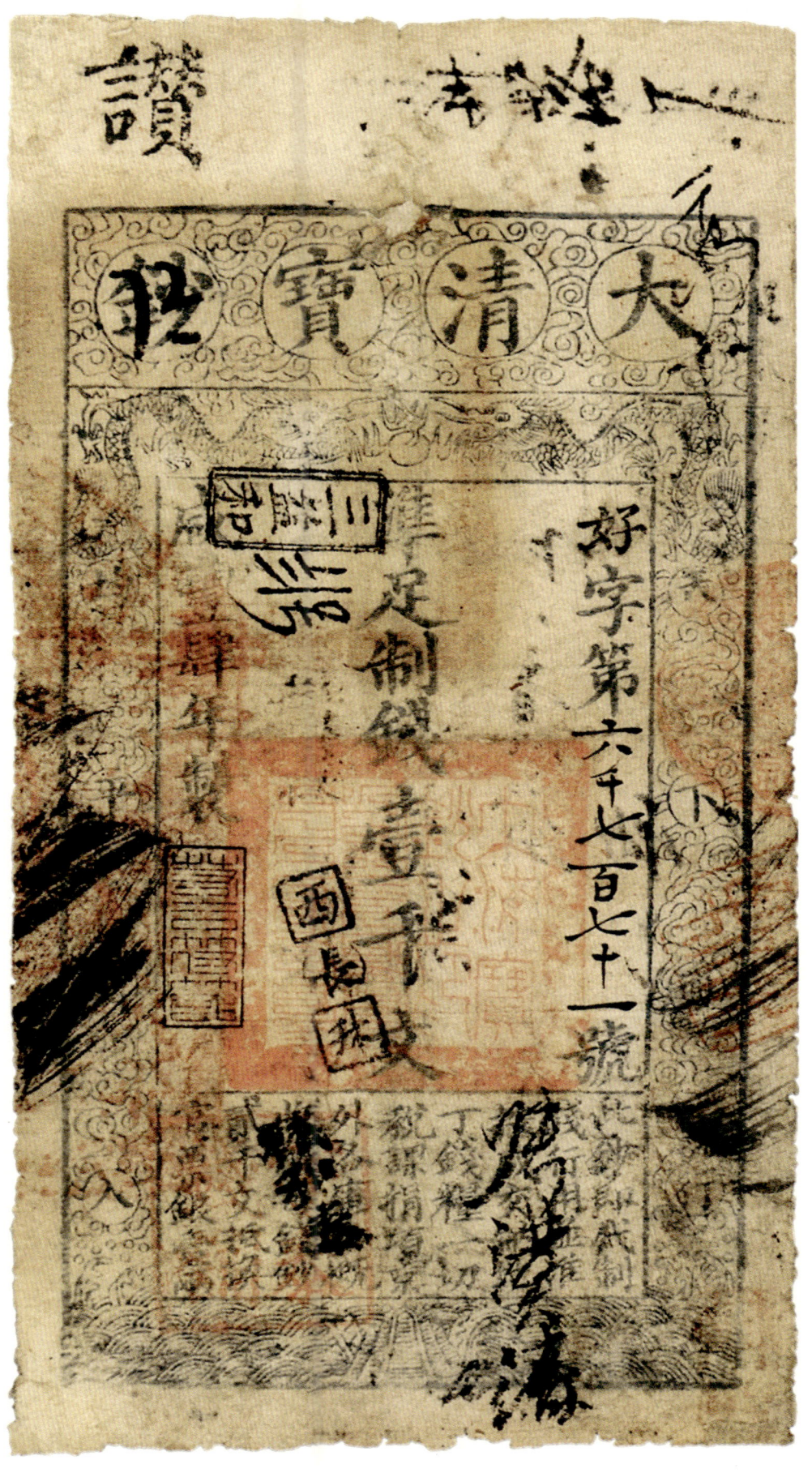

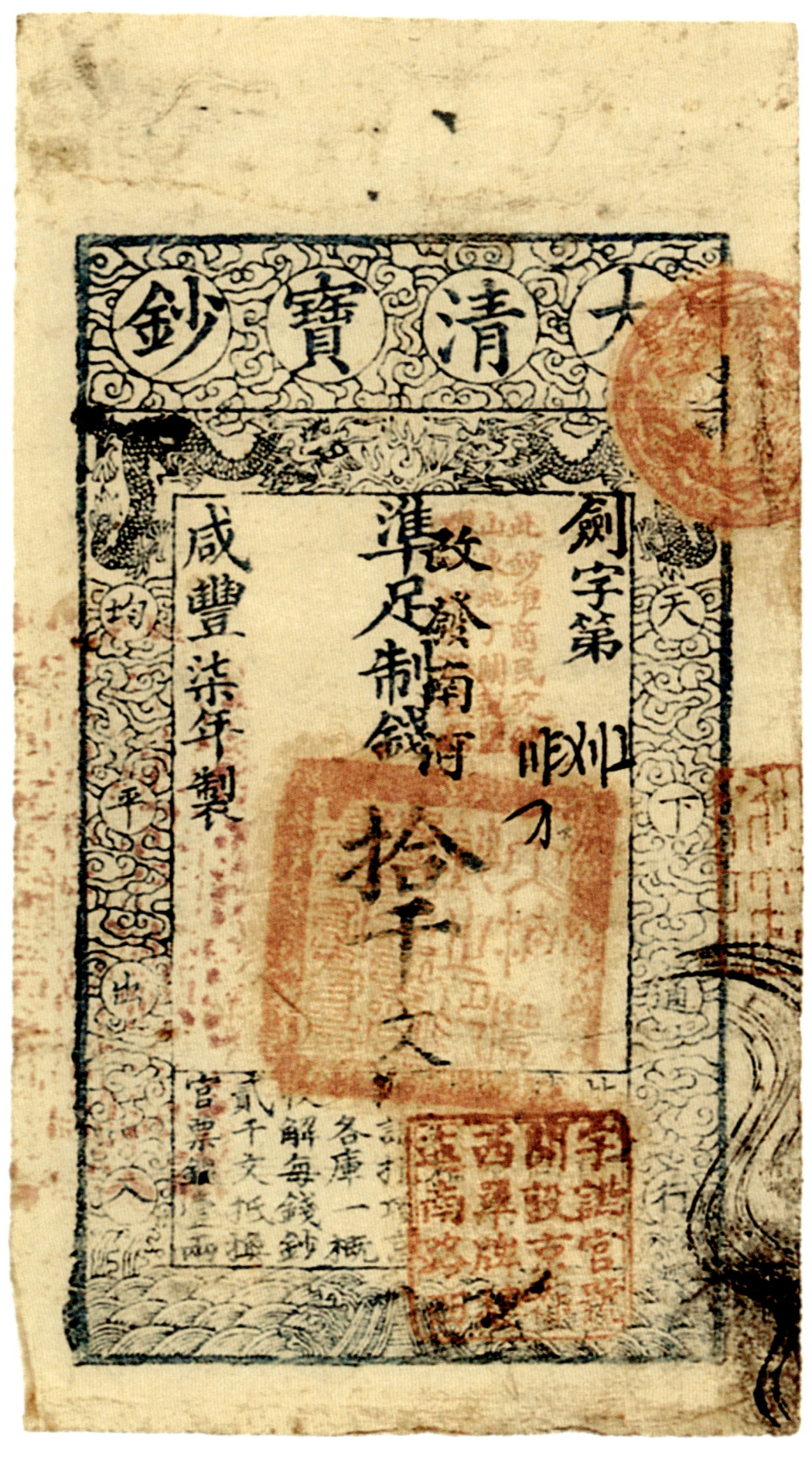

←050 /
宇谦官号加盖票
拾千文
（咸丰柒年）
马定祥旧藏

（三）户部官票、大清宝钞

1. 户部官票

咸丰朝，爆发了太平天国革命，清政府财政困难，咸丰元年（1851年）九月，陕西道监察御史王茂荫建议清政府，推行钞法。咸丰二年（1852年）九月左都御史花沙纳奏造钞、行钞、换钞三十二条和用钞十四利，清政府命筹备军饷的定郡王载铨会同户部研究发钞。他们建议仿京师钱票流通，就其法而扩充之，推行银票、期票。这些建议，朝廷未同意马上实行。

咸丰三年（1853年），太平军迅猛挺进，占领了东南富庶地区，当时清政府财政极端困难。不得不考虑发行纸币。是年二月谕称："钞法由来已久，本朝初亦行之。近日诸臣纷纷陈请此事，原以济国用之不足。既非废银用钞，亦非责商交银，部库出入通行，并不令稍有畸轻畸重。著户部妥议速行。其各银号钱铺所用私票，仍令照常行用。"同年三月，清政府正式派花沙纳、王茂荫会同户部速议行钞章程，奏明办理，经过筹划，拟定官票试行章程：

奏定推行官票章程
（咸丰三年七月二十一日）

一、京师行用之票，应并票根一同移付银库以凭搭收时核对其伪，其关防号簿永存票所，如有随时持票赴部请验者，该所司员即于号簿查对骑缝印文，是否符合，加用某官验讫戳记，以防日久弊生。惟银库每逢收放日期，诸务繁剧，事多官少，核对为难，拟由臣部行知三库衙门饬委颜料、缎匹二库司员各一个，于搭收时核对票根明确；即加用该员戳记，以便银库兑收。依此互相稽查，可免日后弊混。

一、票张银数一两、三两、五两、十两、五十两，分作五种。每万两用五十两票一百张，十两票四百张，五两票一百张，三两票一百张，一两票二百张，共九百张，正散兼行，以期便于搭用。凡颁发粮台，通行藩库，均以此数配制。现在先拟颁行票银二百万两，共计大小票十八万张。两项皆系外省行用之票，分用高丽笺纸二种，示与京票苔笺有别。

一、颁发各路粮台票张，拟按粮台之大小定票张之多寡，现在分按十处，共发官票25万两，计大小五种22500张。将一两票编为仁字号，三两票编为义字号，五两票编为礼字号，十两票编为智字号，五十两票编为信字号，仍于票面加用粮台两字红戳，与藩库发行之票各大归各项，以便勾稽。

一、颁发各省藩库票张，现在按照大省、中省、小省分别多寡，如奉天、甘肃、云南、贵州，虽系小省，而协拨较多，仍应酌增，以资搭放。合计需银175万两，应发大小五种票157500张。票面各按省名加用红戳，仍于千字文内除上本留为京票编号之用，即接用官字为一两票号，殿字以三两票号，盘字为五两票号，郁字为十两票号，楼字为五十两票号。本年各省票号同此五字，下年以次递推。

一、各路粮台票张需用尤急，现在陆续配制，应照运解饷银之例，先由顺天府委员赴臣部当堂点验封交承领，凡经过驿站地方，一律派员接递，沿途护送。所有各省藩库通行之票，初次亦照此颁发，以后应由各该省派员赍凭赴部请领，以昭慎重。

一、颁发粮台及通行藩库各票，应连票根一并颁行，俟解到后，该省藩库司即于户部堂印下加用司印，将票根截存藩库，以便随时核对，其粮台之票，即先由粮台大员加用印信，截下票根，派员就近解交，该处藩库收存票边，另加由某省藩库核对小字条戳，俾有一定处所，庶便于各处查对，随时发给实银。

一、该所票张造付部库者，系专备京项开支，颁给粮台者，系暂资军营搭放，所需工本饭食，应由银库支领作正开销外，其通行各省银票，应令各该督抚转饬藩司于收到部颁银票后，照各项解部饭银之例，量为酌减，定限一月筹划齐备搭解来京。按所发票根银两数核计，每千两解银三两，以一两运交银库提还选票工本，以二两分解票所作为该所官皂饭及津贴、书吏工食、纸笔之费。所有解到银两，俟有敷余，陆续归还原垫外，自后分别交库交所，庶于经久计为宜。

奉旨：依议。钦此。

《中国近代货币史料》第一辑《钞法汇览》，第356-358页。转引自《北京金融史料·货币篇》，第242-244页。

户部奏呈发行官票章程
（咸丰三年）

谨将试行官票拟定章程十八条恭呈御览。计开：

一、现定试行银票，以京师为始，俟行有成效，再为推行各省。

一、部库放项，除兵饷毋庸搭放外，其在京王公并满汉官员俸银，及各衙门应领款项，缎匹、颜料二库采买物料，并工程等项，定为银八票二搭放。

一、部库收项，凡在京常捐、大捐及完纳税课，并一切交官等项，定为银八票二核收。惟现在部中杂款搭放官票无多，恐外间不敷周转，应俟官票制成搭放之日起，由户部行知各衙门出示晓谕，限三月后一律按成搭收，其限内有无官票搭交者听。

一、官员有在京完缴官项者，所缴系亏赔、代赔并台费银两，亦准以银八票二核收，愿全交银者听。

一、收项照例令缴足库平，使收票与收银不致两歧。

一、各省司及捐纳房遇有交库之项，除银数照常扎库外，其票数付官票所，俟验收时按号对根核明，付银库查收。票根存官票所，票簿存银库，以便互相稽查。

一、收项照例令缴足库平，使收票与收银不致两歧。

一、酌议交兑定则。凡各衙门领到官票，赴银钱号兑换银钱者，或换现银，或换现钱，或换钱票均按照票上所开平色照数付银，暨按本日市价换给钱文钱票，毋许克扣。至应交官项之人，赴银钱号购取官票者，许银钱号按每十两收费一钱，百两收费一两，在交官之人持票上库，可省倾销之费，并无平色增减，凉亦乐从。

一、票背面准用票之人挨次用交收图记花押月日，以便稽查，不准参差乱用。

一、试行如得流通后，该银库于收票时核其昏烂者，移送部中票所，截角查销，按票上原数补造发给，以免倒换之费。

一、行票章程俟奏定后，行知各衙门，并拟就告示知照步军统领衙门、顺天府、五城一体出示晓谕，并将简明条款刊交银钱各号，粘贴厂首，以便遵行。

一、造票定为四等：一两、五两、十两、五十两，均系二两京平，准作足色。其式定为二等：一两与五两同，十两与五十两同。

→ 051 /
户部官票
壹两
（咸丰叁年）
（背有"户部乾豫官号"章）
孙彬

一、造票以 12 万为准，日久流通再行添制。每 1 万两，额造五十两之票 100 张，准银 5000 两；十两之票 250 张，准银 2500 两；五两之票 400 张，准银 2000 两；一两之票 500 张，准银 500 两。合计票 1250 张，准银 1 万两。

一、造票用高丽苔笺等纸，一两与五两者长 8 寸、宽 5 寸，十两与五十两者长 1 尺、宽 6 寸。每张中间银数上盖用图记。右边印格外，宽留 2 寸，编号记数，骑缝盖用户部堂印，裁下以为票根。左边于簿上记号，骑缝盖用关防，并由官票所添用花押。票四围用龙水纹，上横书户部官票四字，兼用满、汉字样。中书准二两平足色银若干两。左书咸丰某年月日，右书某字第几号。下留四分之一，小楷细书法律于上，铜版镌成，靛花刷印。

一、铸关防图记，俱用满、汉篆文，其关防用"户部官票所关防"七字，其图记用"户部官票永远通行"八字。应行知礼部铸印局速为铸造。

一、刊刻印票铜版，由户部将式样咨行内务府照式制造。

一、俟奏定后，即行知刑部定拟伪造罪名，遇有伪造者按律治罪。

一、设立官票所，宜派司员专司其事。拟派满、汉总办一员，满、汉帮办各四员，其印钥以满总办掌管。至书写官票均责成司员分任其事。至某员书写之票，即于票根用某员戳记花押，以凭核对，不得假手书吏。

一、备用经费。初立票所修理房屋，设置器具，购买高丽苔笺纸等项，先行酌核银数札库支领，事竣后由官票所司员核实报销。承办司员应酌给薪水，满、汉总办司员每月银 16 两，帮办司员每员每月银 12 两，每员酌带书吏一人，月给工食银 3 两，每月共需银 158 两，由银库按月支领，致应用印色、笔墨、靛花、心红纸张，均由颜料库随时咨取。

《中国近代货币史资料》第一辑，第 350-352 页。转引自《北京金融史料·货币篇》，第 244-246 页。

咸丰三年（1853 年）七月初三日，户部奏文报告官票已经制成，造官票以十二万两为率，自五月十二日开始制票，至元月三十日止，如数制造齐全。票上以天地宇宙四字为号头，按奏定章程造壹两、伍两、拾两、伍拾两票四种，依次编列，自付库搭放以后，日益流通，以后又增制三两票一种，即编目日字号头，以便畸零搭放之用。

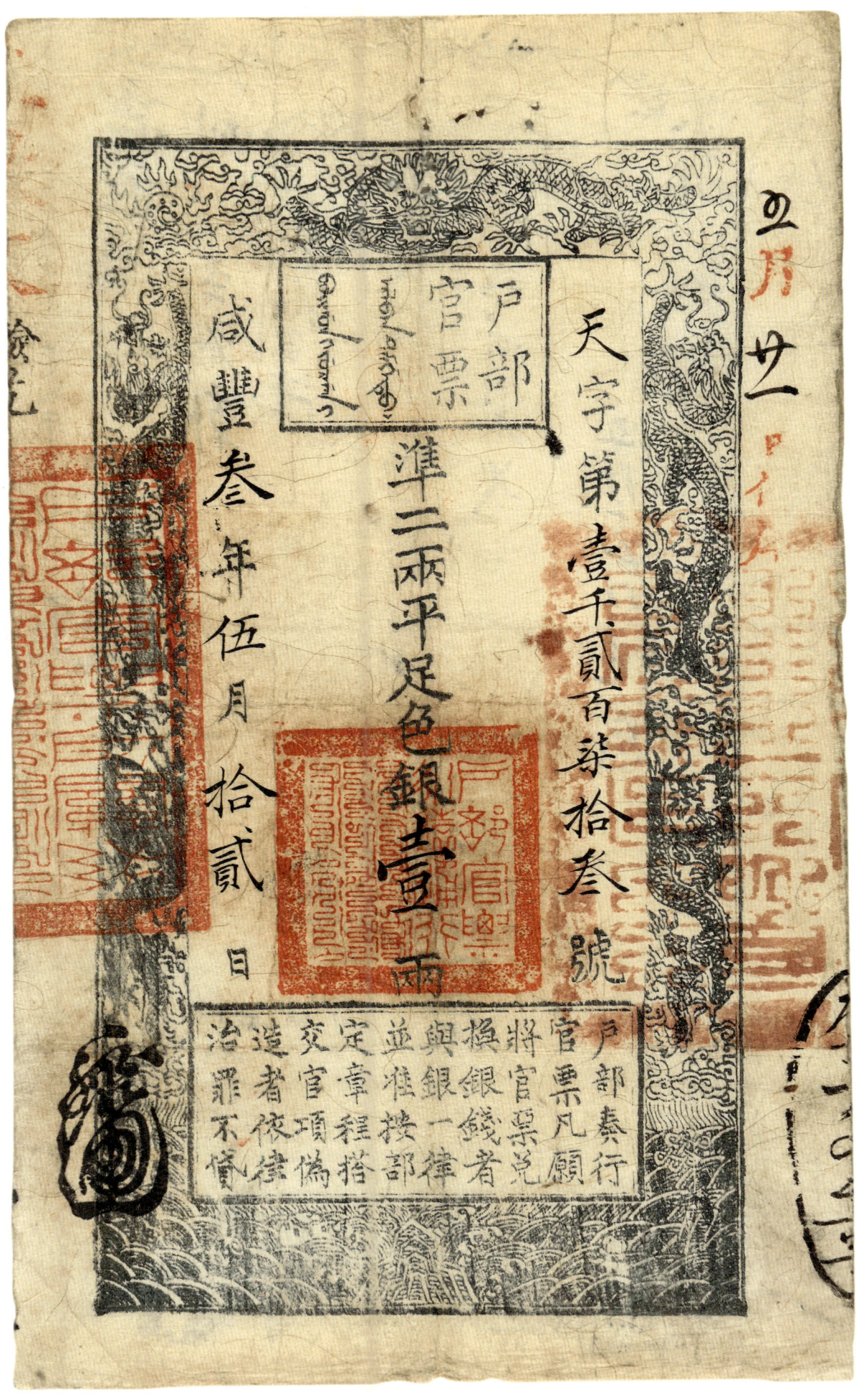

北京纸币八百年

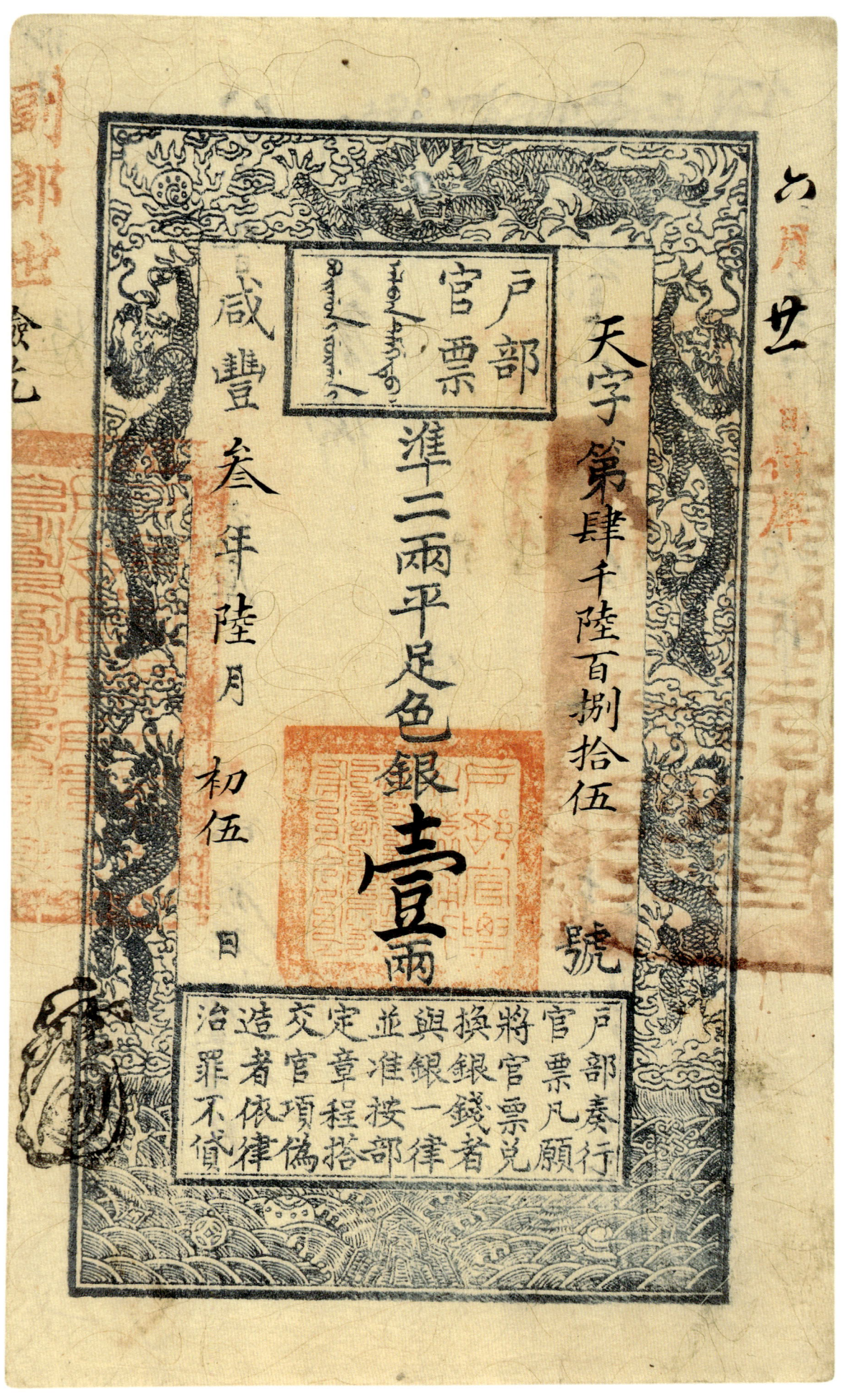

→ 052-1 /
户部官票
壹两
(咸丰叁年)
(背有"户部乾豫官号"章)
刘文和

→ 052-2 /
户部官票
壹两(背)
(咸丰叁年)
(背有"户部乾豫官号"章)
刘文和

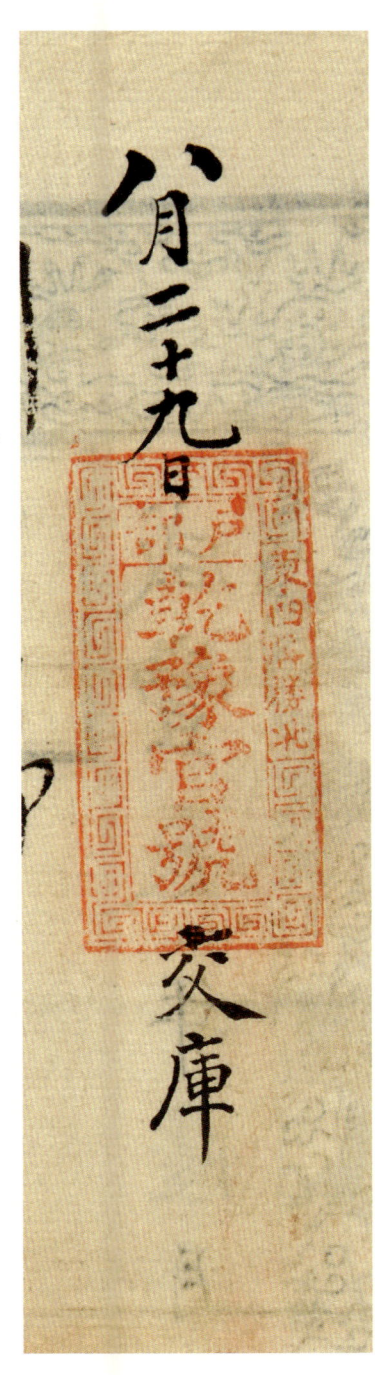

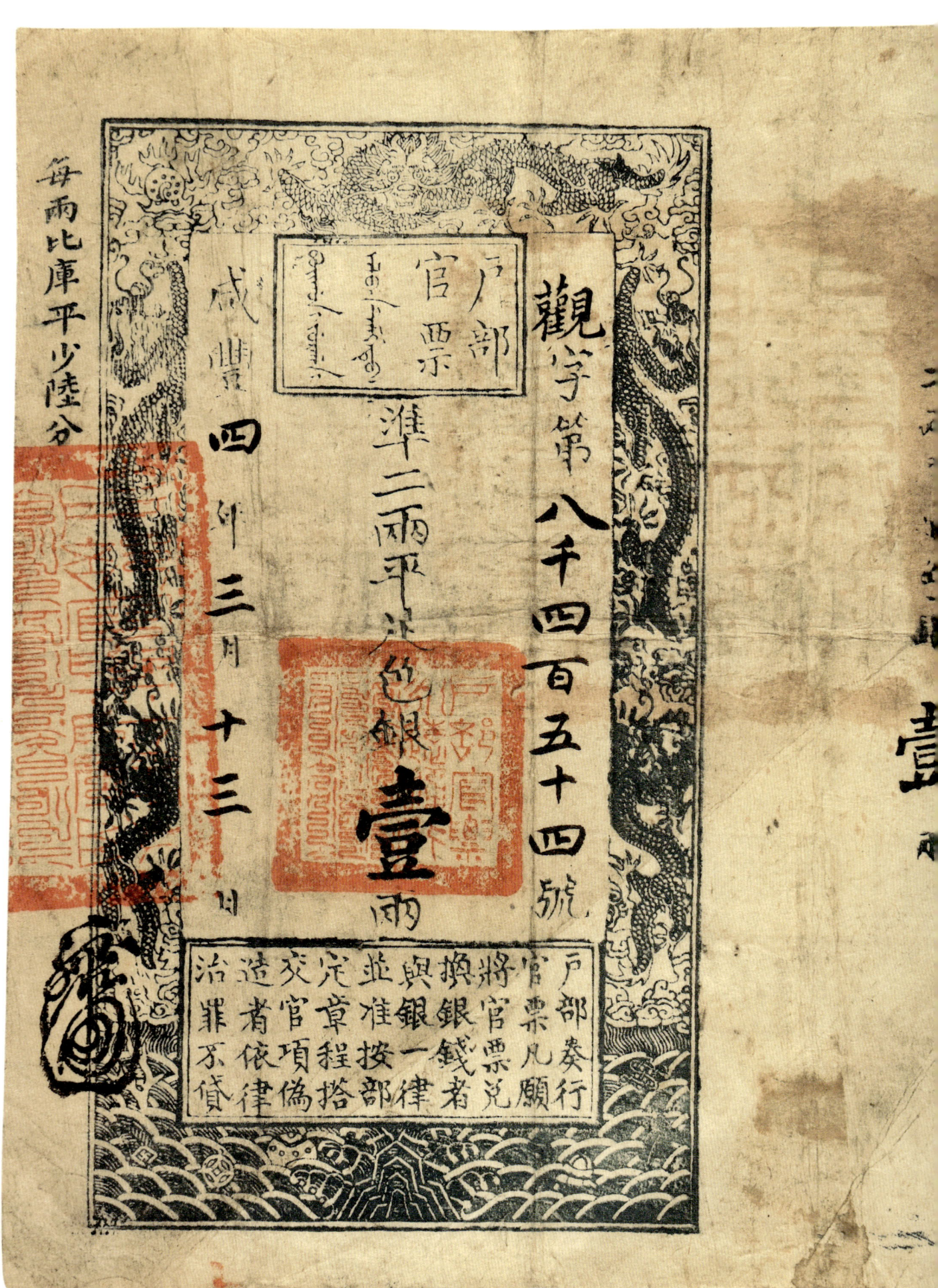

←053 /
户部官票
壹两
（咸丰四年）
（带存根）
孙彬

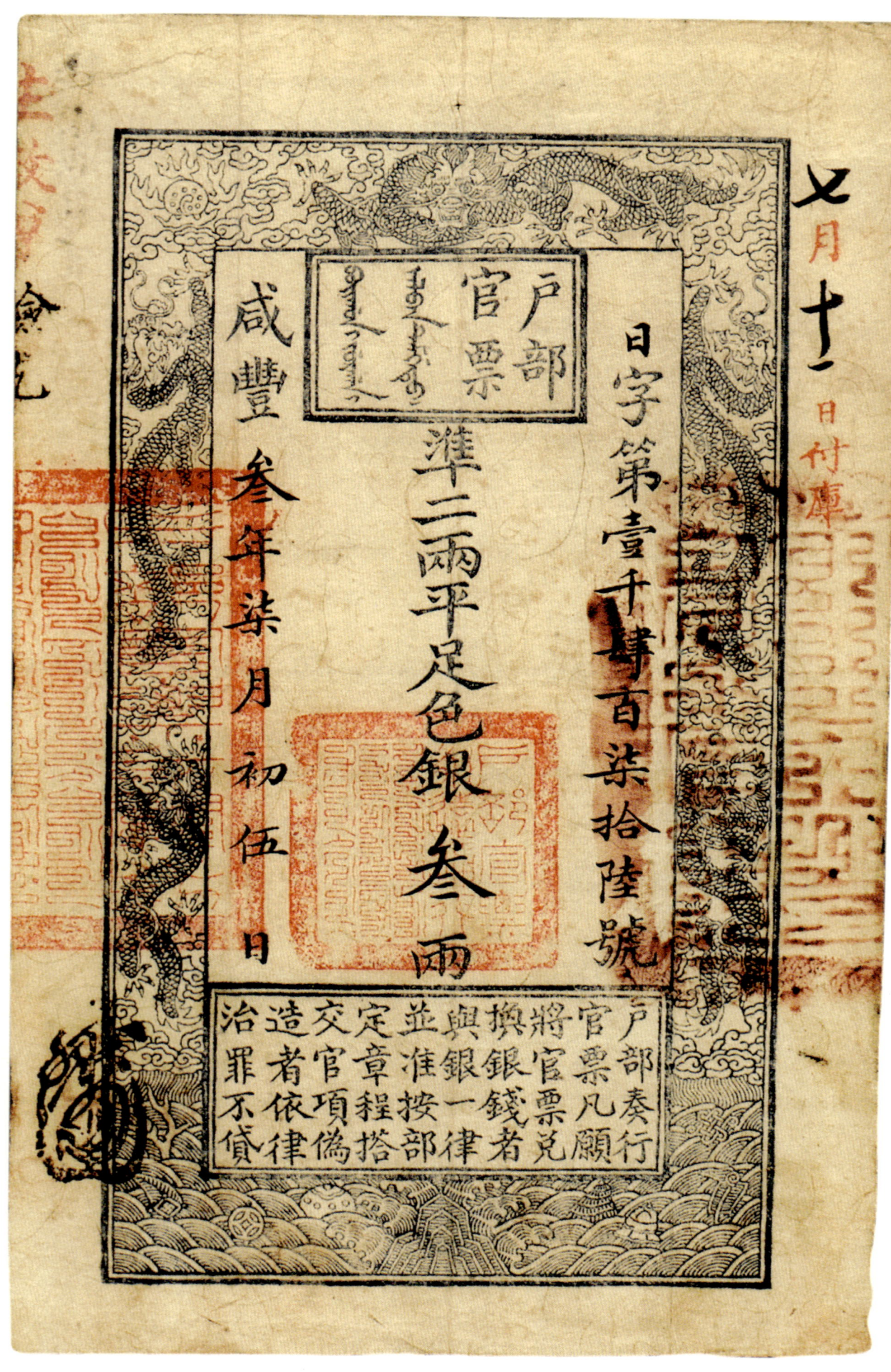

←054／
户部官票叁两
（咸丰叁年）
王士平旧藏

→055／
户部官票伍两
（咸丰叁年）
诚轩拍卖

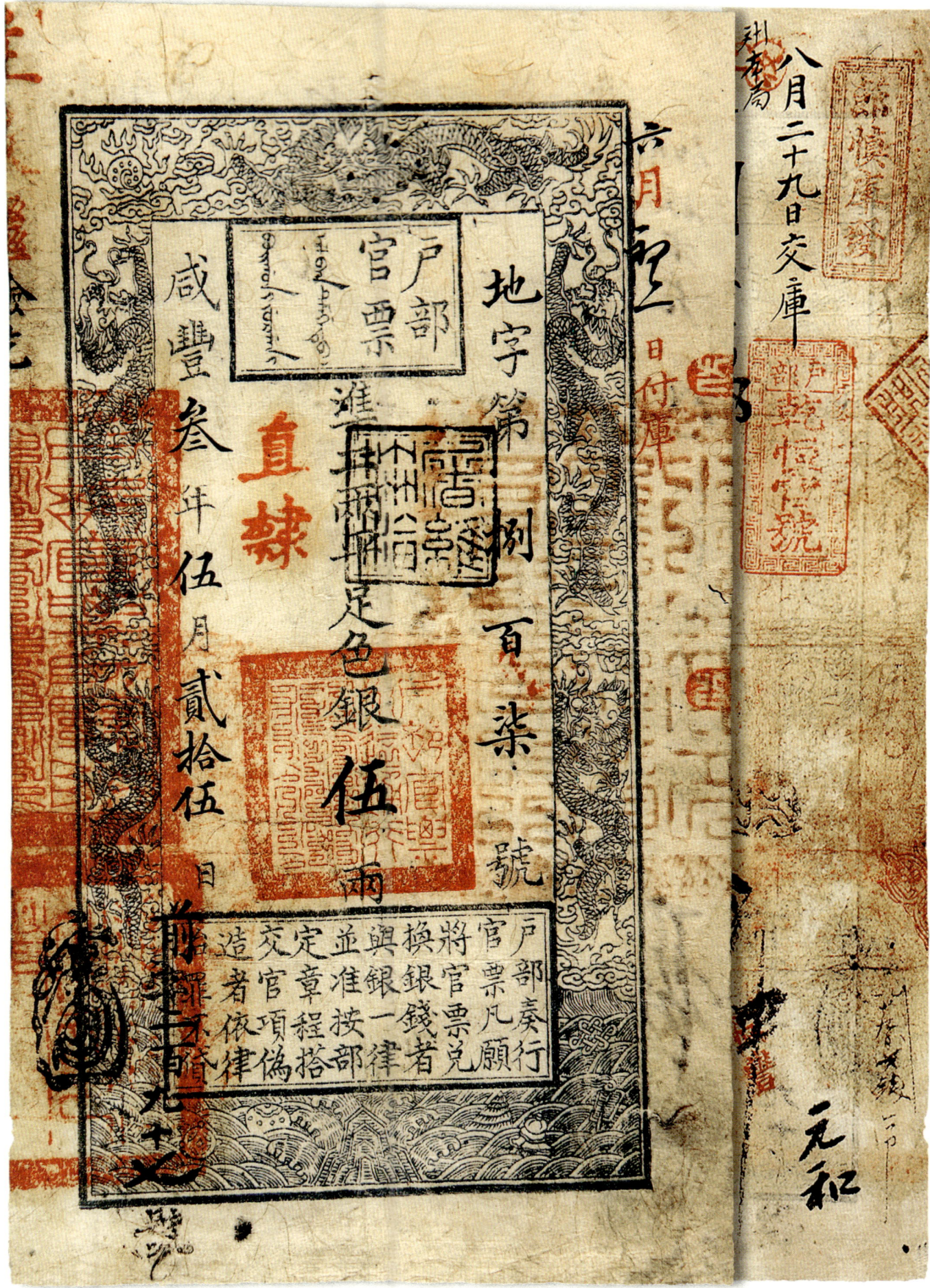

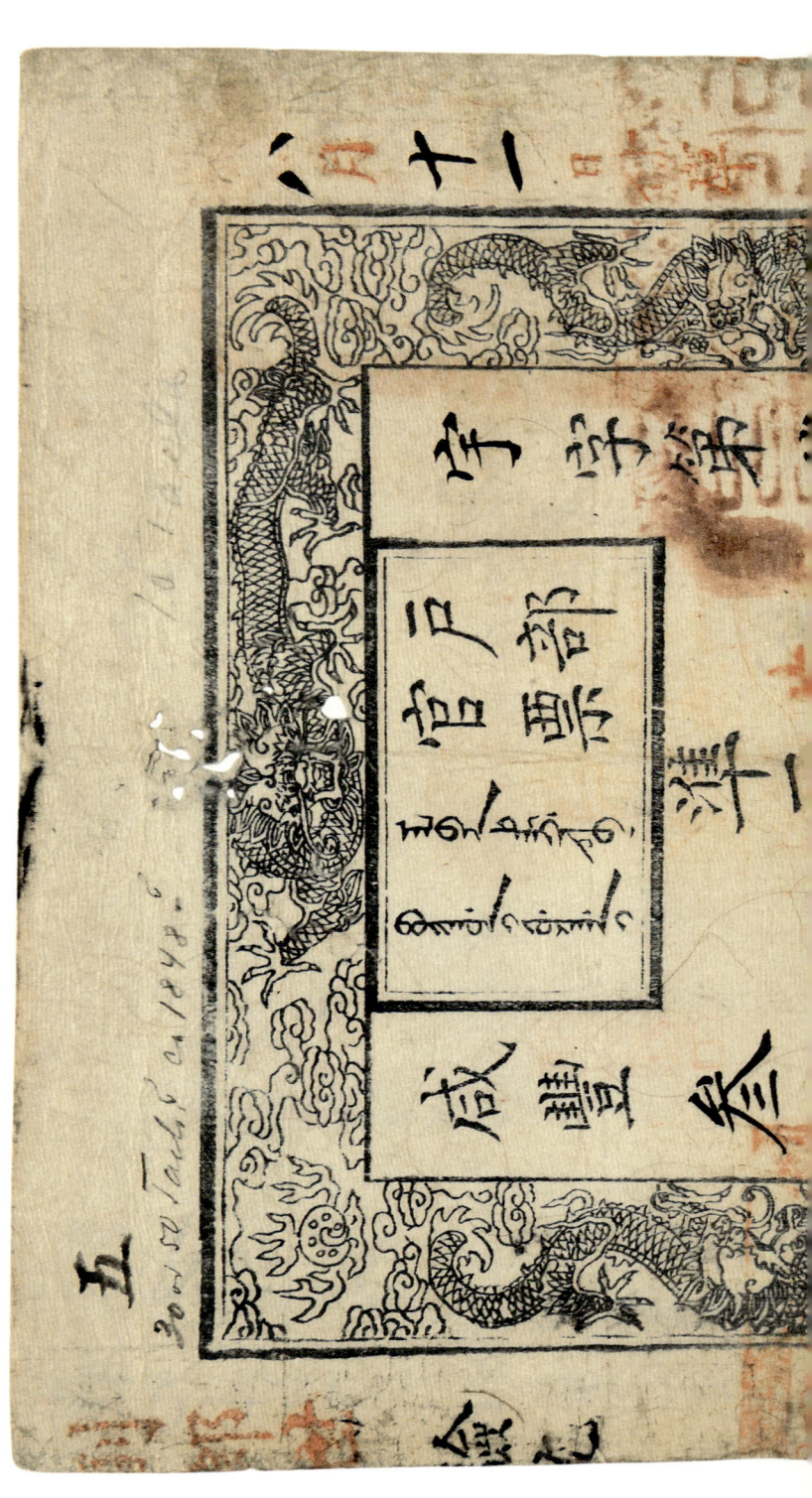

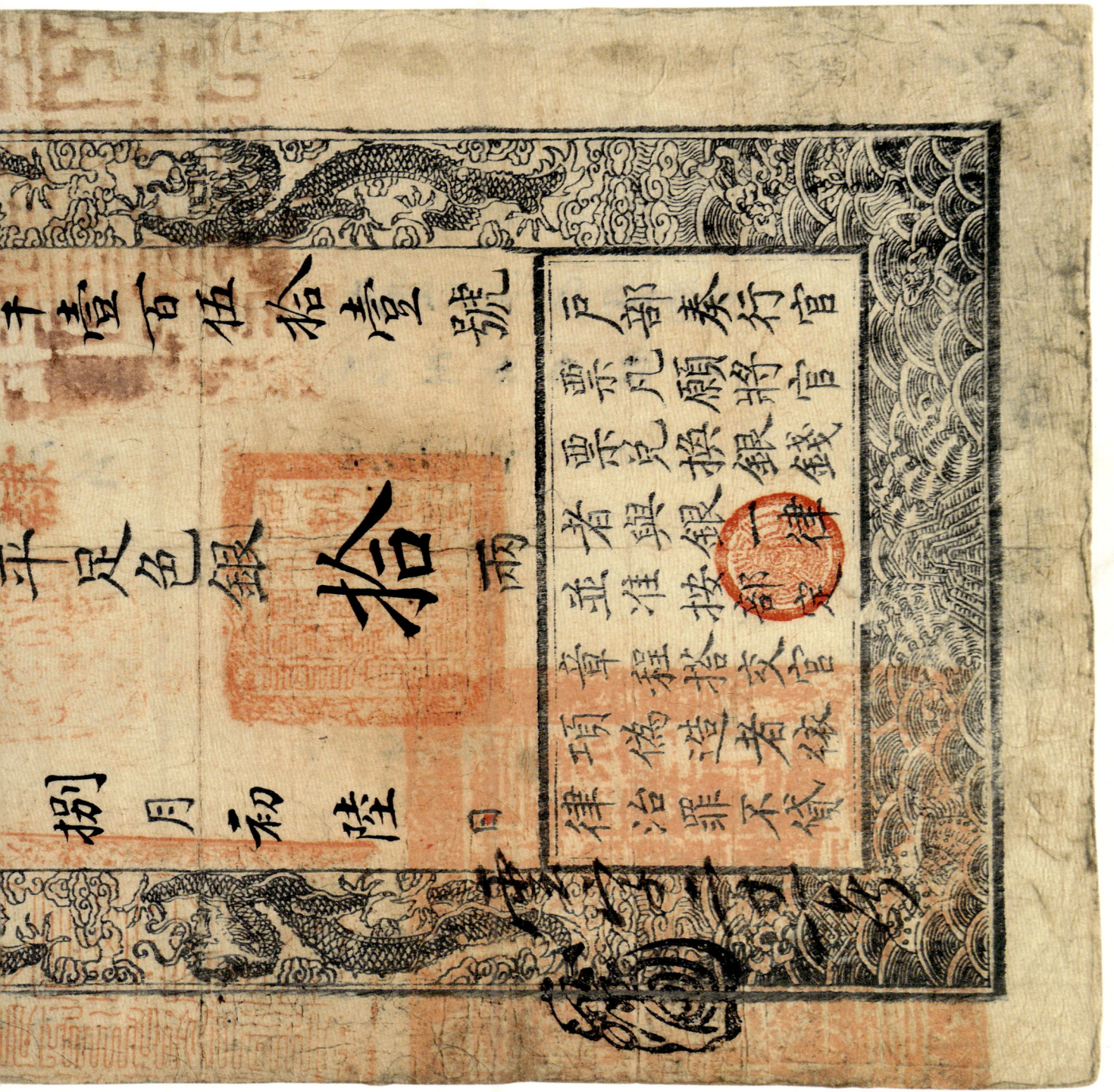

056-1 / 户部官票拾两(咸丰叁年) 刘继辉

056-2 / 户部官票拾两（背）（咸丰叁年）刘继辉

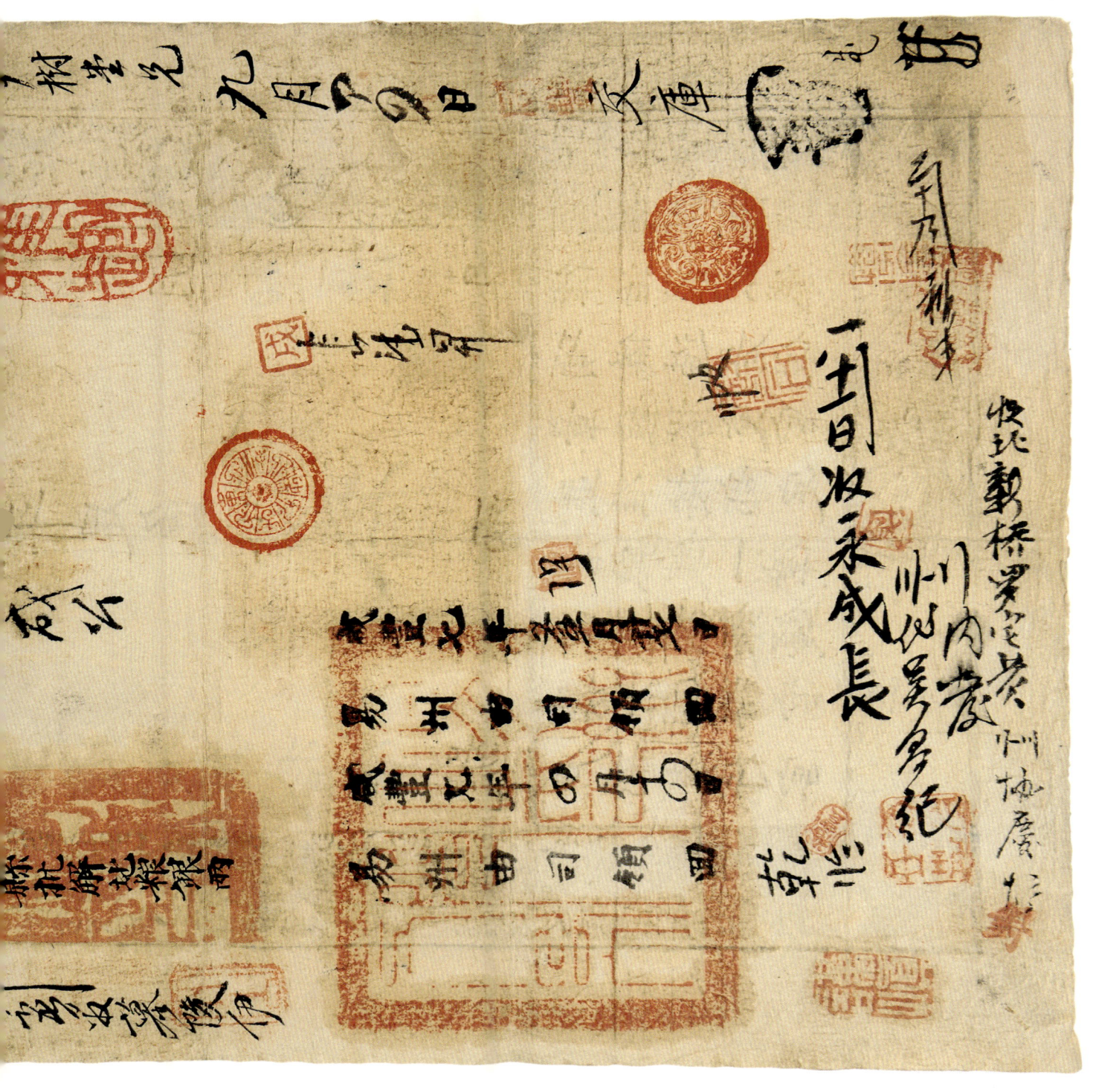

→ 057 /
户部官票伍拾两
（咸丰叁年）
冯乃川供图

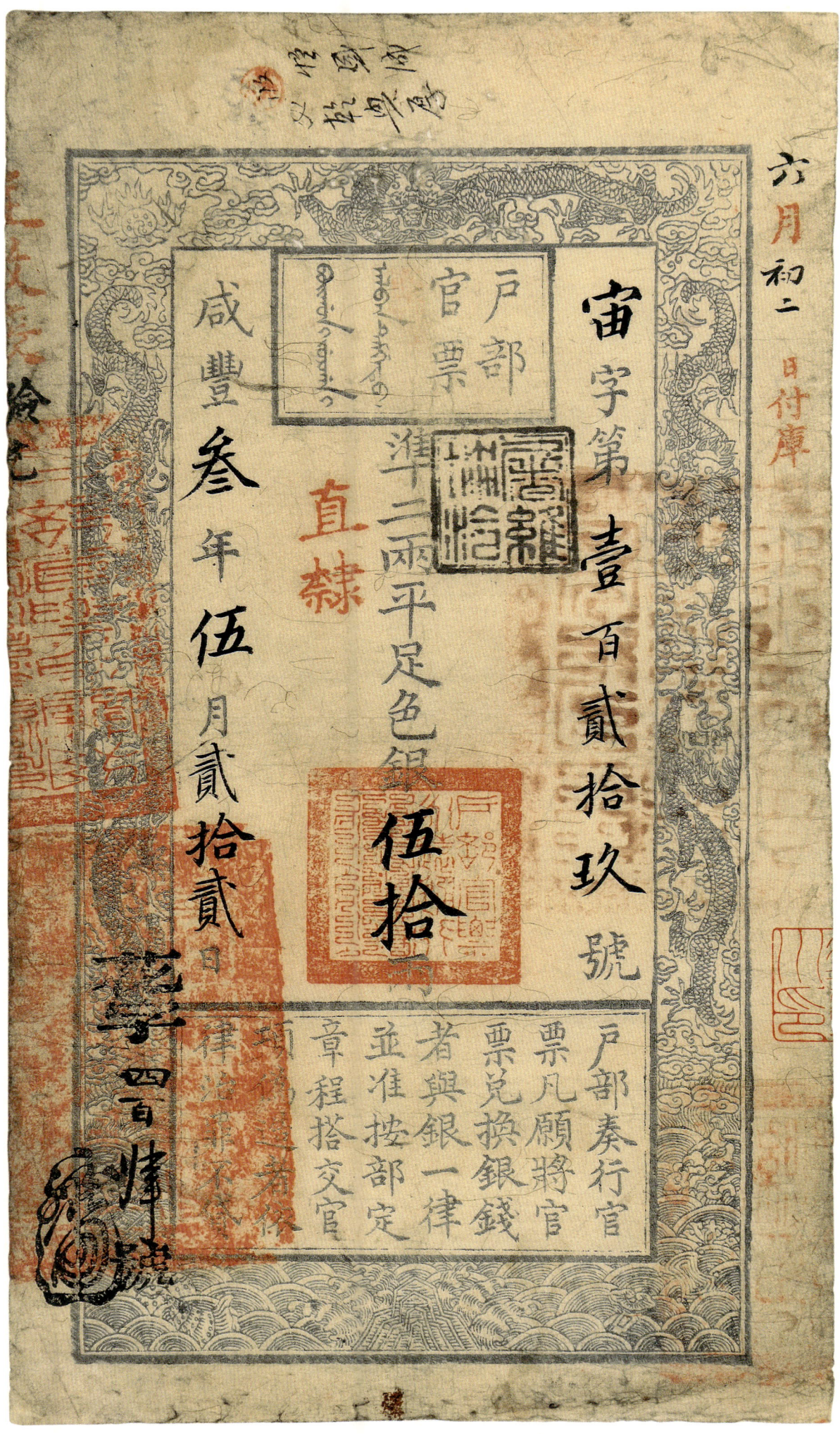

→ 058 /
户部官票壹两
（咸丰四年）
孙彬

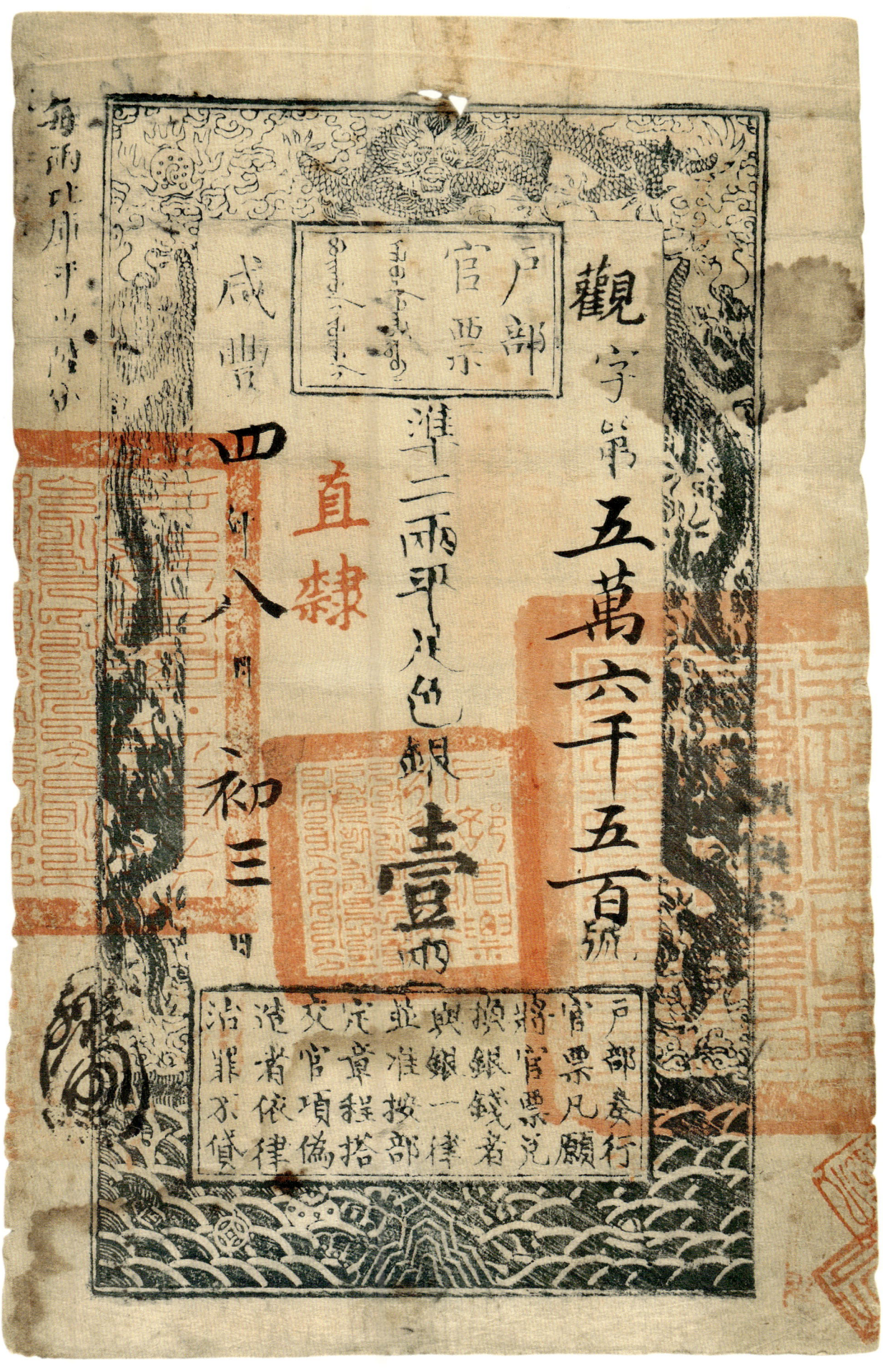

→ 059 /
户部官票叁两
（咸丰叁年）
孙彬

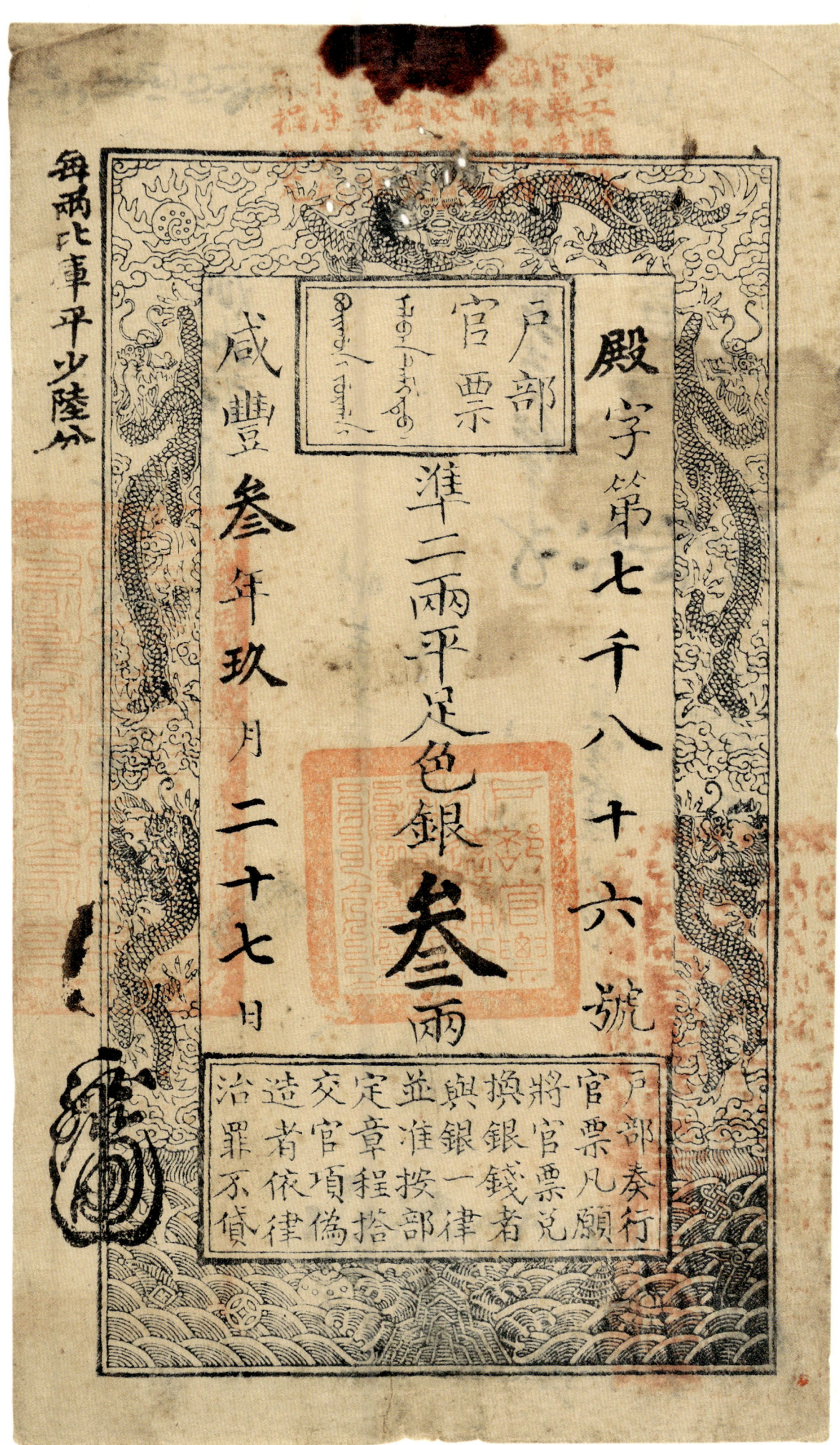

→ 060 ／
户部官票伍两
（咸丰四年）
孙彬

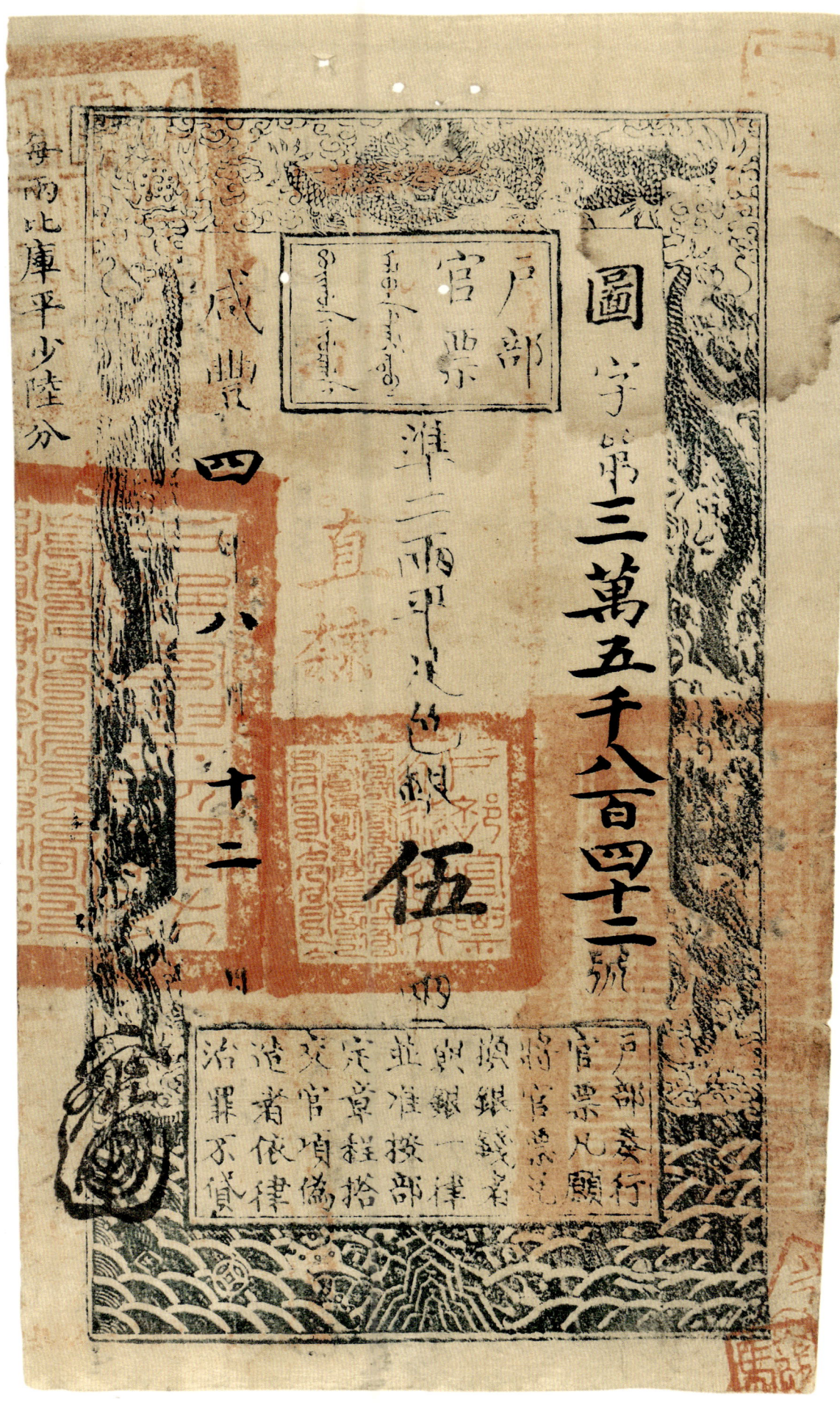

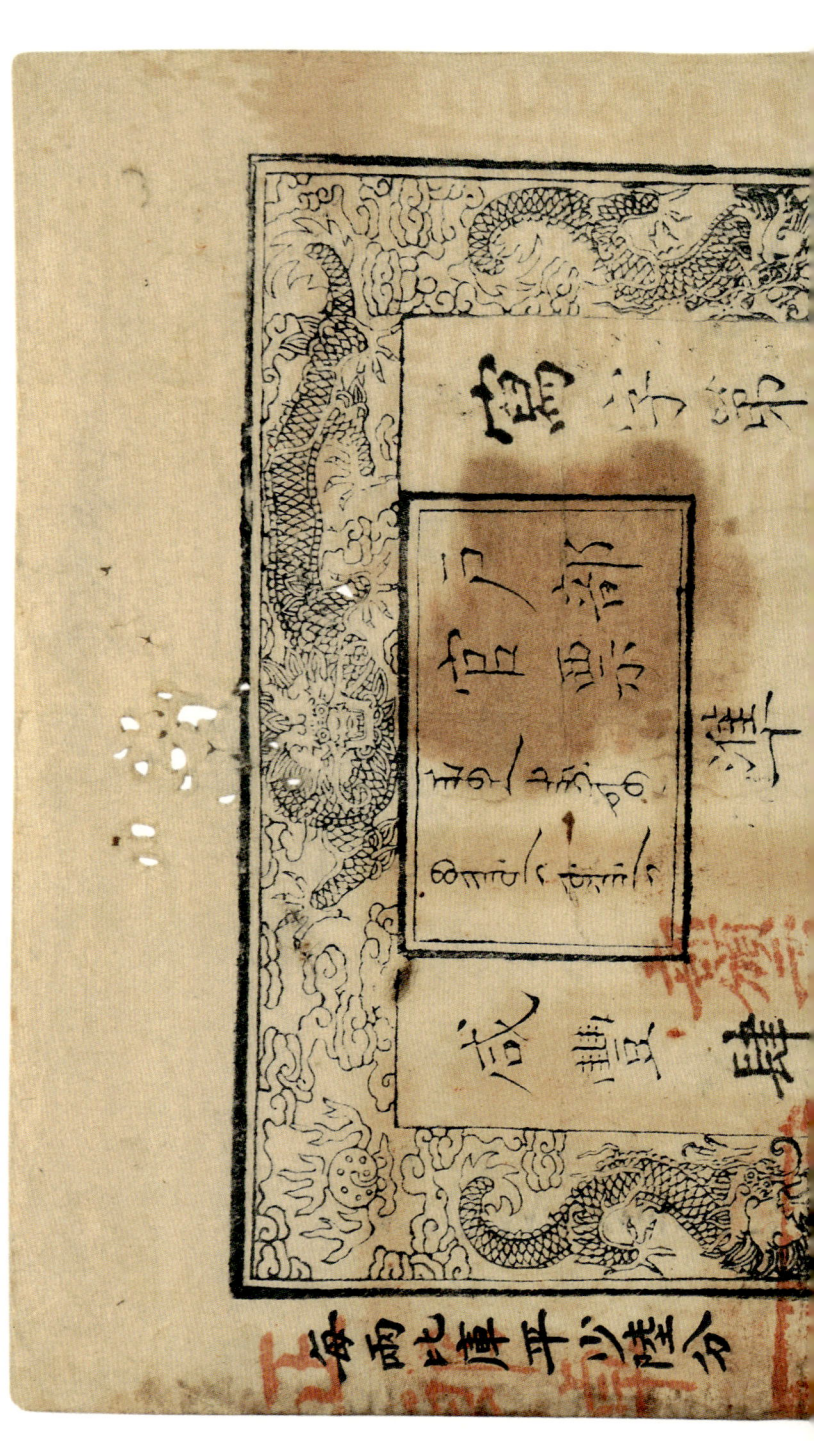

→ 061 /
户部官票拾两
(咸丰肆年)
孙彬

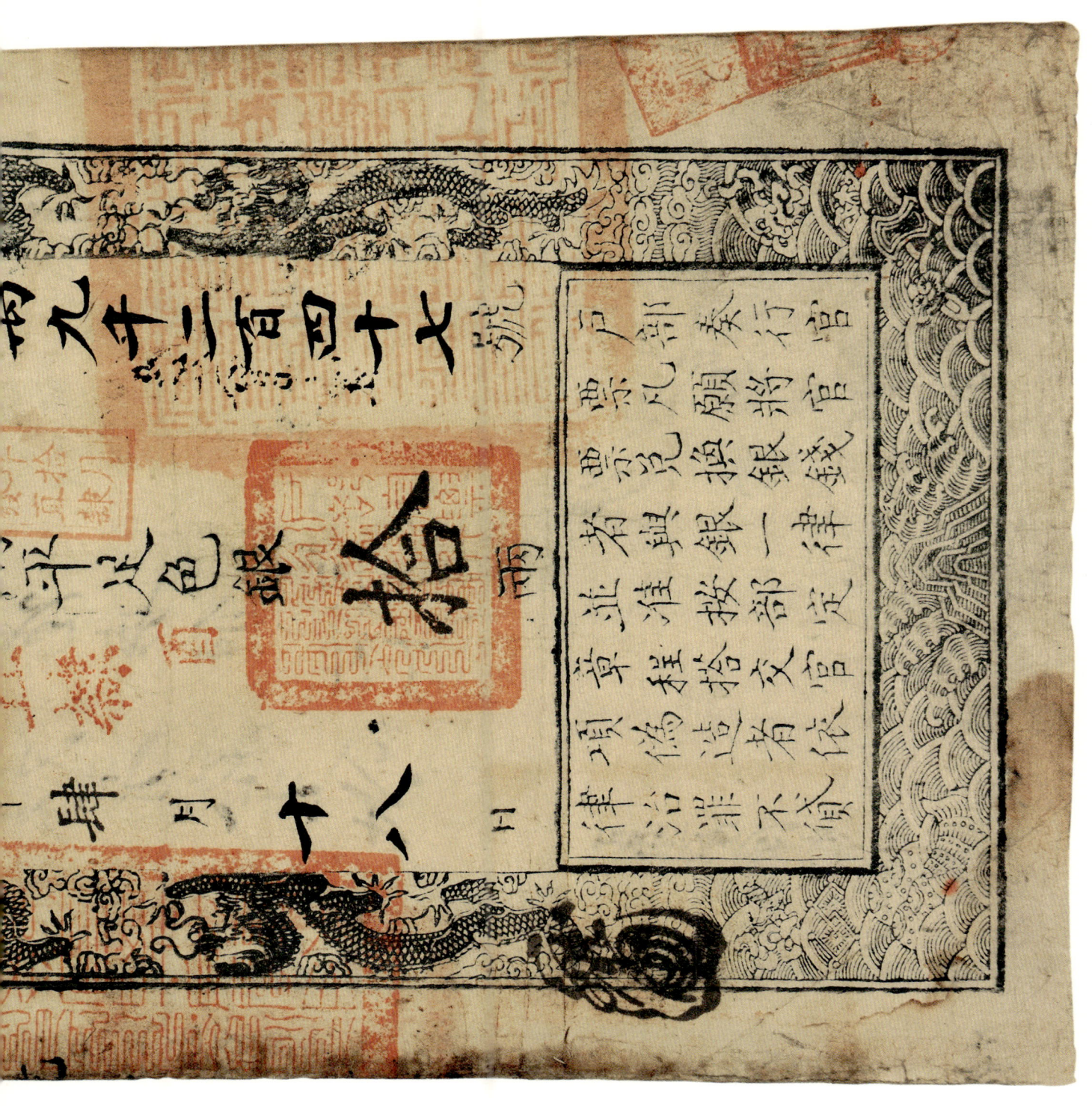

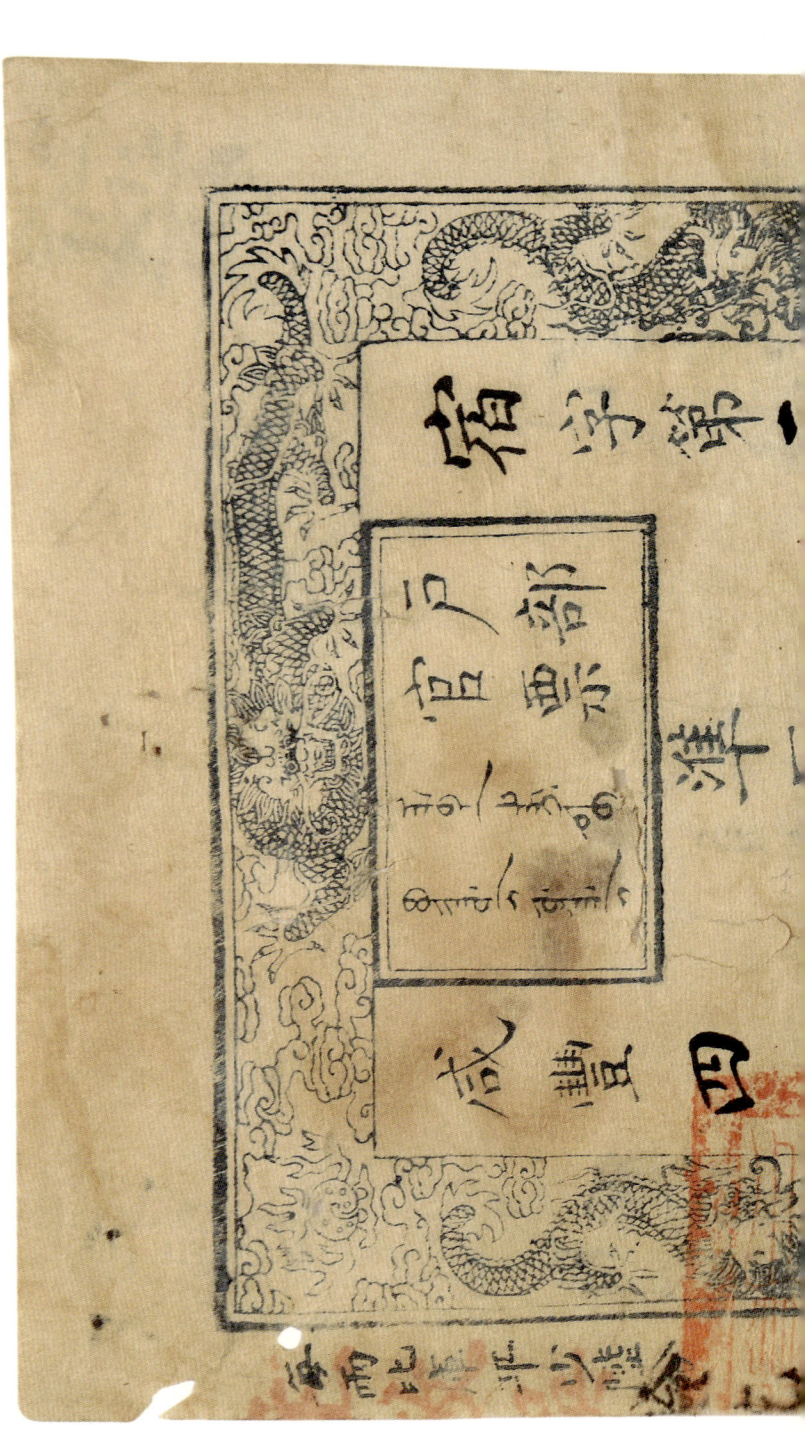

→ 062 /
户部官票伍拾两
（咸丰四年）
孙彬

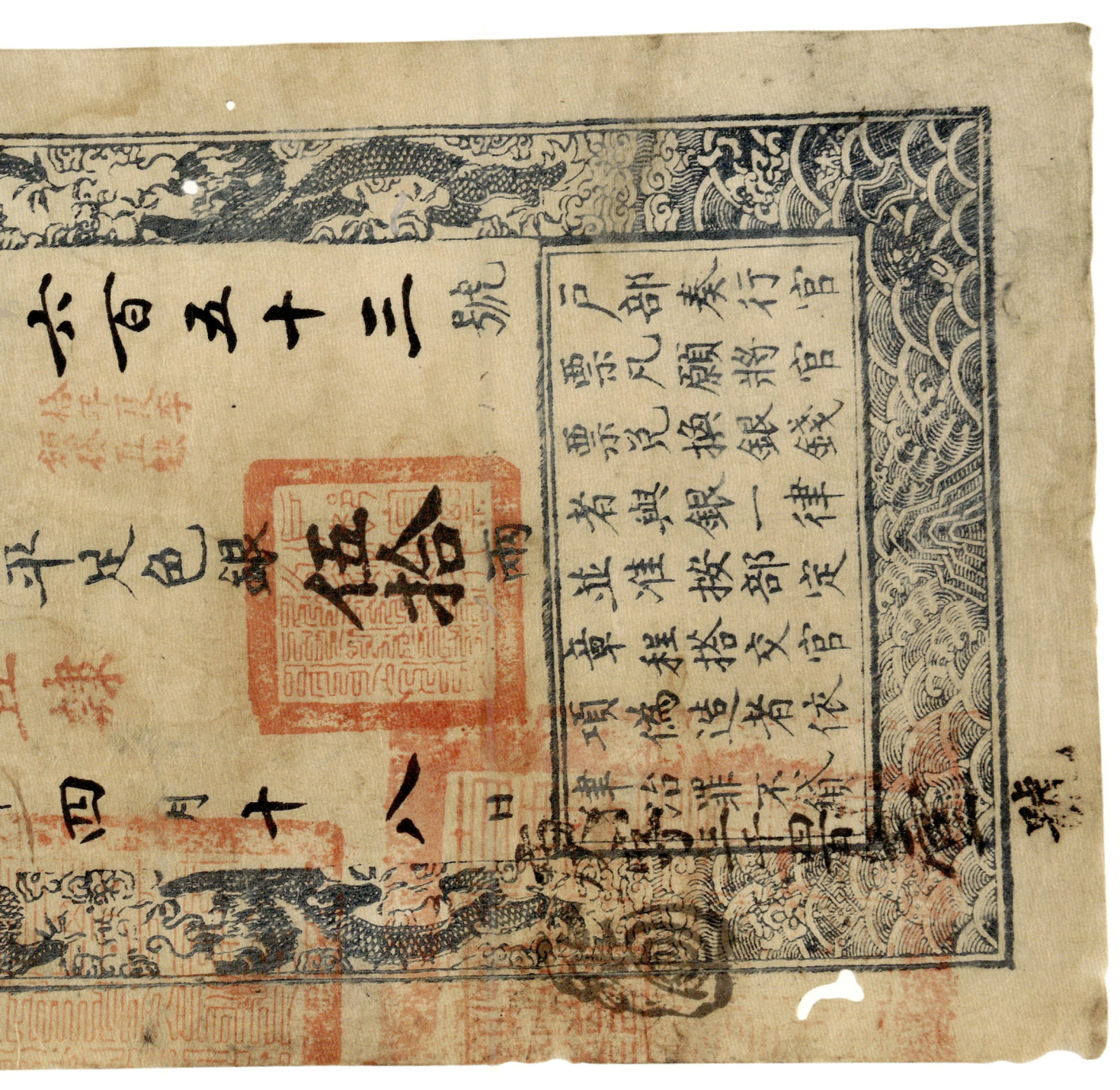

户部官票不同冠字表

时间	面额	冠字	颁发地
咸丰三年（1853年）	一两	天、智、宫	粮台
	三两	日、殿	
	五两	地、盘	
	十两	宇、郁、智	粮台、直隶
	五十两	宙、楼	直隶
咸丰四年（1854年）	一两	月、观、仁	粮台
	三两	盈、飞、日	直隶
	五两	昃、图、礼	粮台、直隶
	十两	辰、写	
	五十两	宿、画	直隶、南河
咸丰五年（1855年）	一两	列、綵	直隶、南河
	三两	张、仙	直隶
	五两	灵	南河
	十两	智、傍	直隶
	五十两	启	直隶
咸丰六年（1856年）	一两	甲、署、仁	直隶、江北粮台
	三两	往、对	直隶
	五两	秋、楹	
	十两	肆	直隶
	五十两	楚	
咸丰七年（1857年）	五两	礼	粮台
咸丰八年（1858年）	三两	义	

注：目前尚未发现的冠字有伍两"寒"，拾两"来"、"收"，伍拾两"冬"、"信"。

2. 大清宝钞

在发行官票的同时，清政府又令户部发行宝钞，即"大清宝钞"，它以制钱为单位，又称钱票钱钞。发行宝钞使各方"咸知银票即是实银，钱钞即是制钱，上下一律流通，其钱钞在民间日用周转行使，并准完纳地丁、钱粮、盐关、税课及一切交官等项。至京外各库搭收搭放，随核定数，各令出入均平。咸丰三年（1853年）十一月颁令钱钞章程，十二月开始印发宝钞。票面额为贰百伍拾文、伍百文、壹千文、壹千伍百文、贰千文几种。后来用宝钞收回当千和当百大钱，发行量增加，面额也膨胀到伍千文、伍拾千文、百千文等大面额钱钞。

清政府户部宝钞章程

户部为简明晓谕事：照得本部奏行银钱钞法核定章程，业经恭奉谕旨编行刊刻出示在案。其行用之法，尚虑商民人等未及周知，合再摘录简明章程，按大小铺户量为分给，并粘贴内外城各街巷，俾兵民商贾一体遵行。今将各条开示于后：

一、凡完纳地丁、钱粮、关税、盐课及一切报捐、赎罪、交官等项，均准以官票或宝钞搭交五成。惟官票系二两京平，宝钞抵官票银亦系按二两京平核算，其向交库平者，官票每两应补足六分；宝钞折库平交官者，亦应每二千补足制钱120文，以昭划一。

一、凡完纳官项，如向系交银者，除准交五成官票宝钞外，其余五成仍交现银；向系交钱者，除准交五成官票宝钞外，其余五成仍交现钱。若民间无从觅得钞票，自愿仍照常以银钱定纳；或止有一二成钞票，所余三四成自愿以实银实钱抵交者，各听所便。惟不得因例准搭交五成钞票，以制钱二千抵官票一两取足五成之数；官吏亦不得以必交五成钞票为词，勒索习难。

一、宝钞、官票天下通行，近京各处得之尤易，凡顺天府属及直隶近省等完纳本年上忙、地丁、正杂钱粮，并长芦盐课，崇文门左右两翼税务，本部及火器营捐项，均准商民人等以宝钞或官票搭至五成，各省一律照办。

一、京城商贾收得官票宝钞自愿携带出京者，无论数十数百数千数万，均准赴本部请领凭单，听其随处兑卖，于票钞上加用本商戳记，以凭稽查。地方官吏如有刁难阻抑，即准粘单呈告，俟兑卖完竣，仍将凭单呈缴该地方官衙门，截角送部，或经缴本部查销。

一、京外应行收钞各衙门，凡商民完纳税课、捐项，均准其以官票或宝钞交至五成。若官吏勒掯刁难，全索实银不收钞票，私自抑价，买钞抵放抵解者，一经发觉，或被纠参，即照吏、刑二部新订从重处分罪名分别严办，并许交纳钞票之人据实首告，以杜中饱之弊。

一、行近地以宝钞为便，行远省以官票为便，如有以宝钞易官票，以官票易宝钞者，均准赴宝钞局兑换，以从民便。

一、交官款项，及民间行用，无论宝钞、官票，均应于背面写明收钞月日、人名、店号、加用押戳、图记。日久字多纸烂，准其随时赴宝钞局换新钞。

一、凡有在京交库之项，除官票由银库照收外，其宝钞即由本部承办各司处付送官票所核定收钞日期，仍由承办各司处行文知照，以便如期验收。

一、凡赴宝钞局兑换宝钞，及赴官票所查对官票，倘有吏役人等需索使费者，许即扭禀，以凭严办。

一、本部官票所发钞收钞，均系各官亲身督理，凡赴所领钞、交钞，如有吏役人等索费情弊，并许禀明重惩。

一、宝钞与官票事同一律，如有伪造，应照刑部奏明定例，为首私造者斩监候，为从及知情买使者发新疆给官兵为奴。自后如有误收假钞之人赴局兑出，即于钞上加假钞二字戳记，发还本人，听其自行逐层查明来历，倘能将伪造之人查出，即行送官究办。

一、应行收钞各衙门官吏私自抑价买钞抵解，例有处分罪名。若民间兑换行用，自愿随时价为涨落者，悉听其便，毋得牵混阻挠。

《中国近代货币史资料》第一辑，第358-359页。转引自《北京金融史料·货币篇》，第246-248页。

咸丰三年（1853年）十一月十七日，管理户部事务大臣报告大清宝钞形式呈奏，内容有：

1. 铸大清宝钞印一颗，以铜为主，方经一寸八分，满汉篆文，以为钤盖钞面之用。又觅工雕刻宝钞流通四字，戳记四颗，以角为之，篆字回文，具兼图星辰，山川、河流、鸟兽、花木、花卉、及鱼虫花纹等数种，为四种钞边，号簿骑缝之用。

2. 大清宝钞分为四种，自制钱五百文至二千文字号头以千字文之天地玄黄始，以次推移。以天字为五百文钞号，地字为一千文钞号，宇字为一千五百文钞号，宙字为二千文钞号。各字号自一号始，于万号止，按日月盈昃，依次递推。

3. 大清宝钞每制钱一百千文，额定五百文钞四十张，一千文钞三十张，一千五百文钞二十张，二千文钞一十张，共计一百张，合制钱一百千文之配数制作，以此为率。

4. 大清宝钞先刻一版为母版，以后再刻四种钞版，即实刻制钱数于版上。每刻一次，用二千文版一块，一千五百文版四块，五百文版八块，共计二十块，合额定二份号数，俟日久漫漶，以存储母版翻版，再行填数翻刻。

5. 大清宝钞钱以文计，钞以张计，钱十千文合钞十张，谓之一版，十版谓之一帖，十帖谓之一垛，十垛谓之一箱，一箱钱一万千文之数。

咸丰三年（1853年）十二月初二日，管理户部大臣报告大清宝钞已经制成。现将四种宝钞式样呈上，即：天字第一号五百文钞一张、地字第一号一千文钞一张、宇字第一号一千五百文钞一张、宙字第一号二千文钞一张，恭折进呈。俟仰御览后，即将每种第二号以下，先由京城发商承领，以次搭放颁发，与官票大钱相辅而行。

户部官票与大清官钞发行，朝廷以官票替代纹银，以宝钞替代制钱，银票钱钞相辅并行，全国一律流通使用。凡民间定纳地丁、钱粮、关税、盐课、及一切报捐，赎罪交官等项，均以五成官票钱钞交纳，零星小数并准以当百、当五十、当十大钱凑交，其余五成仍交银钱，至京外各库一切放项，除兵饷各随该处旗营情形发给，现在不拘定数外，其饷王公，京内外文武官员俸薪及工程杂支等项，亦以五成官票或钱钞发给，其余五成仍给实银，搭放当百、当五十、当十大钱与制钱，均平出纳，无论京城内外各省，上下一律通行。

户部官票与大清宝钞发行不久，朝野官民疑心即起。收放不能均平出入，章程明定以五成为收票钞限制。但朝廷无限发放票钞，有限收入票钞。出入无以权衡均平，逐失信于全国民心。银钱与票钞相辅并行，并未因户部的告示，颁行章程。受到全国军民重视，也未因为公告而畅通无阻。

咸丰四年（1854年）十月二十七日，上谕：准商人措筹银钱，设立钱局，发行宝钞。

咸丰五年（1855年）十月十三日，管理户部贾桢折，令各省督抚、统兵、大臣于省会郡城，及提镇驻扎关税口岸地方，设立官银钱号。行知各省大吏遵照奏准宝钞章程，一律设立官银钱号，以便兑买宝钞之商民就近营运，官号钞本俱从宝钞而来，自可无虞缺乏，更饬各属府州县、晓谕商民人等，明示以地丁钱粮非五成宝钞不收之意，以坚其信。著各省督抚，勒限于三个月内，一律开办官银钱号，推行大清宝钞，于按奉部文一个月内，先行奏报。

咸丰初年各省设立官钱局及推行宝钞情况：

福建：咸丰三年（1853年）七月，由福建巡抚王懿德奏。设立福建永丰官局，发行局票。借银二万三千两，洋钱八千元，制钱四万串，大钱二千串，作为官局资本。

陕西：咸丰三年（1853年）八月，由陕甘总督易棠奏，设官钱局于省城，设分局于宁夏，招商承办官钱票。

咸丰三年（1853年）十一月，由易棠奏。官票领到，分成搭放，兵饷搭放钱三成，武官搭五成。

咸丰四年（1854年）二月，由易棠奏，武官钱票二成，银票二成，文官钱票三成，银票三成，以大钱制钱各半。

河道：咸丰四年（1854年）五月，河东河道，由总督长臻奏，河工用款，官票五成，制钱三成，银二成。

咸丰八年（1858年）三月，河东河道，由总督李钧奏。河工用款，改为钞八成银二成，并按每钞一千五百文作银一两。

江苏：咸丰四年（1854年）六月，由两江总督怡良奏。于清江设中和官局，制造一两、五两官银票，备换户部五十两官票。

咸丰四年（1854年）七月，由怡良奏，于山阳、清江设官钞局三处，备商民交钞粮纳税买钞交官。每制钱二千文买钞一两。藩司制造一千文，二千文钱票，以三十万串为度，作为钞本。

咸丰四年（1854年）闰七月，由怡良奏，苏州设官钱局，拨大钱二千串，制造制钱二万串为钞本。

咸丰四年（1854年）十二月，由怡良奏，于板闸、邵伯镇设立官局，搭收五成票钞。

云南：咸丰四年（1854年）七月，由云贵总督罗绕典奏。于省城设立官钱局一所，司库支放搭收，得官票者，按市价支取，分搭钱文，放款以二成官票搭出。

四川：咸丰四年（1854年）闰七月：由四川总督裕瑞奏。于省城设立官钱局一所，司库支放搭收一成者有四十款项，二成者有三十七款项，三成者有七款项，地丁课税银八成票二成。

咸丰五年（1855年）二月，由四川总督乐斌奏。四川饷银向用实银支放，聚难折钱，请以兵饷一项，以一成官票折放。试行官票大钱，尚多格疑。

山西：咸丰四年（1854年）闰七月，由山西巡抚恒春奏。于省城筹设官钱铺，文武官员养廉，各厅州县应领等项，以七成现银，二成银票，一成宝钞放出。

热河：咸丰四年（1854年）八月，由热河都统毓山奏。设立官钱局。

直隶：咸丰四年（1854年）九月，由马兰镇总兵庆锡奏。于蓟州、遵化设立钞局，旬月之间，宝钞销出二千余张。

咸丰五年（1855年）十二月，由直隶总督桂良奏。于保定府清苑县城内设立官号，又设立票钞公所，银七成票三成征收银票。

湖北：咸丰四年（1854年）十月，湖广总督杨霈奏。于省城设立官局、钱局各一所，并于荆门、襄阳开设官局一所，鼓铸大钱行用票钞。

江西：咸丰四年（1854年）十二月，由江西巡抚陈启迈奏。于省城开设赉丰官钱总局，司库用款，官票大钱，搭放五成，宝钞暂缓发行。

浙江：咸丰四年（1854年）十二月，由浙江巡抚黄宗汉奏。设立大美官钱总局。

咸丰五年（1855年）二月，由浙江巡抚何桂清奏。将官票发商承领，凡交粮税、先向商以银易票，银八票二上兑。制造银洋各局票，一律同行，兵饷银八成票二成发放。

贵州：咸丰五年（1855年）五月，由贵州巡抚蒋蔚远奏，本省钞票不能使用，换入他省钞票更难应付。

山东：咸丰五年（1855年）六月，由山东巡抚崇恩奏，于省城招商开设官钱铺局。每银一两折交宝钞制钱二千文，按各户正项五成搭钞。

河南：咸丰五年（1855年）十一月，由河南省巡抚桂英奏。在省城设立巨盈宝钞局，又设立豫丰字号官钱店。部咨行票章程，自一成至五成，出入通用。搭收、畸零小户一律搭放宝钞。

安徽：咸丰五年（1855年）十一月，由安徽巡抚福济片。于庐州设立钱店，行使票钞。

吉林：咸丰五年（1855年）十二月，由吉林将军景淳奏。于省城设立通济字号官钱铺。

奉天：咸丰五年（1855年）十二月，由英隆等奏。于省城开设官钱局，无本款项，确难办理，宝钞在奉天断难行使。

甘肃：咸丰五年（1855年）十二月，由陕甘总督易棠奏。于省城设立官钱局，宁夏府设立分局，秦州添设分局，招商承办官钱票，推行官票先后共三十余万串。部发宝钞甘肃省难以行使。

湖南：咸丰六年（1856年）二月，由湖南巡抚骆秉章奏。本省遭匪犯患，商民困苦，官钱号一时无法开设，钞法亦难推行。

咸丰三年（1853年）七月二十一日，奏定推行户部官票章程规定官票分省另编号头，按数配制，大省以十二万张为率，中省以八万张为率，小省以六万张为率。但到了咸丰三年（1853年）十月十一日，刑部右侍郎雷以諴折，钞法章程中官票宝钞发拨大省以银钞二百万两为率，中省以银钞一百二三十万两为率，小省以银钞六七十万两为率。

宝钞、官票发行量如此之大，引起了市面和货币流通的混乱。官票发行后，由于政府缺乏现银，不能兑现，只能兑取宝钞，而宝钞缺乏钞本，发行量又多，也不能兑现。京师人民纷纷抵制官票、宝钞。"有以钞买物者，或故昂其值，或以货尽为词"，因而内外城兵民及大小铺面，全部"视钞法为畏途"，甚至把"钞票"戏称为"吵票"，人们担心钱票落空，大量向银号钱铺争兑现钱，使得银号钱铺应付不及，一时倒闭者200余家。由于户部设行钞法，传闻将令商贾交银领钞，以致人心惶惶，富商大贾将大量银两车载装运出京。本来，清政府规定官票、宝钞出纳皆以五成限，民间完纳地丁、关税、盐课等交官款项皆以钞票同银钱相辅而行。但是，政府官员在收入时少收或拒收票钞，在支付时多搭或全用票钞，然后，再用规定比例搭配缴库，从中营私舞弊，有的商人以贱价收购钞票，然后到部库缴纳税捐，从中营利，破坏票钞信用。因此，官票宝钞在京师流通中受到阻碍，特别在发军饷时阻力更大，在市面上流通也打折扣。京师的情况是：

咸丰四年（1854年），钞1000文只能换钱400至500文。

咸丰六年（1856年），官票1两市商交易只值800至900文，而当时市银价每两可兑制钱2700至3000文，而实银每两值京钱1200文，20两银票才抵实银1两。

咸丰十一年（1861年），民间持有官票几乎等于"废纸"。这年，宝钞每千文仅值当十钱百余文，后来每千文只抵10余文，人们抵制拒用。当时，外国商人用贱价收买票钞，并按原规定的五成比例交纳海关关税，从中取得大量收益。

对于混乱的票钞，清政府于咸丰七年（1857年）拟定补救措施：加强票钞发行、减少搭配比例、积极鼓铸制钱，尽可能恢复兑换等。但情况并无好转。票钞流通仍然不畅。直至咸丰十年（1860年）二月，惠王绵愉等正式奏请停发官票、宝钞。他们在折中称："宝钞一项，以纸代银，发行无度，兑换有限，库府以放出票钞为喜，广进财源。以收入票钞为忧，无银钱为资。"这样年复一年，弊端百出。于是建议：①以前的钞票，照常收兑，以后之钞票，暂停制造；②兵饷改放七成实银、二成现钱、一成票钞；③钞本停用钱票，改用一成铁制钱，九成铜当十钱；④省钞银票暂停制造，如各省及河工有必须领发之款，则将官票所旧存及捐铜局收捐之钞票发给。

清政府批准了这一建议，不久停发了官票宝钞。同治初年，清政府通令课税只收实银，停止收钞，各项开支也不用钞，从此户部官票、大清宝钞退出了历史舞台。

大清宝钞不同冠字表

发行时间	面额	冠字
咸丰三年 （1853年）	五百文	海、寒、珠、日
	一千文	月、国、珍、腾、师、吕、唐、馀、裳、收
	二千文	雨
咸丰四年 （1854年）	五百文	筍、眺、谦、克、移、力、天、陛、厥、两、易、扇、迴、骧、貌、劭、忘、领、衡、星、惟、临、尊、富、衡、助、虱、隶、夫、少、孟、岱、帐、盈、烦、雨、忌、上、经、铭、康、相、烛、音、莘、实、营、事、隶、横、县
	一千文	高、策、弁、肆、勒、在、鞠、珍、女、谨、钜、和、男、密、归、堂、昆、好、事、登、鹰、升、黎、俶、宫、楼、平、左、万、念、都、仪、得、兰、友、陛、严
	一千五百文	尊、写、使、心、帐、益、竹、观、綵
	二千文	贱、随、仕、仪、詠、綵、当、睦
咸丰五年 （1855年）	五百文	易、兵
	一千文	宙、盈
	二千文	张
咸丰六年 （1856年）	五百文	玉、生
	一千文	冬
	二千文	冈
	五千文	地、号
	十千文	天
咸丰七年 （1857年）	五百文	菜、功、罗、转、晋、旦、碑、驾、书
	一千文	祇、嘉、逍、律、辩、膳、叶、枇、皋、抗、字、耳、遗
	二千文	自、面、据、飞、动、恻、志、盘、静、翔、仙、规、设
	五千文	珍
	十千文	果、剑
	五十千文	元
	百千文	乾
咸丰八年 （1858年）	五百文	菜
	一千文	阳
	二千文	沙、贡、散、泰、何、秦、欢、禹、的、医、索、晚、千、劳、竣、碣、勉、墙、鉴、聆、贻、宠、将、欣、赤、八、抽、刻、即、丹、岁、沈、犊、填、老、紫、云、饭、机、壁、悦、最、说、近
	五千文	碱、珍
	十千文	果
	五十千文	元
	百千文	乾
咸丰九年 （1859年）	二千文	接、桌、答、顾、祭、银、想、侍、嫡、悦、肠、超、牒、妾、犊
	五千文	碱
	十千文	海
	五十千文	元
	百千文	乾

北京纸币八百年

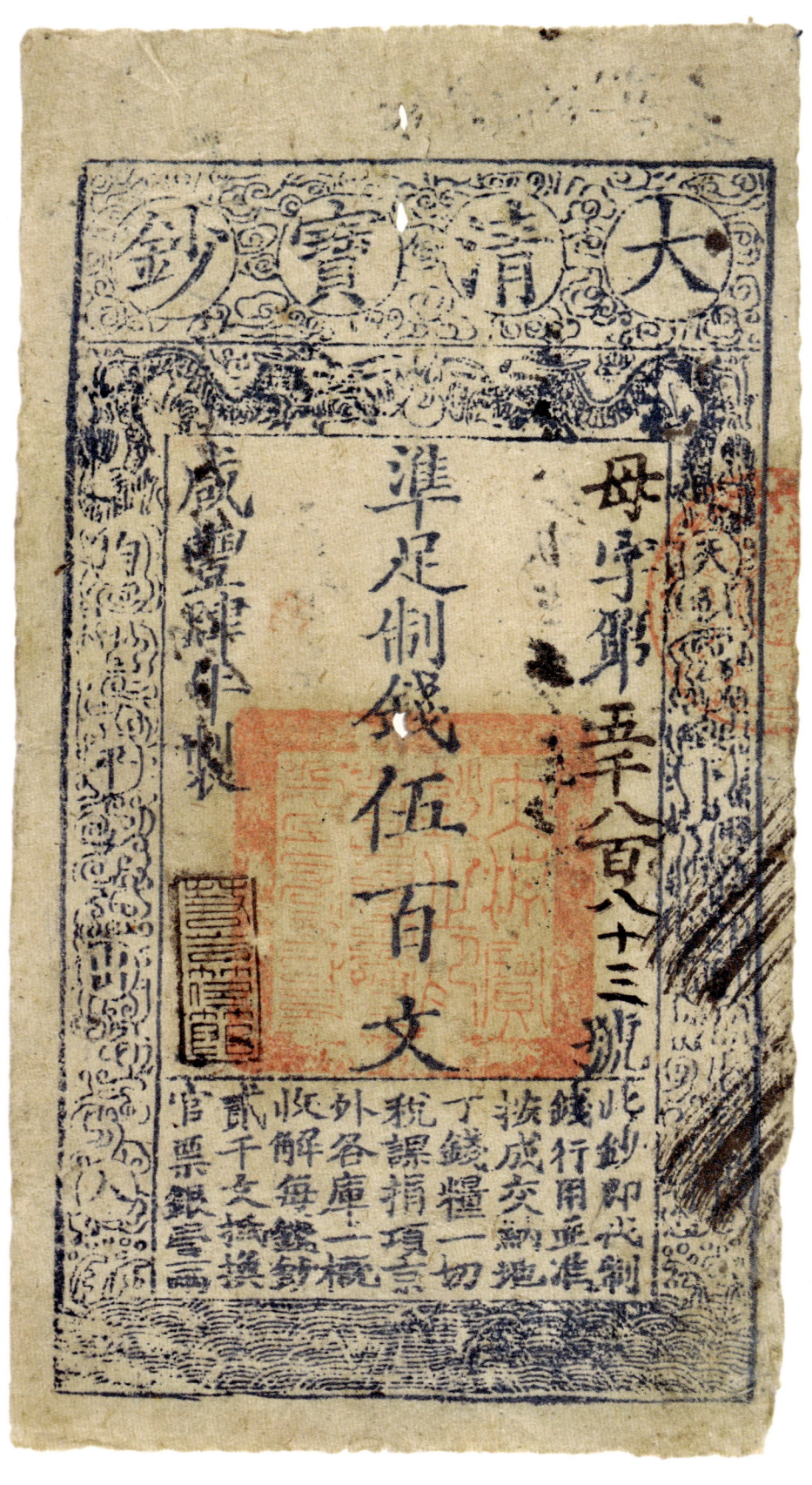

← 063-1 /
大清宝钞伍百文
（咸丰肆年）
孙彬

→ 063-2 /
大清宝钞伍百文（背）
（咸丰肆年）
孙彬

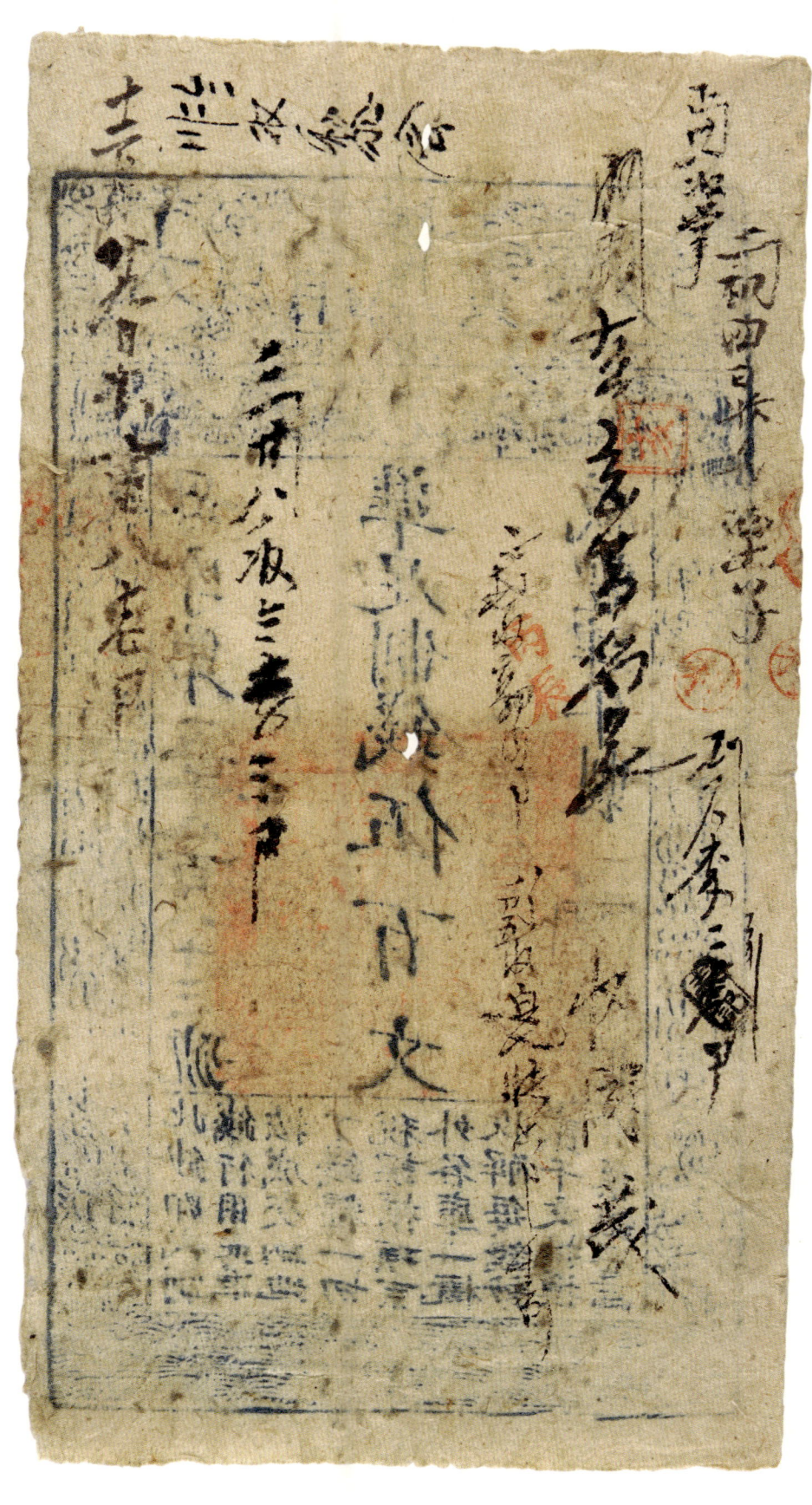

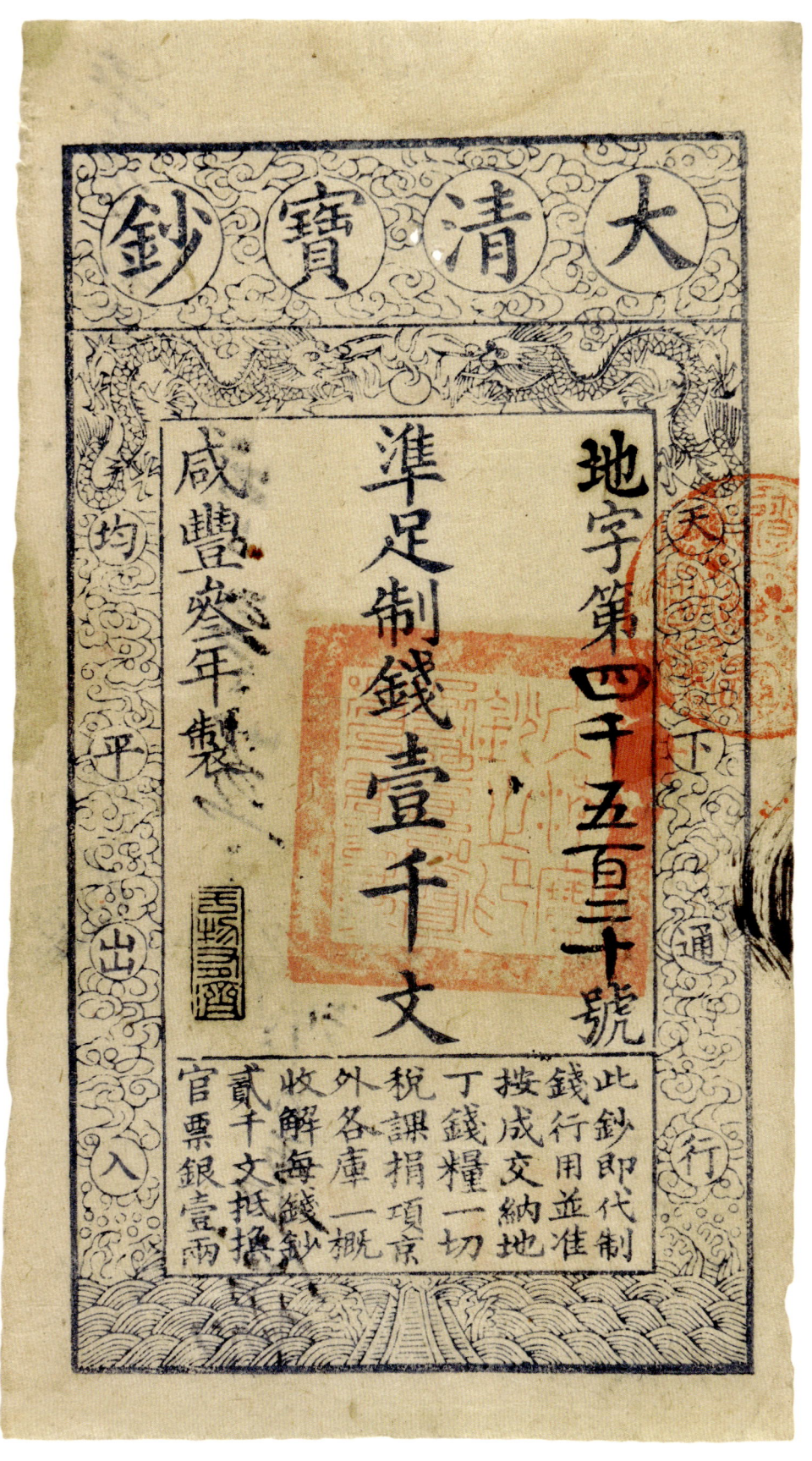

← 064-1 /
大清宝钞壹千文
（咸丰叁年）
孙彬

→ 064-2 /
大清宝钞壹千文（背）
（咸丰叁年）
孙彬

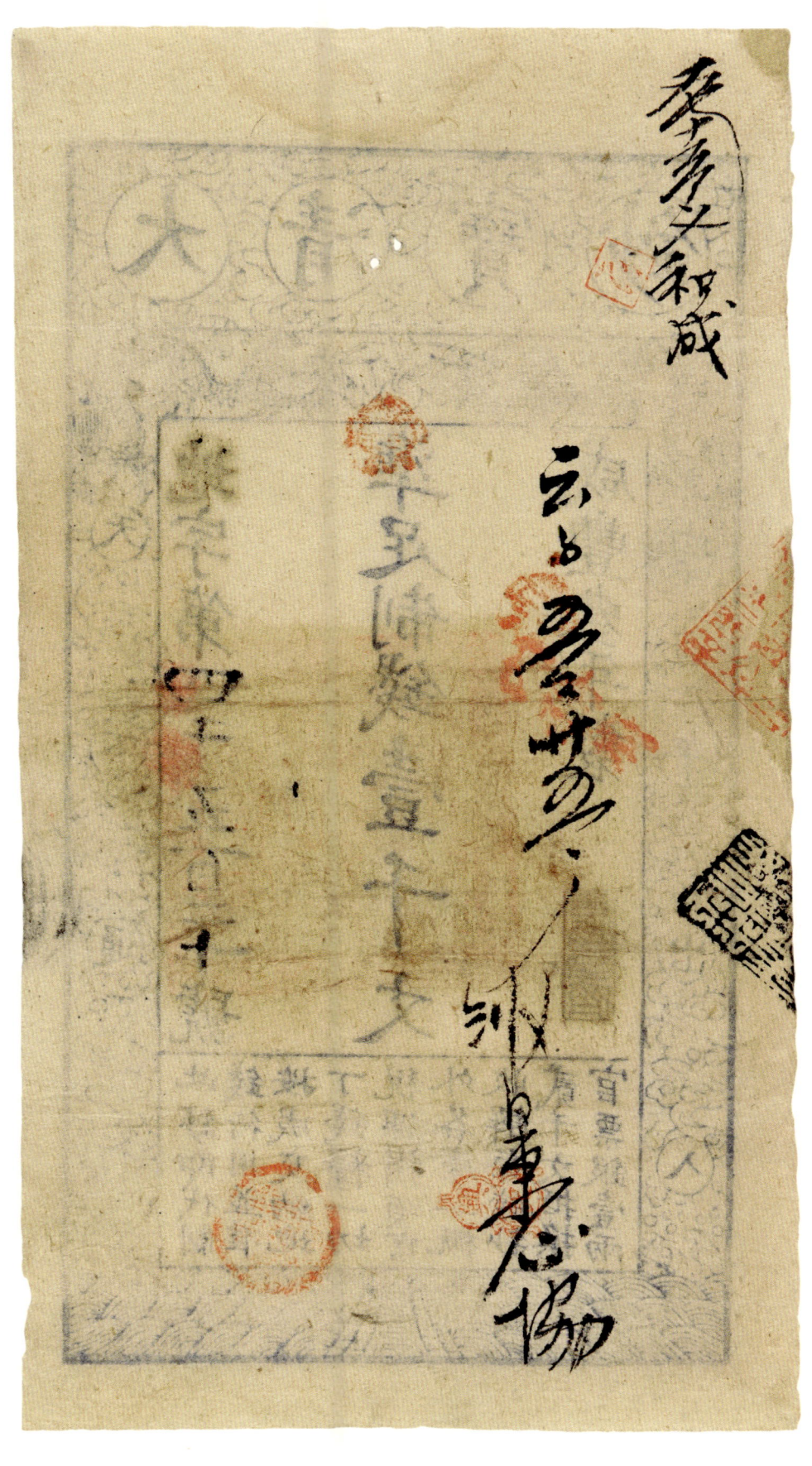

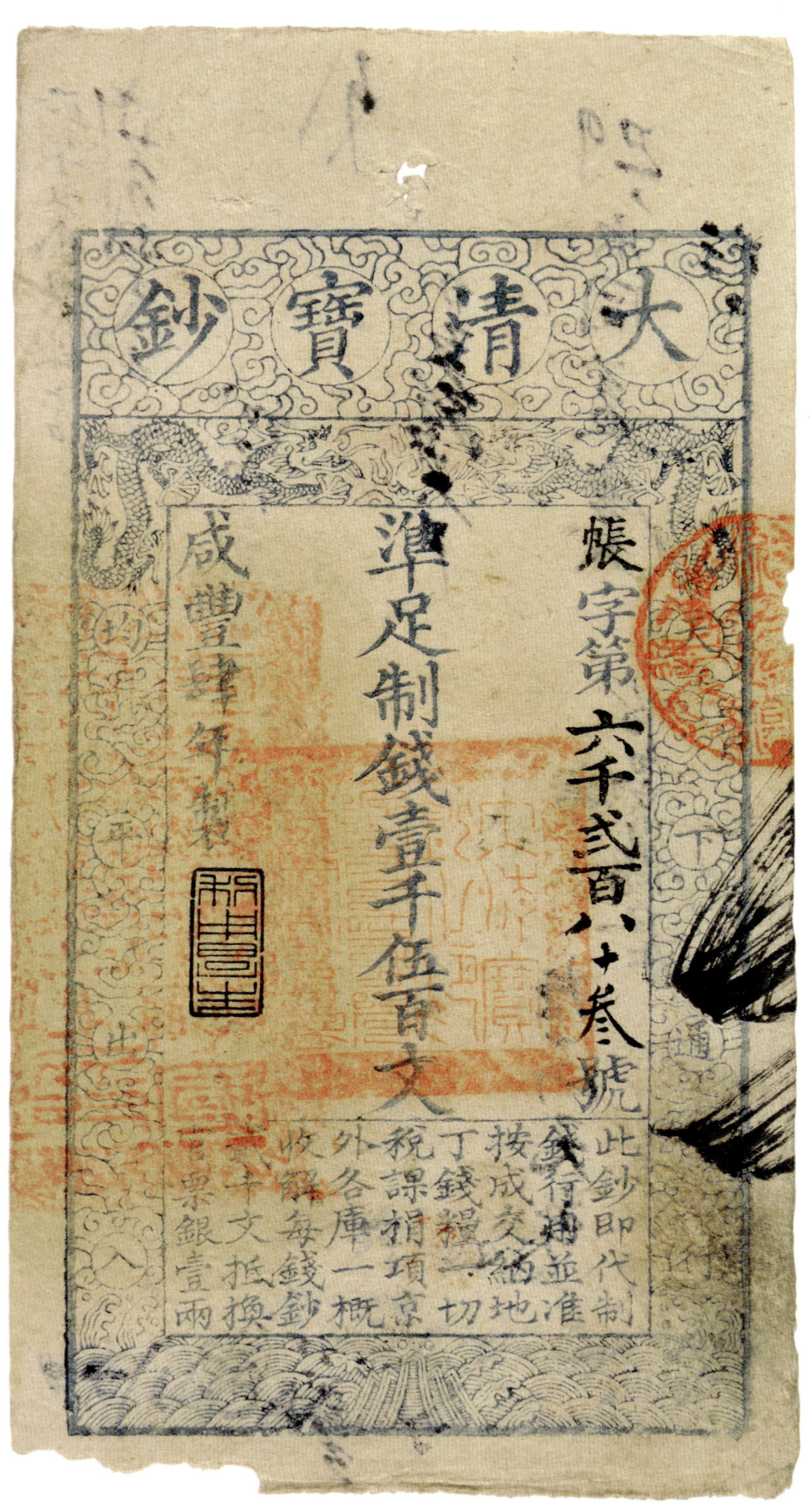

← 065-1 /
大清宝钞壹千伍百文
（咸丰肆年）
孙彬

→ 065-2 /
大清宝钞壹千伍百文（背）
（咸丰肆年）
孙彬

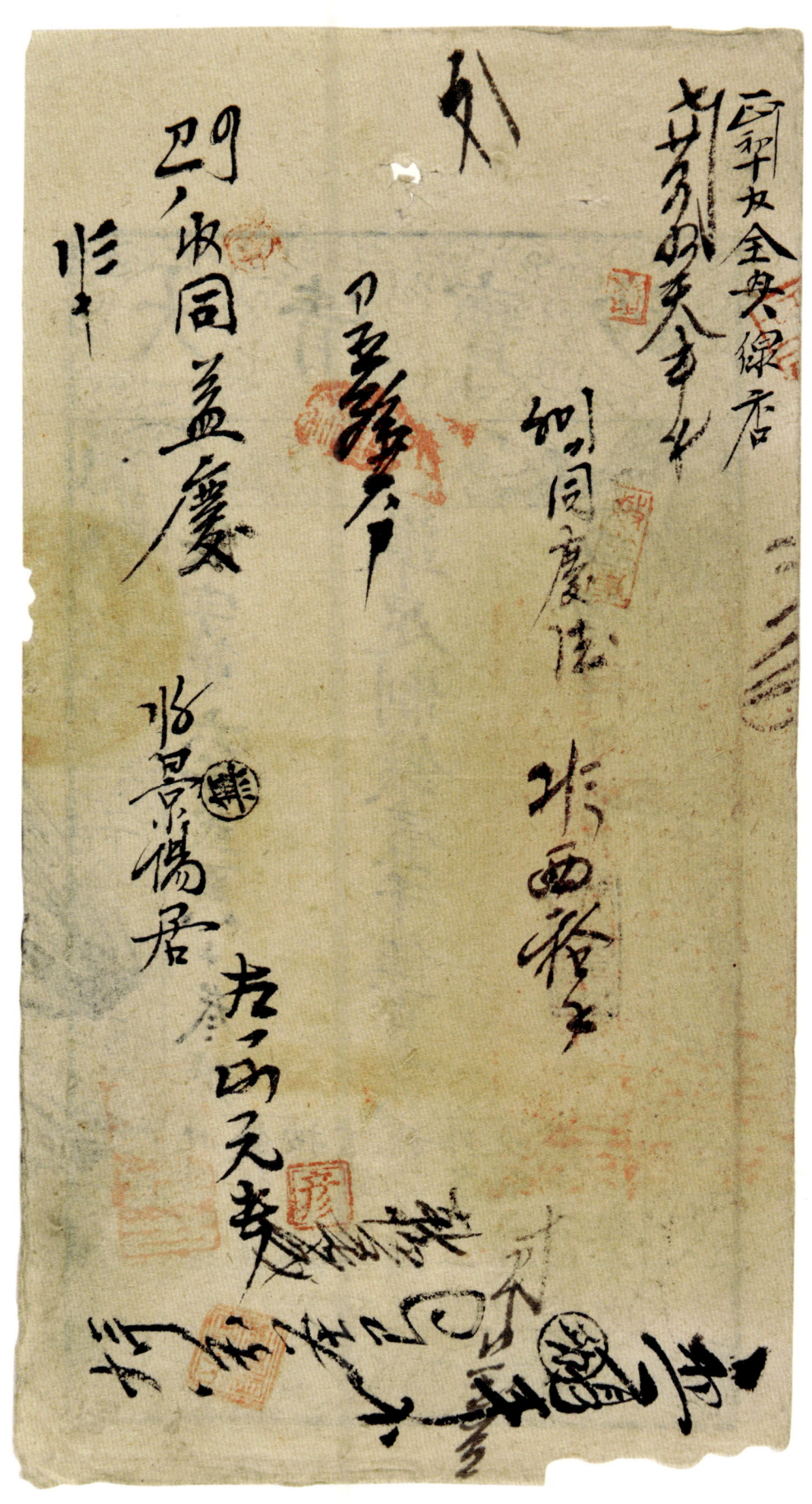

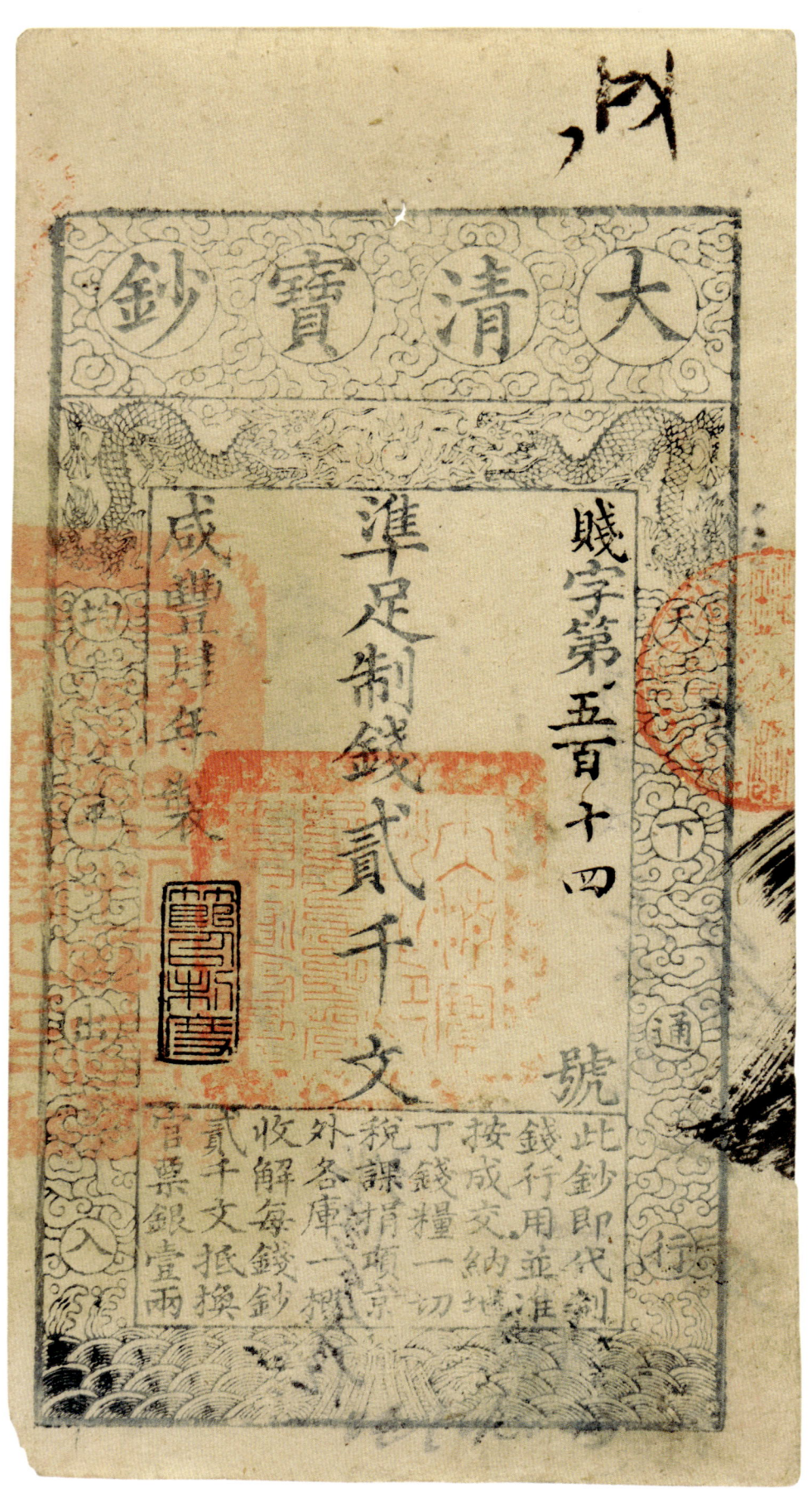

←—066-1 /
大清宝钞贰千文
（咸丰肆年）
孙彬

→—066-2 /
大清宝钞贰千文（背）
（咸丰肆年）
孙彬

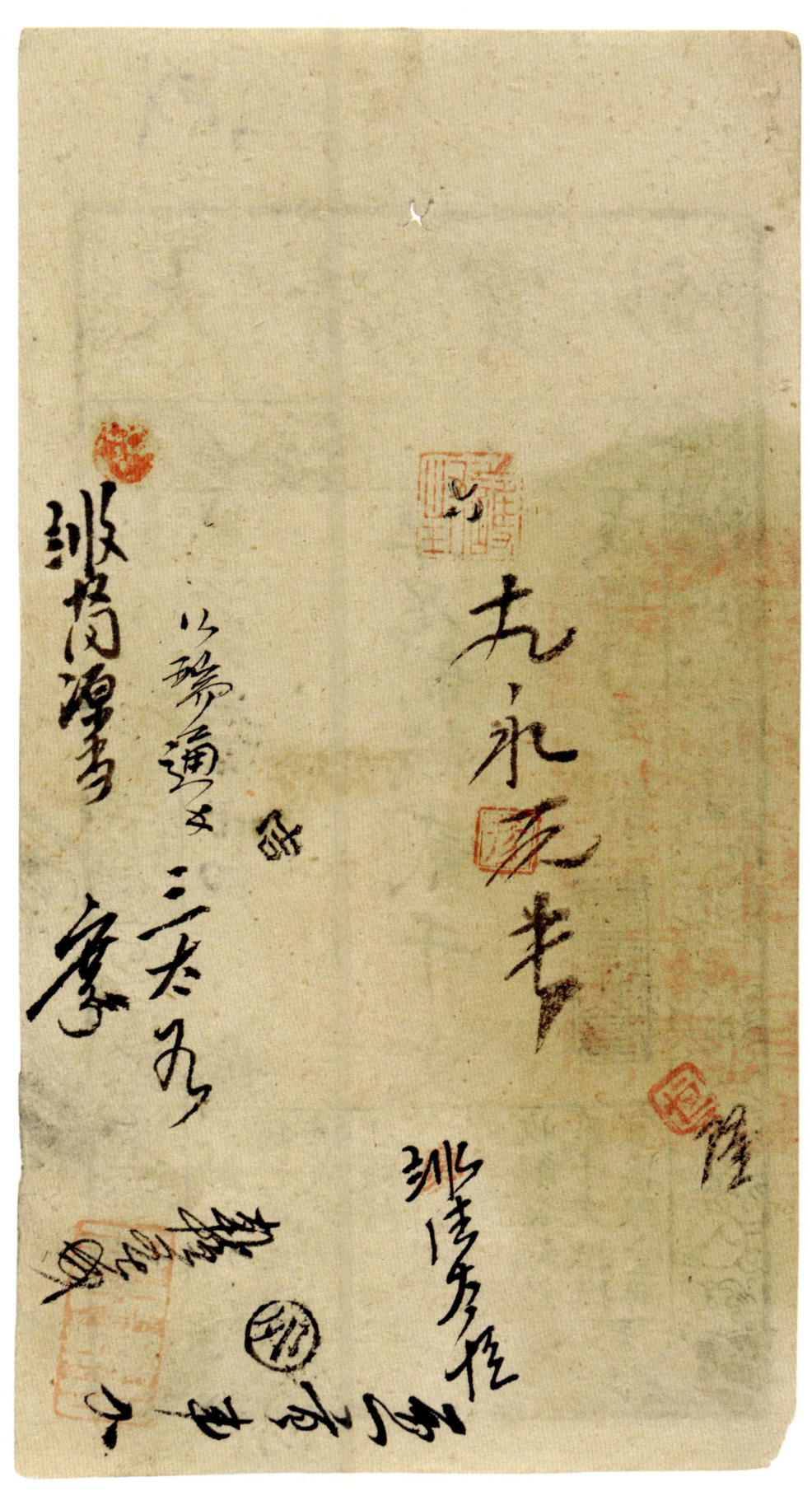

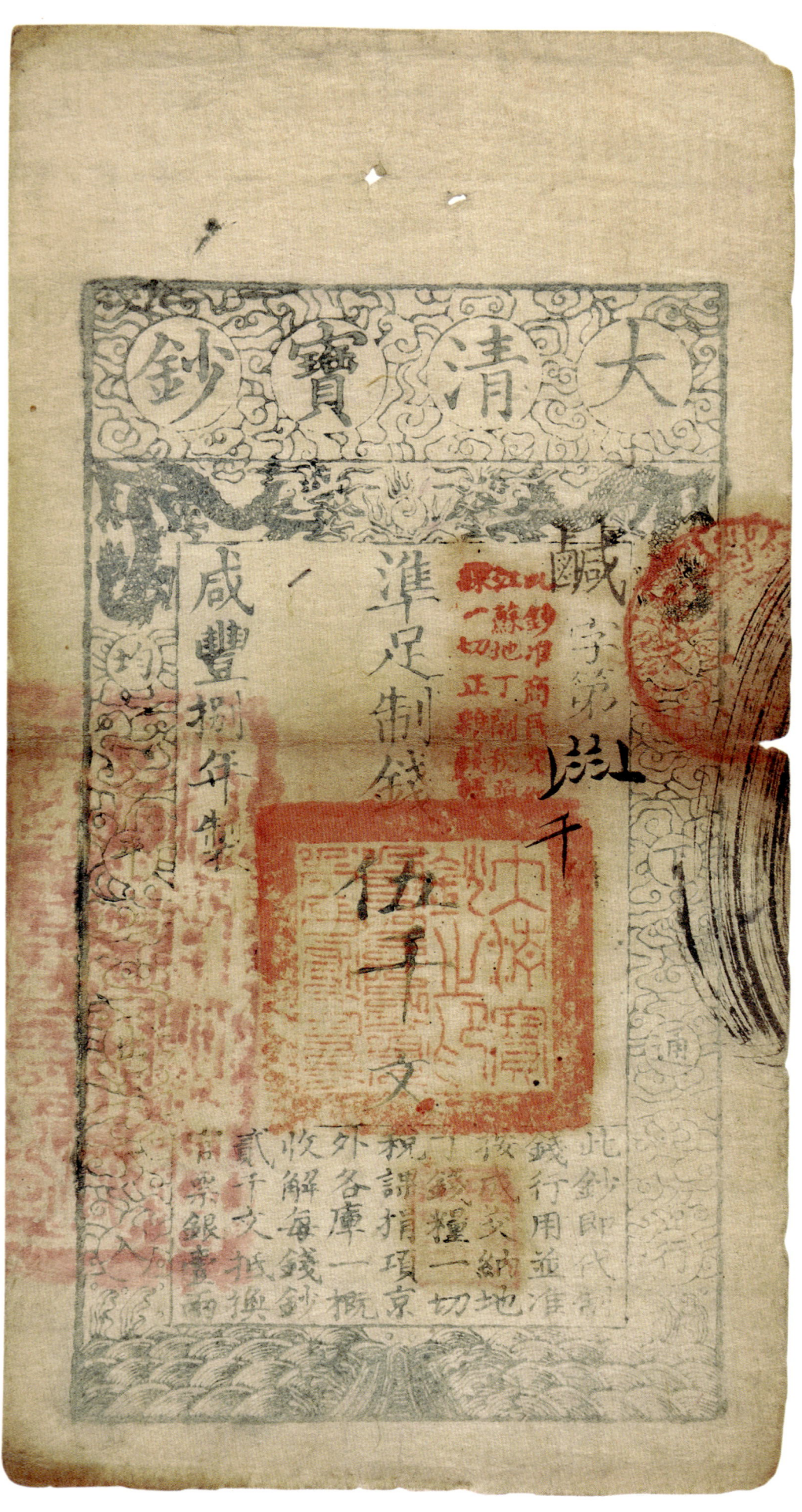

← 067 /
大清宝钞伍千文
（咸丰捌年）
孙彬

→ 068 /
大清宝钞拾千文
（咸丰陆年）
张安生

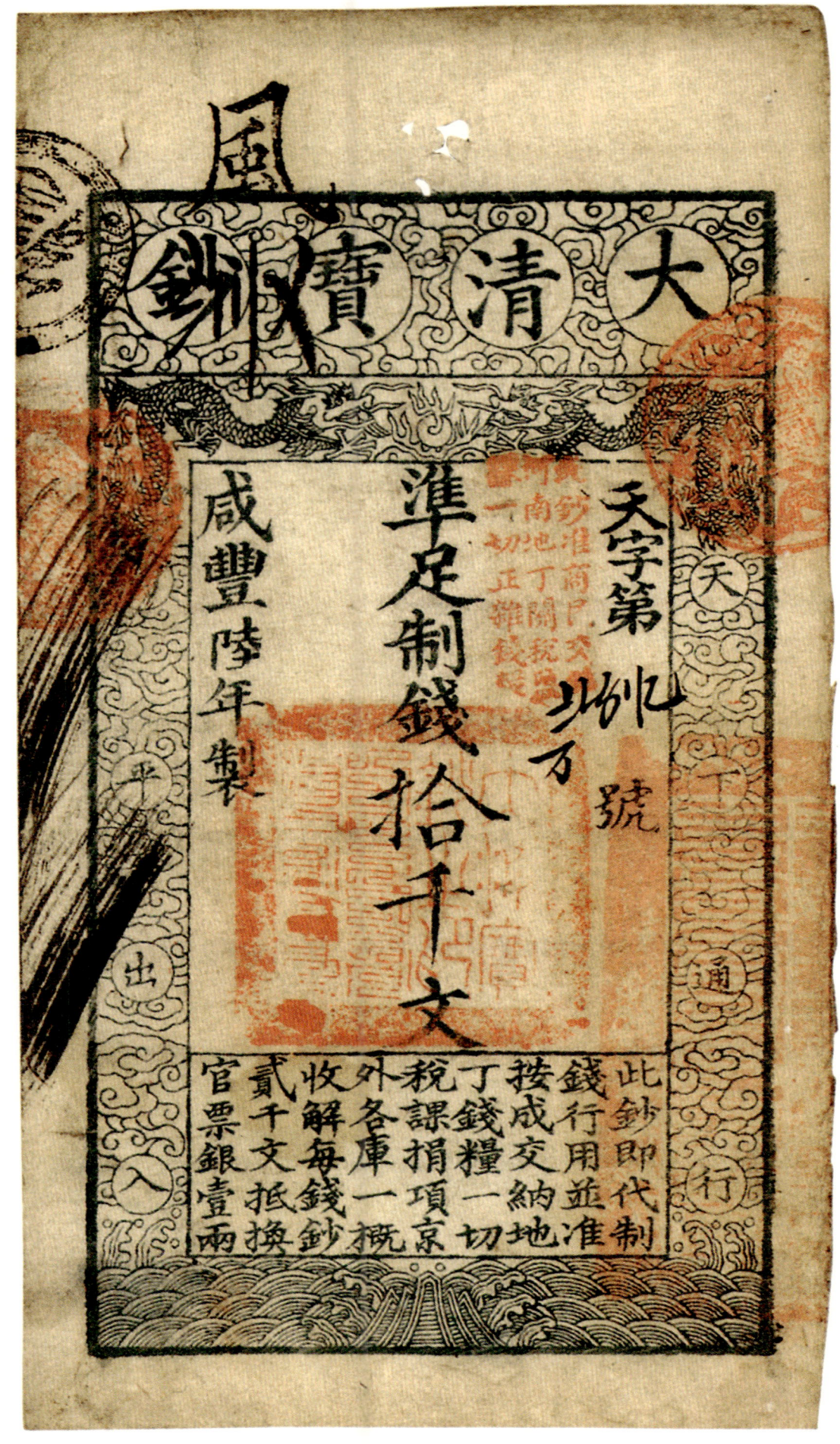

→ 069 /
大清宝钞伍拾千文
（咸丰柒年）
张安生

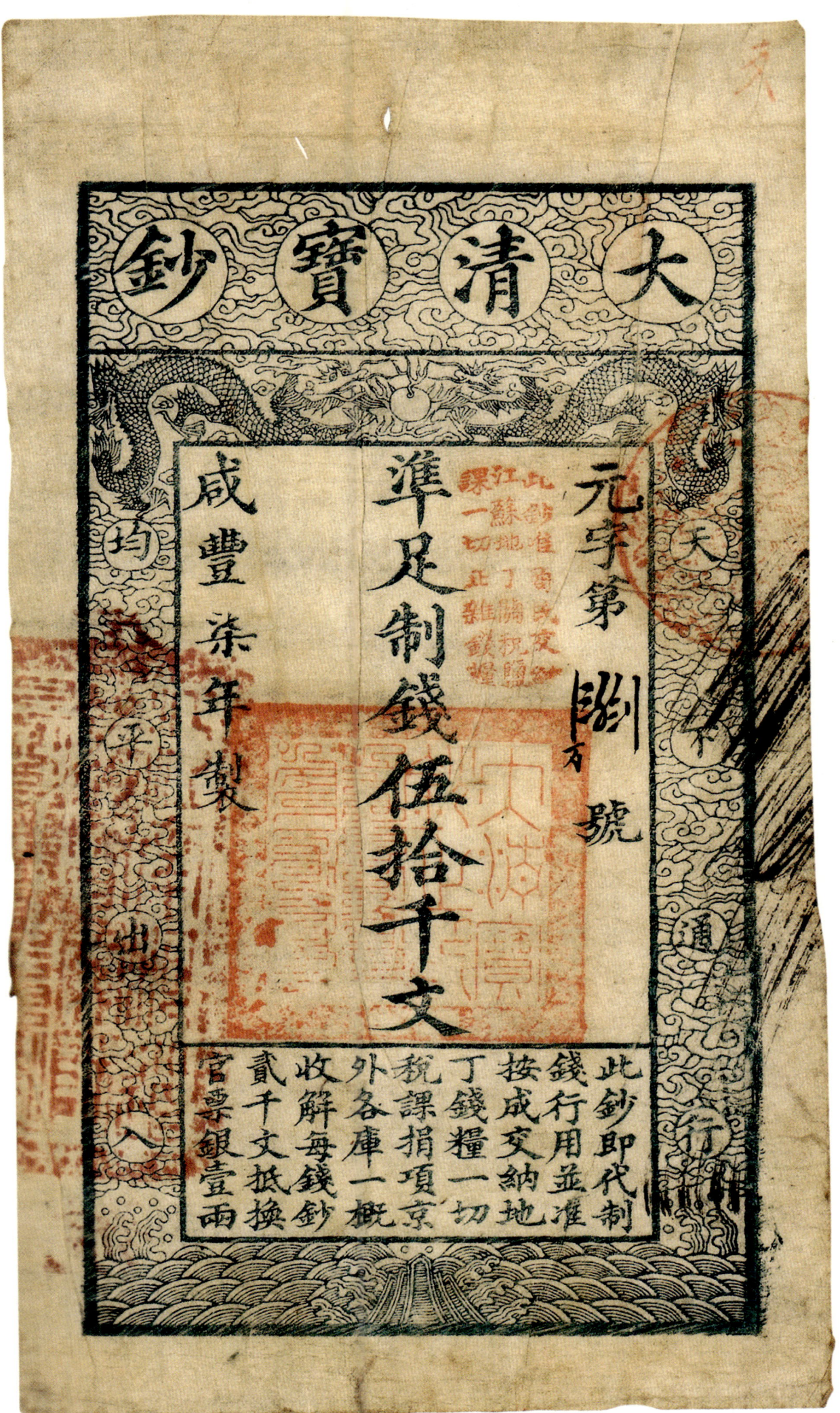

→ 070 /
大清宝钞百千文
（咸丰捌年）
董沅朋

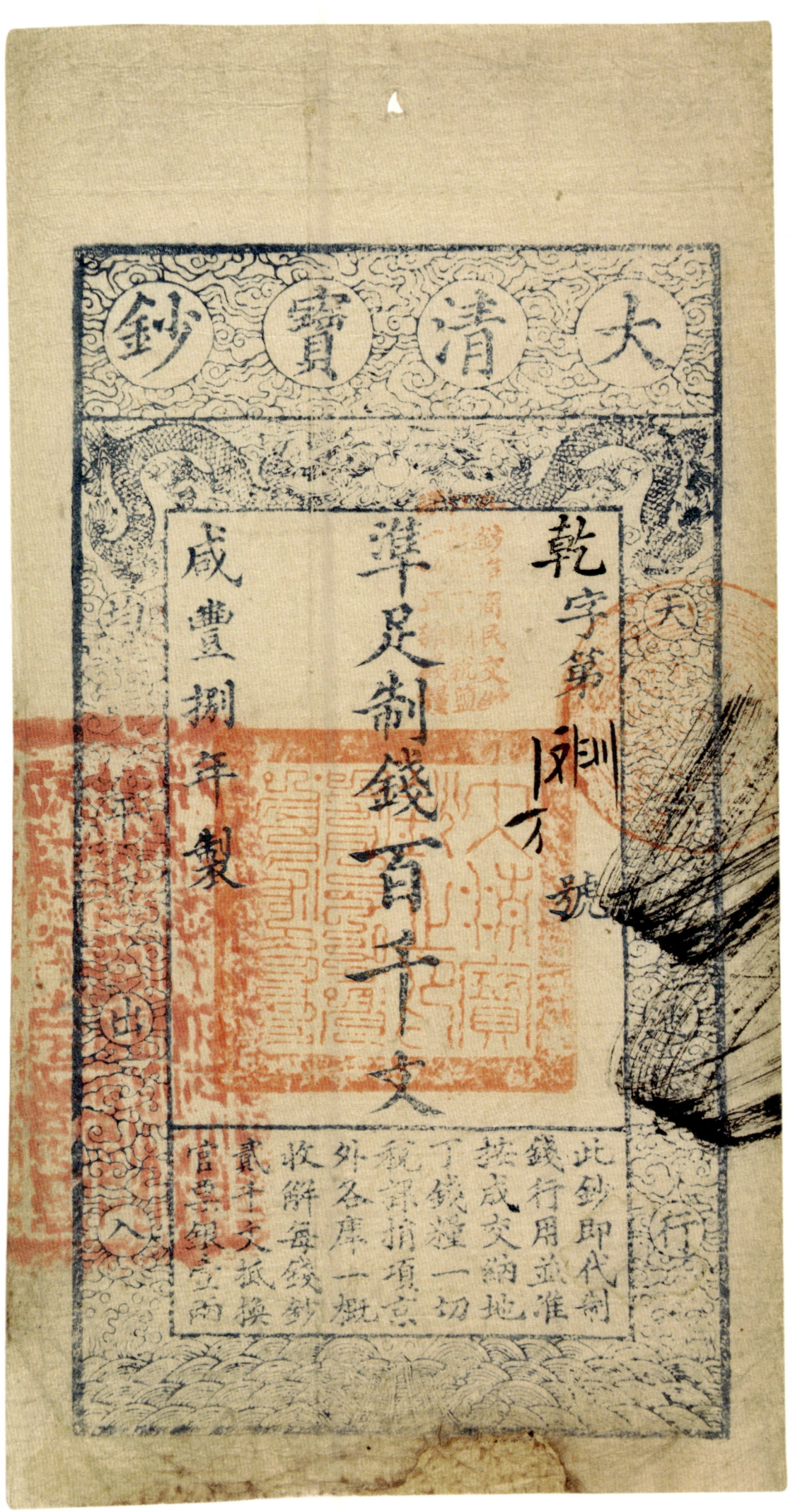

(四)大清户部银行

光绪二十九年(1903年),清廷派振贝子、那桐、张允言三人到日本去考察财政币制金融情况,研究筹设银行。设立银行的目的,一是推行银币,发行纸币以整齐币制、二是借以联系民间金融业,以发挥它们辅助财政的作为。

户部提出,要整齐币制,非办银行不可,但办银行有四大困难:1.缺乏懂得银行业务并办事可靠的人员。2.由于人民对银行尚不够了解,招股能否顺利,业务能否开展,没有把握。3.由于过去纸币政策失败,(咸丰年间纸币)及近年昭信股票不利,初办银行,又不能立即禁止商帖,银行发行钞票,几年之内难以通行无阻。4.银行的开办,对垄断投机的市侩和贪污挪用的官吏不利,他们会造谣惑众,动摇朝廷决心,以致半途而废。因此,请求朝廷要下定决心,不听流言蜚语,户部才能妥慎从事,把银行办起来。从户部的奏折可以看出,当时兴办银行,仍然困难不小,阻力很大。

光绪三十一年八月二十九日(1905年9月27日),清廷批准了"试办银行章程"三十二条。大清户部银行总行在北京成立。大清户部银行是中国第二家现代银行,也是中国第一家国家银行与中央银行。

试办银行章程

该章程是大清户部银行的法律依据,照录如下:

(一)本银行现系试办,拟先备资本银400万两,分为4万股,每股库平银100两。由户部筹款认购2万股,其余2万股无论官民人等均准购买。俟贸易扩充之时,再行酌量添招若干股,随时由办事人等禀请。

(二)本行照有限公司办法,股份以外不再向股东添取银钱,即有亏欠,与股东无涉。惟添招股份之时,则应先尽旧股东,如有旧股东不买,方可另招新股。

(三)本行现设京师,其各大埠,如天津、上海、汉口、广东、四川等处,酌设分行。未设分行之处,可与股实富商订立合同,作为代办。

(四)本行专作收存出放款项,买卖荒金荒银,汇兑划拨公私款项,折收未满限期票,及代人收存紧要物件。其余未及详列之款,及各项禁令均照各国银行章程办理。

(五)本行归国家保护,凡遇市面银根紧急青黄不接之时,本行可向户部禀请发给库款接济。其发给之款照章按期筹交息银。

(六)本行营业年限自开业起,以二十年为满,届期可以禀请展缓限期。

(七)本行每季详造营业资财切实报告二份,送呈财政处、户部查核。财政处、户部并可随时调阅本行清账,此外各项贸易事业,公家均不干预。

(八)以后银元局铸造银铜各币,均应交本行承领,与商号直接往来,以便流通市面。此项银铜各币均按存日多少,照章生息缴出。

(九)凡认买股份券者,均于开行之前先行缴足四分之一,其余俟本行贸易应用之日时再行普告,分次收取。惟购买此项股份者,必须书明姓名、籍贯注册,以本国人为断,他国人民不得购买。其原有股份者,亦不得转卖他国之人。

(十)本行分次续收股本之时,均于两日以前普行报告股东。若届期未将续交之款交到者,俟其补交时,令于应交款目外增纳百分之一,以惩因循。若再经两月之久仍未交到者,即将其股票发卖,由其已交本银内除净所罚加一之款,及因发卖所需一切费用,如有盈余,交还原主,倘或不足,仍向原股东追缴。其股东远在外省或外洋者,可再展期限两月,照此办理。

(十一)公家即认买2万股,即为最大股东,可以选派银行总办一人、副总办一人;另设理事4人,由各股东公举,与总办、副总办均为总管事务之人。会议时则总办为议长,如遇一事可否各半者,议长有判决之权。总办如事故,以副总办代之。又设监事3人,由股东公举,监察本行一切事务。此外,大班、司账等人,由办事人员延请。

(十二)理事非有百股以上,监事非有40股以上,不得当选。其选举理事监事,选举后须呈明财务处、户部,再行任事。

(十三)总办、副总办以5年为一任,理事以4年为一任,监事以3年为一任。总办、副总办任满,由公家再选。理事监事任满,由股东再举,如其办事妥善,亦可再受选举。

(十四)理事监事至期满时,每年至少须退换一人,即在股东公会时议定。

(十五)每年三月、九月,定期在京师会议二次,股东均得与议,惟须入股注册在一个月以前,并须于会前3日先行持股份券赴本行报名。凡择定会期,于一个月前缮函,分别邮寄,并登日报。即为周知,不得以未经接到为词,另生异议。

(十六)银行执事各员,每月须有大会议一次,议办一切大事,总办、副总办、理事,每月有会议数次,议定现行各事,交监事会议承诺,方可施行。

(十七)股东会议到场有全数之半,其所持股份有全股之半,并在行执事人员到及一半者,即可定议,否则改期再议。若不能如上所限,而在场股东以为事在可行者已居多数,可以暂行议决。至业经股东会议定诸事，未经赴议之人，不得退有后言。查现在商部新定商律内公司会议章程极为详细，凡本行未经详列者，一切均可查照章程办理。

（十八）本行设一股份总册，登记股东姓名、籍贯。股份券或卖给或让与他人，须由原主函致本行禀准，再行通知本人，将买卖或让与他人之契，两造签名画押，连股份券送至本行，再由本行登注总册。且须本行员于其股券之背签名画押，以证永无翻悔。此外，有执股券来行自称股东者，本行均不承认，惟认曾经注册者为实在股东。

（十九）本行每半年结账一次，股票长年官息六厘。结账以后，除分官息及办事人等薪水用度外，分作十成，至少留一成作为公积，一成为办事人等花红酬应之需，其余按股均分，作为余利。惟必结账实有盈余，方能分派，不得移本分派。

（二十）本行拟印纸币，分库平银100两、50两、10两、5两、1两五种。通行银元票亦如之。此外，因便商民起见，亦可出市面通用平色及百两以上银两等票，以及各种票据。

（二十一）本行分设省分，即为本行权力所及之处，凡本行纸币，公私出入款项均准一律通用，应缴一切库款、官款，均准以此纸币照缴，或全用，或搭用，与现银无异。各该省如有解部款项，并准一体解兑。如有官吏商民人等故意挑剔折扣者，京师禀知财政处、户部，外省禀知该省督抚，从严参办。

（二十二）户部出入款项，均可由本行办理。凡有可以票币收发者，均须用本行纸币，其他商号之票不得掺用。

（二十三）有持本行纸币至总行分行兑换现银者，均即登时兑给，不得稍有迟延。凡纸币通行各省兑换数目，均照汇丰等银行折算章程办理。

（二十四）本行有整齐币制价值之权，凡遇市商把持垄断，将各项制币价值任意抬抑之时，本行得以禀请从严惩办，秉公定价，务使币价一律，以维圜法。

（二十五）现在京中炉房纷纷闭歇，商民受累甚多。今总银行既设立，京师不能不妥设炉房，倾销银两，拟筹款另设炉房一所，招集匠人，专为本行倾销银两之所。其商民人等有愿将银两交本行炉房倾镕宝银以及存款交库等事，均照市场炉房一律交易，统俟银元铸多，生银日少，再行酌量停止，以便商民。

（二十六）本行不用关防，只刻图记一颗，其花文字样由总办各员酌定，交总办掌管，至少有执事二人监视，方能开用。如总办有事不能到行，即将钥匙交副总办或理事，代为开用。

（二十七）本行系仿西例办法，名为有限公司，公家既经筹款认买股份，即与各商股一律，凡未经满限以前，股东银两不得随时提用，亦不得藉词挪借。如有以上各事，本行可坚持不允，以示大公。

（二十八）伪造纸币不独有害本行营业，兼亦害及行用之人，亟须严禁。本行既隶于户部，所发纸币既与国家制币无异，应禀财政处户部奏明通饬各省出示严禁，无论何项人等，如有伪造本行纸币者，由刑部另立专条，从重办理。

（二十九）银行执事本不能兼办他事，惟本行现系试办，一时难得专门训练之人，所有总办等差暂准有者兼办，但给车马酬应之费，不给薪工，其花红等款则一律照分。

（三十）各省有分行之处，如有股东，亦可公举二三人，与总行所派之人，各就本处情形商办各事，惟所议办者不得与总行议定章程大为相背。

（三十一）本行如经财政处、户部或股东执事各员查明，本银业经折阅过半，即应将营业停止，仍须议定办理结账人员，俟将存欠账目归收清楚，所余本银按股份分给股东，方准闭歇。

（三十二）以上系草定章程，以后尚须随时修改，并酌拟详细办法，但与原定章程宗旨不至大背者，均可刊刻通行。

试办银行章程的主要精神在于：（1）官商合办有限公司，商股代表参与管理，但大权在官方手中。（2）该行除经营一股银行业务处，还有发行纸币、收解官款、控制金融市场的特权，称为总银行，也即中央银行。

孔祥贤著，《大清银行史》，南京大学出版社，1991年。

大清户部银行从光绪三十一年（1905年）成立，到光绪三十四年（1908年）改为大清银行止，发行有壹两、伍两、拾两、伍拾两、一百两银两票5种，壹圆、伍圆、拾圆、伍拾圆、壹百圆5种银元票，目前实物见有北京户部银行光绪三十年（1904年）叁拾两票。

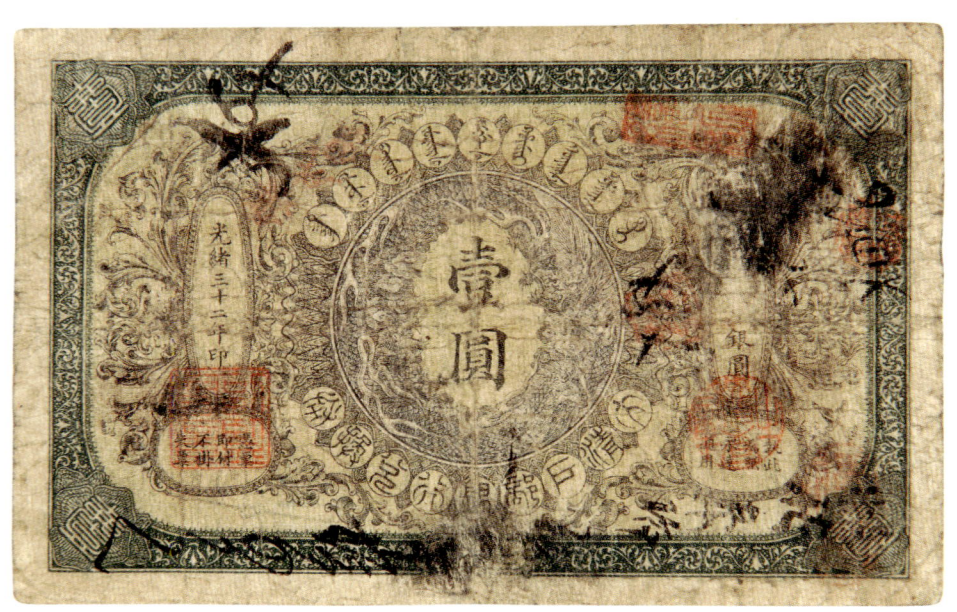

←↑ 071-1 ／
大清户部银行
兑换券
壹圆
（光绪三十二年）
刘文和

→↑ 072 ／
大清户部银行
兑换券
壹圆样票
（光绪三十二年）
嘉德拍卖

←↓ 071-2 ／
大清户部银行
兑换券
壹圆（背）
（光绪三十二年）
刘文和

→ 073 ／
大清户部银行
兑换券
伍圆样票
（光绪三十二年）
嘉德拍卖

→↓ 074 ／
大清户部银行
兑换券
拾圆样票
（光绪三十二年）
嘉德拍卖

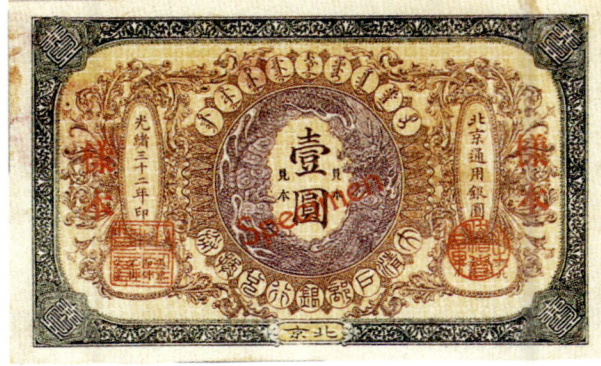

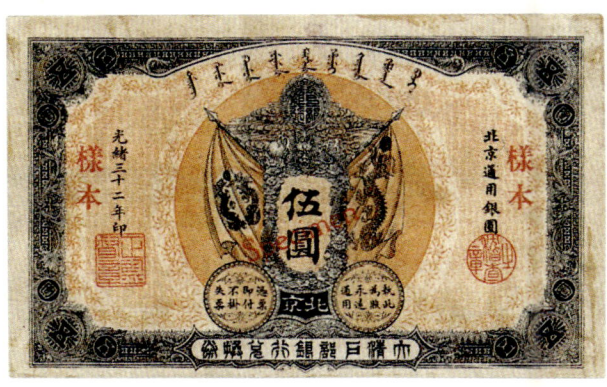

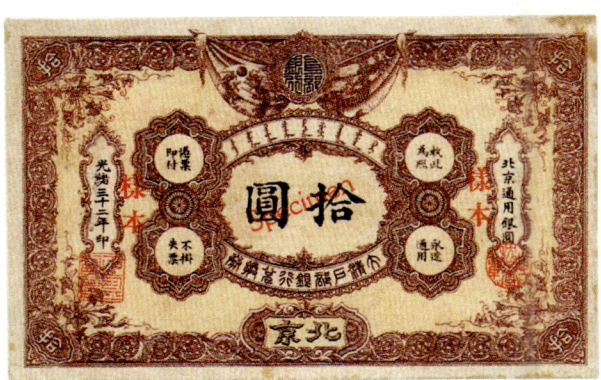

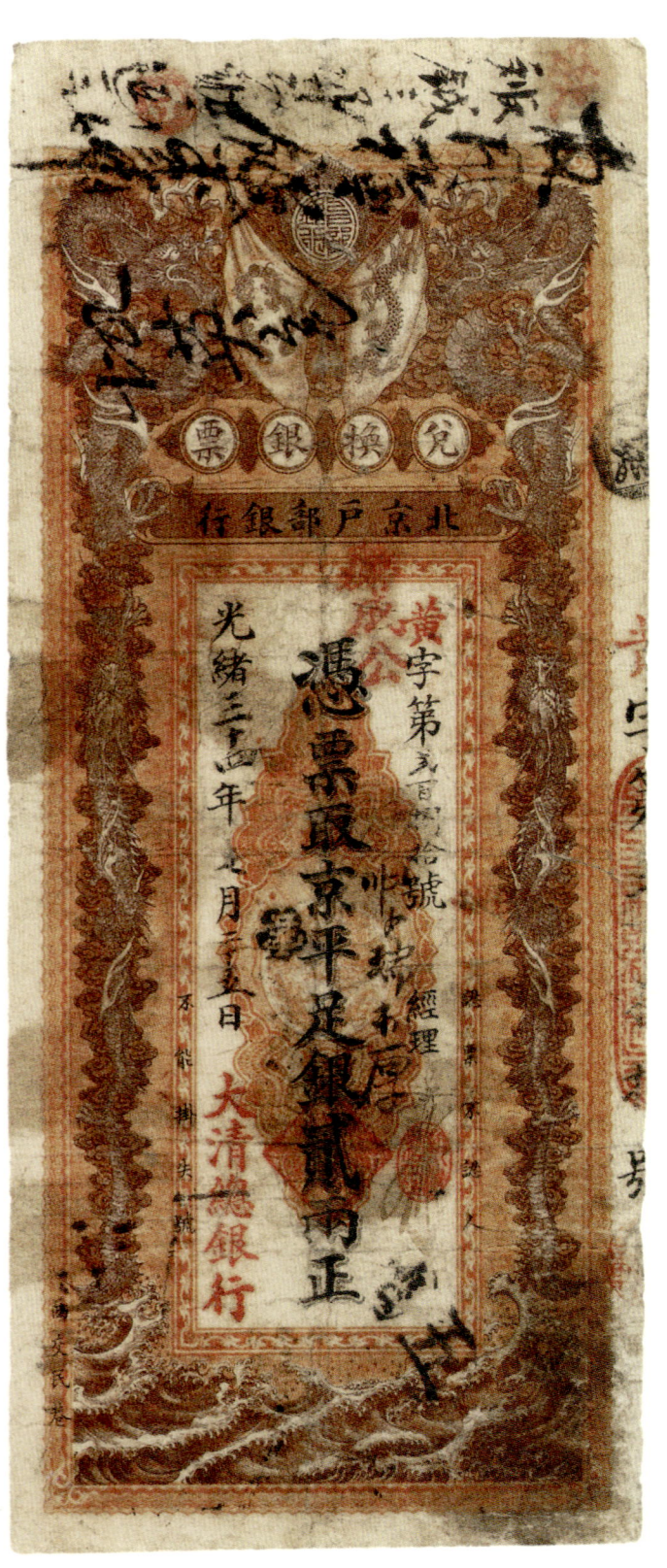
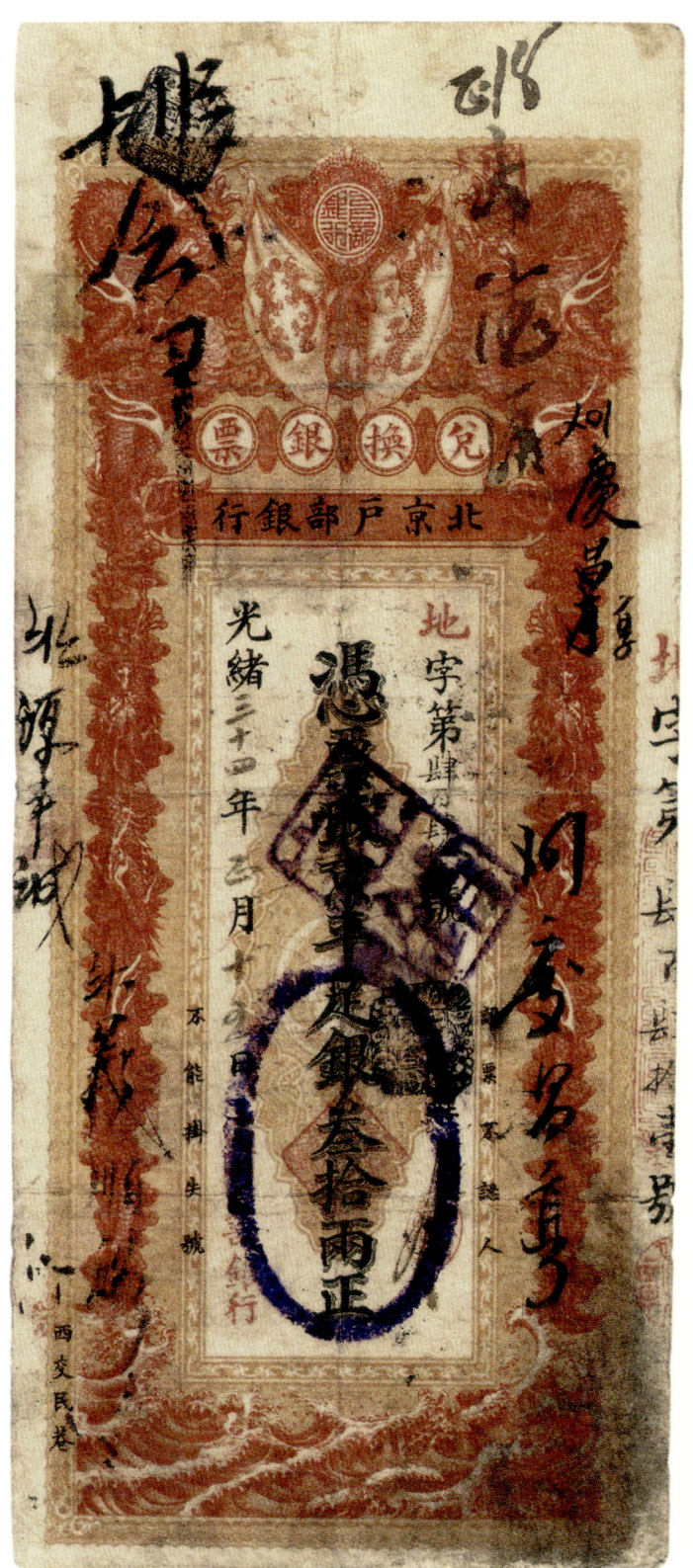

←← 075 /
北京户部银行
银两兑换券
（光绪三十四年）
贰两
张安生

←— 076 /
北京户部银行
银两兑换券
（光绪三十四年）
叁拾两
张安生

→ 077 /
北京户部银行
银两兑换券
（光绪三十四年）
拾两
吴筹中旧藏

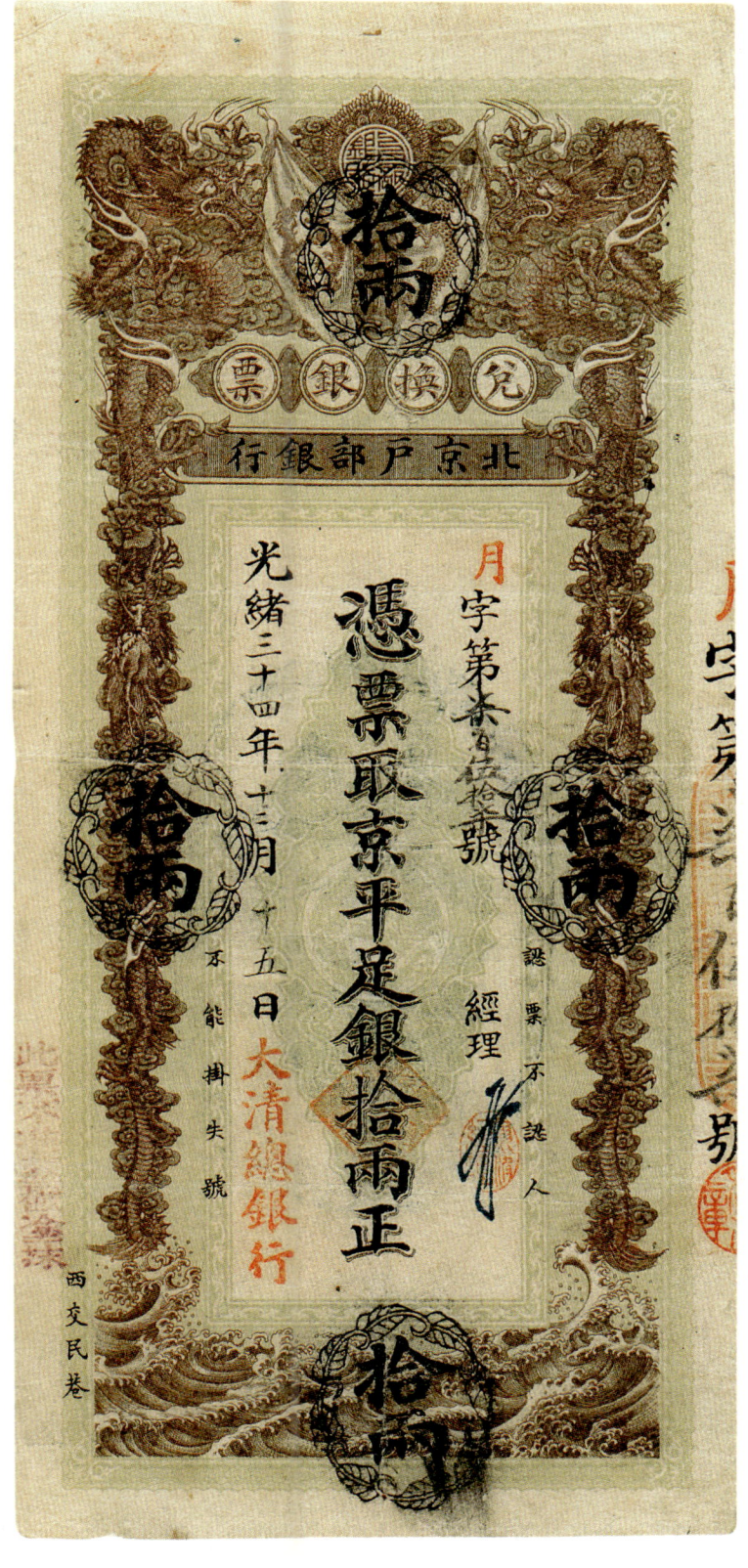

北京纸币八百年

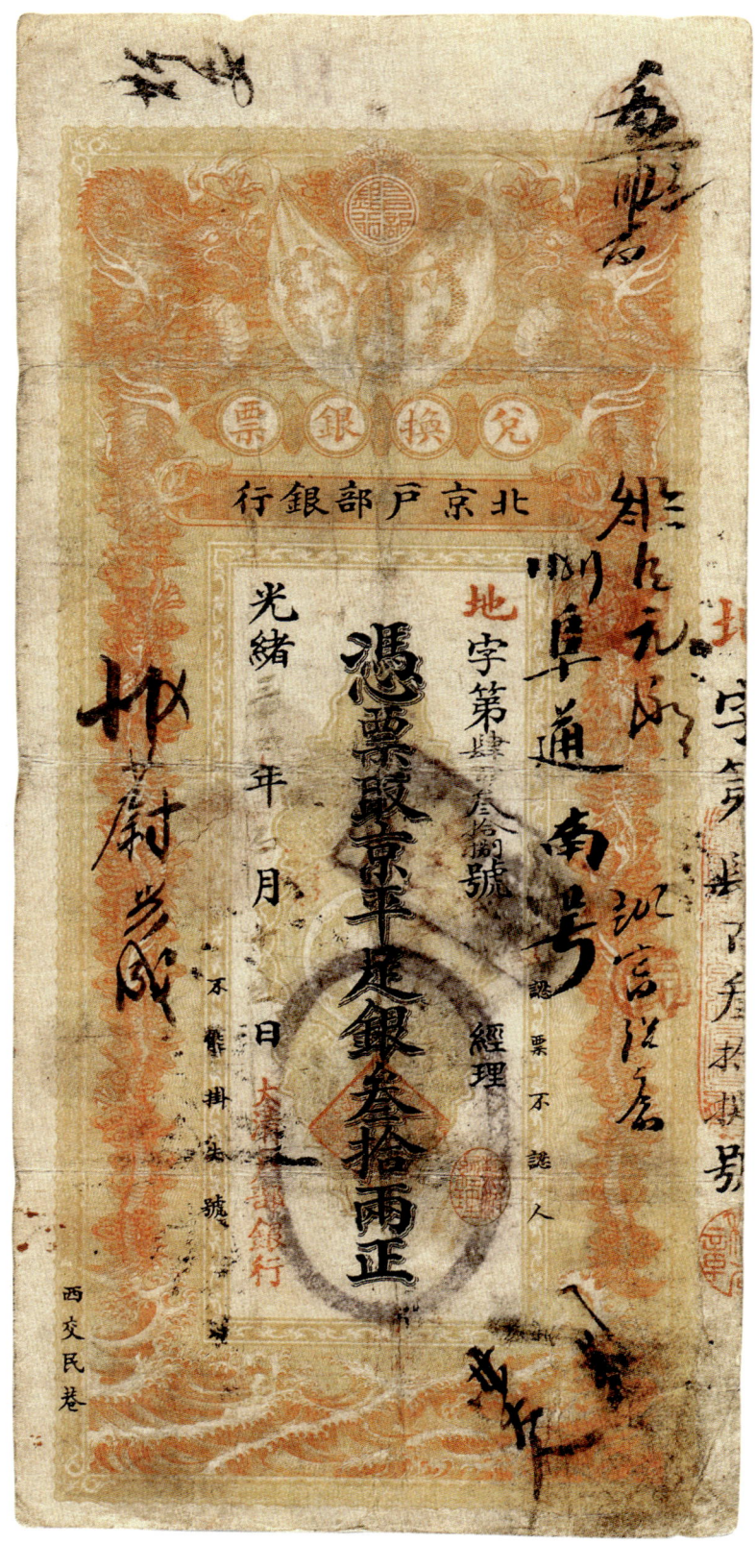

←078 /
北京户部银行
银两兑换券
（光绪三十四年）
叁拾两
吴筹中旧藏

（五）户部阜通四钱号

光绪二十六年（1900年）八国联军攻陷北京前，北京市面钱庄银号经官府准许的有511家。私自经营兑换银钱的发帖票者不计其数。太平盛世时，交易鼎盛，银钱往来，充实丰裕。但战乱遭掠夺后，地方金融破坏殆尽，有票无银，有帖无钱。

光绪三十一年（1905年）十二月，户部为挽救京城内外钱庄银号继续营业，安定社会繁荣，维持市面交易，设立户部阜通钱号。钱号名曰阜通东号、阜通南号、阜通西号、阜通北号，也称阜通四官号。户部为阜通号定立章程八条：

1. 号中资本均由户部银行发领，每号发领前资本银五千两。

2. 号中专营门市交换生息，公平交易，往来各户至多以三百金为断，凡需用钱票、银元票，现银均向户部银行兑折交换，号中不能擅自开写银票、银元票，以及号中图书为人作保等事。

3. 号中可出市面通用钱票，纸张由户部银行发给，由号开写数目，盖用图书之后，再送户部，户部银行加盖担保图记，将钱数登录于簿，方可发行，以便有所稽考，不致漫无限制。

4. 各号簿账每日一结，按月一报，随时由户部银行派人查察，有如票存现款须交户部银行存库，可由户部银行酌认息银，以示体恤。

5. 各号掌柜由户部银行请定后，须取其殷实商号保单，各伙友均归各掌柜慎选任用，一切责任均归掌柜担待。如有透支不妥等情，均惟以掌柜与保人是问。倘掌柜伙友中，日后查有不守号中规矩之人，即时可以辞退更换。

6. 号中日用伙食，伙友薪水，均从撙节，年终结账，除一切开销之外，如有盈余，准其照章酌提花红，以示奖励。

7.开号之时，请本部行知巡警部，顺天府出示晓谕商民人等，凡有阜通钱号所出钱票，与现钱一体行用，归户部银行担保。并请巡警部、顺天府切实保护。

8.现今市面钱票、铜币、当十大钱，各分行市，且小钱铺往往于当十大钱内杂以私钱渔利，商民受累甚深。

阜通钱号发行钱票经户部银行加盖担保图记，始能发行流通，除表示严谨慎重之外，还有控制阜通钱票发行之权，防患钱票贬值发行泛滥之弊，百姓可以以票易钱，以钱易票，钱票畅通于京城内外，目前仅见阜通东号大钱票一种。

→ 079 /
户部阜通银钱东号
（光绪年）
贰吊
蔡小军编《钞票》杂志

（六）交通银行

交通银行成立于光绪三十三年（1907年）三月四日，由大清政府邮传部奏准设立，属官商合办，资本500万两，其主要业务是发行债券，赎回京汉铁路，经理输、路、电、邮四政的往来收支，同时兼营一般商业银行业务。民国十七年（1928年）后，中华民国财政部通过三次增资，使交通银行的官股比例由40%上升为86.7%，交通银行的董事长、总经理、官股董事均由政府委派。

交通银行开办以后，政府就授予纸币发行权，从宣统元年（1909年）发行第一版纸币起，至民国三十一年（1942年）印制最后一批法币券止，发钞时间达33年。第一版是宣统元年（1909年）发行的大银元券、小银元券及银两券，各种券面均有双龙与龙旗和输路电邮等图案。民国元年（1912年）发行以云鹤等花纹为图案的第二版大银元券、银两券。同年又印发了第三版大银元券及小银元券，规定以五彩旗和交通事业之花纹为图案。民国二年（1913年）发行第四版大银元券，其图案仍用交通运输和花纹。民国四年（1915年）发行第五版大银元券，翌年袁世凯称帝，交通行政费垫付，遂滥发钞票，造成停兑风潮。此后，民国七年（1918年）至民国十六年（1927年）的十年间，先后印发第六、七、八、九版大银元券，又增发第一、二版辅币券，改印第四版大银元券。民国十六年（1927年）十一月公布《交通银行条例》规定"交通银行经国民政府特许以股份有限公司组织成立"，当时武汉国民政府下令集中现金，汉口中、交两行库款皆移作军政费用，两行的汉钞被迫停兑。民国十九年（1930年）开始发行第十版山东及天津大银元券，以后又增发上海、汉口地名券。并准备发行第十一版上海大银元券。到民国二十四年（1935年）十月三日止，共发行额达10451万元。

民国二十四年（1935年）十一月四日，国民政府实行币制改革，交通银行钞票，指定为法币。曾将中国实业银行壹圆、伍圆及拾圆券加盖"此券由交通银行发行"。同时开始发行十二版无地名法币券。此后民国三十年（1941年）发行第十三版美钞公司印制的无地名法币券，面值有伍圆、拾圆、贰拾圆、壹百圆、伍百圆6种。

总之，交通银行发行的钞券种类很多，有银两券、大银元券、辅币券、小银元券、铜元券5种。银两票有：壹两、贰两、叁两、肆两、伍两、拾两、贰拾两、叁拾两、肆拾两、伍拾两及壹百两11种；大银元券有壹圆、伍圆、拾圆、贰拾圆、伍拾圆及壹百圆6种；法币券有壹圆、伍圆、拾圆、贰拾伍圆、伍拾圆、壹百圆、伍百圆7种；小银元券有壹角、贰角、伍角、拾角、伍拾角、壹百角、伍百角、壹百角8种；铜元券有贰拾枚、叁拾枚、伍拾枚、壹百枚、壹百伍拾枚、贰百枚、贰百伍拾枚、叁百枚、伍百枚、壹仟枚10种；地名券有上海、江苏、浙江、无锡、南京、浦口、扬州、徐州、清江、安徽、芜湖、九江、广东、开封、河南、重庆、湖南、岳州、北京、热河、长春、沙市、太原、汉口、天津、张家口、多伦、归化、包头、石家庄、奉天、黑龙江、哈尔滨、营口、青岛、山东、济南、烟台、龙口、威海卫、厦门、福州、西安，以及各分库加盖地名有汕头、宁波两个地名计45种，还有各地方银行、庄号领票时加盖数字和文字、字母的领用券一百多种。

交通银行自清宣统元年开始发行钞票，到1935年实行法币改革，三十多年里，经历了改朝换代军阀混战、北伐战争、八年抗战和解放战争，有些地名券已很少见，特别是早期发的银两票已成为国内外收藏家追逐的珍品。北京地名不是很多，只发现有：民国三年（1914年）五包旗壹圆、伍圆、拾圆券3种，壹圆、伍圆、拾圆直型券3种，民国二年（1913年）壹圆、伍圆美钞公司版的2种。

←↑ 080-1 /
交通银行
银元券
（宣统元年）
壹圆
刘文和

→↑ 081 /
交通银行
银元券
（宣统元年）
伍圆
张安生

←↓ 080-2 /
交通银行
银元券
（宣统元年）
壹圆（背）
刘文和

→↓ 082 /
交通银行
银元券
（宣统元年）
拾圆
张安生

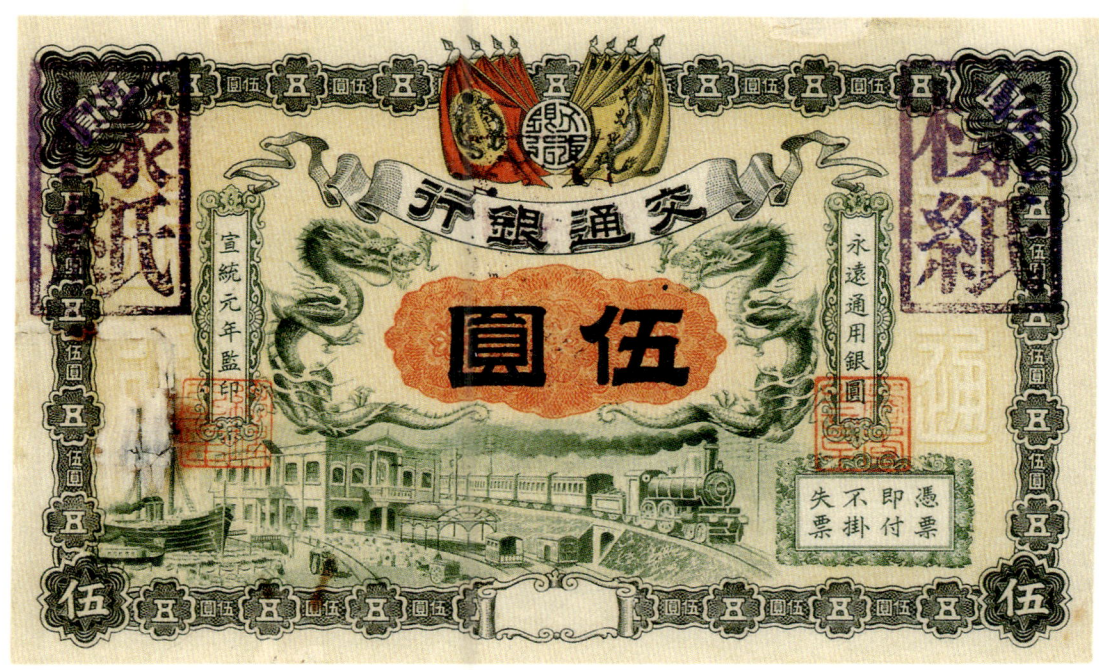

（七）大清银行

光绪三十二年（1906年）大清户部改为度支部，主掌全国财政，大清户部银行改为大清银行，并制定大清银行则例"二十四条"。光绪三十四年（1908年）七月初一日，大清户部银行正式改名为大清银行。银行监督张允言呈报。银行图记、照牌等均须次第备办，且各省分行道路远近不一，应换各物亦须一律领齐方能更定，以付名实。今拟总分各行于七月初一日凡图记照牌票报等件，统行更换大清银行字样，唯账簿所存空白尚多，全行注销未免糜费，应暂行应用，加盖大清银行戳记，以示区别。至行使之银票、银元票，前经印齐，市面行用甚多，一时未能印出新票，拟暂准照旧行使，一俟新票印齐，再行逐渐换回，以期划一，而昭信用。

大清银行则例

（一）大清银行就户部银行改设，原有资本银400万两，拟再添600万两，合共1000万两，为10万股，股票概用记名式，由国家认购5万股，其余限本国人承买。至贸易扩张续行增加资本之时，应由股东总会决议禀准度支部添招，招股章程由大清银行自定，但不得招他国人民入股，亦不准股东将股票转售予他国人。

（二）大清银行为股份有限公司，各股东责任以认定股份为限，股外如有损失，概不负责任。

（三）大清银行设总行于京师，其沿江海贸易繁盛之处，以及各省府厅州县，应设立分行分号，得随时斟酌地方情形，禀准度支部照章分设，或与殷实银行银号按照银行章程订立合同，作为代办，或与他行联络结为汇兑之契约，均须呈明度支部核准。度支部视为应行分设之时，可命银行照章设立。

（四）大清银行营业事项开例于左：
（1）短期拆息；（2）各种期票之贴现或卖出；（3）买卖生金银；（4）汇兑划拨公私款项及货物押汇；（5）代为收取公司银行商家所发票据；（6）收存各种款项及保管紧要贵重物件；（7）放出款项；（8）发行各种票据。

（五）大清银行有代国家发行纸币之权，但须遵守"兑换纸币则例"，另订详细章程，呈报度支部施行。兑换纸币则例未颁布以前，准其暂时发行市面通用银票。

（六）大清银行得由度支部酌准定令，许其经理国库事务及公家一切款项，并代公家经理公债及各种证券。

（七）大清银行有代国家发行新币之责，应随时体察市面情形，向度支部请领新币，由部核准，知照造币厂分别发放，以资流动。

（八）大清银行除上开各项外，不得再营他业。

（九）大清银行不得收本行股票作为抵当之物，亦不得自行买回。

（十）大清银行除营业应用地基房屋外，不得将不动产买入或承受。惟或因清理欠款，由债主交付，或因抵当借款，由官断给，须由银行属原经手人并委本行确实人一同估勘实抵价值若干，经职员会议，亦可暂时承受，仍限12个月以内迅速出售。倘限期内迫于出售，价值致被勒抑，经理人申明实在情形，由银行呈准度支部量展期限，至多再以6个月为止。若其中因不经意致有损失，前后经手人均应负其责任。

（十一）大清银行不得以行中款项营运他项商工事业，但有时收入确实可靠之公司股票随时买卖者，不在此限。

（十二）大清银行凡遇各地方市面银根紧急之际，得由职员会定议，呈准度支部借给款项，维持市面，仍由银行按期照章结算存息，听候部示。

（十三）大清银行营业年限自总行开办之日计算，以30年为期。满期后得由大清银行职员及股东总会决议，呈准度支部展期。

（十四）大清银行设正监督一员、副监督一员、理事四员，总理总分行一切事务。正副监督由度支部开单请简，理事由股东总会投票公举，呈准度支部加札派充。设监事三员，监察总分各行一切事务，由股东总会投票公举。此外，各分行总办，由银行呈准度支部奏派；经理、协理、司账等员，白银行职员公司选派，呈明度支部注册。理事非有100股以上、监事非有400股以上者，不得当选。正监督、副监督、理事、监事权限责任，及经理、协理以下各员合同、保单、薪水、押柜银两与办事规则，均由大清银行自订章程，呈准度支部遵办。

（十五）度支部特奏派监理官二人，监理大清银行一切事务。监理官应随时检查大清银行之票据、现金及一切账簿，监理官得出席于股东总会及其他一切会议，陈述意见，但不得加入议决数，度支部视应行查核时，可随时派员会同监理官查核大清银行一切事务。

（十六）正监督、副监督，分行总办以五年为一任，理事以四年为一任，监事以三年为一任。分行总办、理事、监事如办事妥慎，均可再受举派。正副监督、分行总办任事期间不得兼他项重要官职，理事、监事任期内不得兼他银行公司事务员。

（十七）总行分行须造营业资财切实报告，由总行呈送度支部查核。

（十八）大清银行每半年结账一次。总分行营业资财及半年行中情形由总行编辑汇报度支部查核。每年总结账一次，除开行中薪水、各种营业费，及股票长年6厘官息外，至少提一成为公积，此公积款项除填补资本亏耗及官息不足外，不得支用。

（一九）每年定期在京师总行开股东会议一次，惟须入股注册在一个月以前，并须于会前3日持股票赴总行报名者，方可得与议。凡会议应于一个月前以邮函分寄并登日报，通知各股东，临时有重要事项必须会议时，须招集临时股东总会；监事全员或股东50人以上陈明议事宗旨请求会议时，亦得招集临时总会。

（二十）大清银行应照本则例之旨，自定详细章程，呈请度支部批准。章程有应行改动之处，须开股东总会议决，呈请度支部施行。

（二十一）大清银行如经度支及职员并股东总会查明，本银折阅过半，即应将营业停止，仍须议定办理结账人员，俟将存欠账目收付清楚，所余本银按股份给各股东，方准闭歇。

（二十二）正副监督、分行总办、理事等员，如有故违此项则例、或不遵守权限，致有损坏行中营业事项者，经度支部查明，轻则分别处罚，重则奏明撤换，行中所受损失，仍着该员赔缴；或经股东三分之二决议，亦得呈请度支部查明撤换。

（二十三）本则例于奏定后3个月施行。

（二十四）本则例如有应行修改之处，随时斟酌情形，奏明办理。

孔祥贤著，《大清银行行史》，南京大学出版社，1991年。

光绪三十二年（1906年）八月，大清银行总办张允言呈请度支部，凡国库出入款项要搭用大清银行纸币，以为北京推行大清银行纸币的提倡，得到度支部的批准。光绪三十四年（1908年）四月，张允言又请度支部下令各省推行大清银行纸币，也得到批准。但曾受到各省实力派的抵制，原因是中央财政与地方财政的矛盾，因为大清银行纸币的推行必须使各省官钱号纸币发行有不利影响，而官银钱号纸币发行还是省财政收入的重要来源，但中央明令支持大清银行纸币，各省督抚也就不敢拒用了。

宣统二年（1910年）五月十七日，度支部奏定《兑换纸币则例》十九条，发行兑换统归大清银行管理，以图纸币之统一。

兑换纸币则例

第一条 兑换纸币照大清银行则例第五条，由大清银行发行，名为大清银行兑换券，可在大清银行照数兑换国币。

第二条 纸币之种为壹圆、伍圆、拾圆、百圆四种。其各种发行数目及以后添加种类，应由大清银行呈请度支部核准。

第三条 大清银行应照发行纸币数目，常时存储五成现款以备兑换，其余亦须有确实之有价证券为准备。

前项所称规款，除国币外，得存储生金银与现时通用之金银钱以作准备，惟点值不得过现款准备之半。当公债票与各项有价证券尚未发达之时，大清银行照发行纸币数目存款五成现款外，其余五成准备，得合有价证券及酱公积金并算。

大清银行除纸币准备金外，应按照往来存款与二月以下之短期存款数目，另存二成半现银，以为支付准备。

第四条　大清银行应在总分行内另行分科，专办纸币准备金与币制事宜。

第五条　凡官款出入及一切商民交易，纸币应与国币一律行使，不得有贴水抑减情事，违者按国币则例第二十三条从严处治。

第六条　凡遇市面紧迫，大清银行得于第三条发行额以外添发纸币，惟必须呈明度支部核准，并照额外发行数目，按年纳税百分之六，或由度支部临时酌定税率。如遇市面纸币过于需要之数，应布大清银行的量收回。

第七条　凡持有纸币者，得向大清银行总行或分行于营业时刻内随时兑换。但在分行、分号兑换大宗纸币，其准备金须由总行或附近之大分行运到者，得计程酌展兑换之期。大清银行总行在北京，大分行一在天津，一在上海，一在汉口，一在广州，一在成都，一在奉天。

新币尚未铸造足用时，或在新币未经流通之处，有纸币大清银行兑换现款者，该行得照国币则例第十三条，以国币一元五角合库平足银一两，再合该处通用银元、银两付给。

第八条　新币发行之际，凡持通行银元、银两兑换纸币者，应照国币则例第十三条折合国币，即照国币数付给纸币。

第九条　大清银行应每日将收发、存留流通各项纸币数目及准备金数目制为简表，并于每星期、每月、每季、每年编制各种平均总表，呈报度支部查核。并将每星期六、日流通纸币总数及准备金数目刊登官报。

第十条　大清银行监理官得督察银行纸币事项，应随时检查各项出入账簿、表册及准备现金等项，开单呈报度支部查核。

第十一条　纸币行用，虽小有破裂，或破裂数片合成尚可辨认，或泥污水、湿字画号码数目花纹尚可辨认，而其正中元数字样全存，四角元数字样损去一个，及左右图章、左右号码四个中损去一个者，由大清银行验明，即照全数兑换。又，正中元数字样损去一半，而四角元数字样、左右图章、左右号码全存者，亦应照全数兑换。

第十二条　纸币行用，或纵或横，或斜损去半幅，而正中元数字样尚存一半，四角元数字样仍存两个，左右图章、左右号码俱各存一个者，应照半数兑换。

第十三条　纸币行用，如四角元数、左右图章、左右号码全存，而正中之元数字样不可认者；或正中之数字样全存，而四角元数字样、左右图章、左右号码不可认者，应不予兑换。

第十四条　伪造、变造纸币，或仿造纸币所用特别纸张者，俱以伪造国币论，依刑律从严惩治。

凡纸币行伪案情，俱以故意论如欲辩折，须由被告人取具确实证据。

第十五条　凡行用纸币者，不准故意污损纸币及注写各种文字符号于上。

第十六条　纸币因行使以致污染、毁损难以通用，持向大清银行交换者，不取印刷纸料费。

第十七条　大清银行既管理发行纸币事项，应于发行后从次年正月始，每年将总余利除去常年官利六厘外，按成数分三期纳税。以发行年份之后五年为第一期，每年缴纳七厘；第六年起为第二期，每年缴纳二成；至公积与资本相等时为第三期，每年缴纳三成。

第十八条　凡纸币之收发、交换及销号等项，另订详细章程办理。

第十九条　本侧例俟发行纸币后，如有应行增改之处，当由度支部随时斟酌情形，奏明办理。

引自《北京金融史料·货币篇》，第235-238页。

大清银行的纸币分三大类：银两票、银元票和钱票，标准的银两票为库平银，有壹两、伍两、拾两、伍拾两、壹百两共5种，这些银两票都是直式、单面、有存根、骑缝、编号、有发行的行名和发行日期。银元票分壹圆、伍圆、拾圆、伍拾圆、壹百圆5种，银元票有直式、横式两种。光绪三十二年（1906年）四月，大清银行委托商务印书馆印造纸币，该馆派工匠到北京总行印造，十月印成银两票、银元票壹圆、伍圆、拾圆3种，被称为"商务无像券"。宣统年间，委托美国钞票公司印造钢板银元票一百万张，分为壹圆、伍圆、拾圆、伍拾圆、壹百圆5种，共合银元一千万圆。这种票的特点是在正面左方印有李鸿章像，称为"李鸿章像券"。李像券虽只在东北发行，但北京总行成立时，该券积存较多，不用可惜，其他各行也都予以利用，加盖其地名后继续使用。又委托美钞公司印造银元票，正面图案下为长城，上为"飞龙在天"，左为摄政王载沣像，印制精美，是为庆祝宣统皇帝溥仪登基而印，但溥仪只有三岁，"御容"太稚气，只好以飞龙来象征。该票名为"载沣像券"。该票没有发行大清就退出了历史舞台。目前只有试色券32种。

→ 083 /
大清银行
兑换券
（宣统元年）
壹圆（样票）
上海银行博物馆

← 084 /
大清银行
兑换券
（宣统元年）
伍圆（样票）
上海银行博物馆

→ 085 /
大清银行
兑换券
（宣统元年）
拾圆（样票）
上海银行博物馆

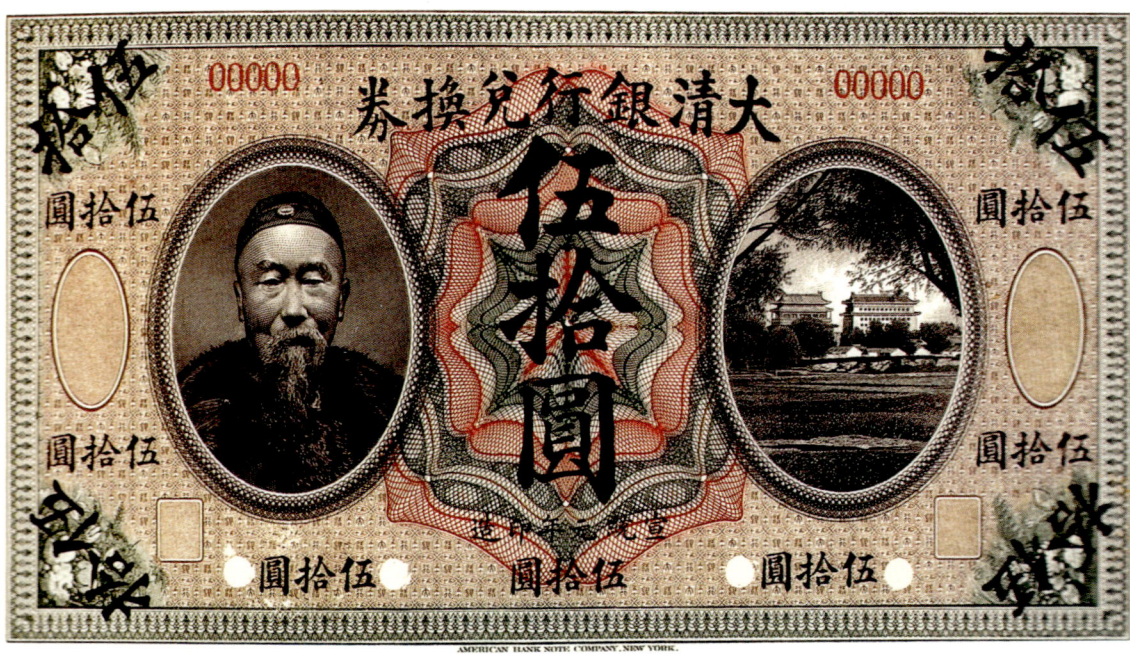

← 086 /
大清银行
兑换券
（宣统元年）
伍拾圆（样票）
上海银行博物馆

→ 087 /
大清银行
兑换券
（宣统元年）
壹百圆（样票）
上海银行博物馆

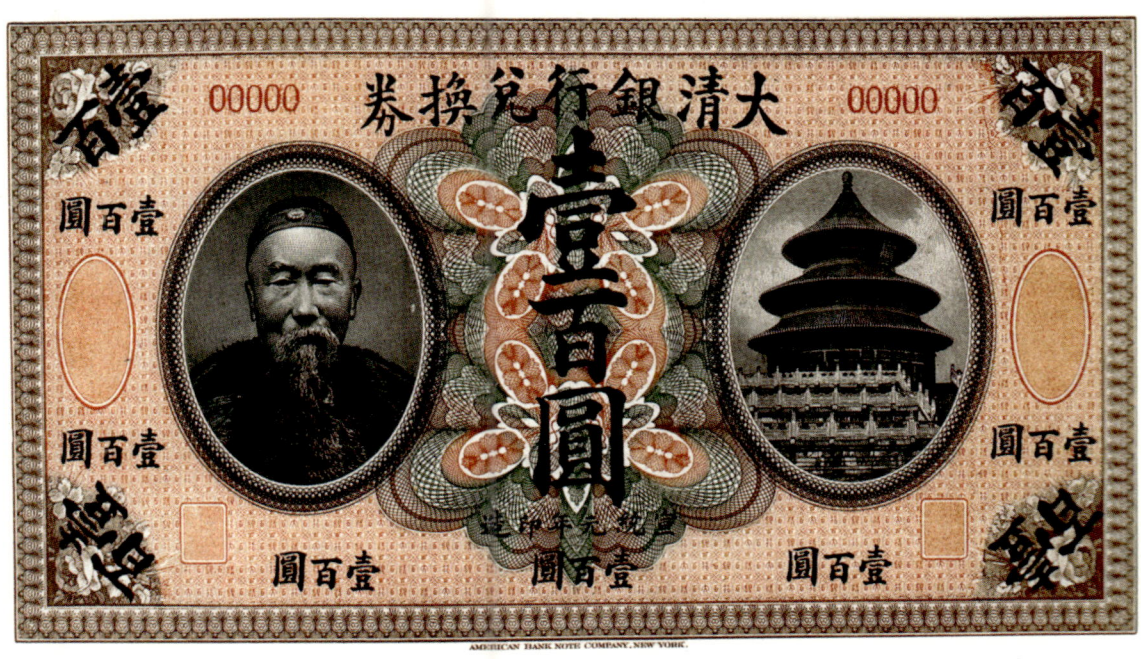

←↑088／
大清银行
兑换券
流通票
拾圆券（正）
李志东

←↓089／
大清银行
兑换券
流通票
拾圆券（背）
李志东

→↑090／
大清银行
兑换券
壹百圆券（正）
刘文和

→↓091／
大清银行
兑换券
壹百圆券（背）
刘文和

北京纸币八百年

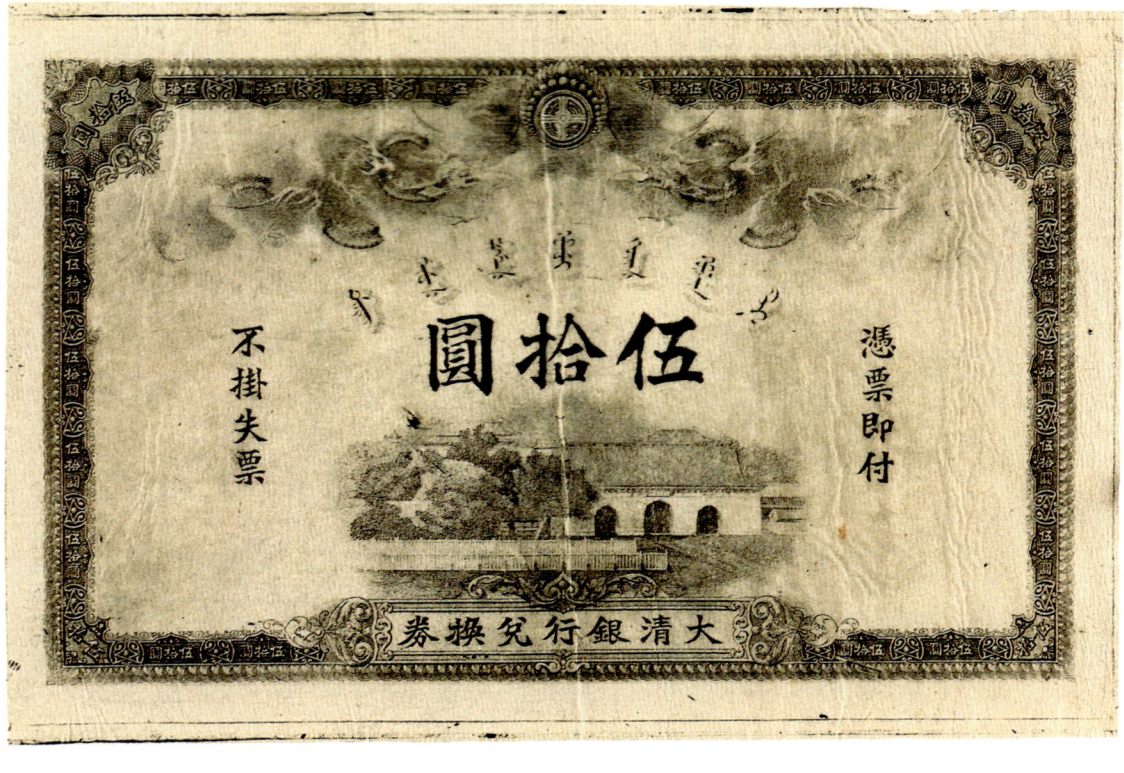

← ↑ 092 /
大清银行兑换券
伍拾圆（钞版）
首都博物馆

← ↓ 093 /
大清银行兑换券
伍拾圆（钞版印样）
首都博物馆

二 商业银行

商业银行由三种形式组成：一是外商银行；二是中外合资银行；三是本国自办的商业银行。

道光二十年（1840年）中英鸦片战争爆发，大清帝国长期奉行的闭关锁国政策被帝国主义的炮火彻底摧垮。帝国主义列强为了维护在华的经济利益，从19世纪40年代开始纷纷在华设立银行，较早在华设立的有丽如、麦加利、汇丰、荷兰、德华、有利、花旗、友华、菲律宾、东方汇理、华比、道胜、正金、台湾、朝鲜等二十余家。中外合资银行大部分是民国元年以后设立的，在民国纸币中介绍，第一家中国人自办的商业银行是光绪二十三年（1897年）五月二十七日创办的中国通商银行，它也是中国有史以来创办的第一家华商银行。

根据清政府历次签订的不平等条约规定，列强有他们各自的势力范围。英美以长江流域势力为大，法国以云南、广西势力为大，德国则以山东势力为大，俄国则以东北三省势力为大。日俄战争后，日本取代了沙俄在东北三省的地位。帝国主义视各自势力范围内为其本土。办矿山、开银行，无须中国政府批准，不受中国法律约束，不接受中国政府的监督检查。

（一）横滨正金银行

横滨正金银行于光绪六年（1880年）正式成立，总行设于日本横滨，光绪十九年（1893年）五月在中国上海设立分行，以后陆续在牛庄（营口）、天津、上海、北京、大连、青岛、汉口、济南、哈尔滨等地设立分行。

光绪二十年（1894年）中日甲午战争，清廷战败，日本获得赔款2.315亿两白银，日本利用这笔巨额资金于光绪二十三年（1897年）废除银本位，采用金本位制，为对外扩张创造条件。横滨正金银行在我国发行纸币的背景就是甲午战争后的政治条件和经济实力，该行光绪二十八年（1902年）一月首先在牛庄发行银两票和银元票。

光绪二十六年（1900年）八国联军之役，沙俄趁机派重兵侵占我国东北，和同样发生争夺我国东北利益的日本产生冲突，引发了日俄战争。沙俄战败，日本作为战胜国又获得了许多利益。

光绪三十二年（1906年）九月日本政府授权横滨正金在东北发行纸币回收日本军用票，以后又在旅顺、大连、辽阳、铁岭、安东、长春、哈尔滨扩大发行。

20世纪初期，横滨正金银行纸币在我国京、津、沪等地流通还有国际和国内的多种原因。

1. 第一次世界大战期间，该行在大连和东北南部一带竭力经营，使商家往来交易均以该行的纸币为主。日本对德宣战后，强占我国胶州湾，又在青岛、济南和山东各地设置分行或代理处发行纸币，流通扩大。

2. 民国五年（1916年），中国交通两行奉令停兑，币价低落，京津一带引起金融恐慌，该行纸币乘虚而入，进行扩张。

3. 当时东三省钱票、官帖大量发行，后来变成不兑现纸币。商民在不得已的情况下，被迫使用横滨正金银行纸币，使该行纸币在东北大量流通。

4. 该行利用收存大连海关、山东海关关税机会，规定必须用该行纸币缴纳关税。

5. 该行为了在我国各地流通它的纸币，凡有商民持有该行纸币汇往东北各地，不论金额大小，一律不收汇费。

6. 横滨正金银行纸币兑换中国银角辅币，每日由该行挂牌公布，但须随上海电汇行情决定涨落。东北封河以后，上海电汇行情跌落，该行纸币市价亦落，开河以后上海电汇行情上涨，因此当地商民在价落时以银角换该行纸币，价涨时以纸币换回银角，转手间可以获利一成，因此该行纸币成为市场投机对象，很受欢迎。由于该行纸币在我国广泛发行和流通，至抗战前夕，在我国设有分行10多个，大都发行纸币，共计发行了有80余种。目前见有北京地名券有宣统二年（1910年）壹圆、伍圆、拾圆、伍拾圆，民国九年（1920年）壹圆券，民国十年（1921年）伍拾圆券，民国十六年（1927年）壹百圆券7种。

→↑ 094-1 /
横滨正金银行
（宣统贰年）
银元壹圆券
刘文和

→↓ 094-2 /
横滨正金银行
（宣统贰年）
银元壹圆券（背）
刘文和

第二编 清代北京纸币

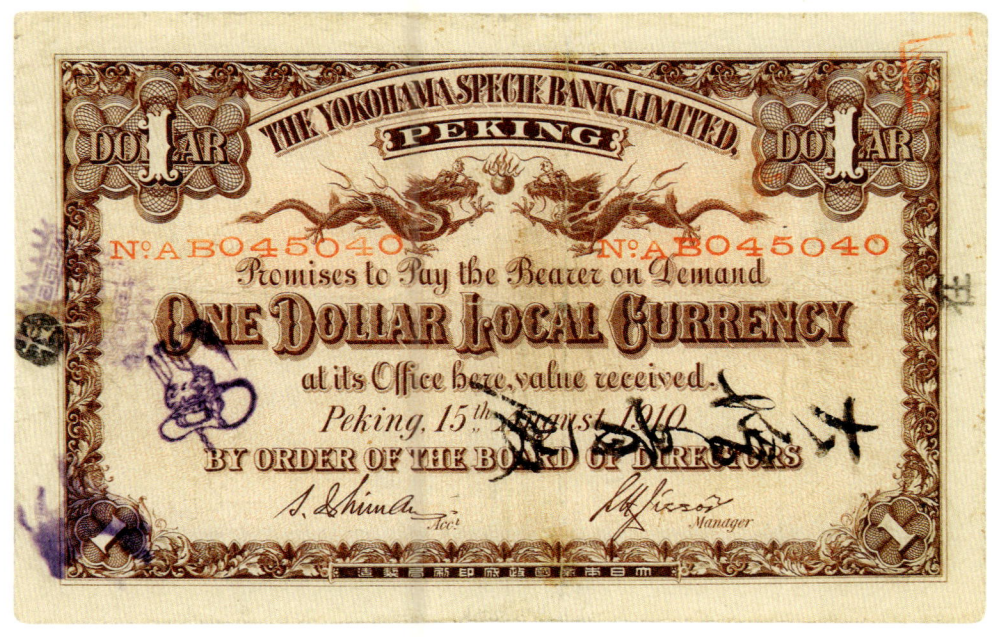

（二）德华银行

德华银行成立于清光绪十五年（1889年），总行设在德国柏林。在中国的上海、天津、北京、广州、汉口、青岛、济南等设有分行。从清光绪二十三年（1897年）冬，德国强占我胶州湾之后，德华银行在山东境内夺取了胶济铁路的建筑权，投资山东铁路公司，成为该公司管理胶济铁路和津浦铁路的主要出资者。该行的经济活动，原来仅限于山东，后来逐渐向河南和江苏省扩展，并承办清政府和北洋政府的外债业务，以索取手续费和佣金来扩大其侵华资本。清政府为偿付中日甲午战争赔款，继俄法借款之后，又向德华银行和汇丰银行在北京签订英德借款条约和章程，借款总额1600万英镑（合银1亿两），中国以海关税为担保，规定在借款偿还期36年内，中国海关总税务司职位必须由英国人担任。

德华银行的资本实收额为上海现银500万两，光绪三十二年（1906年）增资为750万两，该行不仅非法在华发行纸币，而且还发行债券，还兼有发行银行和证券抵押，短期信贷和长期信贷业务。说他非法发行纸币就是说该行在德国注册，而在中国发行纸币又没有具体数量，想发多少，就发多少，这就等于是滥发，另外虽明文规定发行纸币要有准备金，但该行投资人都在德国，不受中国法律约束，也没有人去查有没有准备金。第二要有有价证券作保证，而该行的有价证券必须存入德国国家银行，中国人无法查到，因此，该行在中国境内发行纸币，完全依靠德国在华的军事、政治势力作后盾。

光绪三十三年（1907年）德华银行在中国发行纸币约62万余元，到民国二年（1913年）达到363万余元，前后7年间发行额增长5倍。在华发行纸币有两大类：一大类是壹两、伍两、拾两、贰拾两4种银两票；一类是壹圆、伍圆、拾圆、贰拾伍圆、伍拾圆5种银元票。银两票由上海总行发行，银元票由青岛分行发行。目前所见印有北京地名券的有光绪三十三年（1907年）发行的壹两、伍两、拾两、贰拾两银两票，光绪三十三年（1907年）发行的壹圆、伍圆、拾圆、贰拾伍圆、伍拾圆银元票9种。

→ 095 /
德华银行
银两票
（1907年）
壹两票
吴筹中旧藏

第二编　清代北京纸币

→↑ 096-1 /
德华银行
银两票
（1907年）
伍两票
刘文和

→↓ 096-2 /
德华银行
银两票
（1907年）
伍两票（背）
刘文和

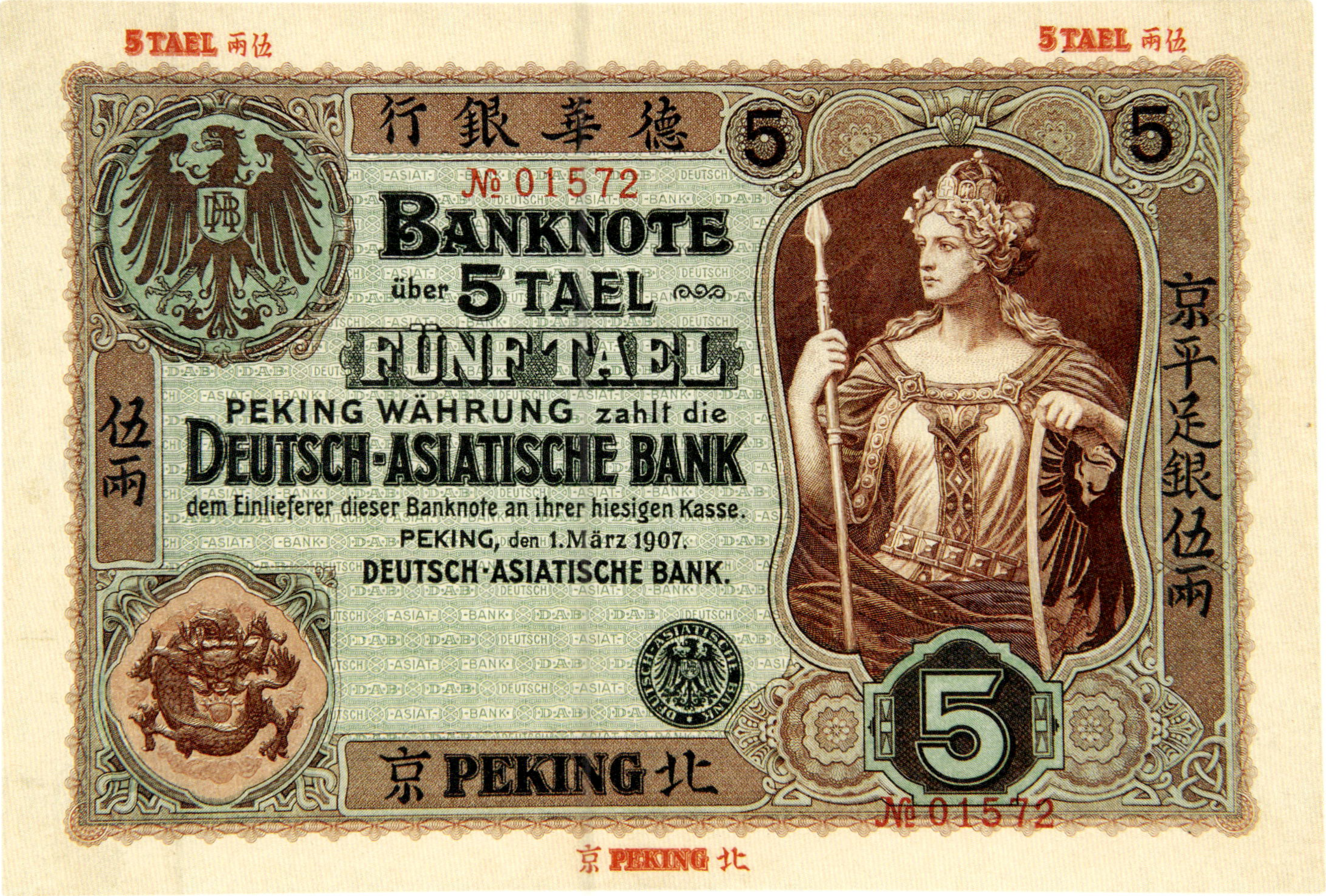
5 TAEL 两伍
5 TAEL 两伍
德華銀行
5
5
№ 01572
BANKNOTE
über 5 TAEL
FÜNF TAEL
PEKING WÄHRUNG zahlt die
DEUTSCH-ASIATISCHE BANK
dem Einlieferer dieser Banknote an ihrer hiesigen Kasse.
PEKING, den 1. März 1907.
DEUTSCH-ASIATISCHE BANK.
伍兩
京平足銀伍兩
京 PEKING 北
5
№ 01572
京 PEKING 北

5
5
THE DEUTSCH-ASIATISCHE BANK
PROMISES TO PAY THE BEARER
FIVE
TAELS
PEKING-
CURRENCY
AT ITS OFFICE IN PEKING.
京平足銀伍兩
京平足銀伍兩
№ 01572
№ 01572
5
5

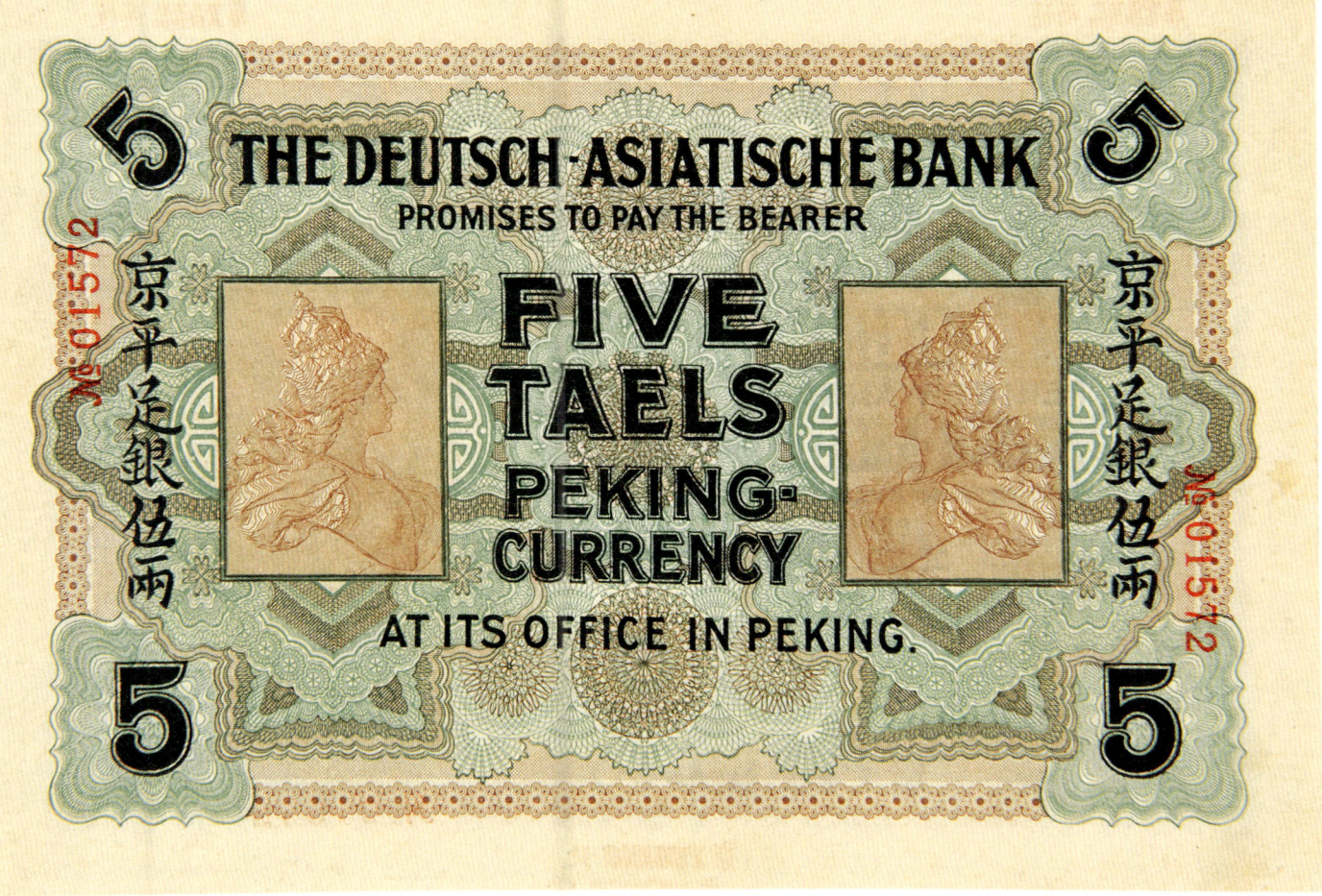

← 097 ／
德华银行
银两票
（1907年）
拾两票
吴筹中旧藏

→ 098 ／
德华银行
银两票
（1907年）
贰拾两票
吴筹中旧藏

→↑ 099-1 /
德华银行
银两票
（1907年）
壹圆票
刘文和

→↓ 099-2 /
德华银行
银两票
（1907年）
壹圆票（背）
刘文和

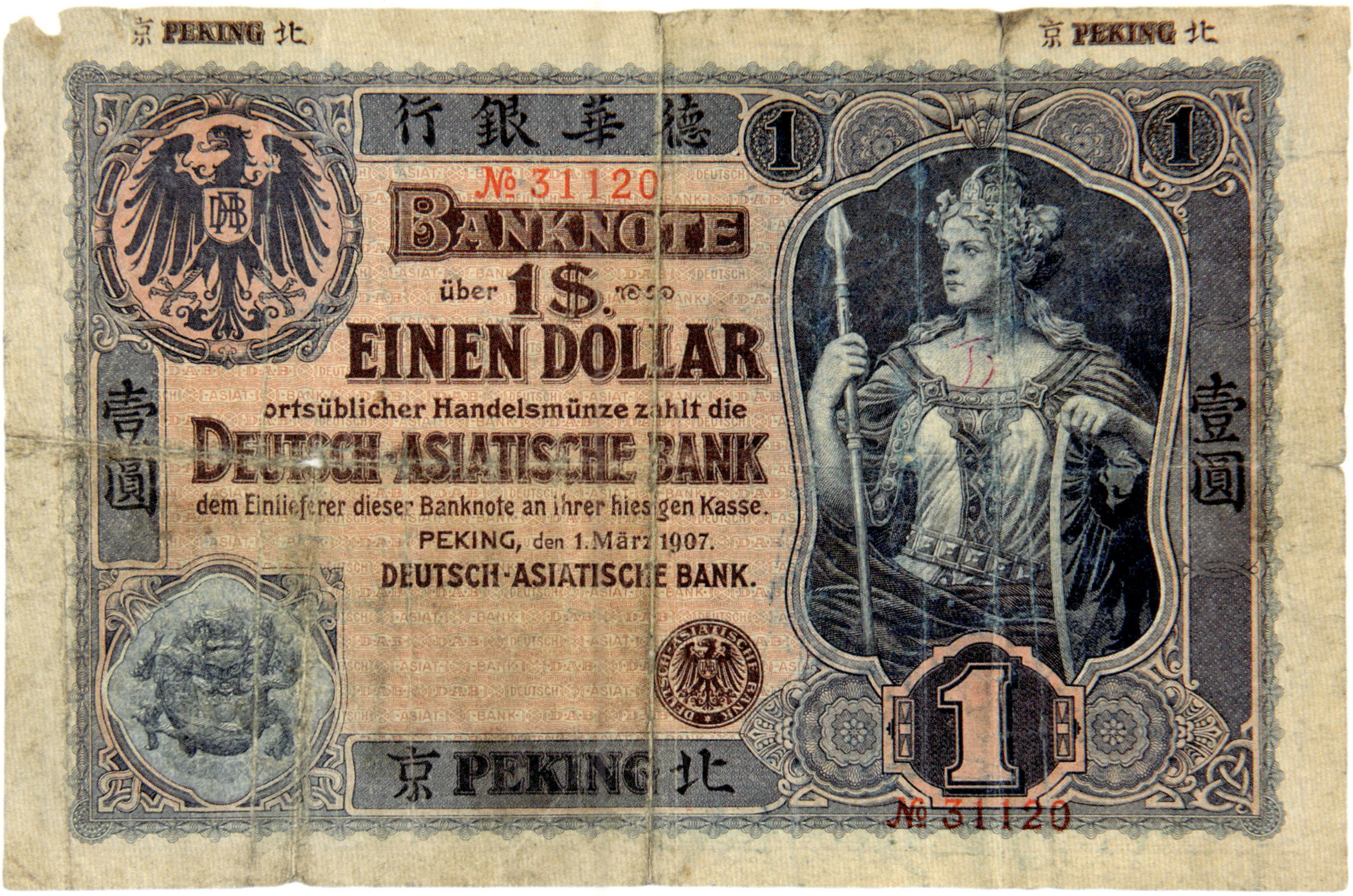
京 PEKING 北
德華銀行
№ 31120
BANKNOTE
über 1$.
EINEN DOLLAR
ortsüblicher Handelsmünze zahlt die
DEUTSCH-ASIATISCHE BANK
dem Einlieferer dieser Banknote an ihrer hiesigen Kasse.
PEKING, den 1. März 1907.
DEUTSCH-ASIATISCHE BANK.
壹圓
1
京 PEKING 北
№ 31120

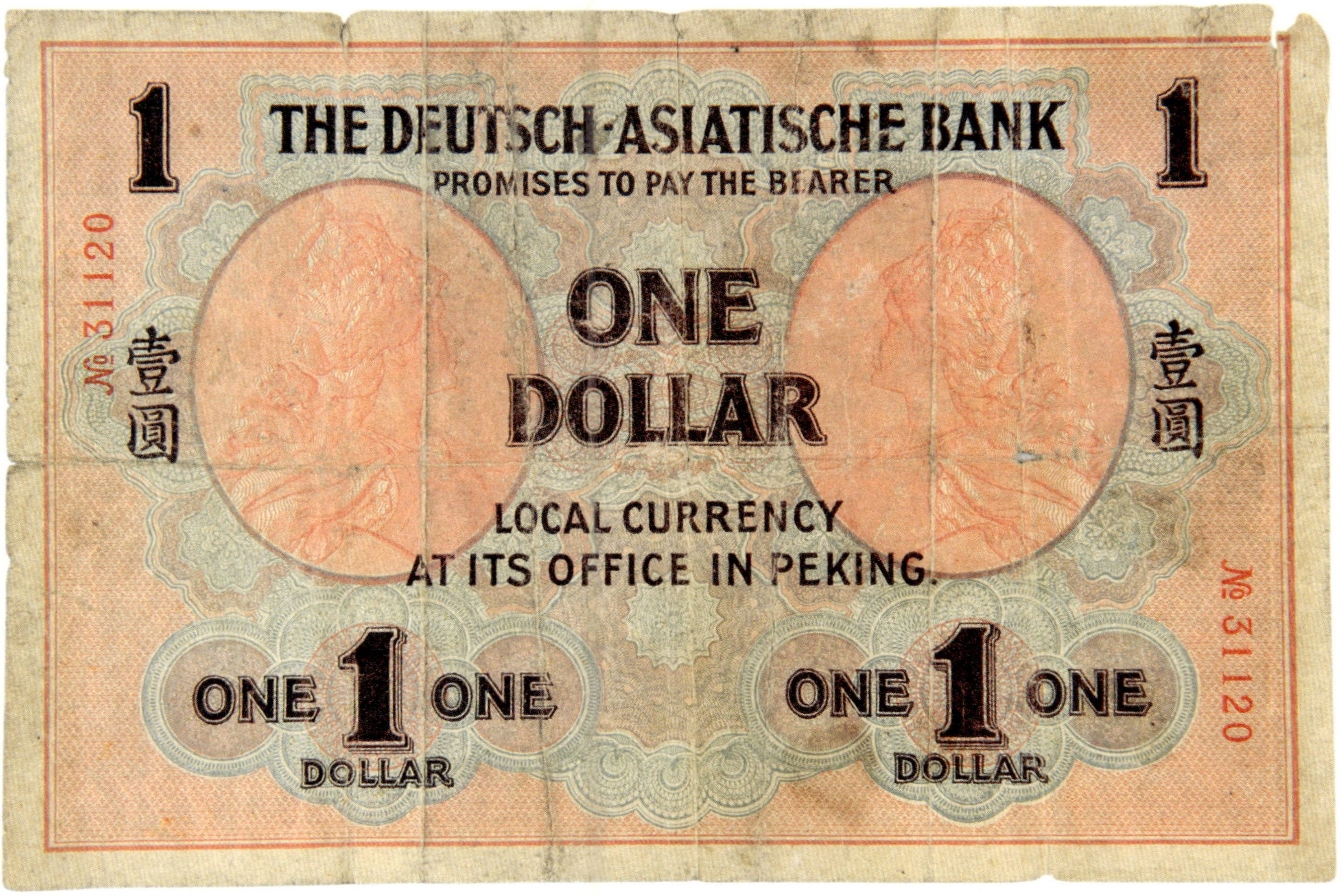
1
THE DEUTSCH-ASIATISCHE BANK
PROMISES TO PAY THE BEARER
ONE
DOLLAR
LOCAL CURRENCY
AT ITS OFFICE IN PEKING.
壹圓
№ 31120
ONE 1 ONE
DOLLAR

第二编 清代北京纸币

← 100 /
德华银行
银两票
（1907年）
伍圆票
吴筹中旧藏

→ 101 /
德华银行
银两票
（1907年）
拾圆票
吴筹中旧藏

← 102 /
德华银行
银两票
（1907年）
伍拾圆票
吴筹中旧藏

（三）中国通商银行

中国通商银行是中国人自办的第一家银行，于光绪二十三年（1897年）五月二十七日开业，总行在上海，创办人是当时担任铁路总公司督办大臣盛宣怀。

盛宣怀早年就提出自办商业银行自强富国之大计，提出了《开银行意见》，首先明确应"官助商办"，指出银行在国民经济中的地位与作用，"流通上下远近之财，振兴商务，为天下理财"。意见中指出：①官铸银元可交收，不致阻滞。②局印钞票可以通用，不致于荒废。③京外拨解之款，可汇兑出，节省解费。④公家备用之款，可暂存银行还可得利息。⑤购买船只军械以合镑收付，收付洋债以镑合银，可随时考核，以杜暗亏，以益于国家。通商口岸以各省会，均有银行，行商坐贾，省余者存放，不足则借贷。⑥丝茶贸物可作抵押，不受洋商克制。⑦农工余钱可以铢积寸累，不致随手花掉。盛宣怀关于"银行要重于官商之利"的方针政策，考虑的十分周到。

盛宣怀对外排除诸列强干预，拒绝与之合办，对内摆脱了朝廷顽固派的干扰，经过艰苦的努力终于有了眉目。在王文韶、张之洞二人的推荐下，于光绪二十二年十月初八（1896年11月12日）奉部朝廷谕旨："责成盛宣怀选择股商，设立总董招集股东，合力兴办，以收利权。"经过一段时间的筹备，通商银行总行于光绪二十三年（1897年）五月二十七日正式开业，不到一年的时间先后在天津、汉口、广州、汕头、烟台和北京等城市设立分行，该行以汇丰银行为榜样，吸收经验制定章程和内部组织管理体制。该行成立时本金定白银500万两，于光绪二十四年（1898年）收足，盛宣怀任总办的招商局、电报局，分别投资80万两和20万两，占资本总额五分之二，盛本人和李鸿章等人投资73万两，直隶总督，北洋大臣王文韶5万两，纯属商人投资为数甚少，此外，通过翁同龢、李鸿章的关系，由户部拨存100万两作为生息公款，5年后分期归还。

通商银行发行有光绪二十四年（1898年）版的银两票，面值有壹两、伍两、拾两、伍拾两、壹百两5种，壹圆、伍圆、拾圆、伍拾圆、壹百圆银元票5种，这些票券都有北京地名券。

第二编 清代北京纸币

→↑ 103-1 /
中国通商银行
银两票
（光绪二十四年）
伍钱票
刘文和

→↓ 103-2 /
中国通商银行
银两票
（光绪二十四年）
伍钱票（背）
刘文和

191

←↑ 104-1 ／
中国通商银行
银两票
（光绪二十四年）
壹两票
刘文和

←↓ 104-2 ／
中国通商银行
银两票
（光绪二十四年）
壹两票（背）
刘文和

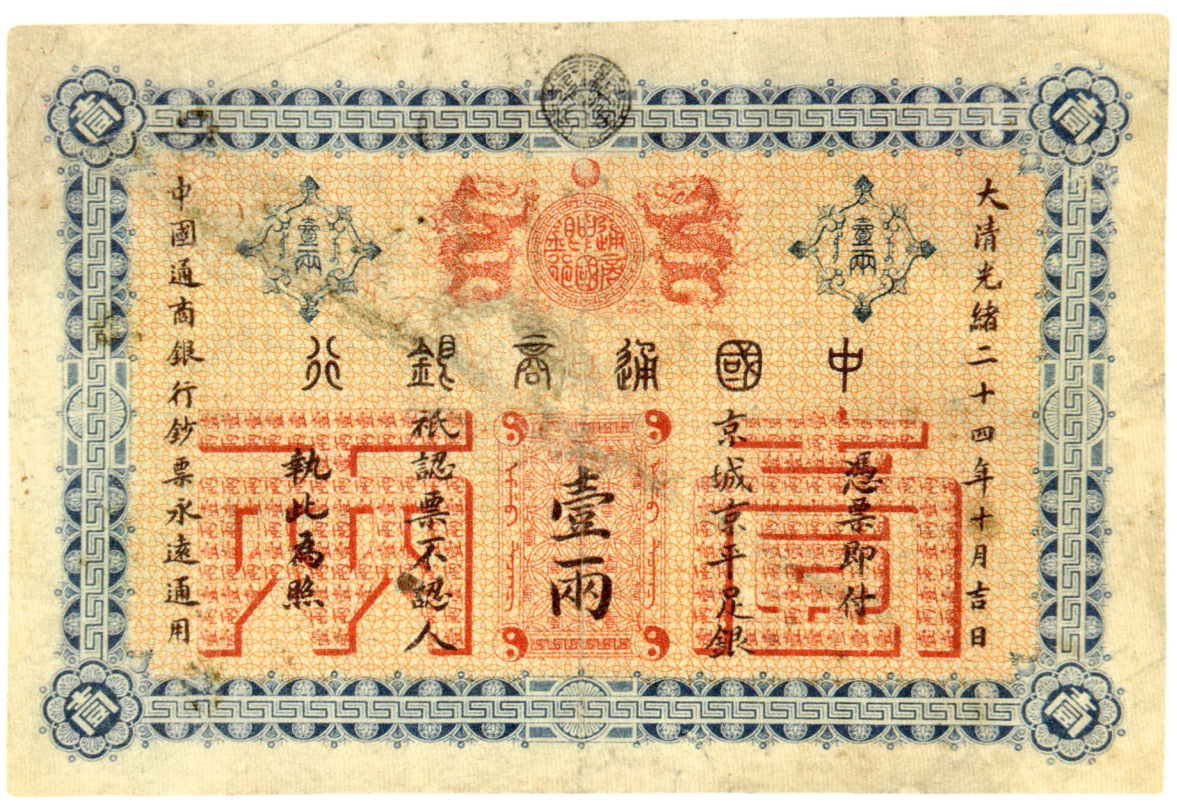

→↑ 105-1 /
中国通商银行
银两票
（光绪二十四年）
伍两票
刘文和

→↓ 105-2 /
中国通商银行
银两票
（光绪二十四年）
伍两票（背）
刘文和

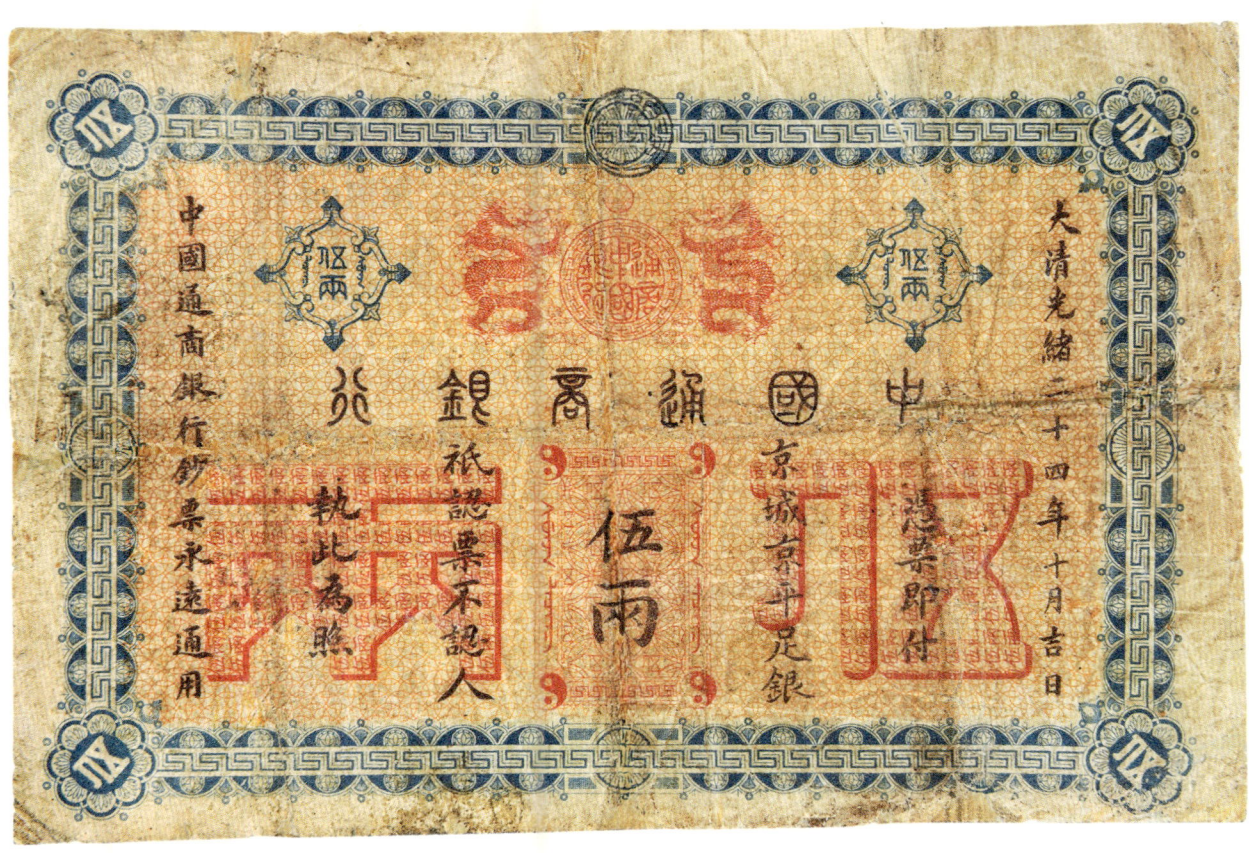

北京纸币八百年

←↑ 106-1 /
中国通商银行
银两票
（光绪二十四年）
拾两票
刘文和

←↓ 106-2 /
中国通商银行
银两票
（光绪二十四年）
拾两票（背）
刘文和

（四）美国花旗银行

美国花旗银行成立于1812年，总行在纽约。光绪二十八年（1902年）首先在上海九江路A1号设立分行，之后陆续在北京、汉口、广州、哈尔滨、大连、香港等地设立了分行。花旗银行的资本300万美元，行长哈特利，原是联合金属弹药公司及雷明顿军器公司总经理。副行长爱德华·柯莱金。在中国分行的负责人是杰姆斯·费尔伦。

花旗银行除一般的银行业务外，还从事与商人、制造商、矿主、掮客、各种代理商、船主、建筑商、金融家、经纪人、契约人及租让人等业务，从事一般保管及储存业务，从事对外公私工程、修建、购买、租储或出售船舶、水路运输业务和货运远期业务。并取得中国庚子赔款的代理权。甲午中日战争促使清政府在大规模地举借外债，而外国银行和其垄断组织通过对清政府的借款活动，夺取极高的借款利润。此时外商在华银行的势力已深入到中国重要工商业中心，组成了外国银行的汇兑网，集中了大量现银，控制了各商埠的货币市场，中国旧式的银钱业如银炉、钱庄、票号等，基本上已成外国银行的附庸，只要几家主要外国银行拒用钱庄庄票或要求交现，就会使得各埠不断发生货币危机和信贷危机。

美国为了挤进各列强对中国借款的行列，一贯标榜"门户开放"和"机会均等"的主张，企图通过优厚的条件包办中国的铁路建设，但都未成功。后来经过张之洞和盛宣怀游说，光绪二十四年（1898年）清政府驻美公使伍廷芳在华盛顿和华美合兴公司签订了粤汉铁路借款合同。从此美国的势力就伸入了英国所垄断的华南。后来英、美达成妥协。宣统二年（1910年）十一月英、法、德三国财团与美国财团共同组成"四国银团"对粤川汉铁路借款600万镑。外国银行在签订铁路借款合同时还取得许多特权，如采购机件物料的优先权，免征税厘的优惠权，还有借款所建各路还必须雇佣外籍工程人员和会计人员，这就使中国铁路的建设直接操纵在外国人手里。到民国七年（1918年）中国欠各国的铁路借款金额如下：①京奉铁路，英金140万镑；②京汉铁路，英金475万镑；③正太铁路，英金120万镑；④道清铁路，英金56万镑；⑤陇海铁路，英金500万镑；⑥津浦铁路，英金775万镑；⑦沪宁铁路，英金290万镑；⑧沪杭甬铁路，英金142.5万镑；⑨湖广铁路，英金600万镑；⑩广九铁路，英金150万镑；⑪吉长铁路，英金未列数。如果到铁路修完财务预算约1亿镑英金。

花旗银行在上海、天津、北京成立分行后就着手准备发行纸币。从光绪三十年（1904年）开始在中国发行纸币，银元券有壹圆、伍圆、拾圆、伍拾圆、壹百圆5种，银两票有壹两、伍两、拾两3种，目前见有壹圆、伍圆、拾圆、伍拾圆、壹百圆5种有北京地名券。

→↑ 107-1 /
美商北京花旗银行
（1910年）
伍圆券
刘文和

→↓ 107-2 /
美商北京花旗银行
（1910年）
伍圆券（背）
刘文和

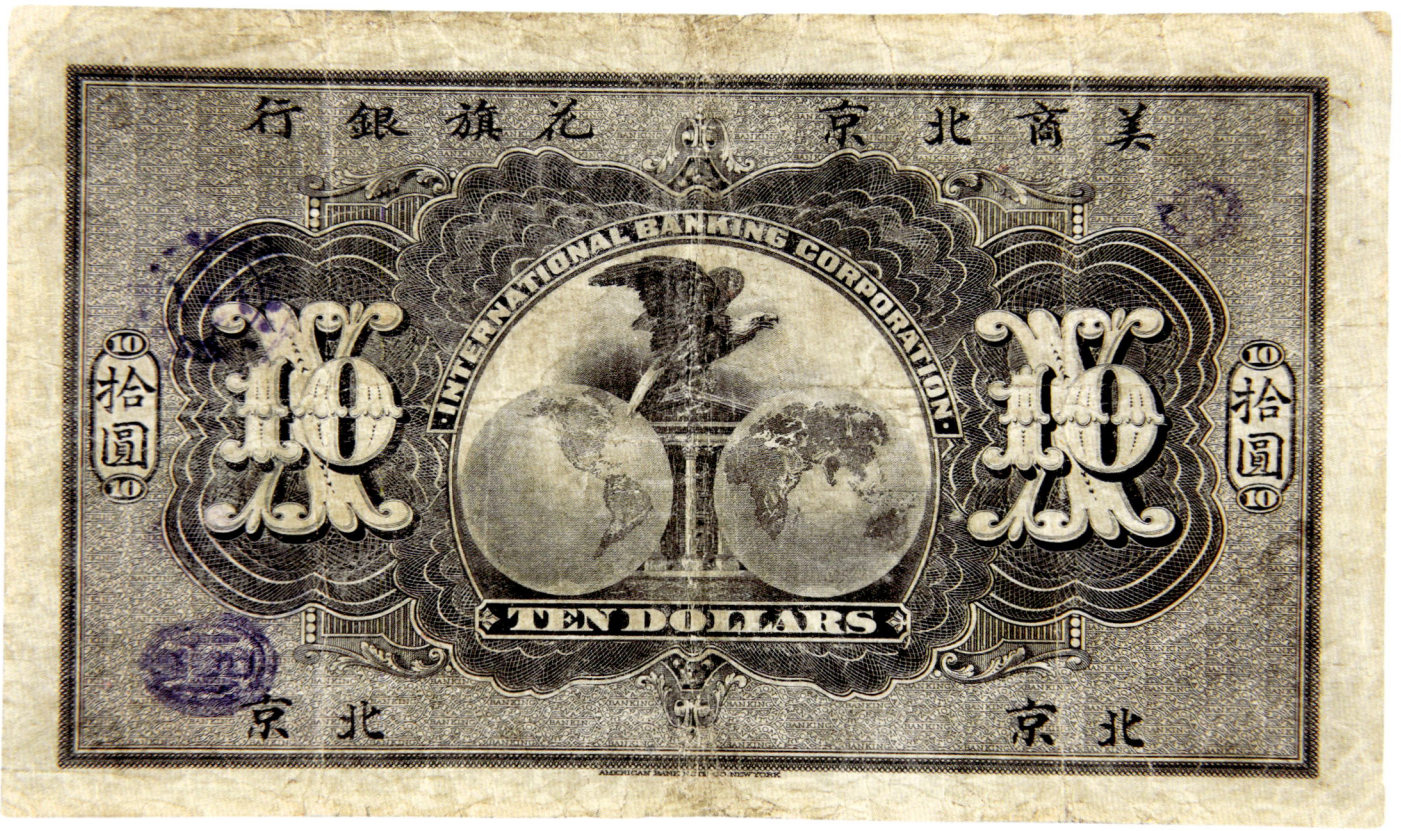

←↑ 108-1 /
美商北京花旗银行
（1910年）
拾圆券
刘文和

←↓ 108-2 /
美商北京花旗银行
（1910年）
拾圆券（背）
刘文和

（五）华商上海信成银行

商部三等顾问在上海经商的无锡人周舜卿（廷弼）认为，将社会上游资聚集起来，放款于工商业，则工商业有资金可周转，而存户有利息可得，同年周舜卿去日本考察。回国后呈请商部设立信成储蓄银行。

光绪三十二年（1906年），周舜卿的呈请得到核准，四月二十七日在上海召开创立会，并效法日本储蓄银行章程，成立了中国第一家储蓄银行——华商上海信成银行。总行在南京东门万聚码头。周舜卿任总理、沈缦云（懋昭）任协理。光绪三十二年（1906年）发行壹圆、伍圆、拾圆、伍拾圆、壹百圆银元票，票上印有载振半身像，下书"大清国商部尚书固山贝子衔镇国将军载公振"字样，地名有上海、北京等。光绪三十四年（1908年）又印造直型银两票壹两、贰两、叁两、肆两、伍两和拾两票，地名仅见北京1种，以及银元票壹圆、伍圆、拾圆3种，地名有上海、南京、无锡等。

辛亥革命后，该行沈缦云为沪军都督府财政总长，因此上海军政府一度为信成银行担保，其所发行的钞票在各埠流通，后因纸币上有载振像所累，不适应革命形势需要，沪军很快就取消对该钞票的担保，后因该行发生挤兑而勉强维持到民国二年（1913年）秋停业，据统计，该行在清末发行额曾达110万元。

→ 109-1 /
华商上海信成银行
北京通用银元
(光绪三十三年)
壹元券
刘文和

→ 109-2 /
华商上海信成银行
北京通用银元
(光绪三十三年)
壹元券（背）
刘文和

→↑ 110-1 ／
华商上海信成银行
北京通用银元
（光绪三十三年）
伍元券
刘文和

→↓ 110-2 ／
华商上海信成银行
北京通用银元
（光绪三十三年）
伍元券（背）
刘文和

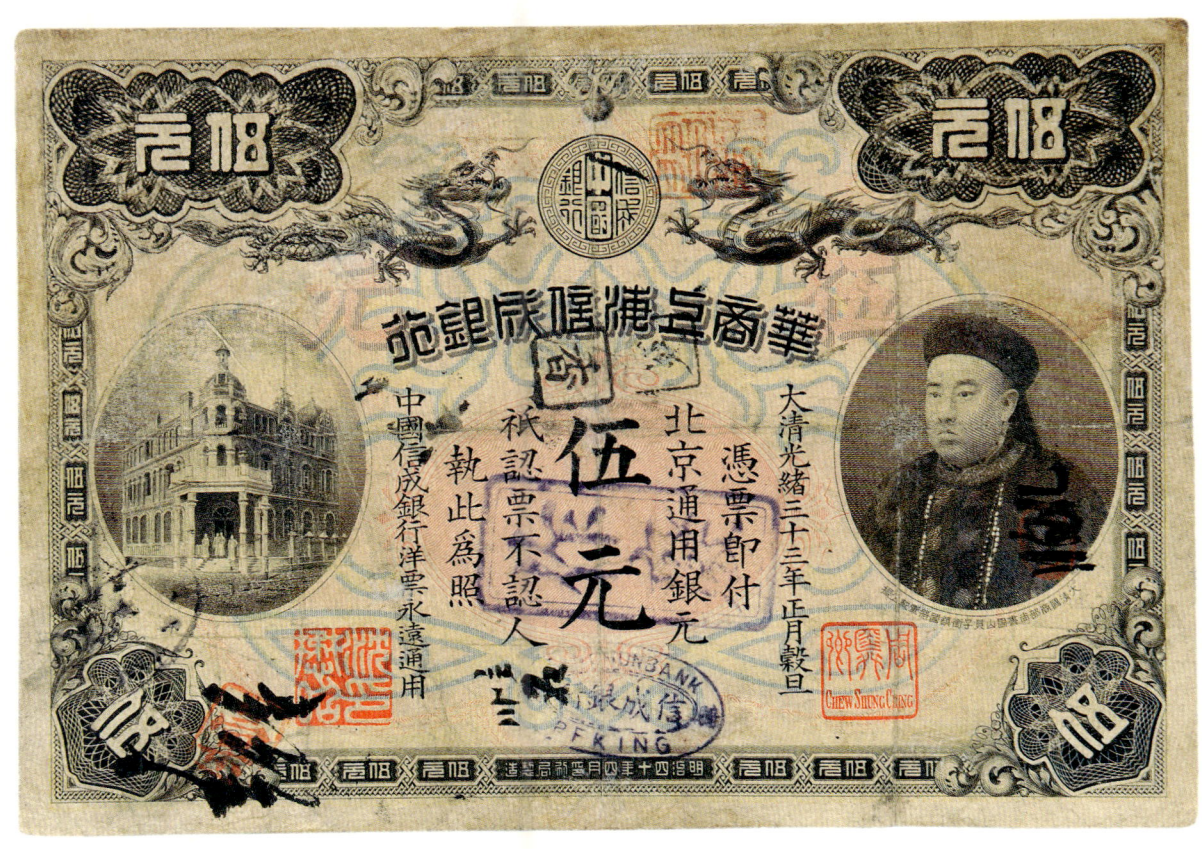

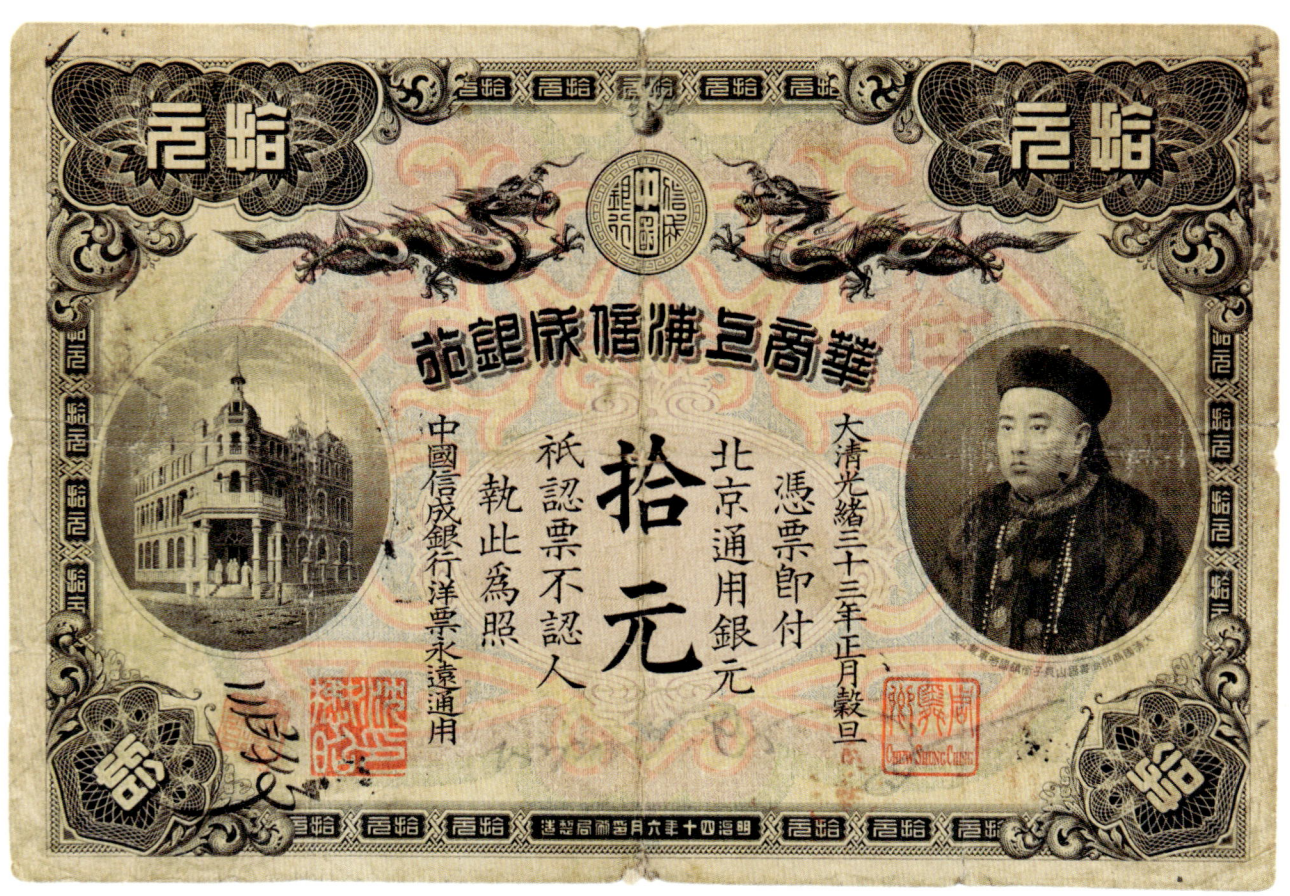

←↑ 111-1 /
华商上海信成银行
北京通用银元
（光绪三十三年）
拾元券
刘文和

←↓ 111-2 /
华商上海信成银行
北京通用银元
（光绪三十三年）
拾元券（背）
刘文和

（六）北京和华银行

北京和华银行开设于京城前门外打磨厂中间路南恒发店内。曾为京张铁路兴建筹款。

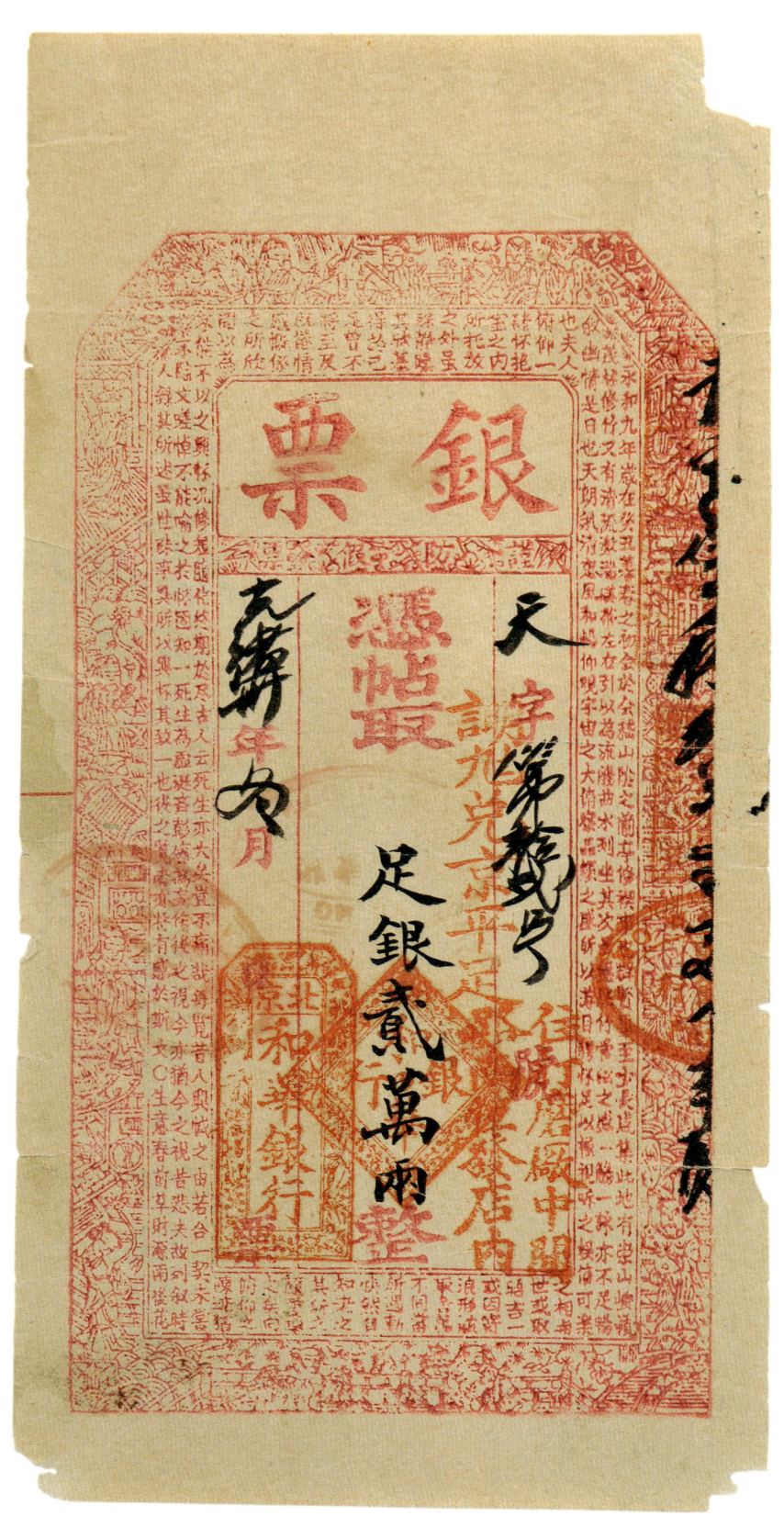

← 112-1 /
北京和华银行
（光绪三十年）
足银贰万两
刘继辉

→ 112-2 /
北京和华银行
（光绪三十年）
足银贰万两（背）
刘继辉

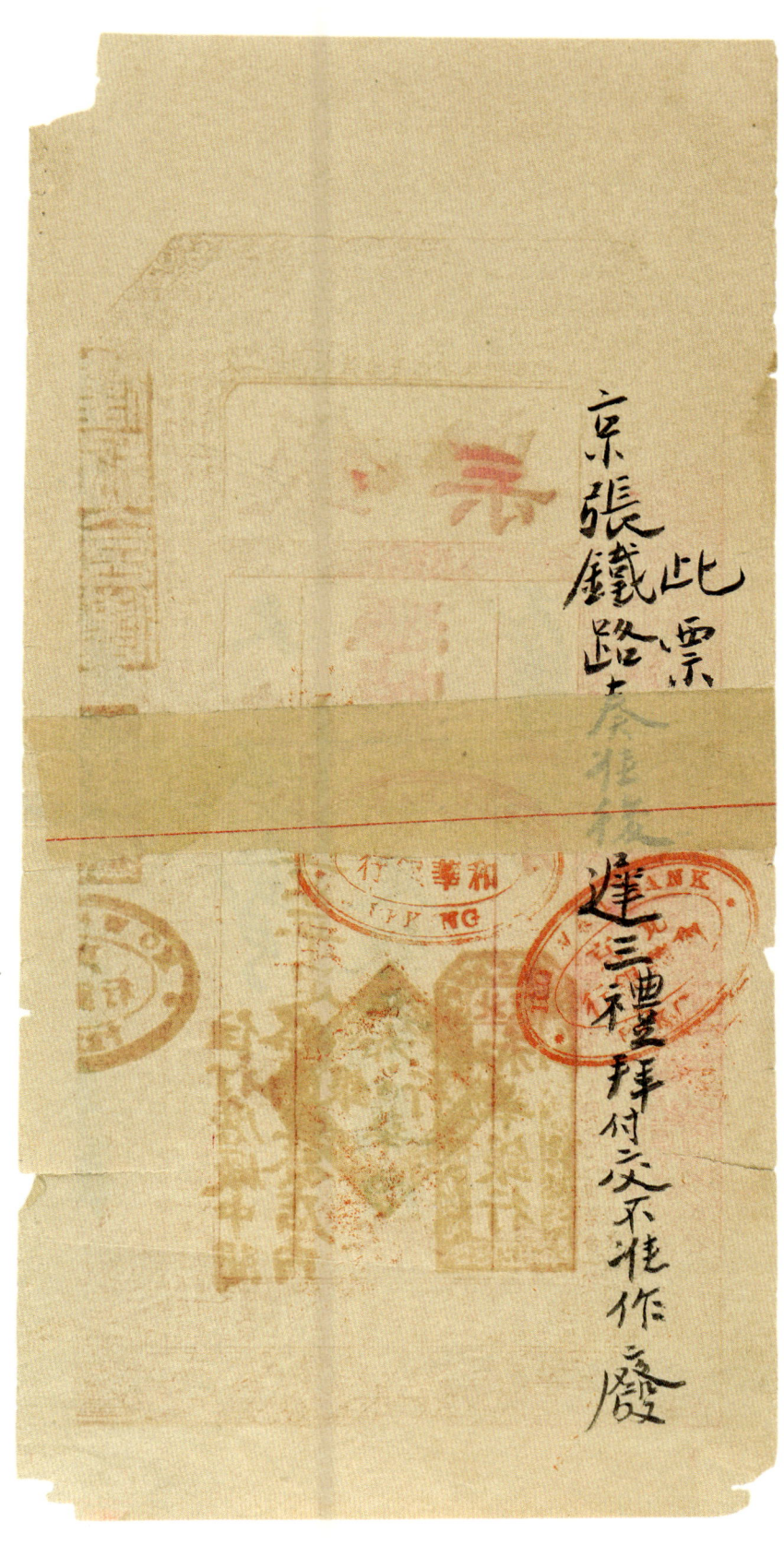

（七）华俄道胜银行

华俄道胜银行成立于光绪二十一年（1895年），原名俄华道胜银行，在宣统三年（1911年）与北京银行合并后改作华俄道胜银行。总行设圣彼得堡，后迁巴黎，在北京、上海、天津、汉口、大连、长春、烟台、哈尔滨、海拉尔、满洲里等地设有分行。设立华俄道胜银行的目的，沙皇的财政大臣维特曾直言不讳地说："为了和平征服中国，为了巩固俄国在华的经济势力，并力争与英国的既得优势相对抗。"俄华道胜银行的资本总额5500万卢布，在帝俄沙皇政府的统一安排下，俄华道胜银行承办中东铁路，沙皇政府财政部每年都把国家保证的证券发行业务，交给俄华道胜银行办理，该行在参与向欧洲金融资本市场推销俄国债券所得的资金中，大部分都用在修建中东铁路上。华俄道胜银行既办理对华资本输出，又办理清政府和北洋政府的对外战争赔款和借款。使该行在掠夺性的经营活动中，盈利迅速增长，它的股票，每股由光绪二十三年（1897年）的7.5卢布猛增到民国九年（1920年）的15卢布，增长了一倍，与此时积累了1000万卢布的公积金。

华俄道胜银行在中国推行卢布的过程，采取了种种极其狡诈的手段。

1. 宣布卢布可随时兑付黄金，并规定五个卢布可兑换黄金一钱，待到卢布广泛流通以后，就停止卢布的兑现。

2. 中东铁路正式通车后，规定铁路客票，运费以及部分财政税收一律改收卢布，强制推行。

3. 利用该行设在东北以至中国其他重要城市，通商口岸的分支机构，吸收汇款时，采用卢布汇款。

帝俄沙皇政府通过俄华道胜银行在中国东北等地区推行卢布纸币，培植卢布势力，掠夺我国资源。民国四年（1915年）初，该行在新疆发行的金币券控制了天山南北两路的商业贸易，而新疆地方发行的新疆新票在俄国领事的蛮横干涉和俄华道胜银行的破坏下，反而不能通行新疆全境，如果喀什的商人要汇款到新疆省会，必须先在喀什买进俄华道胜银行的金币券，持俄币即可兑现，商人非俄币不能周转，行旅非俄币不能出境，民间非俄币不能购买茶布，其俄币于京、津、沪、汉均可通用，我国纸币兑换即属困难。

帝俄卢布流入中国的的原因：

1. 地处毗邻，往来商旅携带卢布入境

早在19世纪70年代，帝俄卢布纸币就开始随民间贸易流入我国黑龙江的爱辉、新疆的伊犁、塔城一带，据估计，当时俄中两国民间贸易额曾达到1000万美元，那时卢布纸币只作为边境贸易的媒介工具，因而流入中国境内的数量还不很大。

2. 利用国际金融市场的波动，抛出卢布

19世纪末，国际金银市场出现金价上涨，银价下跌的趋势，英、美、俄、法帝国主义国家相继改用金本位制。中国是银本位币制，白银价跌，使中国货币贬值，帝国政府利用这个机会，更进一步在中国东北、西北地区推行卢布纸币。

3. 强行订立不平等条约，推行卢布纸币

咸丰八年（1858年），帝俄以调停第二次鸦片战争为由，诱迫清政府签订《中俄天津条约》，俄国取得在上海、宁波、福州、厦门、广州、台南、琼州等七处通商口岸城市设立领事馆及派兵船在这些口岸停泊等特权，在以上和后来增加的口岸城市中，帝俄政府主要是通过俄华道胜银行发货币，推动其卢布纸币的。

咸丰十年（1860年），帝俄利用英法联军攻占北京的机会，强迫清政府签订《中俄北京条约》其中规定，将乌苏里江以东约四十万平方公里的中国领土，划归俄国。同治三年（1864年），又签订《中俄勘分西北界约记》，将巴尔喀什湖以东和以南四十四平方公里的中国领土割让给俄国。同治十年（1871年），帝俄政府还不断派军队对中国进行侵略和干涉，到清末为止，仅在东北各地驻军即达一万五千多人，在这些割让地、占领区、租借地以至驻军区域内，帝俄政府凭借军政统治权，肆意发行卢布纸币。

4. 军事入侵，卢布随军流入中国境内

光绪二十六年（1900年），在中国土地上，以抵御帝国主义列强瓜分中国为宗旨的义和团运动，风起云涌。帝俄军队以保护中东铁路为名，不顾清朝官兵的劝阻肆意由满洲入侵哈尔滨、吉林、奉天，直到山海关，镇压义和团，其耗费的军需粮草达1亿卢布以上，主要是通过发行卢布纸币和掠夺所得。

光绪三十年（1904年）至光绪三十一年（1905年）的日俄战争，是在中国领土东北地区进行的，沙皇俄国的军队带进相当一部分卢布纸币，据史料记载，当时俄国军队所耗军需粮草，百分之八十五是中国北满地区取得的，日俄战争后，日本在我国东北地区的政治势力增强，帝俄卢布被驱逐至东北边境一带流通。

5. 通过投资实业，投放卢布纸币

沙皇俄国通过在中国境内发行卢布，以此作为资本，取得我国东北地区铁路、航运、矿产、工商业以及对外贸易的控制权，截至光绪三十一年（1905年），沙皇政府在我国东北地区的投资额达 42000 万卢布。

光绪二十二年（1896年）帝俄以中俄共同防御日本侵略为幌子，与清政府签订《中俄密约》，其中规定"中国允许俄国在黑龙江、吉林地方接造铁路达海参崴；中东铁路由俄华道胜银行承办"。帝俄建筑中东铁路开始后，金卢布铸币便在中东铁路沿线流通。同时帝俄卢布纸币也流入东北各地，与金卢布同时流通。中东铁路竣工之后，其客运费、华工工资、购买物料均以卢布纸币支付，并由俄华道胜银行办理。铁路、银行双管齐下，当地人民不得不使用卢布纸币，故此，卢布成为当时最普遍的外国通货，而且在营口、旅顺、大连、沈阳和哈尔滨等城市，成为唯一法偿货币。

6. 帝俄残余势力滥发纸币，流入中国境内

1917年"二月革命"，沙皇尼古拉二世被推翻后，资产阶级临时政府和帝俄残余势力拼凑的各种地方政府相继出现，国内战争连绵不断，这些军政集团为了支付军政费用，便滥发各种卢布纸币，这些纸币也流入中国境内。

1918年第一次世界大战结束时，是帝俄卢布在我北满地区独占市场的时代。当时，中东铁路沿线的工商业者和一般居民均以卢布纸币作为计价和支付手段。据1918年的调查统计，卢布在市场流通额，北满一带多达4亿；辽宁地区也在数千万以上，卢布纸币已渗透到东北各地的穷乡僻壤。有人说，东北三省全境与俄地无异。

帝俄政府滥发纸币，掠夺了我国大量财富，破坏了我国东北、新疆地区的国币市场，给当地经济造成严重损害。就东北地区而言，卢布泛滥成灾，币值一跌千丈，物价飞涨，卢布纸币无处回笼兑换，商民拒收，商品交换呆滞，商店连连倒闭。铁路纷纷罢工，一般贫民手持俄币不能行使，苦不堪言。帝俄卢布纸币币值惨跌后，设在中国境内的俄华道胜银行及其分支机构，推说没有现款，拒绝收兑，到民国十七年（1928年）俄华道胜银行倒闭，所有俄国卢布纸币均成废纸。

仅黑龙江省13个县和商会统计，在该地区范围内，商民共存卢布纸币192100余万。

华俄道胜银行发行的纸币有银两票壹两、伍两、拾两、伍拾两、壹百两及伍百两，银元票有壹圆、伍圆、拾圆、伍拾圆、壹百圆，金券有壹分、贰分、壹钱、伍钱、壹两及制钱票等，有北京地名的有壹两、伍两、拾两、伍拾两、壹百两，直型的银两票，还有壹圆、伍圆、拾圆3种银元票。金票目前只见在新疆喀什、塔城、宁远发行过。

→ 113 /
华俄道胜银行
戊戌（光绪二十四年）
足银壹两票
嘉德拍卖

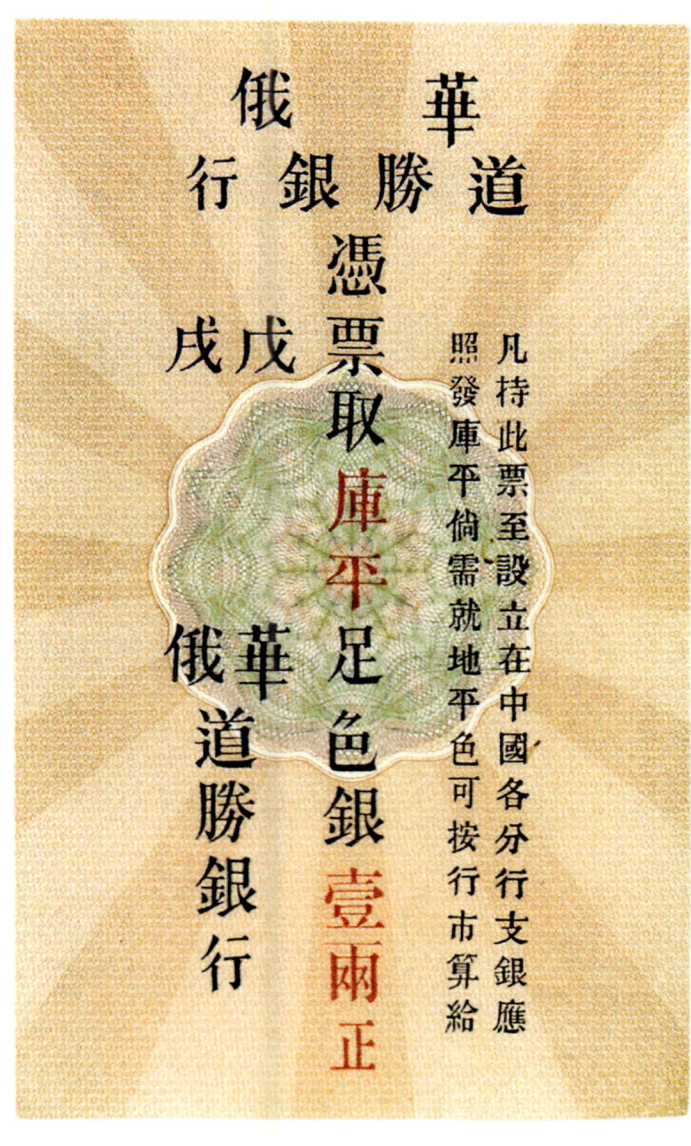

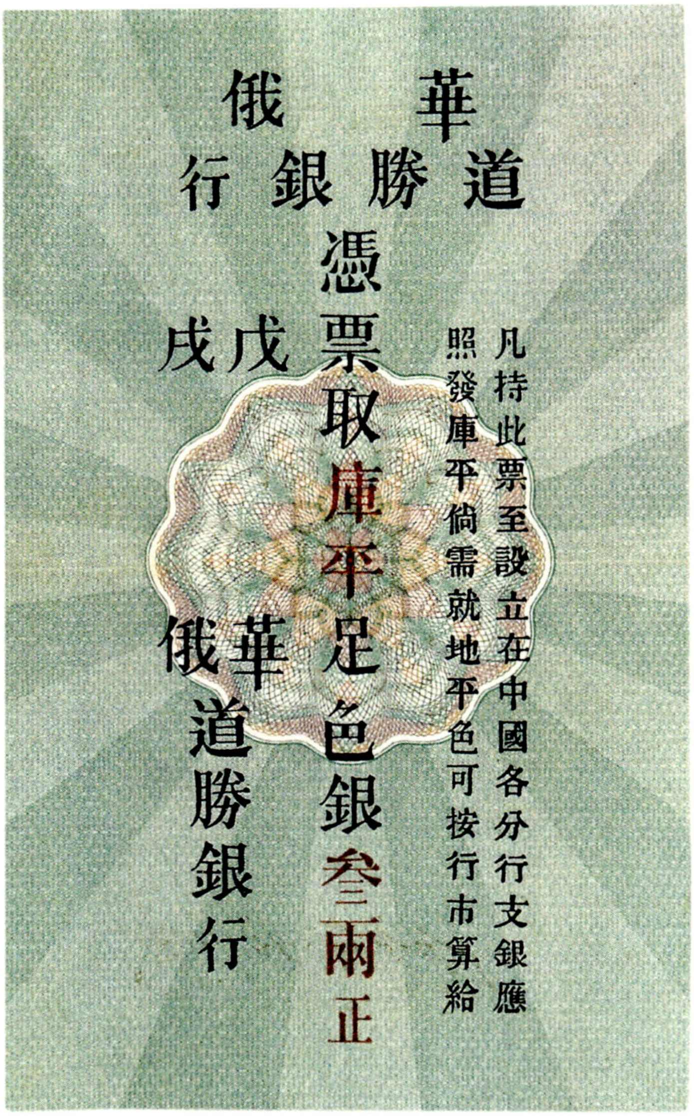
華俄
道勝銀行
憑票取庫平足色銀叁兩正
凡持此票至設立在中國各分行支銀應
照發庫平倘需就地平色可按行市算給
戊戌
華俄道勝銀行

← 114 /
华俄道胜银行
戊戌（光绪二十四年）
足银叁两票
嘉德拍卖

→ 115 /
华俄道胜银行
戊戌（光绪二十四年）
足银拾两票
嘉德拍卖

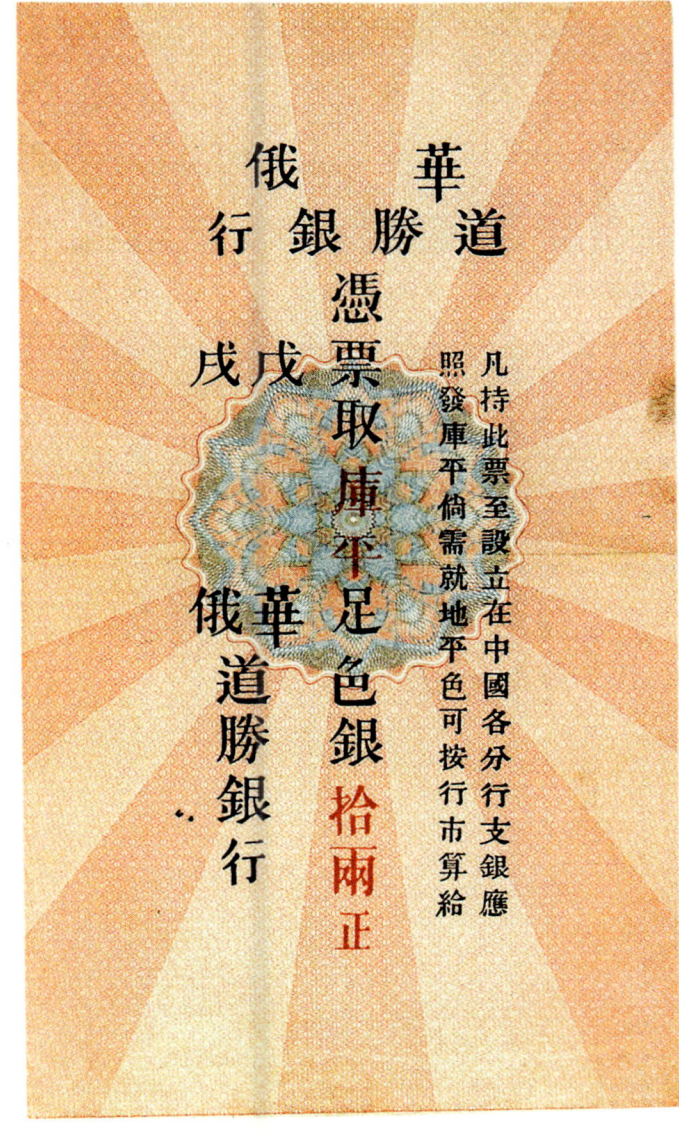

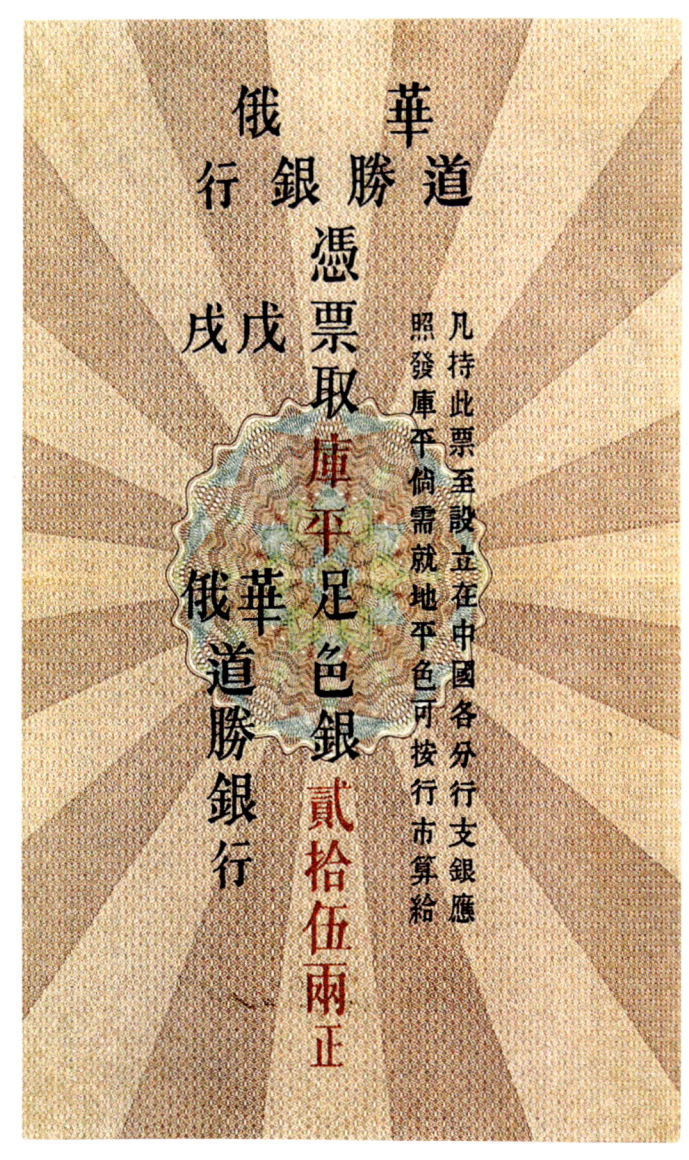

← 116 /
华俄道胜银行
戊戌（光绪二十四年）
足银贰拾伍两票
嘉德拍卖

→ 117 /
北京华俄道胜银行
（光绪三十三年）
足银壹两票
刘文和

→→ 118 /
北京华俄道胜银行
（光绪三十三年）
足银伍两票
嘉德拍卖

← 119 /
北京华俄道胜银行
（光绪三十三年）
足银伍拾两票
诚轩拍卖

→ 120 /
北京华俄道胜银行
（光绪三十三年）
足银壹百两票
诚轩拍卖

北京纸币八百年

216

←↑ 121-1 /
华俄道胜银行
无年份
壹圆券
刘文和

→↓ 121-2 /
华俄道胜银行
无年份
壹圆券（背）
刘文和

三 地方银行

咸丰年间各省为了推行户部官票和大清宝钞，设立官银钱局（号）。光绪年间，外国银行入侵，本国金融业、商业又有了新的发展，各省督抚为了扩大财力，解决各项财政支出，也纷纷创办钱局、银行发行纸币。各省官局，银行都代理省库，是本省财政的现金出入机构，起了维持本省财政和加强本省财政权力的作用。当时全国有 23 个省发行自己的纸币，大部都在本省内流通或在临近省市流通。

这里介绍的天津银号、直隶省银行、东三省官银钱号，都发行有北京地名券。但直隶省银行及东三省官银钱号未见发行清代北京地名纸币。

天津银号

清光绪二十八年（1902 年）初，直隶总督袁世凯从"天津督统衙门"手中接收天津后，于八月呈清户部立案注册，建立天津官银号，亦称"直隶省官银号"、"天津银号"，成为天津第一家新式银行。天津银号成立后，委银元局总办周学熙兼督办，号址在天津北马路。同时设分号于北京、上海、汉口、保定、张家口、唐山等地。资本银由袁世凯札饬津海关划拨平化宝银 48.9 万两，银元局余剩项下指拨银 1.9 万两，凑足 50 万两为官本，又由各局所拨来平化宝银 60 万两为护本。周学熙利用掌管北洋银元局铸币之权，从"其余利所入岁得七八十万两的款项中，每年扣除库平银 40 万两以充官银号资本"，同时还利用掌管长芦盐运使之权，从"盐斤加价六文"的多增收入中，由藩司、长芦运库及永平七属盐务局每年分别摊拨库银 30 万两、35 万两、15 万两，济助官银号，扩充天津银号实力。

天津银号是直隶省财政的机关银行，全省官金均在此行办理，直隶公债亦由其支配和统辖。该号宗旨为"维持市面、振兴实业"。他一方面搞社会储蓄和发行银两票、银元票。钱票集聚大量官民资金，另一面，又以低息放款方式将集聚之资金借垫于私营企事业。如：光绪二十九年（1903年）天津绅士董兴兴办初等工业学堂，天津银号从银元局余剩中为其每年贷出常年经费2000两，同年十月以5厘薄息将其资本银70万两借给津埠各钱商，支持各商号扭转，"庚子事件"造成的不景气状况，光绪三十年（1904年），天津商会协理宁世福创办织染缝纫公司，官银号贷予银钱1.5万两，光绪三十二年（1906年），周学熙开办北洋劝业铁工厂，"以立工业之基础"，官银号以常年5厘行息直拨成本银20万两。同年七月，周学熙从英人手中收回唐山细棉工厂，兴办启新洋灰公司，也由官银号以常年5厘息，贷拨流动资本50万两，并由银号所承借固定资本50万两。宣统元年（1909年）七月，为征集直隶工商产品赴南洋赛会，筹集股本银10万元，官商各认5万元。天津银号实质已成为北洋实业与直隶早期资本主义工商业创兴和发展的重要金融支柱。

光绪三十三年（1907年）三月，天津银号为接济津银荒，先后印发纸币30万元在社会上流通，后又发行银两票38万余两，银元票73万余元，铜钱票6万文。宣统元年（1909年）天津银号先后发行银两票3万余两、银元票39万余元、钱票23千文，宣统二年（1910年）发行银两票2万余两、银元票31万余元。

光绪三十年（1904年）十二月，袁世凯为了扩大军事实力，组建北洋新军五、六两镇，责成天津官银号承担在直隶民间发行公债票480万两及还本付息事宜，转年天津银号就在直隶全省召募公债票，在较短时间内从社会上聚集相当数量的现金，而后直隶藩库每年承交银30万两于官银号，长芦运库承交35万两，永平七属之新盐利承交15万两，银元局余利划拨40万两，由天津银号汇兑，分6年还清本息。

宣统二年（1910年）九月天津银号改组为直隶省银行时，除有120万元资本外，还拥有180余万元存款，312万余元的放款，23万余元现金，8万余之财产，70余万元的有价证券，为直隶省银行积累了较为雄厚的资本。

目前天津银号有北京字样的纸币只见有一种加盖"京都"字样的伍两票。

→ 122-1 /
天津银号
（光绪三十四年）
足银伍两票
刘文和

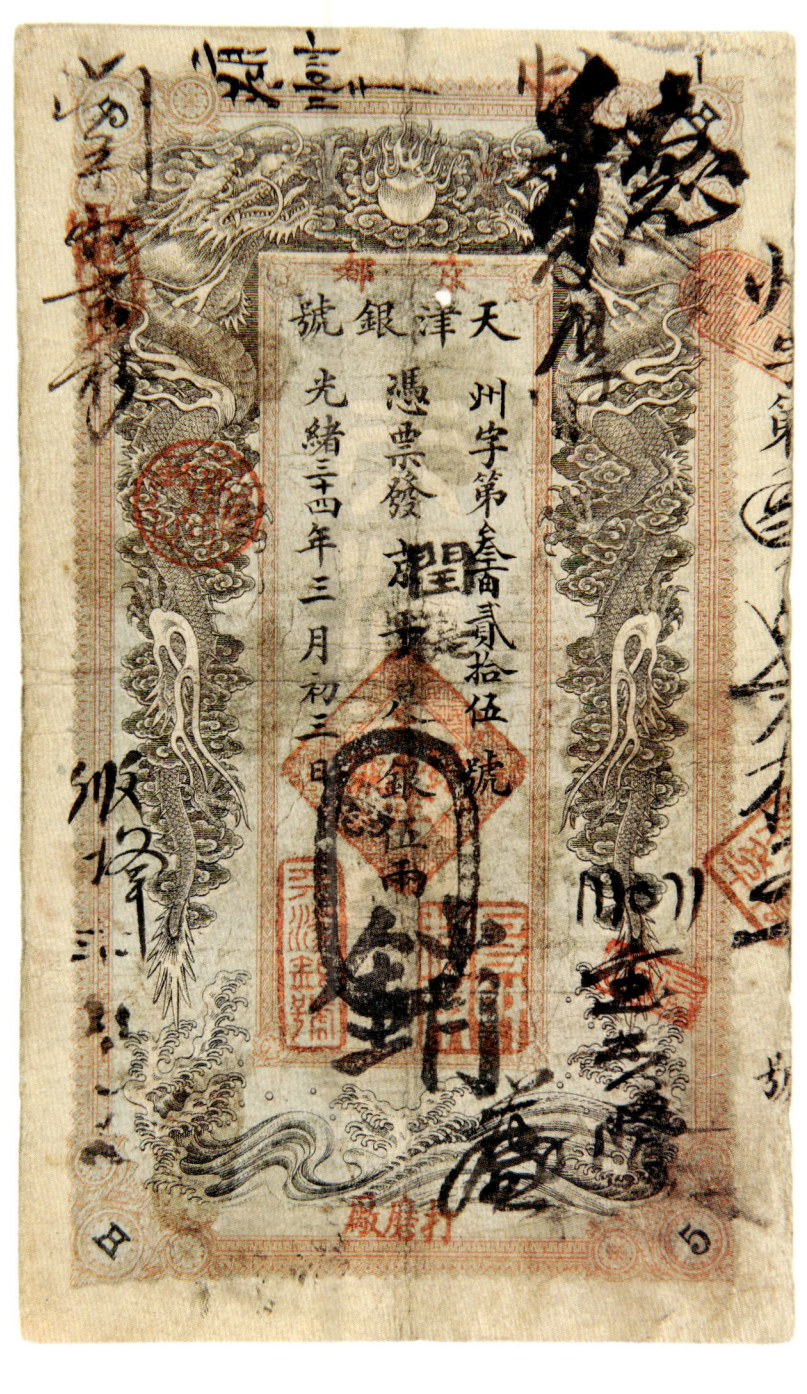

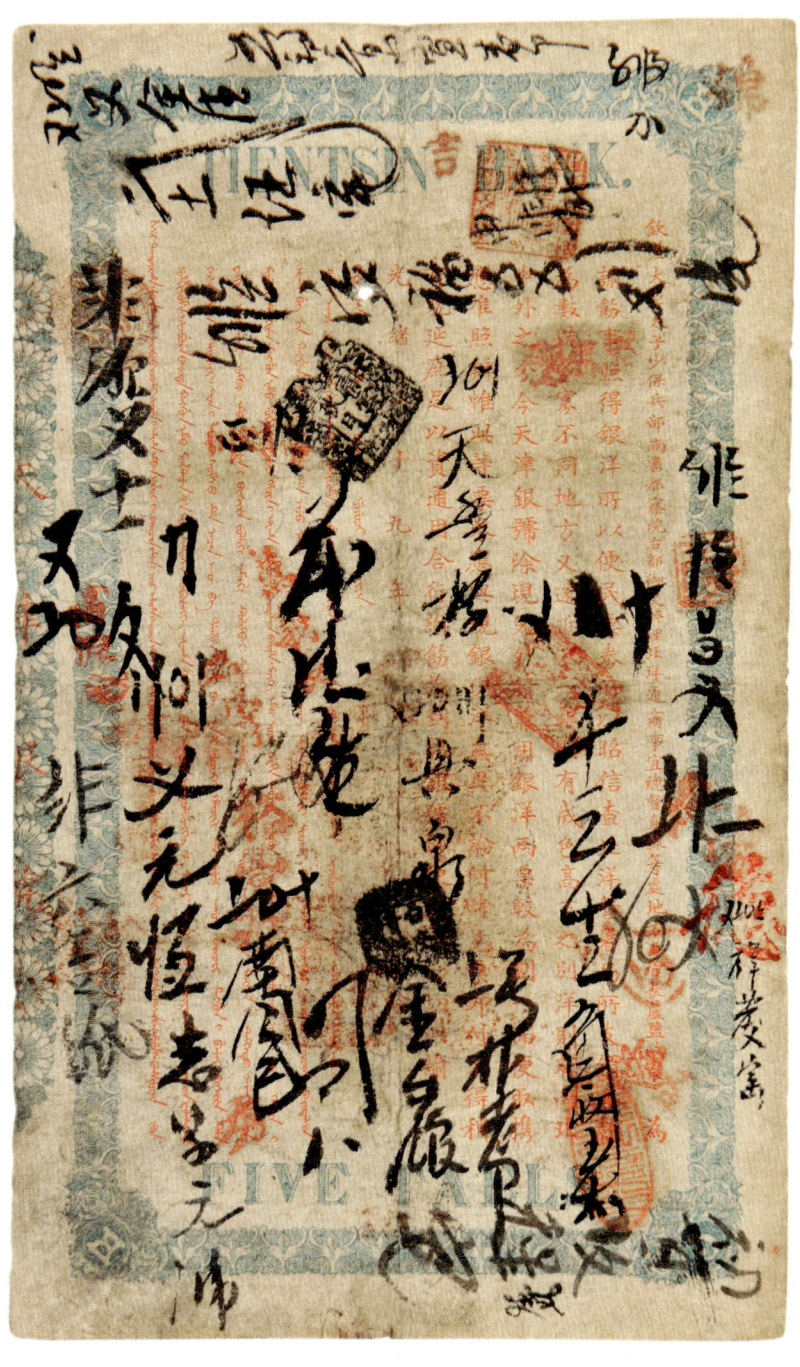

→ 122-2 /
天津银号
（光绪三十四年）
足银伍两票（背）
刘文和

四 民间私营银钱号

北京的钱庄是由一些不同的金融机构演变而来，如有的从清代的钱铺、炉房脱胎出来，有的由票号等发展而来。钱庄是旧中国的一种信用机构，它源于货币兑换为主的钱店、钱铺，以后逐渐成为专门经营存款、放款和汇兑业务的机构，有的还享有发行银票、钱票的权力。

钱庄在全国各地名称不一，天津、北京、沈阳等地多称银号，江浙一带称钱庄，有的视规模大小而别，规模大的称为银号，规模小的称钱庄。兰州等西北地区不分大小，都称银号。在北京资本额大的称银行，资本额小的称银号，而抗日战争以后，国民政府财政部硬性规定，其业务经营与钱庄相同的银号一律改称钱庄，银号的名称从此以后也就不复存在了。

北京钱铺

明朝末年北京就已有钱桌、钱市的门市出现，但那时规模极小，仅设钱桌于繁华闹市，以兑换为主。据记载，北京的银钱业务是从旧炉房脱胎而来的。主要业务是兑换铜钱和纹银，承做顾客签发票帖取钱业务。从康熙到道光十年（1830年）间，在北京开设的钱铺就有389家。

北京当时最大的钱铺为东四牌楼的"四大恒"，即：恒利、恒和、恒源、恒兴四联号。该四家之营业范围为买卖现金、银、制钱及存款放款；外代"捐柜"并出银票钱票以及和内务府（清朝内账房）交往。外传四大恒为内务府旗人所开，但实系汉人董某等集资所设，年深日久，竟以讹传讹，其内部人员，完全为通州人。四家字号市面上通称四大恒钱铺，但其门外牌匾及内部图章，均无钱铺字样。按当时钱铺、钱蜡铺或货行，凡拟出银票、钱票者，需向步军统领衙门纳纹银500两，领得钱幌子悬于门外，即允许填发银票和钱票。此项银票和钱票，由出票家用纸条书写：凭条付北京秤银或公砝银若干两，也可以带零，如几钱几分，加盖本号图章，四大恒银票有5000两一张者。大部分的钱铺和烟钱铺只是做小额银钱的营业，营业项目不外兑换银两，出钱票。以前开钱铺的钱幌子只须在地面上通融过即可开业，所谓地面，即步军统领衙门的左右翼，以为保护营业之需。因以前钱铺的准备金，有等于无，时出花样，反正都是小民小利的勾当，所以需地面来保护，平日维持，也很可观。钱铺的兑换银两分为两部分，一是代客夹碎整宝整银，一是以银两兑换铜钱。以前钱铺门首，都有两面招牌，就是"京平足银"和"市平松江"。那时银两本无铸成统一成色的货币，所以成色上各有不同，有"松江锭"、"马蹄银"等叫法，各有其纯银含量，如松江锭便比足银百两少三两。又因当时衡器，对于称量银两各有不同，京平比市平小，所以给足银，如客人要市平，就须给松江锭了。当时银两衡器有四种，以"市平"为主，比市平大的为"库平"，即供解库交官项过平之用。库平比市平大三两六钱（指百两），京平比市平小，一种小二两七钱，一种小二两六钱，还有一种"公砝"是同行（票号、炉房、金店、钱铺）往来以"公砝"为主，各不相欺，公砝比市平大六钱。

钱铺吃兑换银两有四种方式：一种是"抹蜡油"，钱铺有字号在，明的不敢使老虎钳剪，银渣钱末的自然免不了，于是在银锭下马峰窝中抹蜡油，以便回平时足分量；二是"扣平"，即公然少给二三分；三是"三成色"，所谓三成色和扣平差不多，即在银两中，差三成成色（百分之三）；四是"九八兑"，清代兑换银两铜钱，都有九八、九六之名，即银换银差百分之二，百分之四，兑换铜钱，取钱票就差十分之二、十分之四了。总而言之，几种扣平方法，只要使用一种，就扣了客人的银钱，还说出名目来，使人不知鬼不觉地吃了亏。

钱铺有专营钱业的，也有为烟铺代营的，名为烟钱铺，有为蜡铺代营的，名为蜡钱铺。东四北七条西口尚有一家蜡铺，现改为卖奖券兑换银钱，是北京仅存的蜡铺，清末出票子很盛行，只须找一个顶腰的，再和该管左右翼说知，便可开业。那时负地方之责的为步军统领衙门，即所谓提督衙门北衙门便是。九门提督例为亲贵大臣兼任，而两翼五营二十三泛，凡久在京城鬼混，都极易合拍，钱铺于此产生。钱铺出票子利益非常大，一是出票子不必用准备金，出2000吊票，即自制2000吊，空手得钱。二是即使持票人来铺兑换，白票子照例九八扣、红票子照例九六扣，白票子就是平时出的钱票，红票子即是新年所出，以取吉利。三是钱铺撒出大批钱票后，或弃铺潜逃，或收集大批沙板水上漂坏钱，特意雇人挤兑，将坏钱一律打发清楚后，再改头换面，重新开业，再行蒙人。四是"卖空"，与专门做假票子的人勾手，卖给做假票子人几十张白票子，有号头没字，没钱数，没赋价卖出，自己填钱数，可以到处行使，若至本铺行使必被勾废，若说是假票，戳记是真的，若说是真的，号头字迹都不是本铺所写。有的小钱铺，故意把票子留出挖改地方，等到人一挖补，以挖补为词予以作废，钱铺白得几吊钱。

开钱票子，认钱票子，做假票子，均须专门人才，外行人办不到。钱铺出票子，向以草字书写，一家一样，并不雷同。票纸大小，也一家一样，外行人一看，仿佛差不多，实际票纸的横纹真纹，全不相同，而且每家钱票，均有秘密暗证，外人不易得知，但瞒不过认票子的钱桌子及做假票子人的眼睛。钱票形式，长约五六寸至六七寸，宽约三四寸至四五寸，上面戳记很多，除字号水印外，有"迎首"、"对口"、"背后"许多名目。后来铜元出现后，银号也出钱票，票面从"京钱某吊"，而改写"铜元某十枚"，或直写格言，或刻闲篇，字迹也不似旧票潦草，迎首戳记也极讲究，此种钱票至民国初年才逐渐废除。

钱铺开钱票子，虽一家一样，但以此为生的人，却能认出，凡拿钱要求人辨认的，叫"照票子"。凡大商号都有人能照票子，但非相识熟人，绝不愿替人担此责任，因此有专门钱桌子产生，"母钱桌子"。母钱桌子只管照票子，每照一吊票，得钱一二文，母钱桌子不只以照票子为生，还得证明某钱铺出票子不假为责。

做假票子，为专门技能，不只做假钱票，也做假银票，官家对此并不放纵，屡有严令军办，并由御史请旨，制定严章。当时警察尚未成立，步营管不着这些事，且此种秘密行为，就是巡警厅成立后，也办不了多少。做假票子分"软活"、"硬活"两种，软活是挖改真票，或填空真票，或以笔描画。这种外行人是看不出来的，硬活是专做假票子，照原票图章戳记刻制，能丝毫不差，纸质印色，以及笔锋，也和原钱铺相同。做假的人称所刻图记为"家伙"，家伙即非原物，为便于收藏，所以全用薄片儿，另安印把儿，用时现黏合，一套家伙最多能用二三次，一次做出一批，用几次后立即销毁灭迹，稽查人员绝查不出一点痕迹来。软活假票子，有的不敢"碰柜"，硬活假票子专讲碰柜，即以所做假票，专到出钱票的铺子行使，而能不为本柜认出，方为绝高技术，做假票子虽也做银票，但此类绝少，不但不敢碰柜，上大商号去行使都不敢，只能蒙乡下人而已。

北京早年买卖制钱，是光绪年间，由四大恒钱铺发起集资在前门外珠宝市创立钱市，内设经纪人20户，并在钱市里用砖建成长方砖垛20个，名为"案子"，经纪人是每户一个。开盘时经纪人站在各自的案子上，高声呼唤或买或卖，成交后由经纪人到账户写买卖证票，票证上所写的和当铺写的当票相似，只有本行人懂得，外界人绝不认识。经纪人的字号，通称"某家案子"，如"张家案子"、"李家案子"，均以姓冠之，子承父业，且以回族人为多。每天黎明，全城买卖制钱（后改铜元券）均到珠宝市钱市交易。每天必到的行业有钱铺、铺蜡铺粮店及有门市之商号，当时尚无电话，各家派人去钱市，都携带鸽子二三只，开盘后，各家将开的行市，写一小皮条拴在鸽子腿上，放回本柜。当有专人将鸽子带来的行市摘下，即按钱市所开之行市作为买卖标准。如遇行市有大的涨落时，各家即再放鸽子回柜。这种用信鸽传递行情的办法，直到有了电话才废掉。

钱铺另一项业务就是代办"捐官"事项，当时称为"捐柜"。捐官制度，在清代中叶就已经有了，但是仅仅是捐衔，并非捐官。到咸丰中期，各省军兴，于是有"实官捐"之举，之后某省水灾、某省旱灾、某省兵灾，都举办捐案。捐官而称实官捐，以只捐几品衔，后则定出捐道台，捐知县，捐得之官，也可到省候补。更有甚者两三岁幼童也捐道衔，六七岁小孩即戴红顶。也有捐官不为做官，只是为夸耀乡里。且有的捐官专为乡里喜丧事助威，借此糊口而已。捐官最高捐候补道，其次捐候补县，再次捐典史，县丞、通判、佐杂等八九品小官，也有专捐"五品奖札"，只有虚衔，并无官衔。这大都是富绅富商、节假宴会时装体面之用。捐官却极少捐知府知州。凡有捐柜的钱铺大多为内务府宗人府官员所开，最低也要有两府之人撑腰。捐柜不仅代客兑款，

且须手眼通天，在吏部员司、书吏以及笔帖等小吏，均须拉拢纯熟，有所谓"上兑"、"分发"、"马上"、"捐衔"四大门。上兑就是照交捐款，较比普通人手续简单，领捐照文凭容易。分发，就是抽签分者，吏部"转盘"、"抽签"，号称铁面无私，全凭运气，但一到捐柜人手中，居然能抽到邻省，不致于被发到新疆，云南边荒远省。马上，即马上可以指发到省，更可以马上补缺，最不济也能马上派差。但必须先交钱。当时捐一"七品衔"需银300两，捐一"九品衔"需银100两。而这只是由捐柜交到部里领照费用，其他收费还有很多。

在清朝末年，无论何种行业，只需买到步军统领衙门钱幌子，即可随意发银票、钱票，无任何条件与规章，而且不加限制。由于行业不等，字号大小不一，人品良莠不齐，以致时常发生倒闭，逃跑等事，尤以五月节、八月节、腊月到年底或闹银根时期，倒闭逃跑的更多。因此北京每年发生银票挤现风波若干次，实为市面巨大祸患。政府不仅无任何改良措施，且竟置若罔闻，听其自然，市民只有对于出银票字号无信用者不予收受。直到外国银行、大清银行相继设立，银两渐废，这种以兑换为业的钱铺才被淘汰。

→ 123 /
一心正
北京宣武门外
凭帖取大钱
贰吊
石长有

→→ 124 /
一间楼记
北京西直门北河沿
取当十九八现钱
叁吊
刘文和

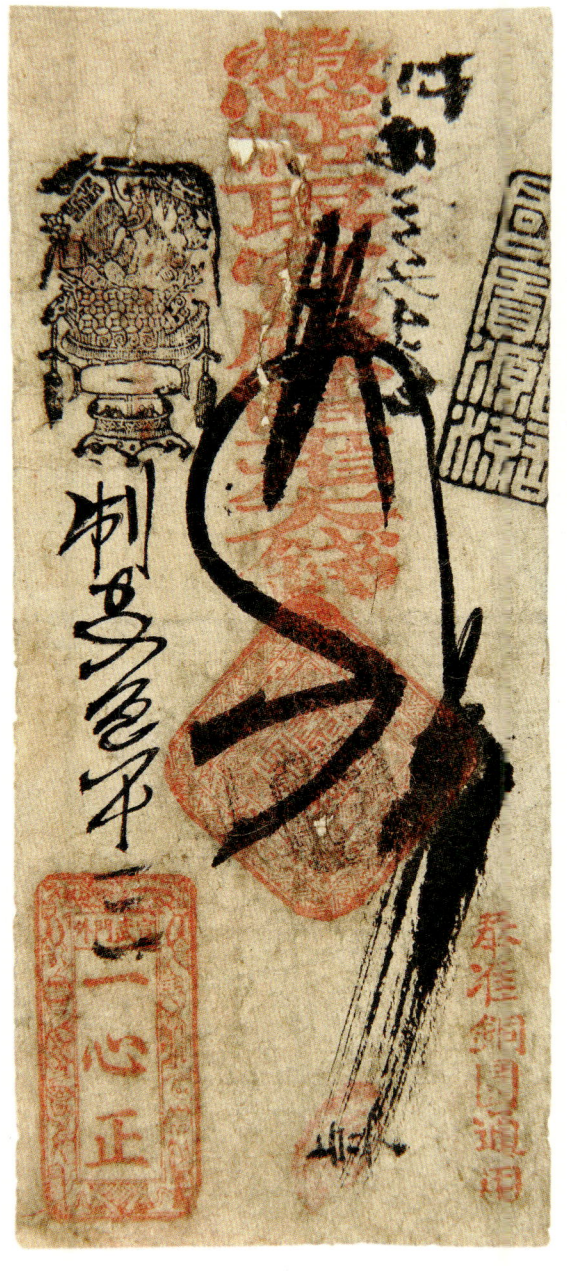

← 125 /
二合公
北京齐内南小街中间路东
寄存当十现钱
壹吊（红帖）
刘文和

→ 126 /
三益钱店
北京崇文门西夹道
寄存各省铜元
肆拾枚
石长有

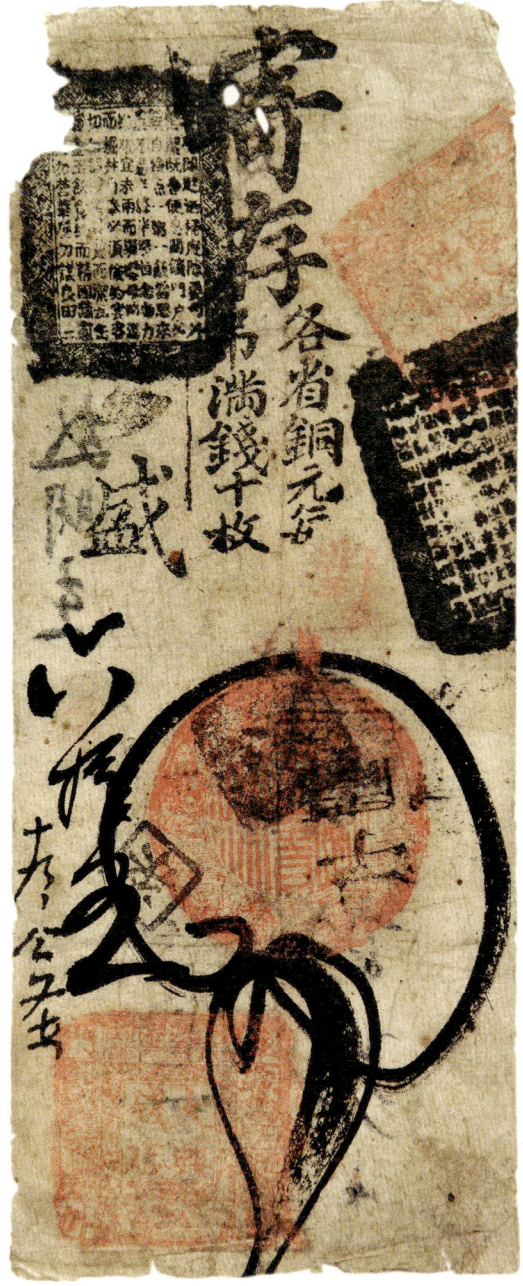

←← 127 /
三聚号钱店
北京南锣鼓巷
凭帖取钱
叁吊
刘文和

← 128 /
大兴钱店
北京阜成门外
寄存各省铜元合钱
四吊
刘文和

→ 129 /
大兴钱铺
四吊
孙彬

→→ 130 /
广丰号
北京前门大街珠市口北路东
寄存当十现钱
贰吊
刘文和

←← 131 /
广成钱铺
北京东四牌楼
凭帖取大钱
四吊
石长有

← 132 /
广和聚记
北京西四牌楼
凭帖取当十现钱
叁吊
石长有

→ 133 /
广聚成银号
庚戌（1910年）
北京朝阳门外
寄存龙元
壹圆
刘文和

→→ 134 /
广聚涌
北京齐内南小街北口内路东
寄存当十现钱
贰吊
石长有

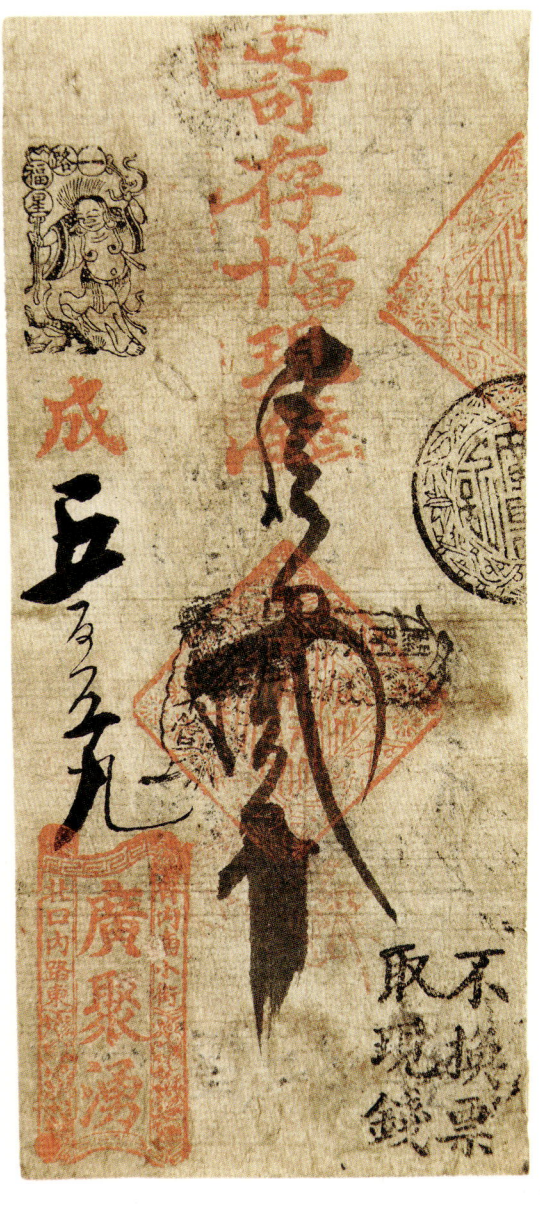

←— 135 /
广聚钱店
北京朝阳门外大街
寄存各省铜元满钱
五吊
石长有

←— 136 /
广盛隆
北京西顶村
寄存大钱
贰吊
石长有

→ 137 /
广盛钱铺
北京鹁鸽市
凭帖取大钱
五吊
石长有

→ 138 /
广德钱店
北京正阳门外大街路西
凭帖取铜元
贰吊
刘文和

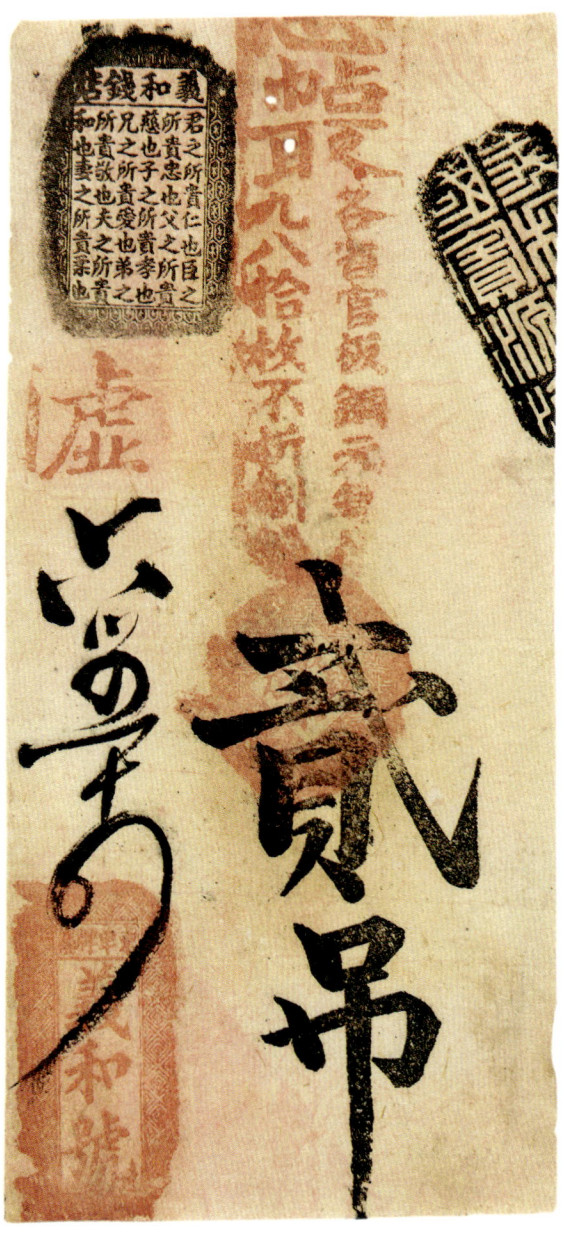

←← 139 /
义兴合
北京兵部街
见条付当十现钱
叁吊
刘文和

→ 141 /
义和昌银号
庚戌（1910年）
北京东单牌楼北
凭帖取京平松江银
贰两
孙彬

← 140 /
义和号
北京东单牌楼
凭帖取铜元制钱
贰吊
刘文和

→ 142 /
义昌钱店
北京崇文门内路东
存当十现钱
贰吊
孙彬

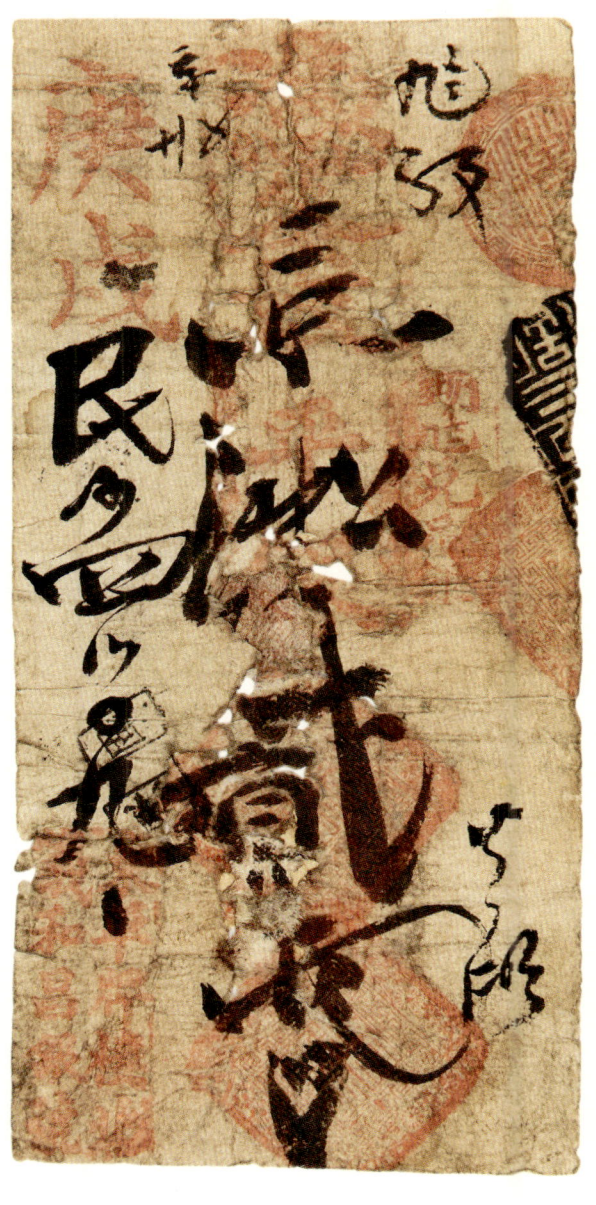
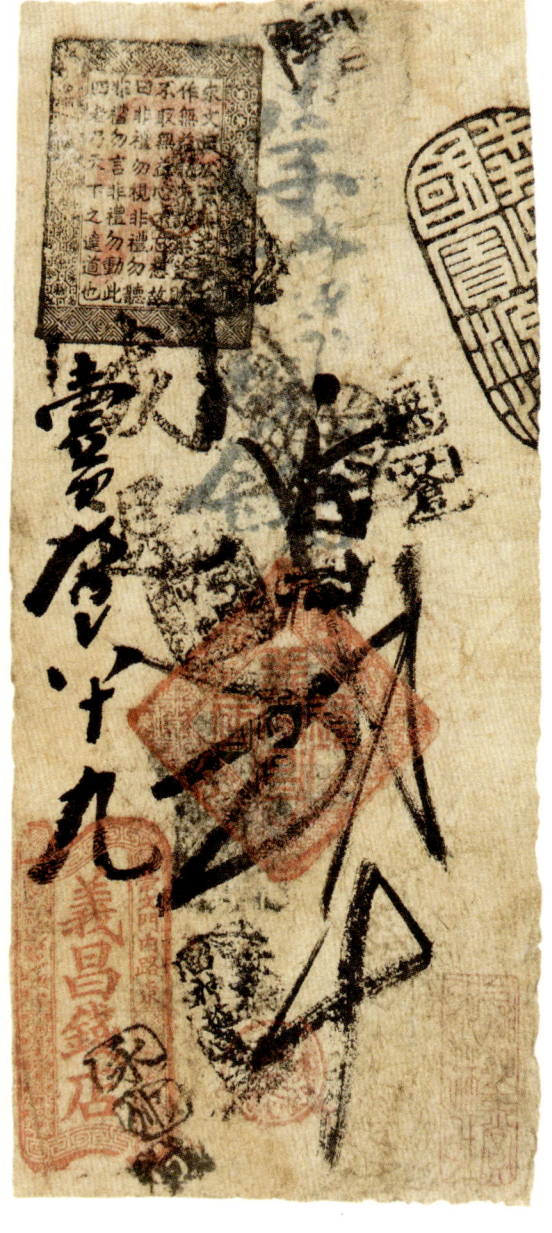

←— 143 /
义茂号
北京地安门内路东
寄存当十现钱
贰吊
石长有

←— 144 /
义顺钱店
北京顺治门外路西
寄存当十现钱
贰吊
孙彬

→ 145 /
万和义钱店
北京东口内
凭帖取当十大钱
五吊
孙彬

→→ 146 /
万益钱店
北京西单牌楼
凭帖取官版铜元
叁拾枚
孙彬

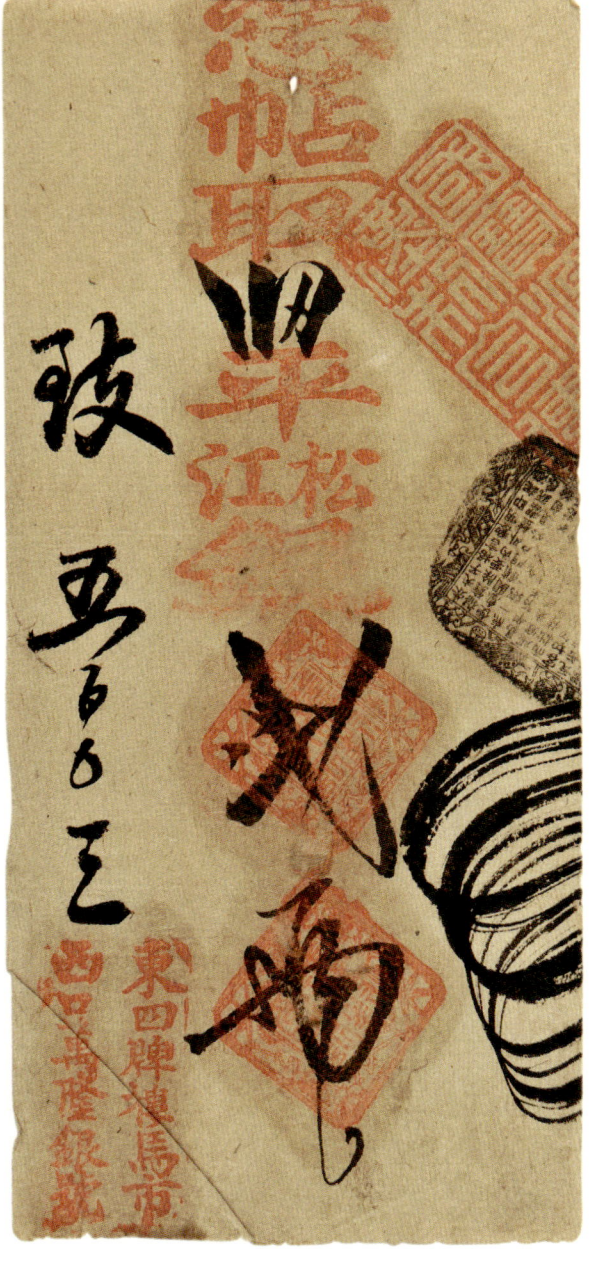

←← 147 /
万隆号
北京果子巷
寄存铜元合满钱
贰吊
孙彬

← 148 /
万隆银号
北京东四牌楼马市西口
凭帖取平松江银
贰两
孙彬

→ 149 /
万裕钱铺
北京东四牌楼七条胡同
凭帖取铜元合满钱
四吊
刘文和

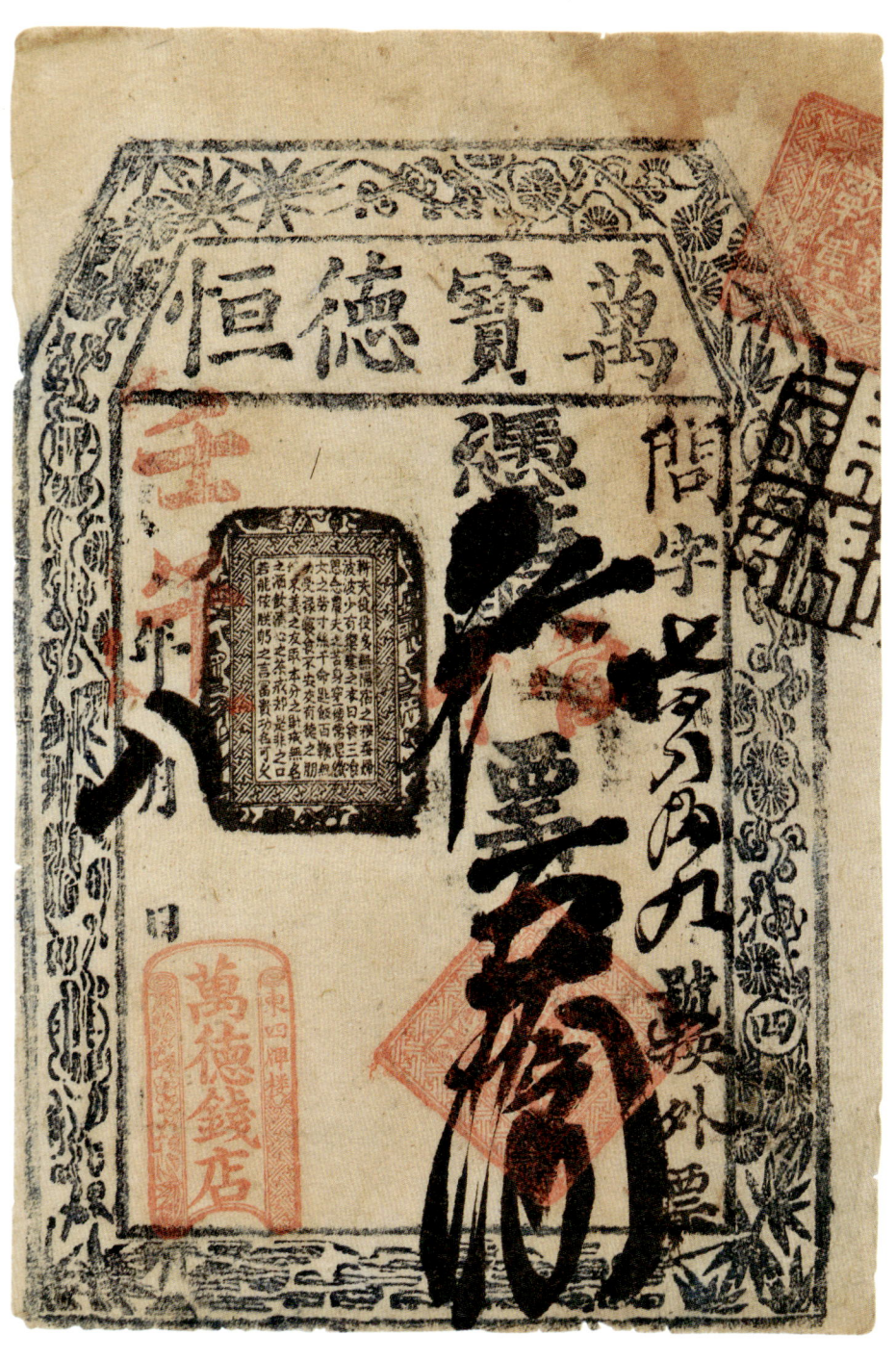

← 150 /
万德钱店
壬午（1882年）
北京东四牌楼
凭帖取当十
五十吊
刘文和

→ 151 /
万德钱店
辛巳（1881年）
北京东四牌楼
凭帖取当十
壹佰吊
孙彬

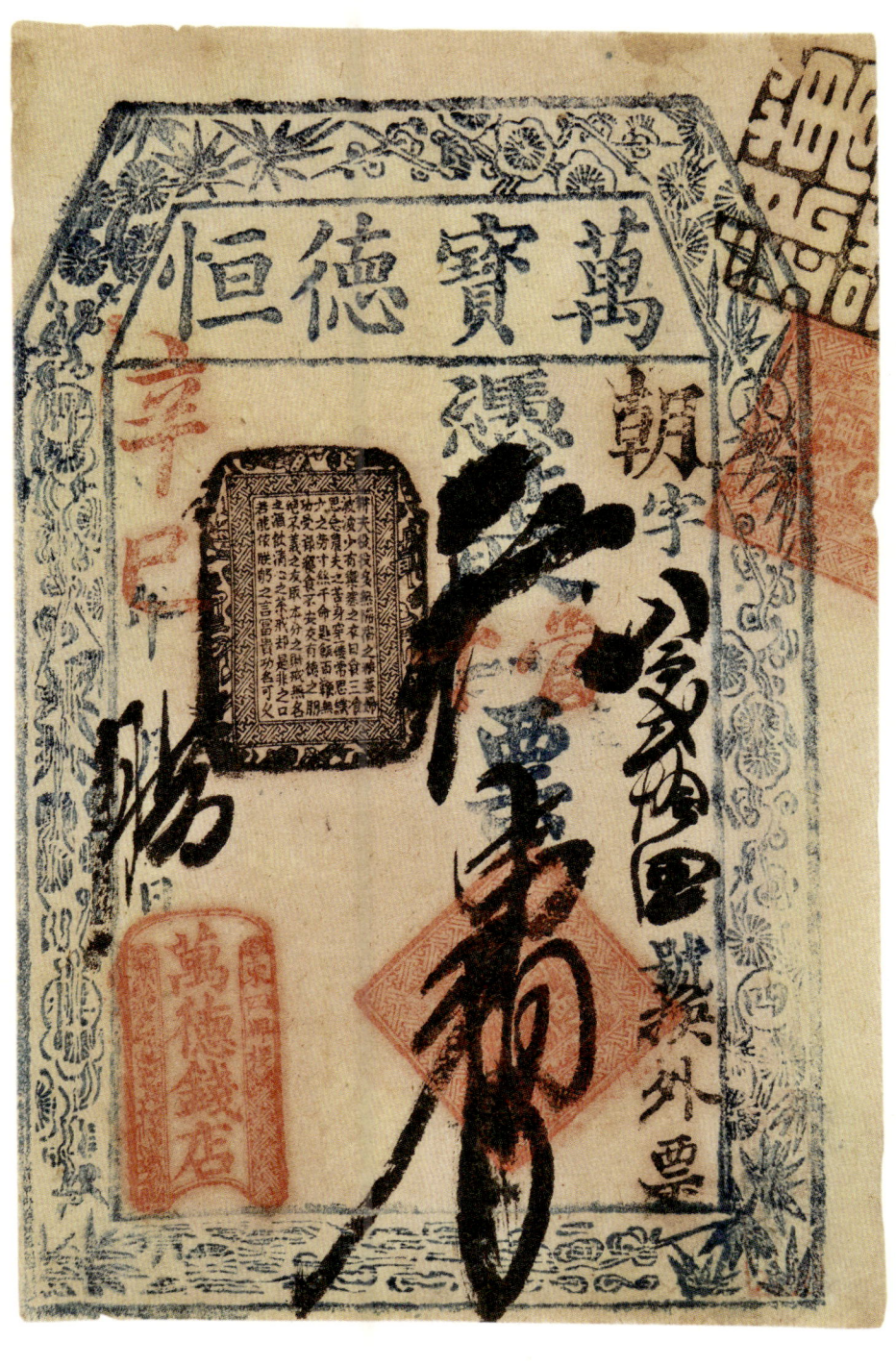

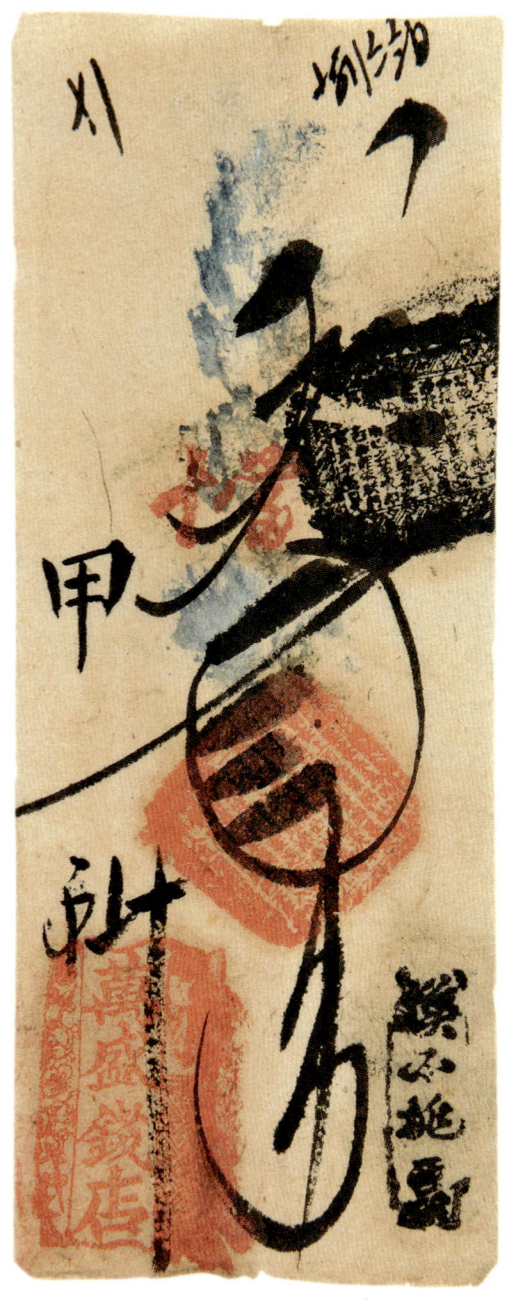

←←152 /
万盛钱店
北京前门外纸巷子
凭帖取当十大钱
叁吊
石长有

←153 /
万盛钱铺
北京廊房二条
凭条取当十大钱
壹吊
石长有

→154 /
天义字号
北京蓝靛厂火器营南门外
寄存当十现钱
四吊
孙彬

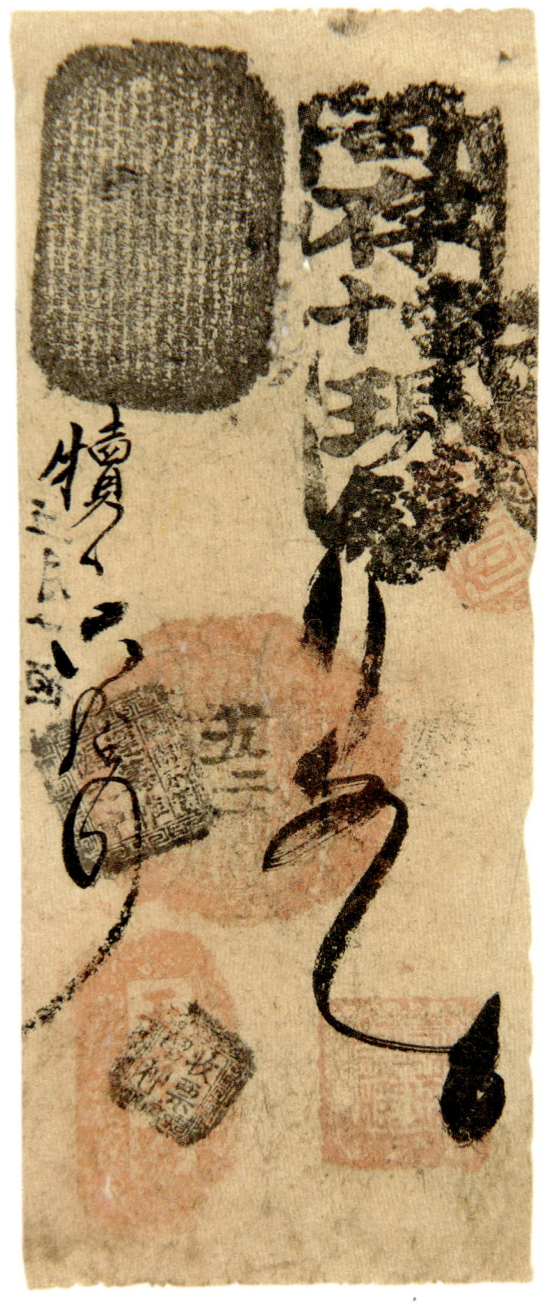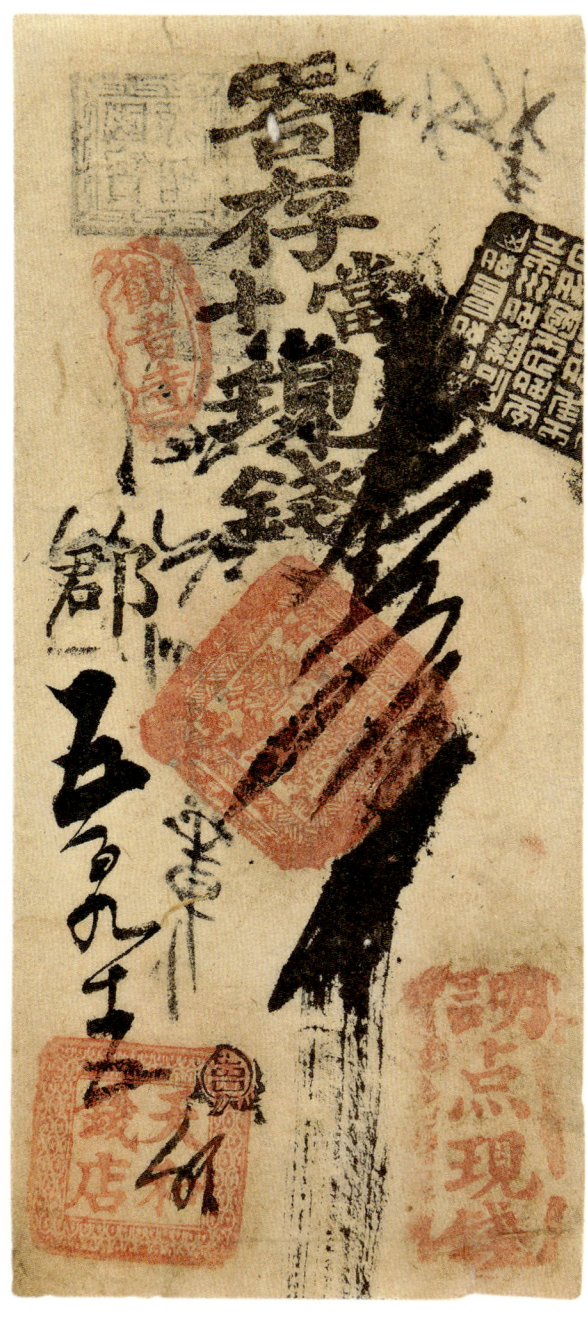

←← 155 /
天字号
北京骡马市
寄存当十现钱
五吊
石长有

←— 156 /
天和钱店
北京观音寺
寄存当十现钱
壹吊
刘文和

→ 157 /
天和号
北京观音寺
寄存当十现钱
拾吊
刘文和

→→ 158 /
天利银号
北京金鱼胡同
凭帖取当十钱
贰吊
刘文和

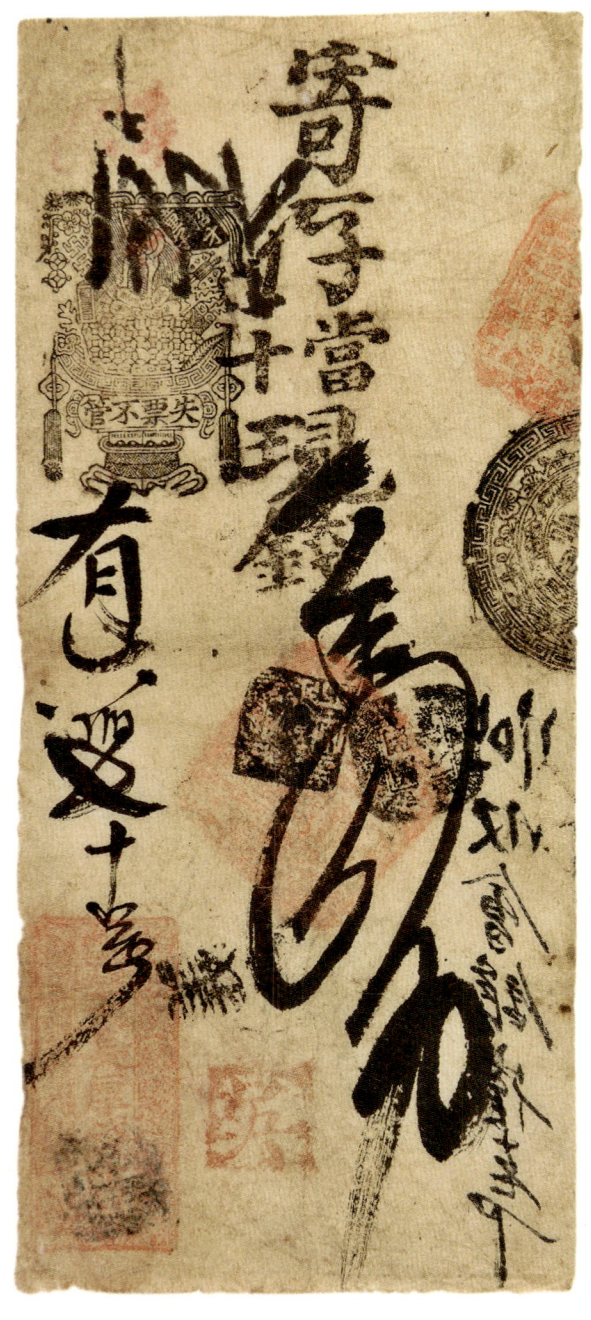

←— 159 /
天长厚钱铺
北京骡马市
寄存当十现钱
四吊
刘文和

←— 160 /
天顺昌
北京地安门外桥南路西
寄存当十现钱
叁吊
刘文和

→ 161 /
天恩钱铺
北京宫门口外路北
凭帖取现钱
贰吊
刘文和

→→ 162 /
天恩钱店
北京西单牌楼
凭帖取当十钱
叁吊
刘文和

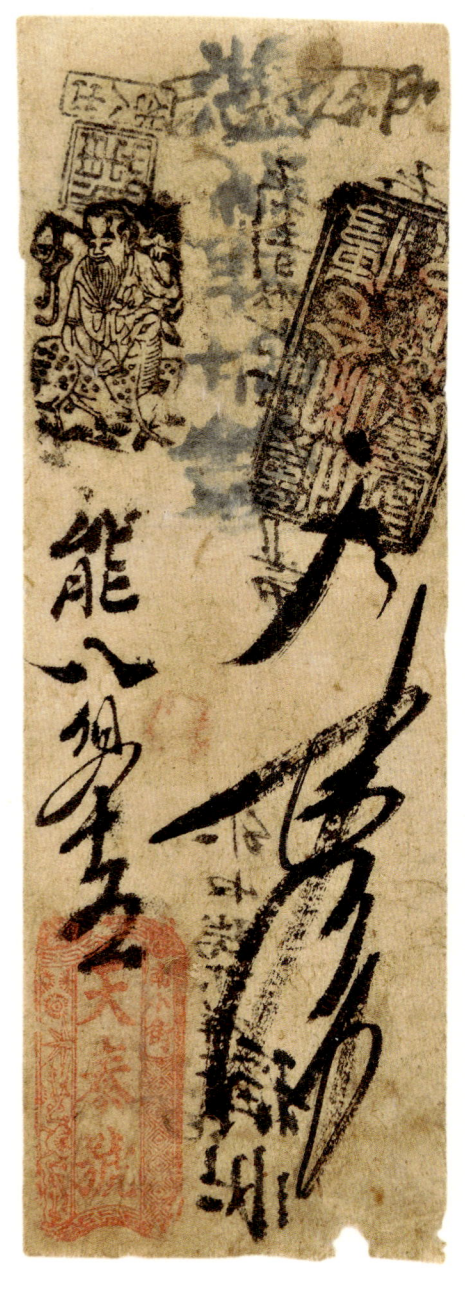

← 163 /
天泰号
北京南小街
凭帖取当十钱
壹吊
刘文和

← 164 /
天泰昌钱店
北京兴隆街十条胡同口
凭帖取九八京足银
壹两
刘文和

→ 165 /
天庆钱铺
北京前门外牛血胡同
凭帖取各省铜元
陆拾枚
刘文和

→→ 166 /
天增钱铺
北京西单牌楼北边路西
寄存各省铜元
贰拾枚
刘文和

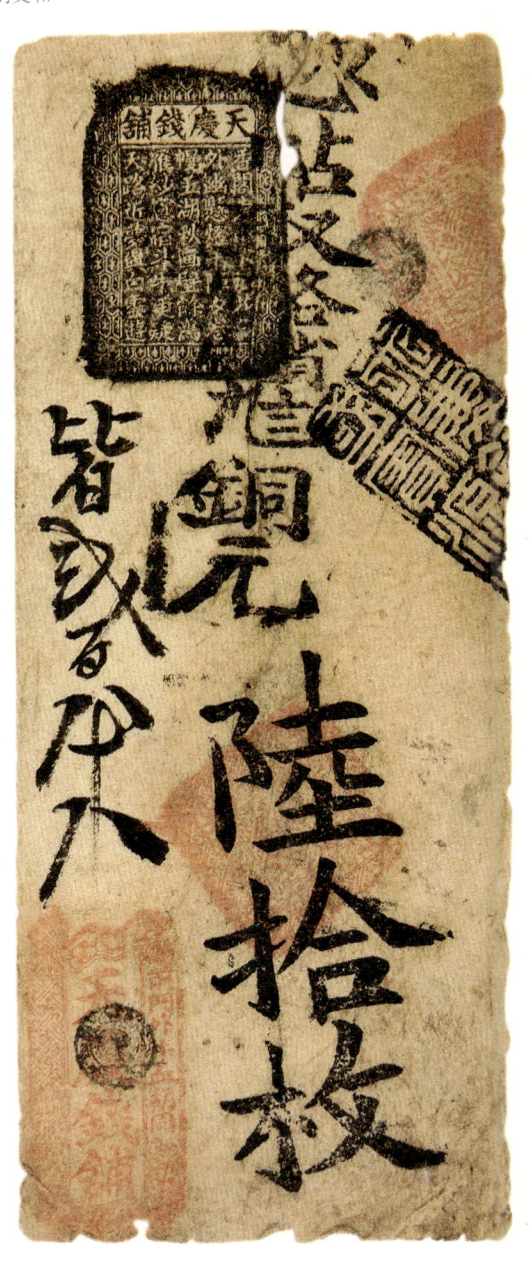
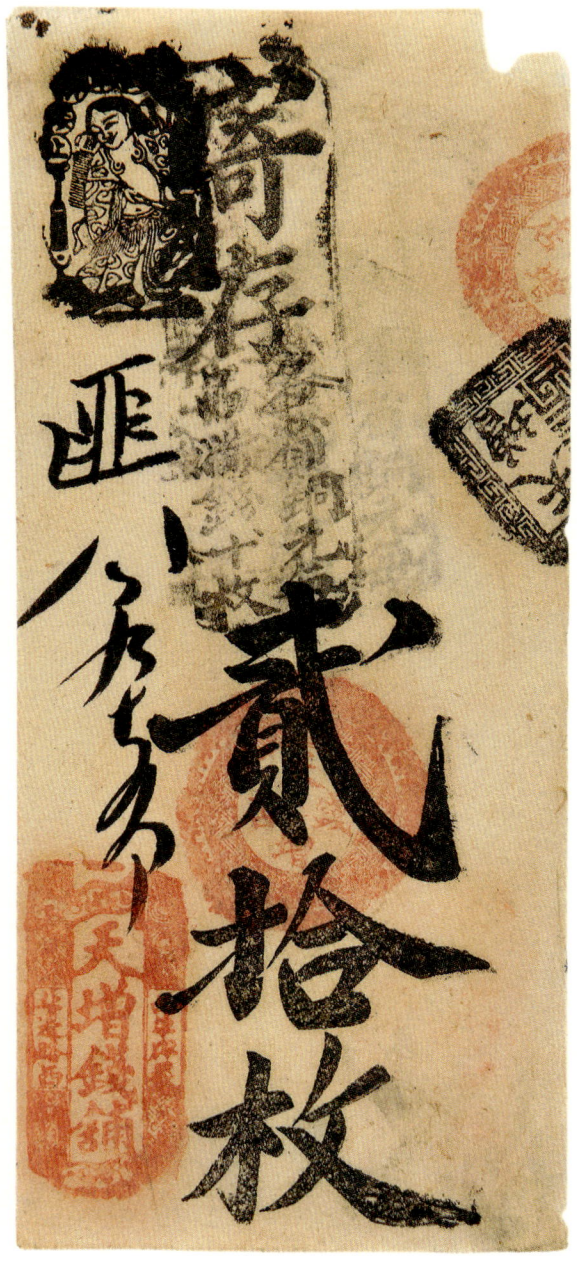

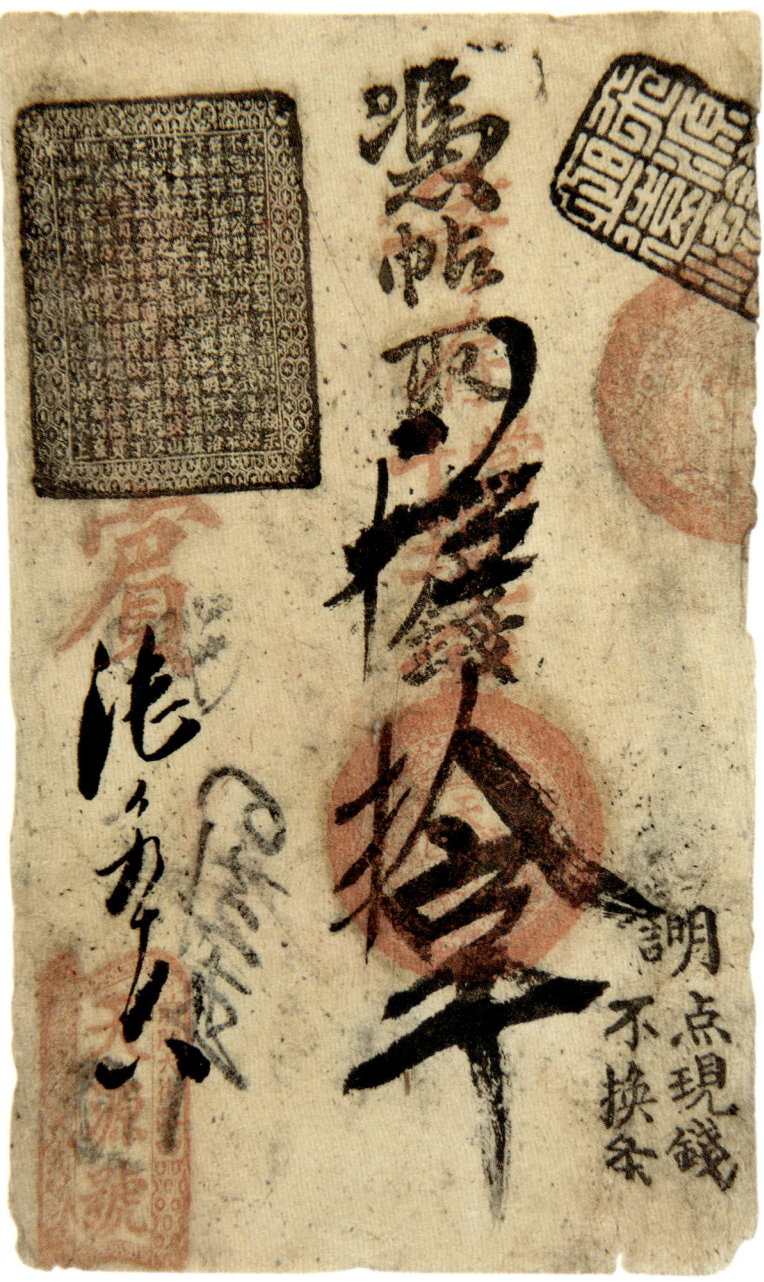

←— 167 /
天锡赵记
北京安定门
凭帖取现钱
五吊
刘文和

←— 168 /
天源号
北京前门大街路西
凭帖取当十现钱
拾吊
石长有

→ 169 /
天德钱店
北京钱粮胡同
凭帖取当十现钱
贰吊
孙彬

→ 170 /
丰泰号
北京前门外王皮胡同
凭帖取现钱
贰吊
石长有

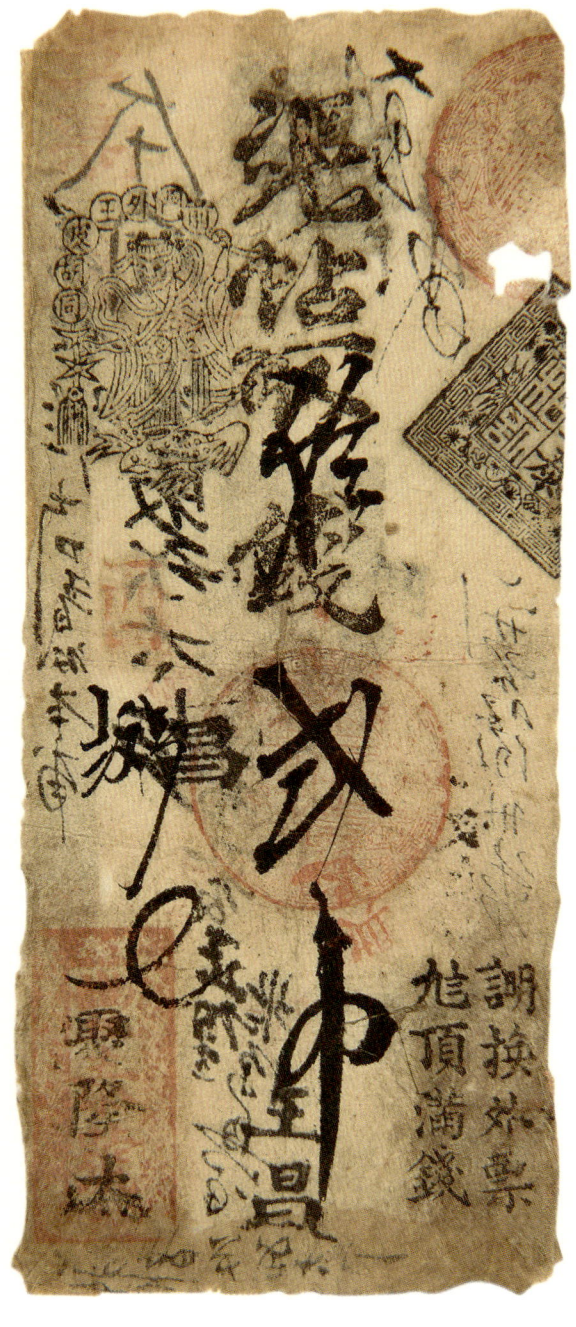

←— 171 /
中元号
北京东四牌楼
寄存当十现钱
贰吊
刘文和

←— 172 /
久成号
北京鼓楼斜街
凭帖取现钱
四吊
刘文和

→ 173 /
久成钱铺
北京烟袋斜街
凭帖存当十九八现钱
叁吊
刘文和

→ 174 /
久恒钱店
北京正阳门外大街路西
凭帖取官版铜元
贰吊
刘文和

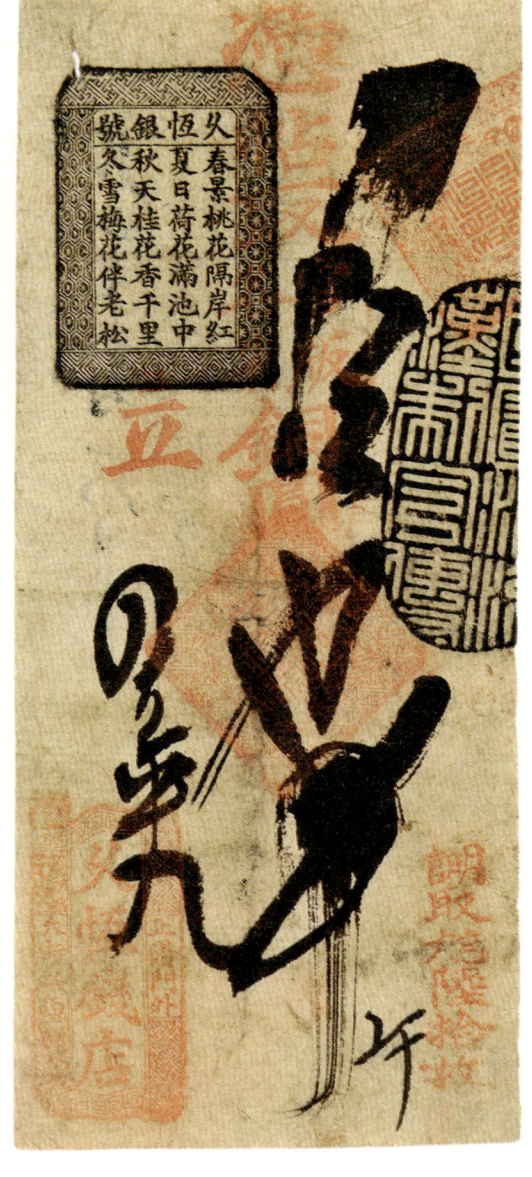

← 175 /
仁义和记
北京灯市口
寄存当十现钱
贰拾吊
刘文和

→ 176 /
文长和银号
辛卯（1891年）
北京东单牌楼北
凭帖取平松江银
拾两
刘文和

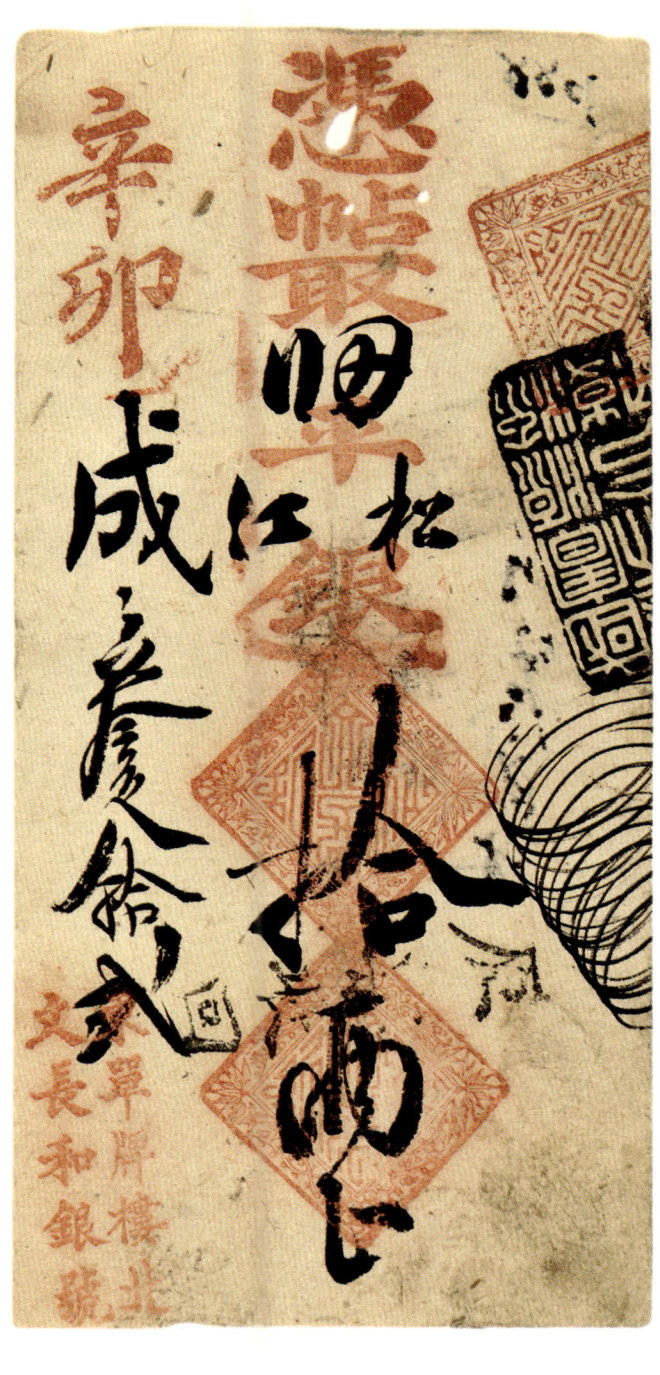

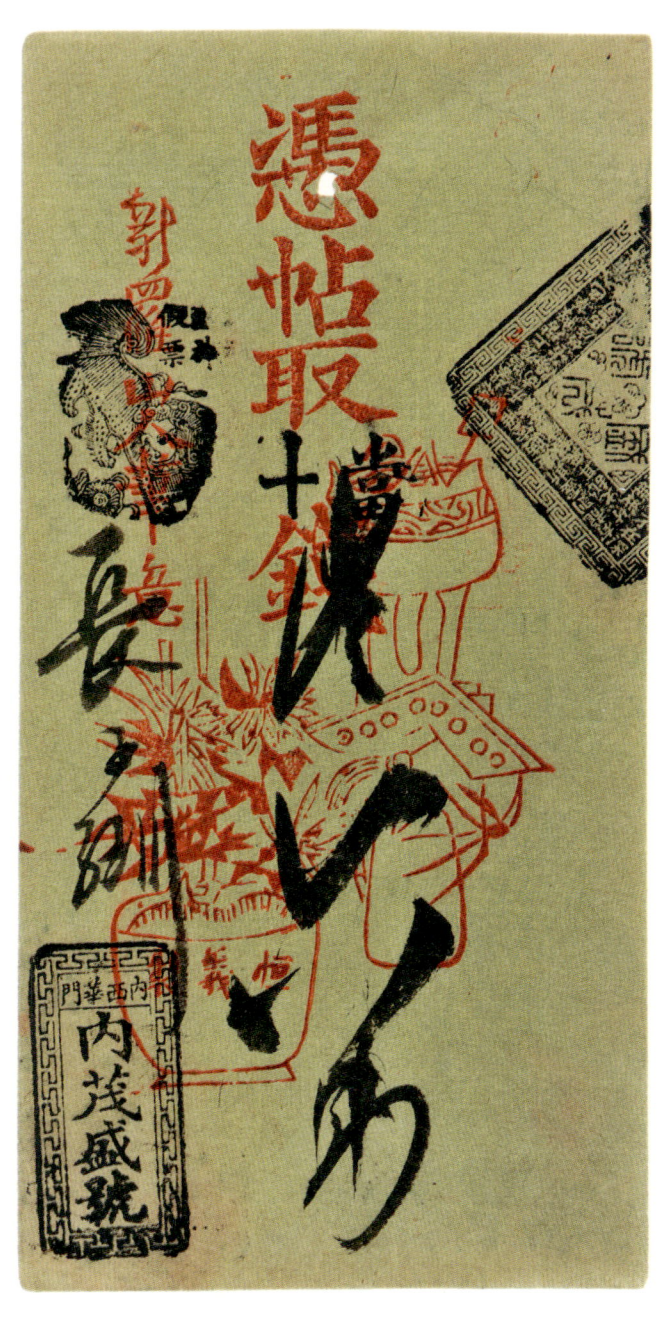

← 177 /
内茂盛号
北京内西华门
凭帖取当十钱
六吊（绿帖）
刘文和

→ 178 /
内茂盛号
（光绪）
北京内西华门
凭帖取松江银
壹两
刘文和

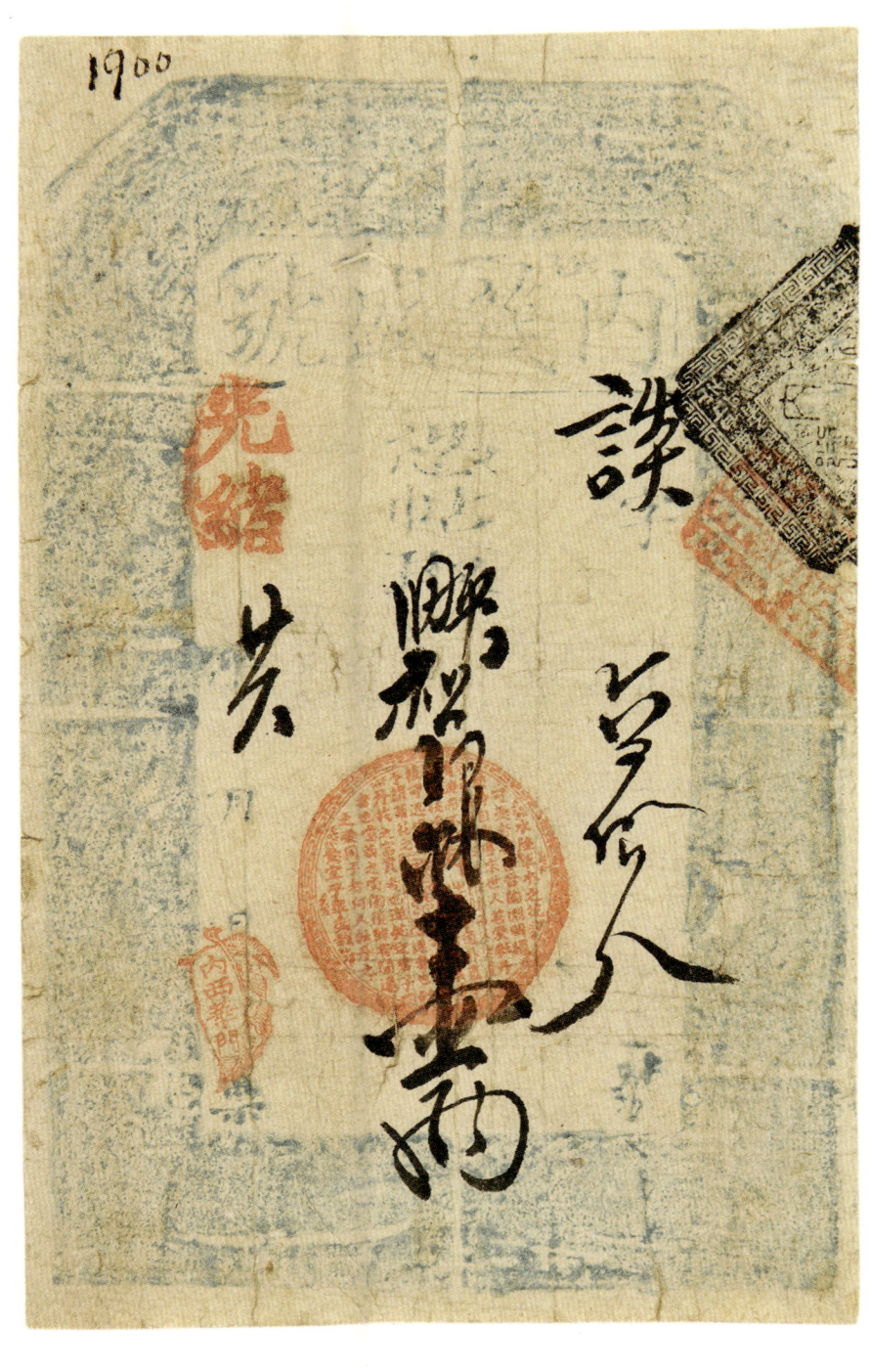

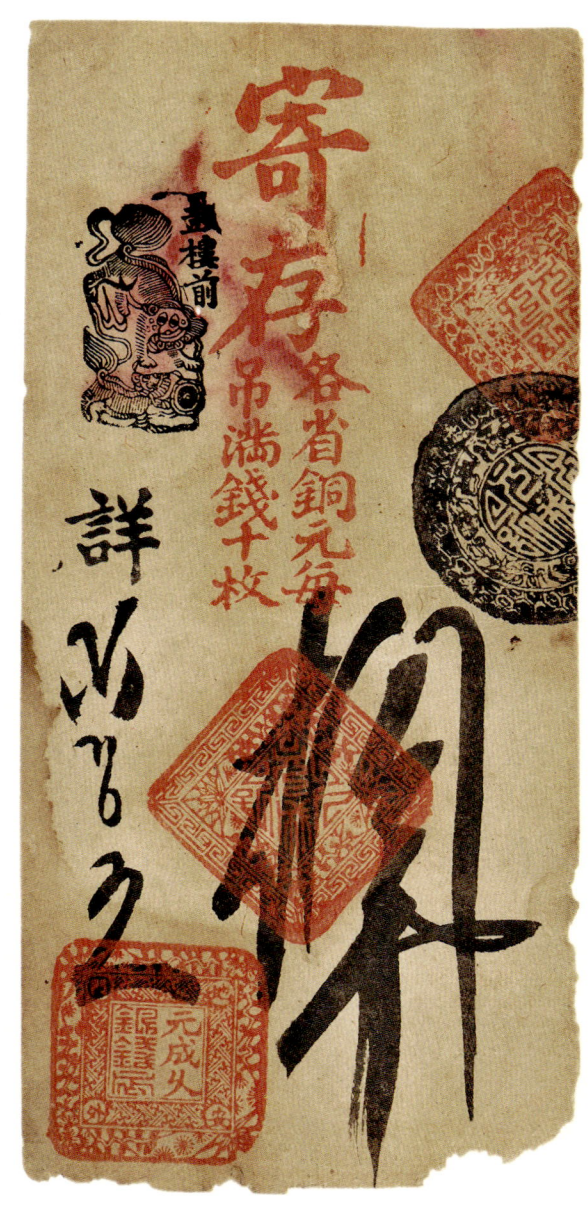

← 179 /
元成久银钱店
北京鼓楼前地安门外
寄存各省铜元满钱
拾吊
刘文和

→ 180 /
玉兴钱店
北京阜成门大街路北
寄存当十九八现钱
叁吊
刘文和

→→ 181 /
玉兴钱铺
北京平则门内
凭帖取钱
贰吊
孙彬

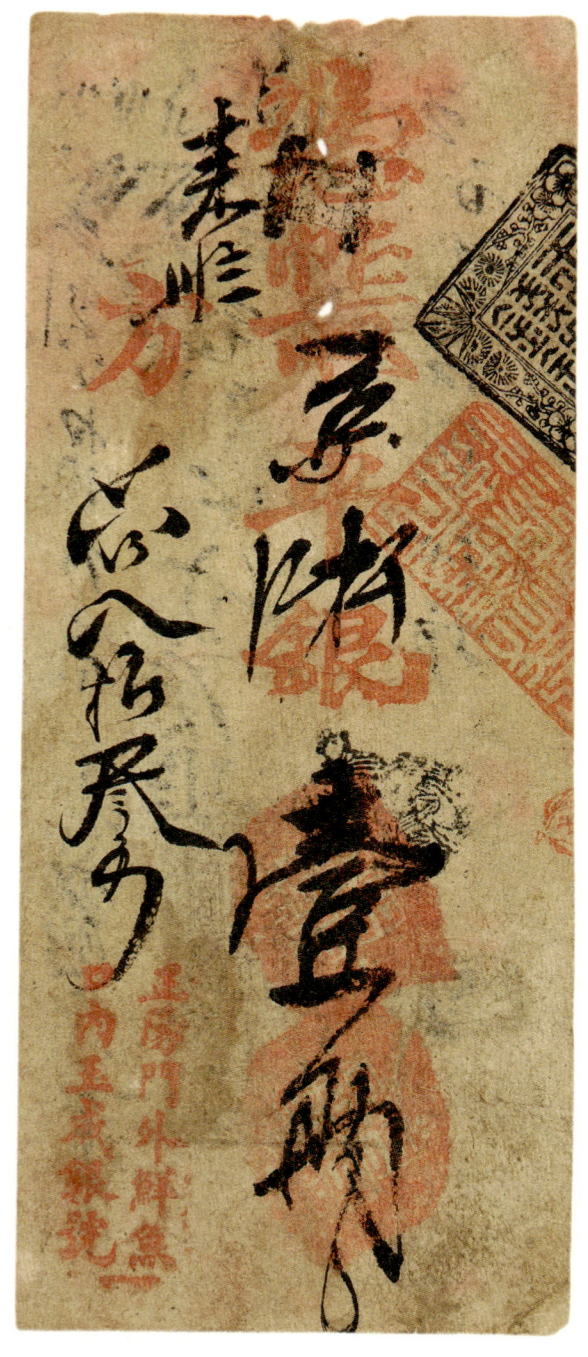

←— 182 /
玉成银号
北京正阳门外鲜鱼口内
凭帖取京平松江银
壹两
刘文和

←— 183 /
玉盛号
北京鲜鱼口内
寄存当十九八现钱
叁吊
孙彬

→ 184 /
北新和钱店
北京北新桥
凭帖取官版当十大
钱
拾吊
孙彬

→→ 185 /
合兴钱铺
北京马市桥
凭帖取当十现钱
五吊
刘文和

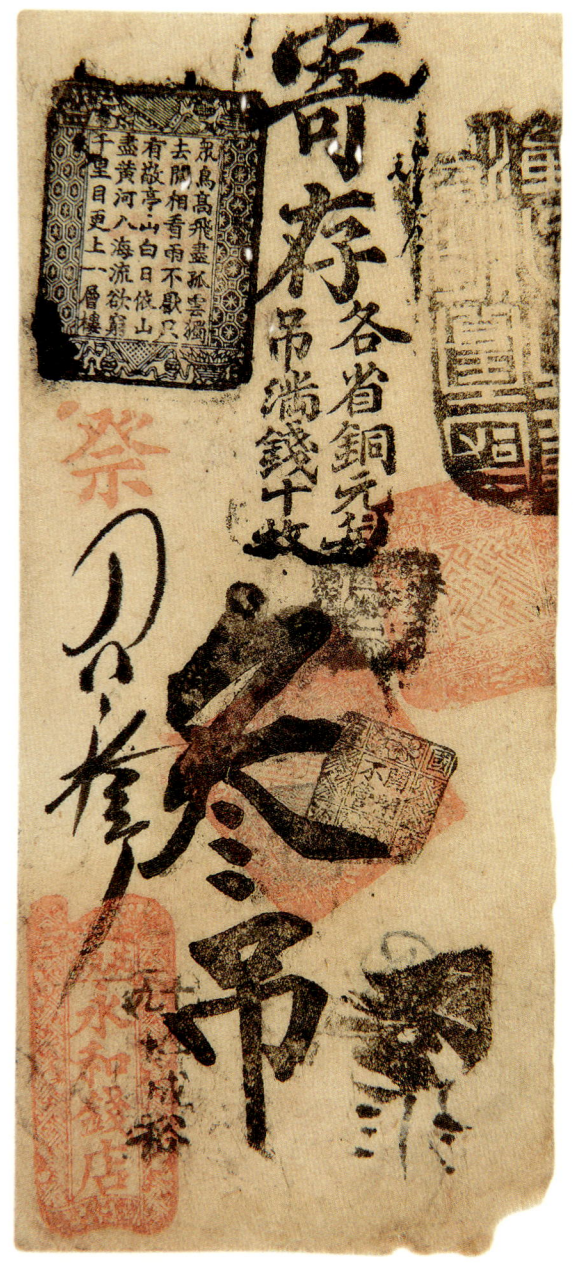
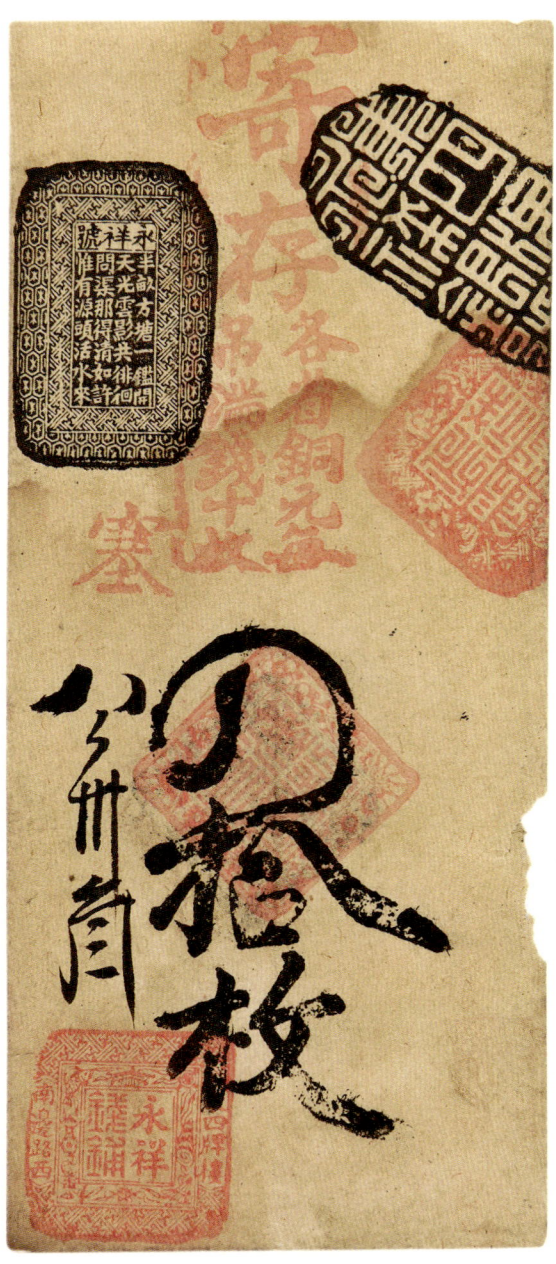

←186／
永和钱店
北京崇外花儿市
寄存各省铜元合满钱
叁吊
石长有

←187／
永祥钱铺
北京东四牌楼
寄存各省铜元
四拾枚
孙彬

→188／
永顺号
北京前门外三里河
凭条取当十现钱
贰吊
刘文和

→189／
永泰钱铺
北京宫门口
寄存现钱
拾吊
刘文和

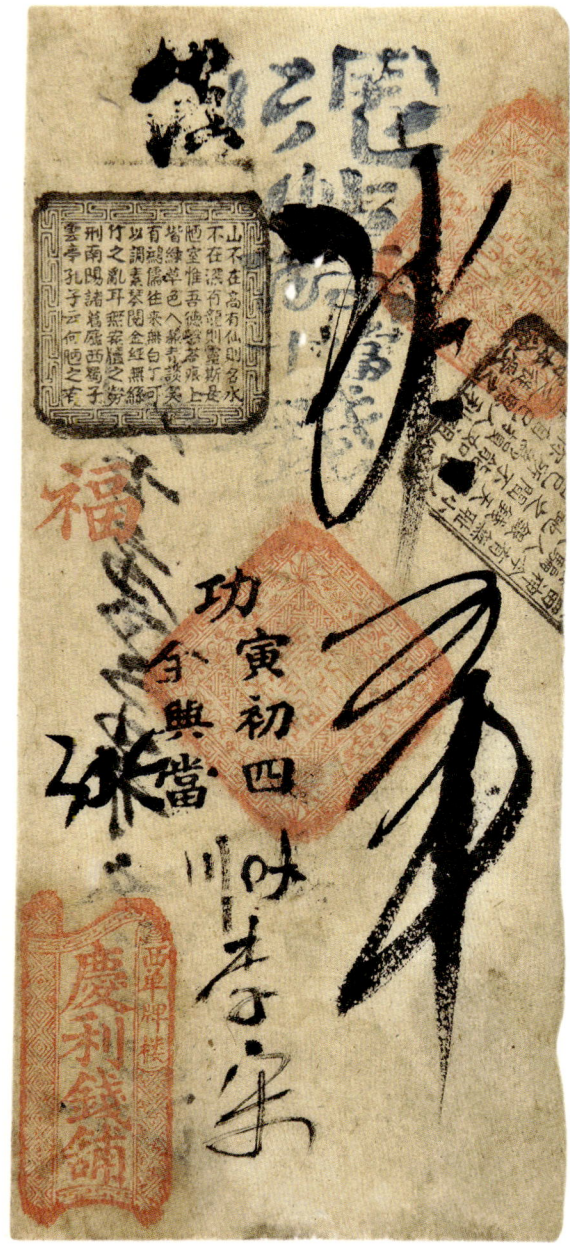

←— 190 /
兴泰号
北京花儿市南口
寄存当十现钱
贰吊
刘文和

←— 191 /
庆利钱铺
北京西单牌楼
凭帖取当十钱
五吊
刘文和

→ 192 /
居易钱铺
北京平则门内
凭帖取钱
壹吊
石长有

→ 193 /
阜源肇钱店
北京东安门内大街路北
寄存各省铜元合满钱
四吊
刘文和

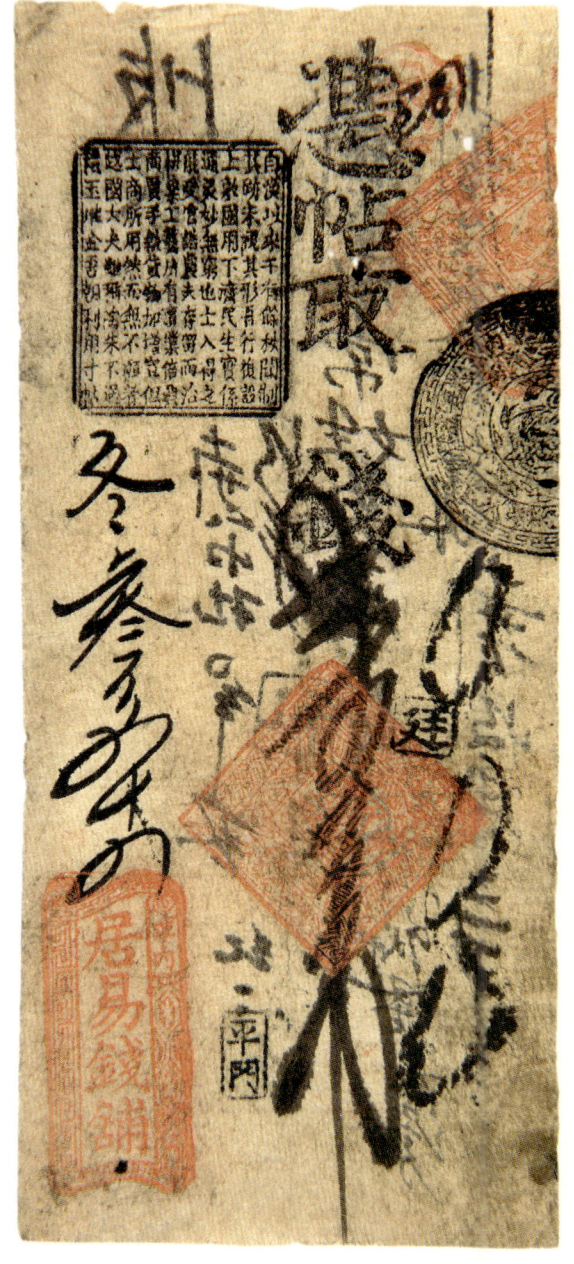

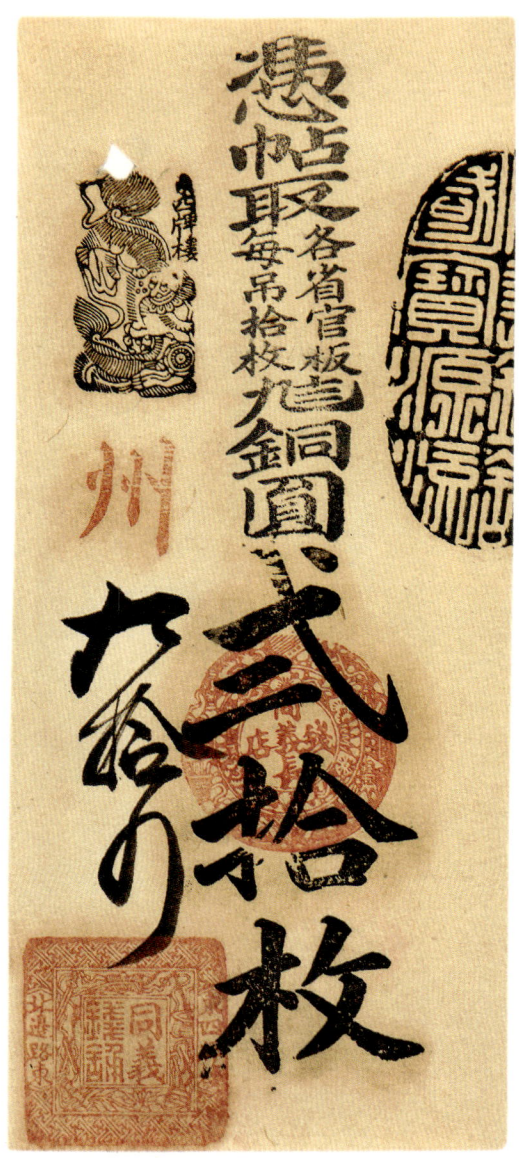

←← 194 /
利和成钱铺
北京前门外煤市街
寄存各省铜元
四十枚
刘文和

← 195 /
同义钱铺
北京东四牌楼北边路东
凭帖取各省板铜元
贰拾枚
刘文和

→ 196 /
同义刘记
北京西直门外
凭帖取九八京制钱
壹吊
孙彬

→ 197 /
同合公钱店
北京骡马市西米市胡同
寄存各省铜元每吊满钱
十枚
孙彬

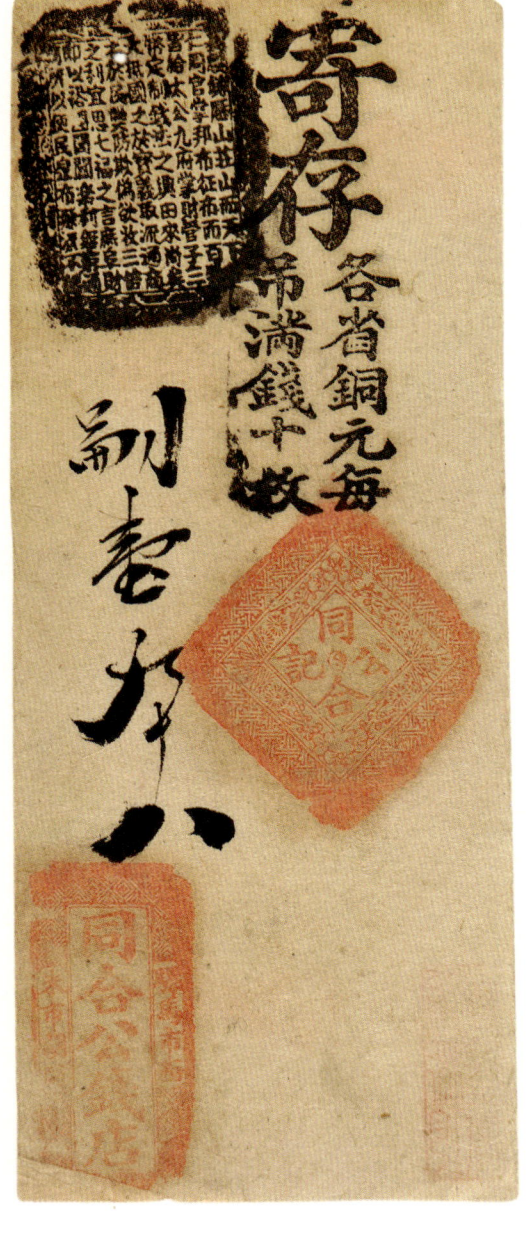

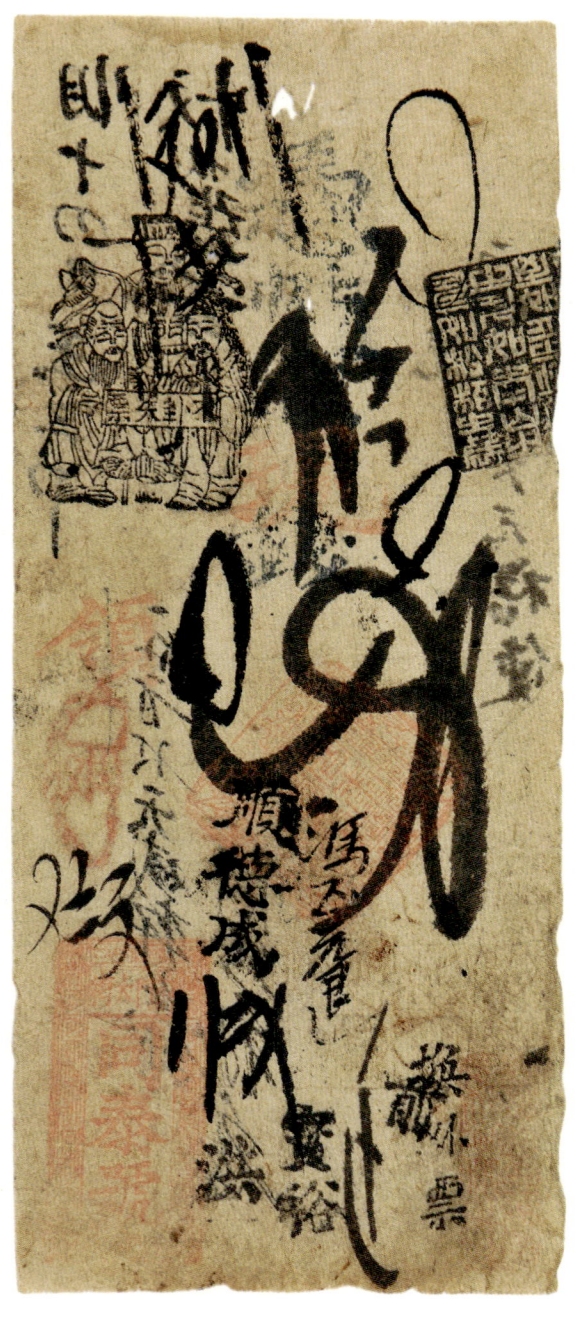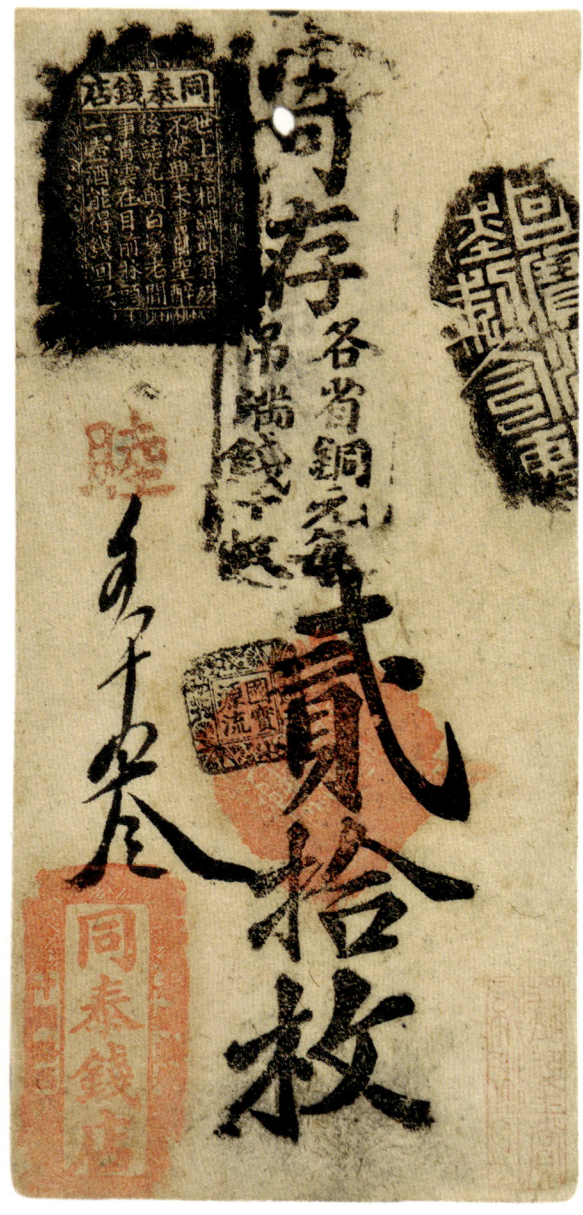

←← 198 /
同泰号
北京前门大街
凭帖取当十大钱
贰吊
孙彬

← 199 /
同泰钱店
北京南锣鼓巷中间路西
寄存各省铜元
贰拾枚
孙彬

→ 200 /
同泰银号
辛亥（1911年）
北京南锣鼓巷路西
凭帖取松江银
叁两
刘文和

→→ 201 /
同蔚钱铺
北京东单牌楼南
寄存当十现钱
贰吊
刘文和

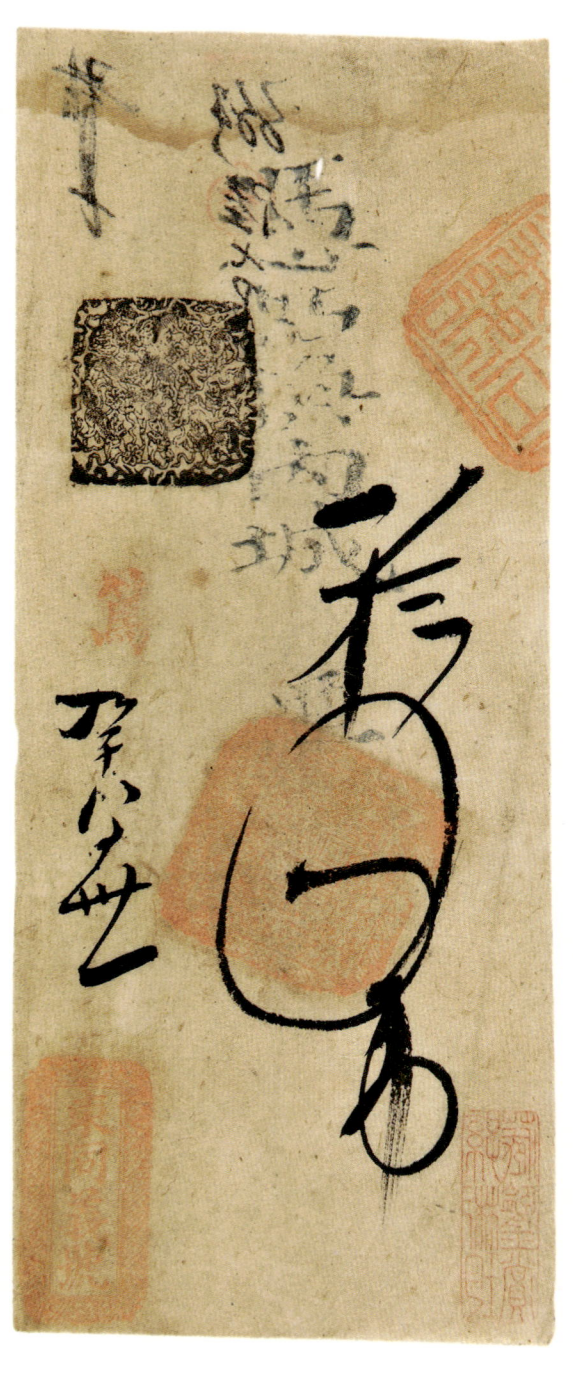

←— 202 /
东同义号
北京外城
凭帖换内城票
四吊
孙彬

←— 203 /
东大兴魁
丙午（1906）
北京东四牌楼南路西
寄存当十现钱
贰拾吊
孙彬

→ 204 /
东永兴银号
丙午（1906 年）
北京东四牌楼南路西
凭票取松江银
伍两
孙彬

→ 205 /
东永兴银号
北京东四灯市口路西
凭票取京足银
伍两
孙彬

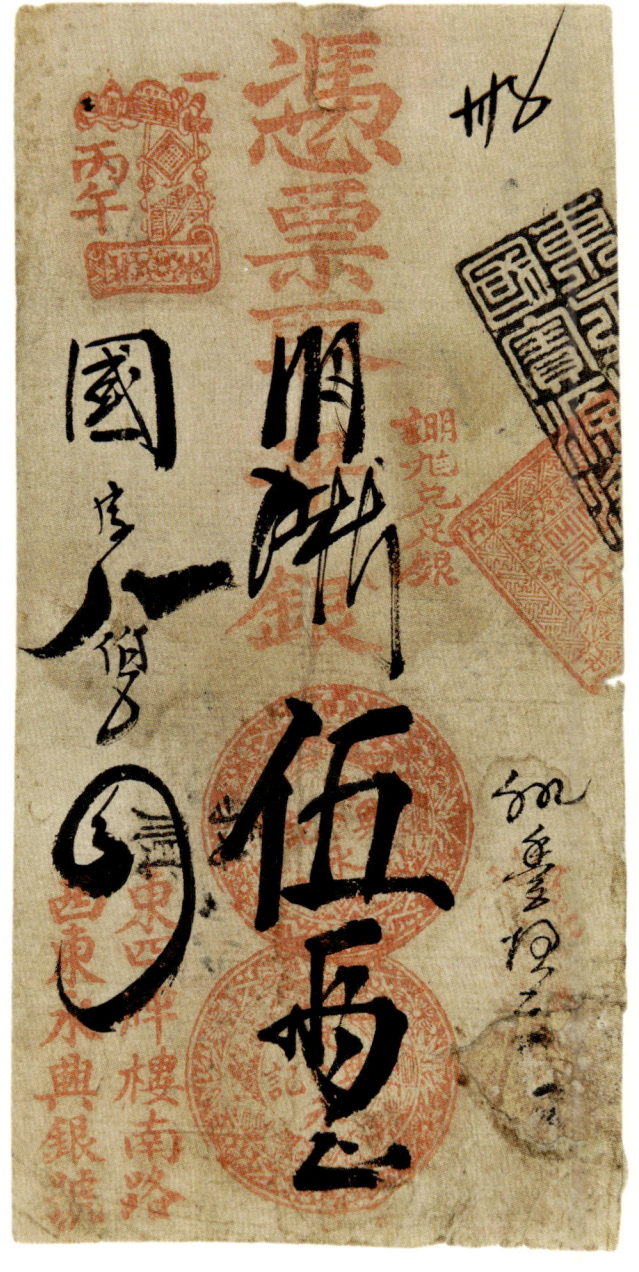
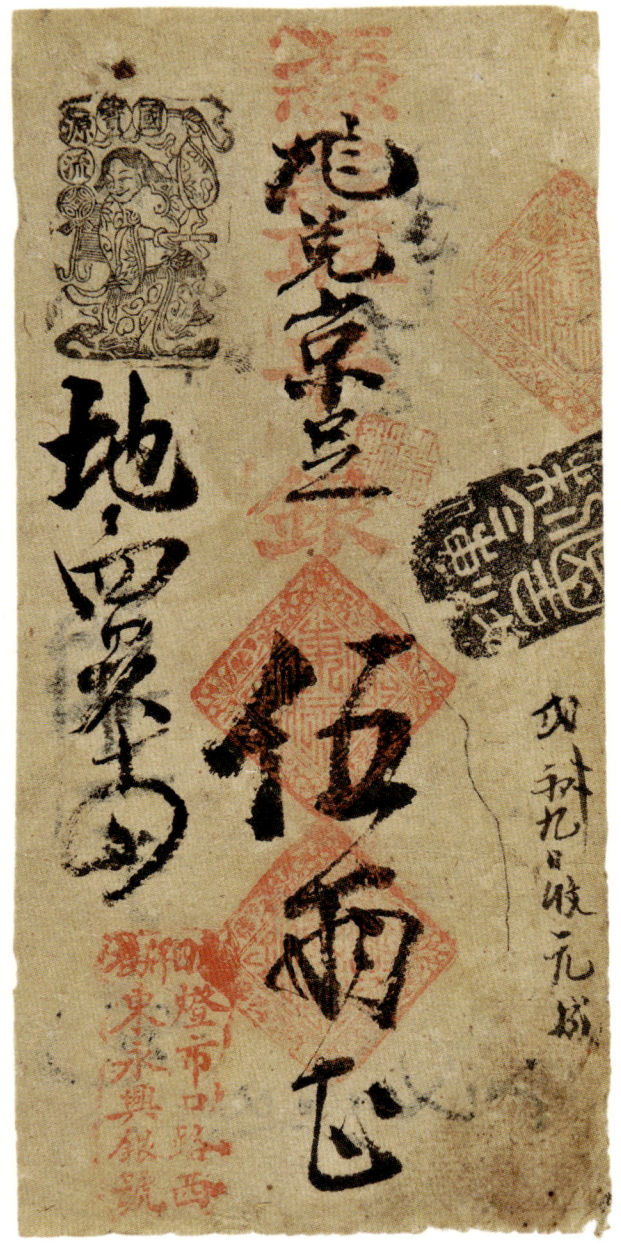

北京纸币八百年

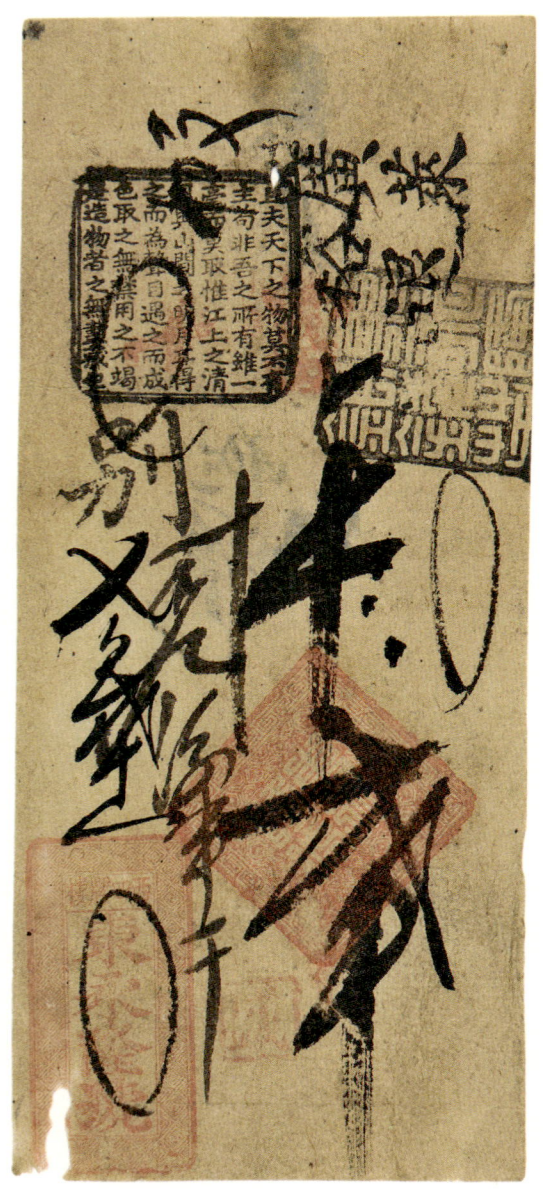
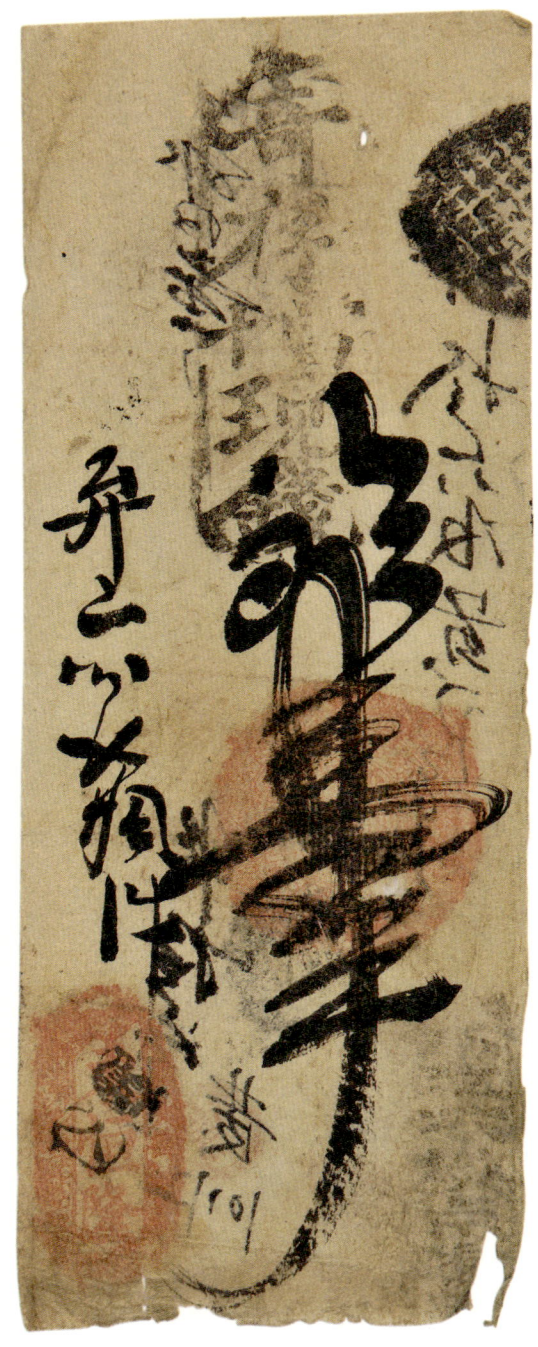

←— 206 /
东永隆号
北京西四牌楼
凭帖取当十大钱
贰吊
刘文和

←— 207 /
东恒隆
北京前门大街
寄存当十现钱
壹吊
孙彬

→ 208 /
东恒昌号
北京琉璃厂
凭帖取东钱
壹吊（棕黄）
刘文和

—→ 209 /
罗兴昌钱店
北京前门草市内
凭帖取各省铜元
壹拾吊
石长有

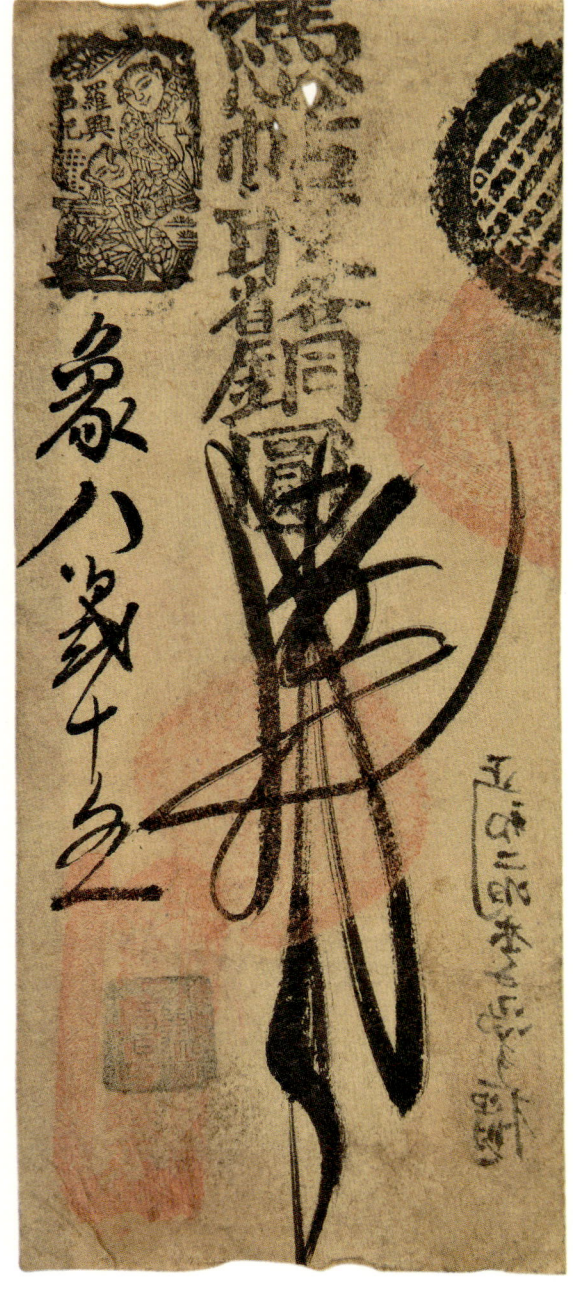

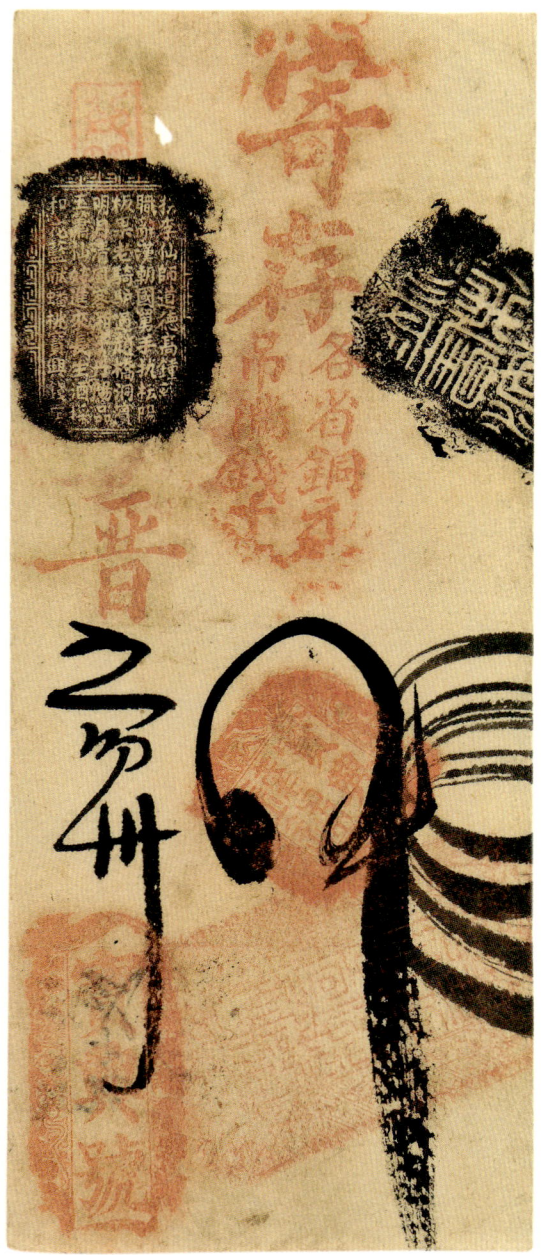

←— 210 /
宝恒兴钱店
北京顺治门外草厂胡同
寄存各省铜元合满钱
贰吊
石长有

←— 211 /
宝兴号
北京崇文门外
寄存各省铜元合满钱
四吊
刘文和

→ 212 /
宝兴银号
辛亥（1911年）
北京东四牌楼南边
寄存平足银
伍两
孙彬

→ 213 /
汇源钱店
北京骡马市大街
凭帖取官版当十大钱
五吊
孙彬

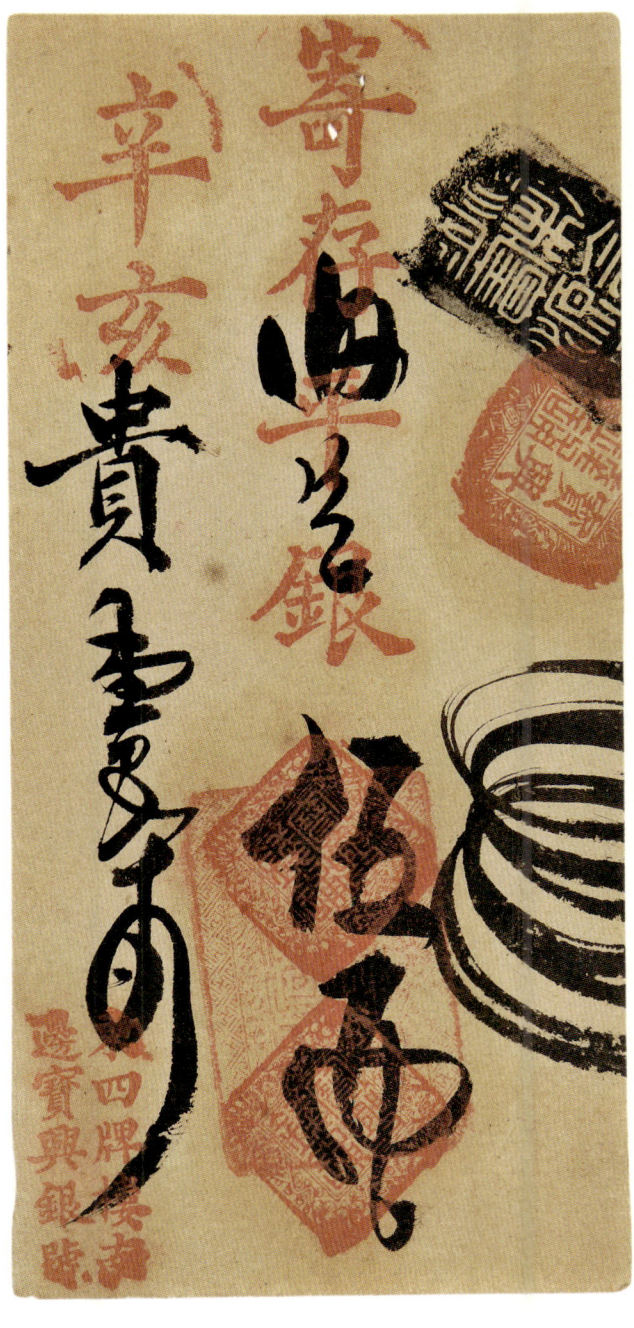

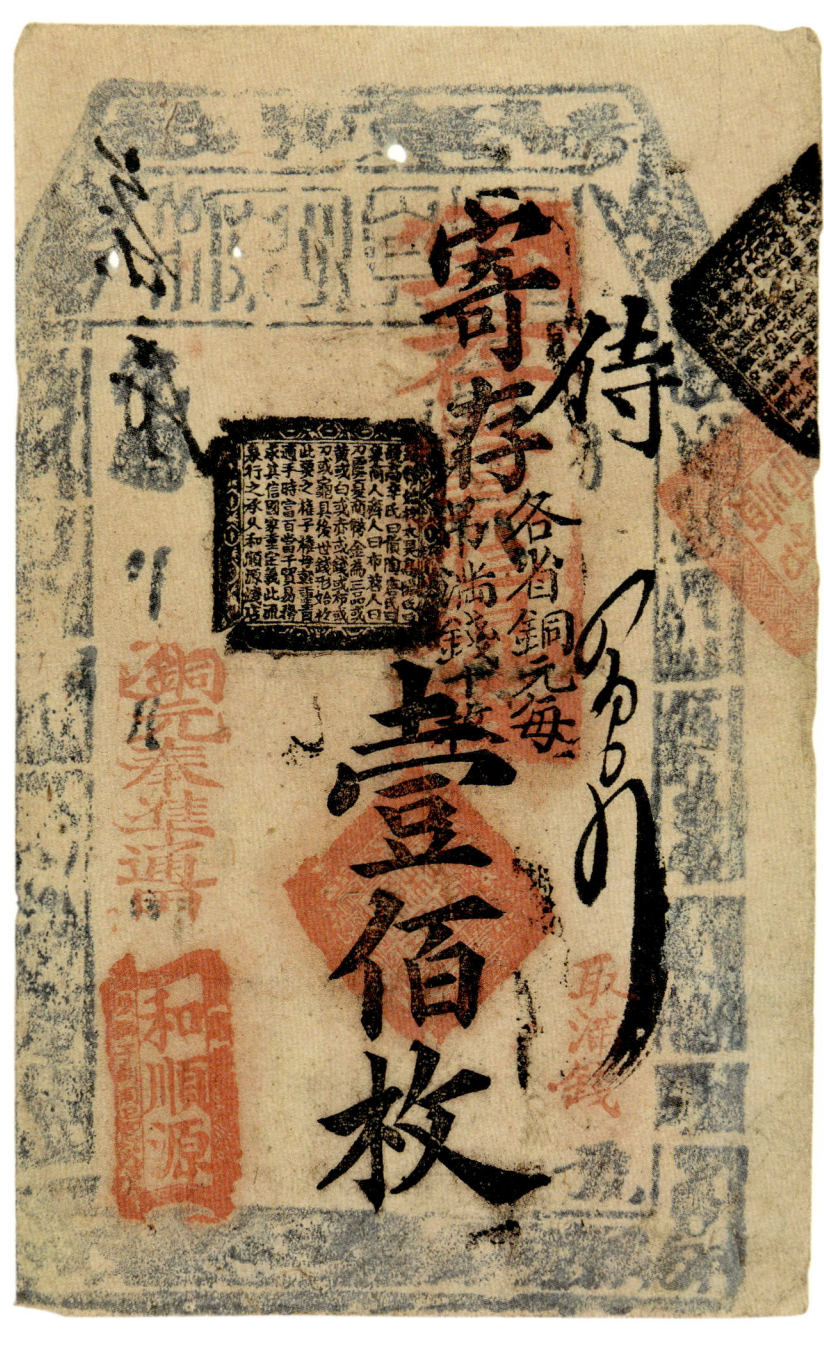

← 214 /
和顺源
（光绪）
北京铁狮子胡同
寄存各省铜元
壹佰枚
刘文和

→ 215 /
景家钱铺
北京东华门
凭帖取当十大钱
六吊
石长有

← 216 /
恒利钱铺
（咸丰年）
北京内东华门
凭帖取当十现钱
伍拾吊
孙彬

→ 217 /
恒利钱铺
北京东华门
凭帖取大钱
五吊
刘文和

→→ 218 /
恒昌钱铺
北京前门大街北头路东
寄存当十大钱
四吊
孙彬

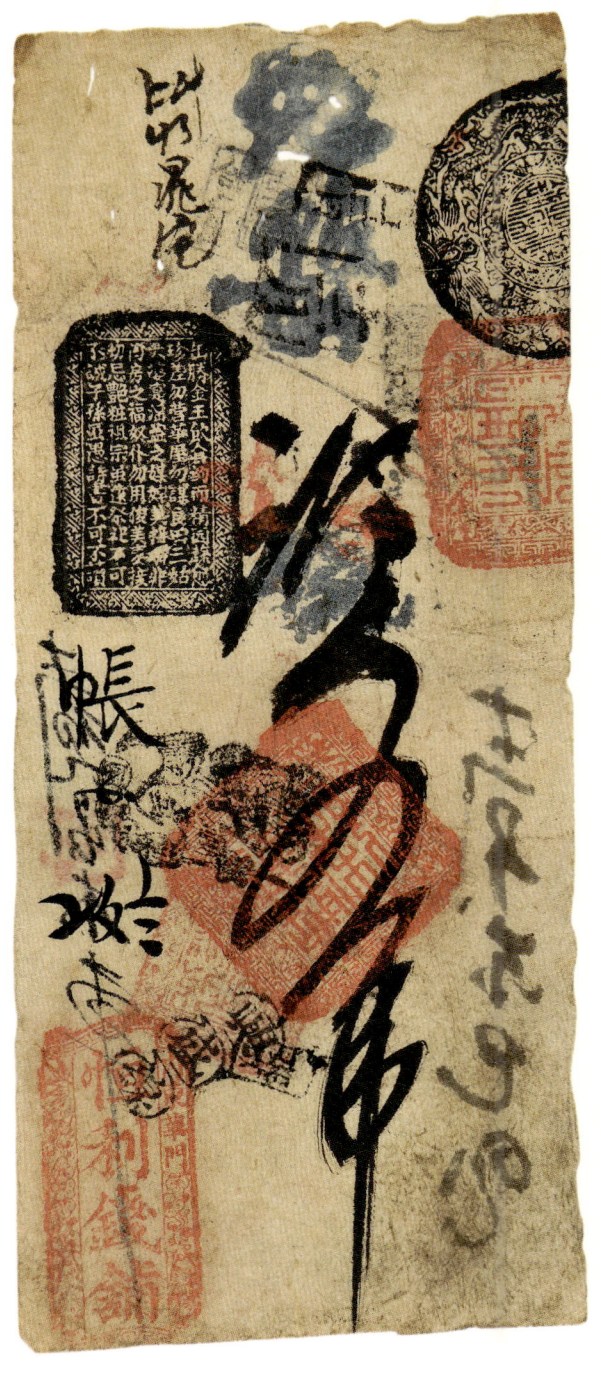

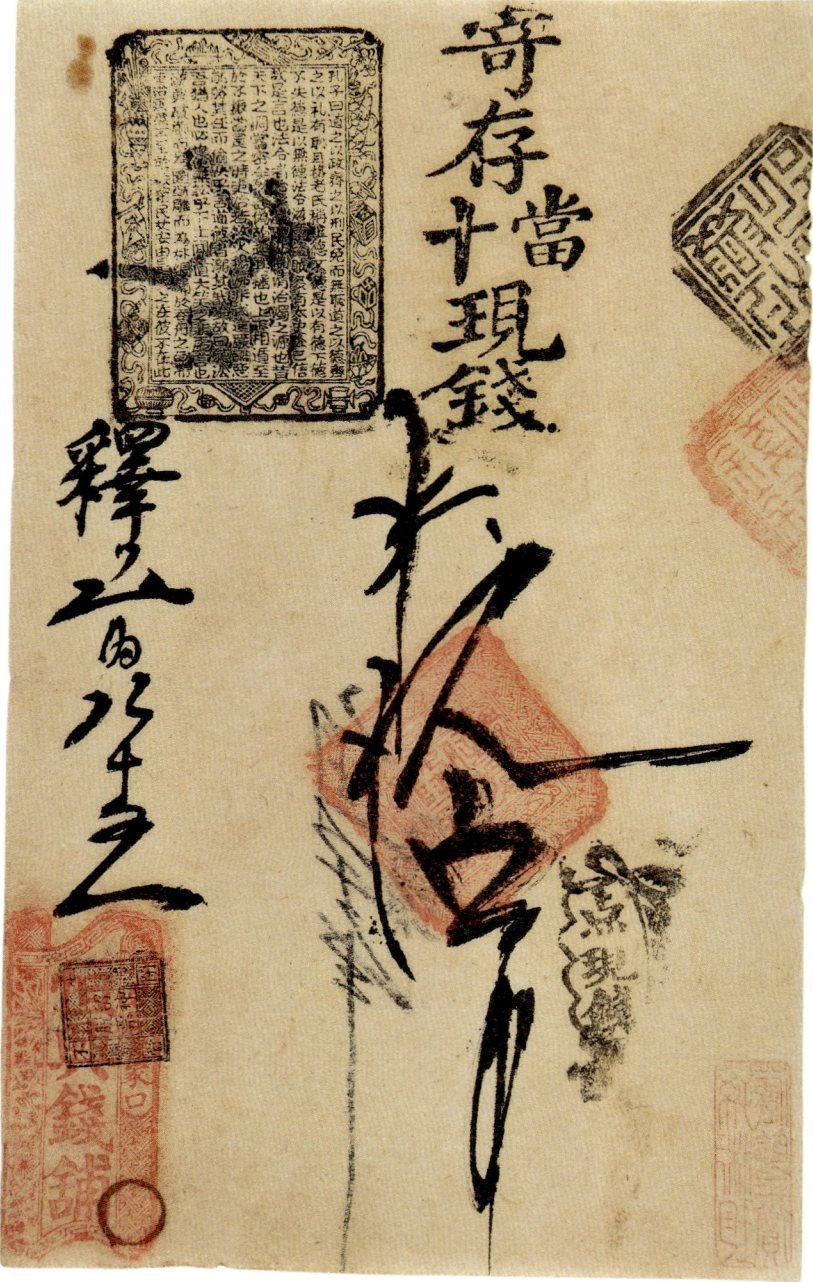

←— 219 /
恒昌号
北京琉璃厂
凭帖取当十钱
叁吊
孙彬

←— 220 /
恒兴钱铺
北京打磨厂翟家口
寄存当十现钱
拾吊
孙彬

—→ 221 /
恒通钱铺
北京后门鼓楼前
寄存当十钱
四吊
刘文和

—→ 222 /
恒兴号
北京打磨厂
寄存当十现钱
五吊
刘文和

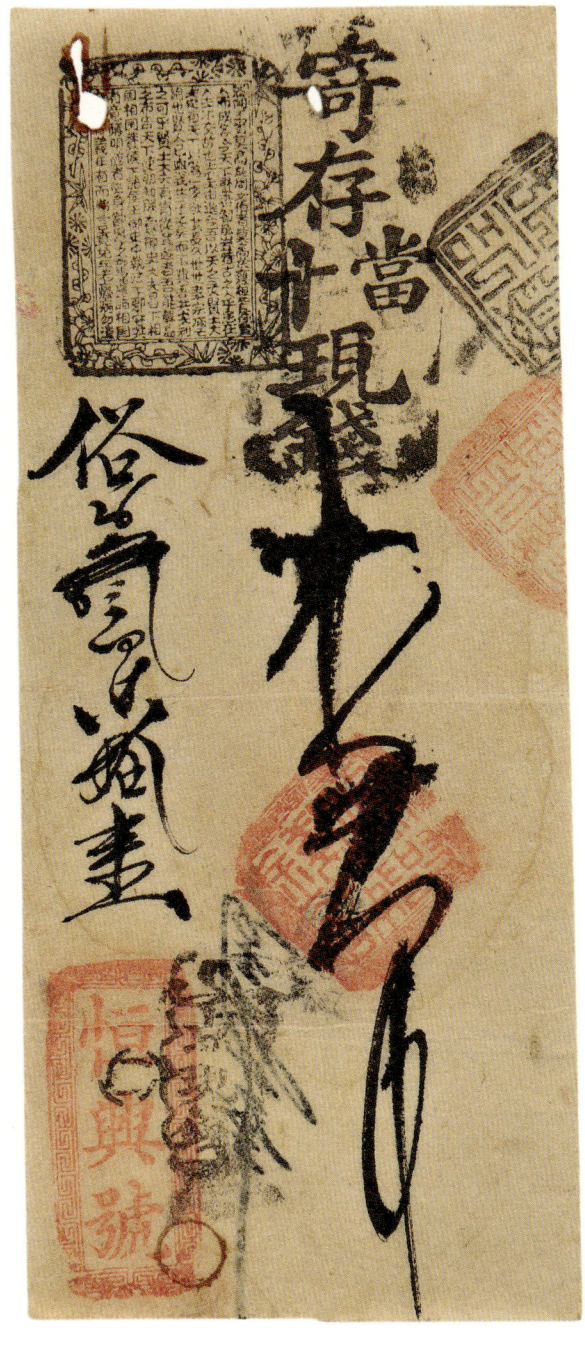

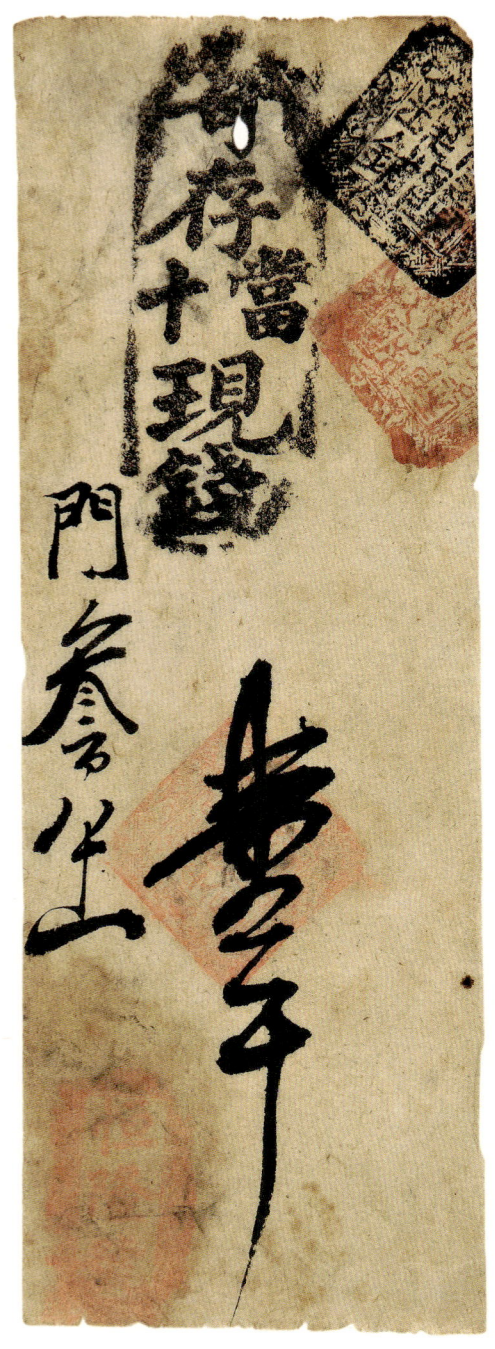

←— 223 /
恒隆号
北京前门北火扇
寄存当十现钱
壹吊
刘文和

←— 224 /
恒源永记
北京前门大街
凭帖取当十大钱
叁吊
刘文和

→ 225 /
悦来钱铺
北京东四牌楼
凭帖取当十钱
叁吊
孙彬

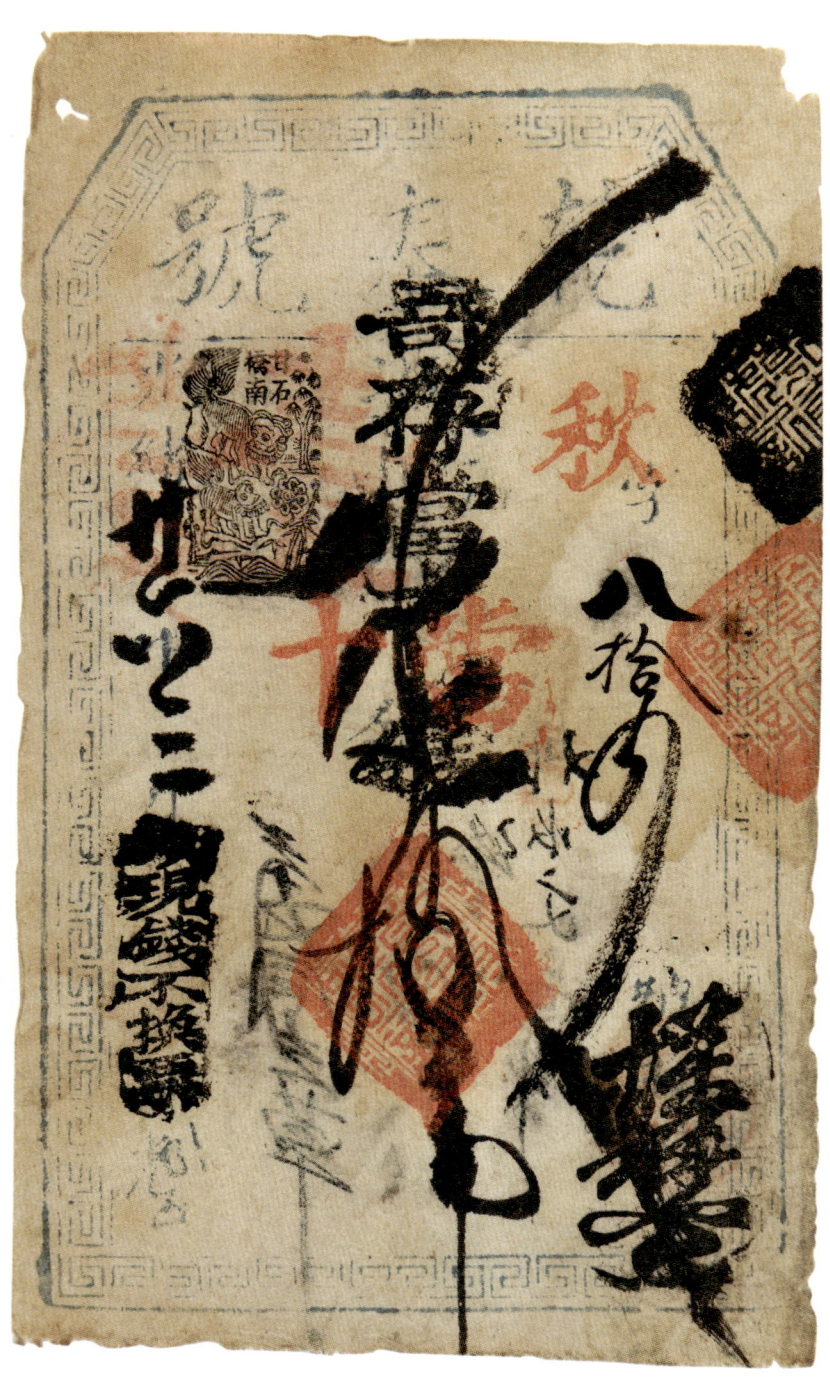

←226 /
乾泰号
（光绪）
北京廿石桥南
寄存当十钱
十吊
刘文和

→227 /
乾泰昌记
北京
凭帖取当十大钱
叁吊
刘文和

→→228 /
通义烟钱店
北京观音寺路北
凭帖取当十现钱
五吊
孙彬

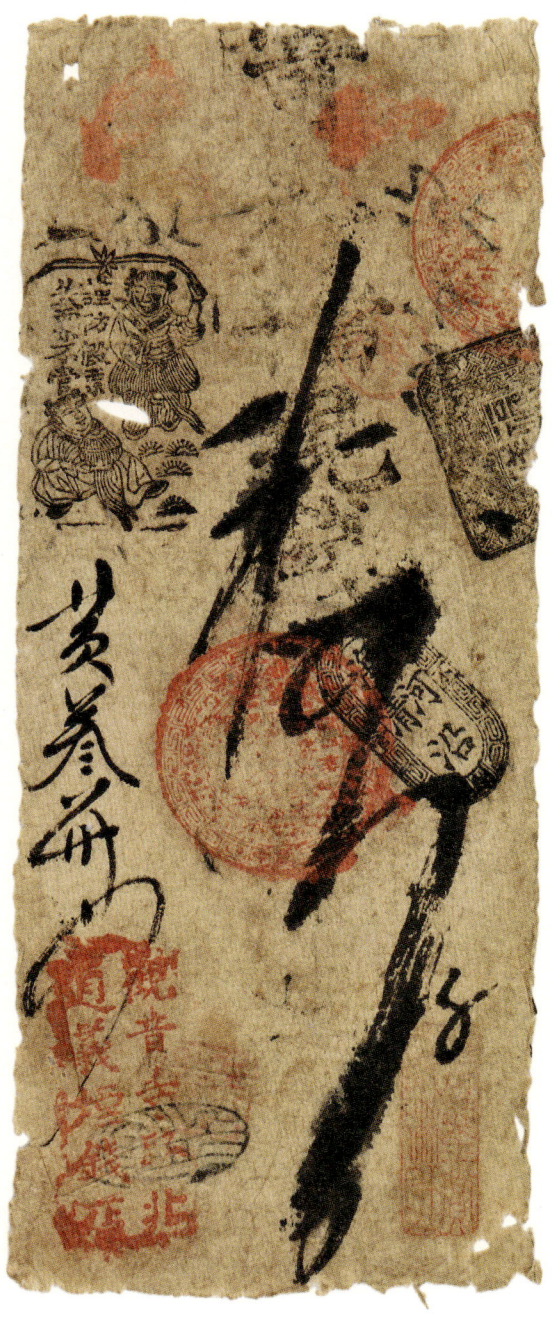

← 229 /
秉彝银号
北京东四牌楼迤东路南
寄存京平足银
壹两
刘文和

← 230 /
集成银号
北京东安门丁字街
寄存各省铜元
贰吊
刘文和

→ 231 /
集春钱铺
北京
寄存当十现钱
四吊
孙彬

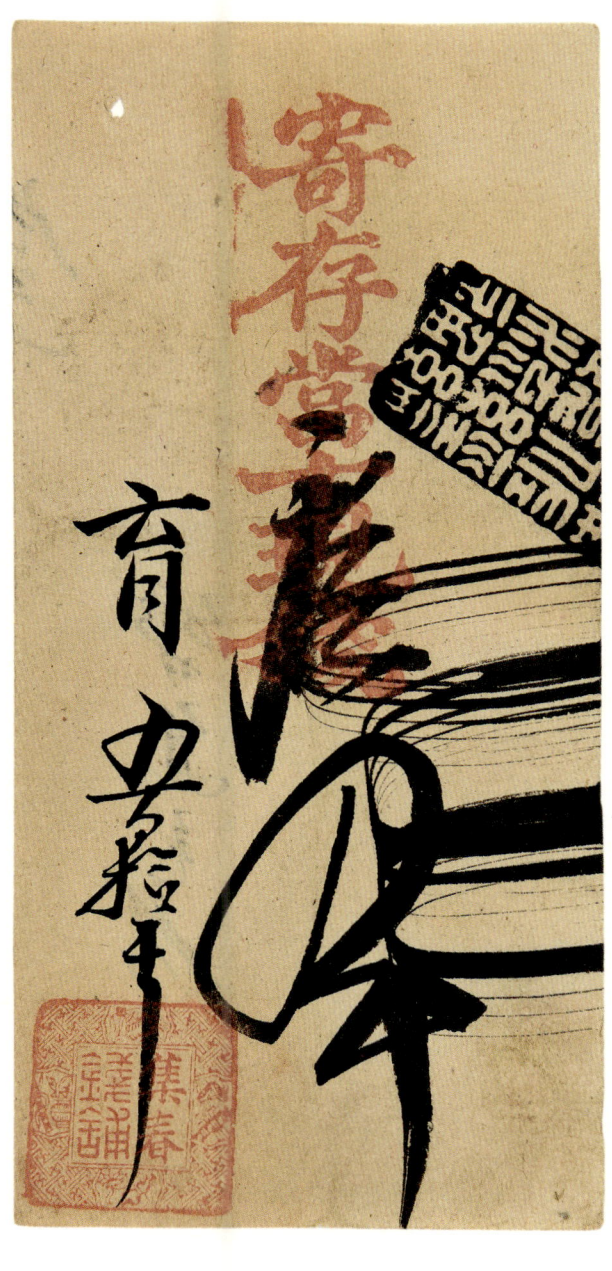

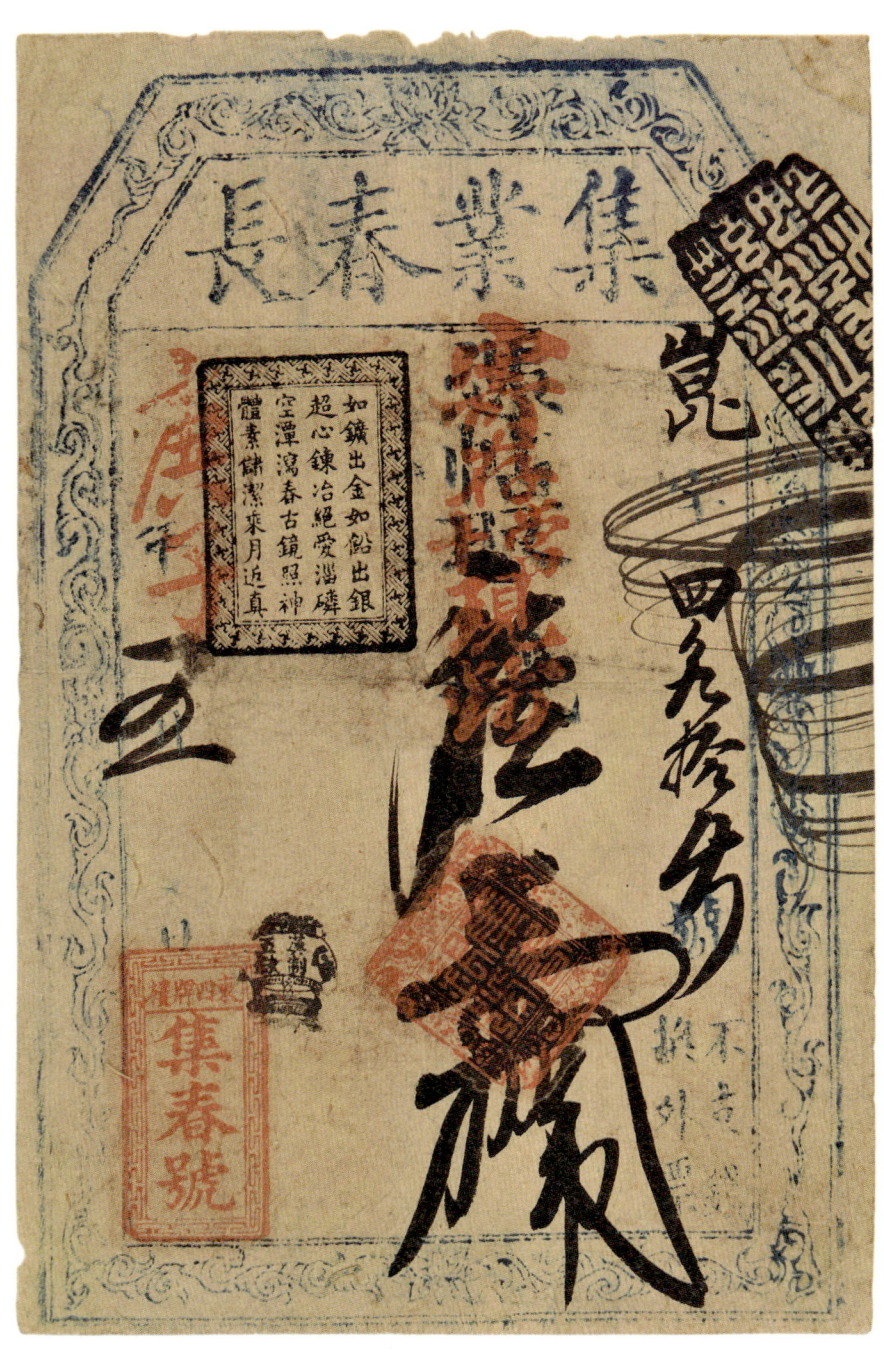

← 232 /
集春号
庚子（1900年）
北京东四牌楼
寄存当十现钱
壹拾吊
刘文和

→ 233 /
祥发钱店
（光绪）
北京地安门
寄存当十现钱
贰拾吊
刘文和

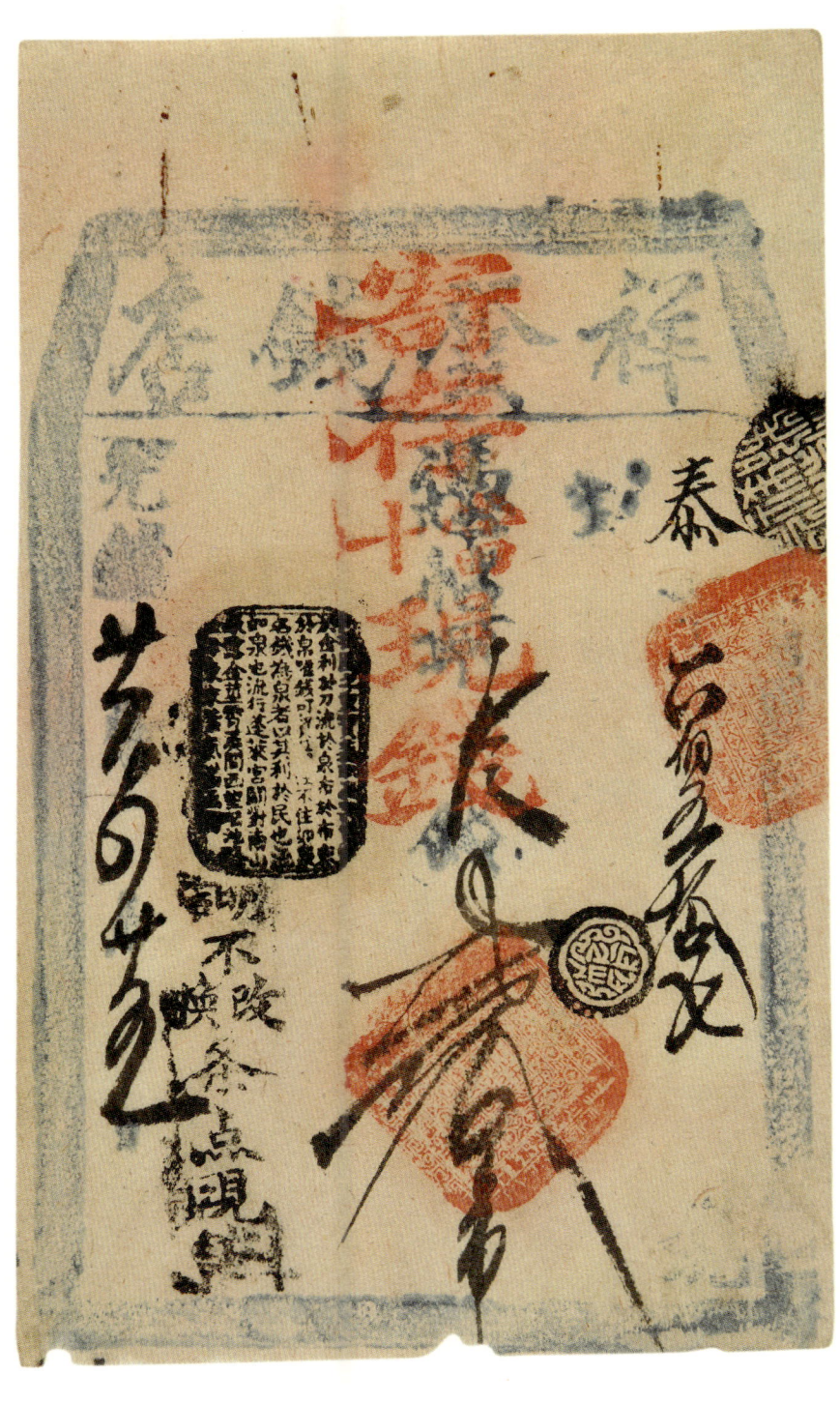

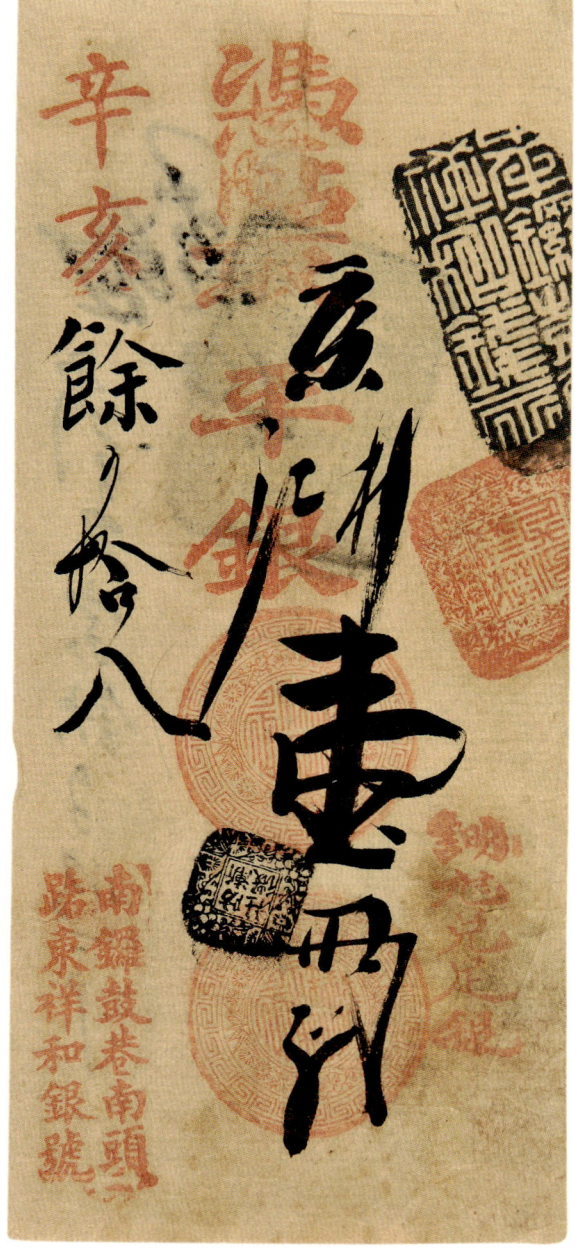

←— 234 /
祥顺钱铺
北京西四牌楼南
寄存当十现钱
六吊
孙彬

←— 235 /
祥和银号
辛亥（1911年）
北京南锣鼓巷南头路东
凭帖取松江银
壹两
孙彬

→ 236 /
祥裕钱铺
北京南锣鼓巷
凭帖取当十现钱
拾吊
刘文和

→ 237 /
裕泰号
北京京兆通州
寄存当十现钱
四吊
刘文和

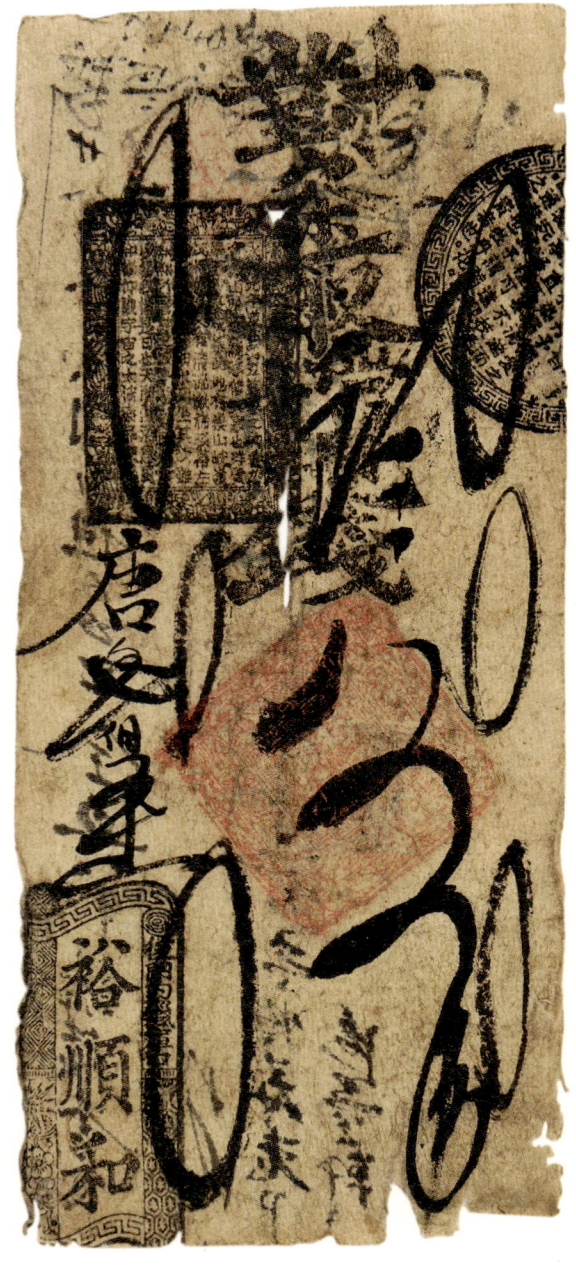
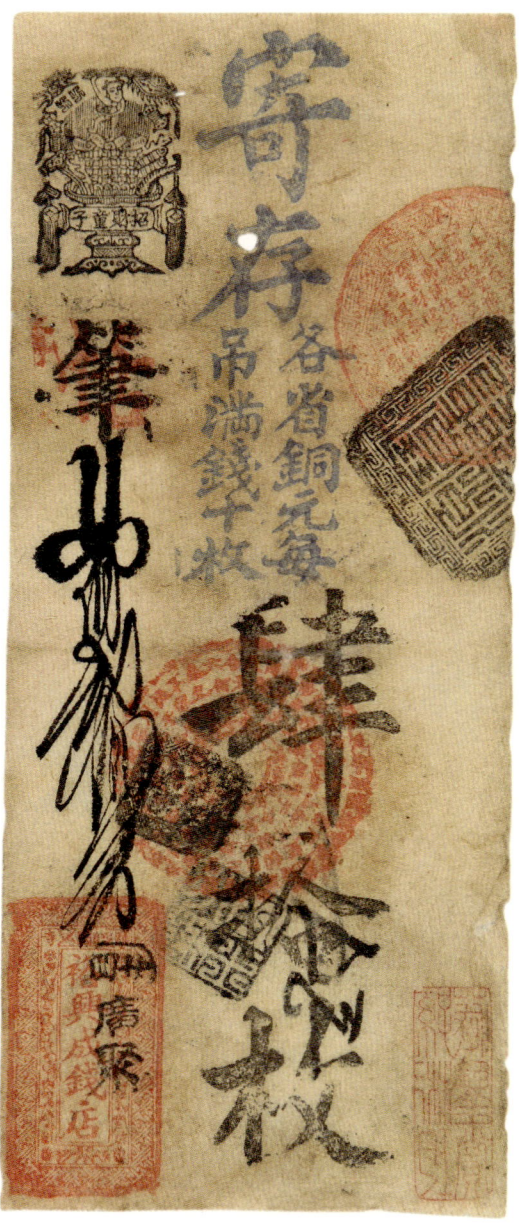

←238／
裕顺和
北京便门内腊库口
对条取当十现钱
五吊
刘文和

←239／
裕兴成钱店
北京护国寺
寄存各省铜元
肆拾枚
孙彬

→240／
启兴钱店
北京安定门内
凭帖取当十钱
拾吊
刘文和

→241／
泰元亨记
北京内西华门
凭帖取当十钱
贰吊
刘文和

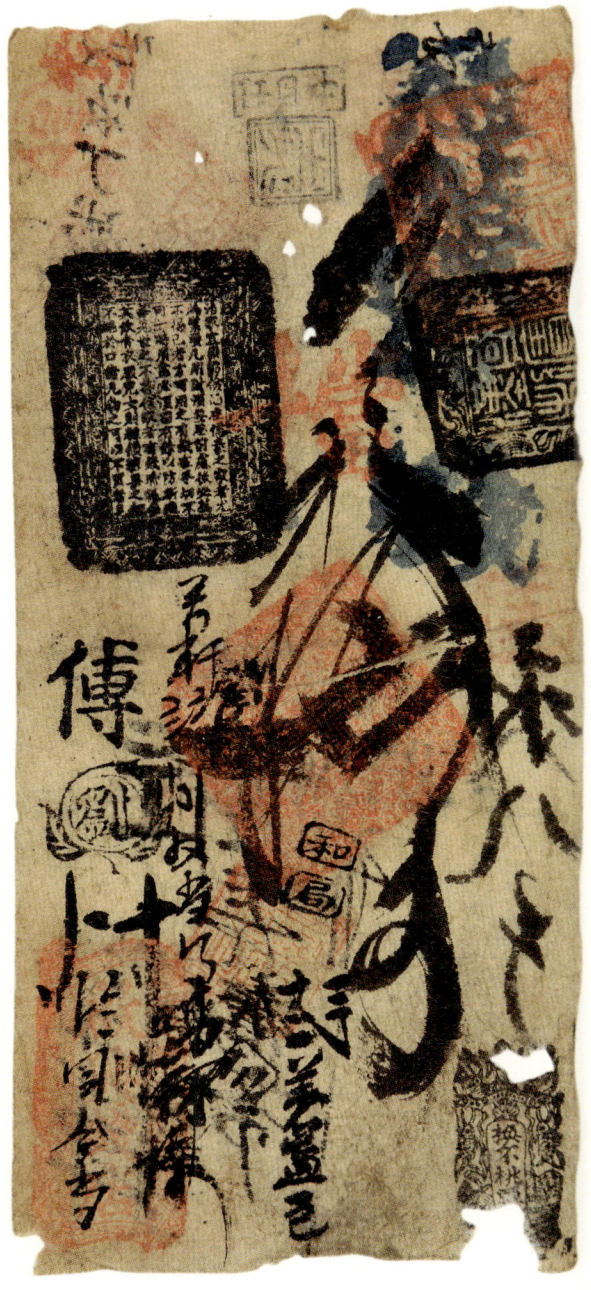

←— 242 /
泰山银钱店
北京旧鼓楼大街
寄存当十现钱
五吊
刘文和

←— 243 /
泰山钱铺
北京前外大街
凭帖取当十钱
贰吊
刘文和

→ 244 /
泰兴钱店
北京延寿寺
凭票取官版铜元九八钱
贰吊
刘文和

→ 245 /
泰兴银号
北京延寿寺街路西
凭帖取京平足银
壹两
刘文和

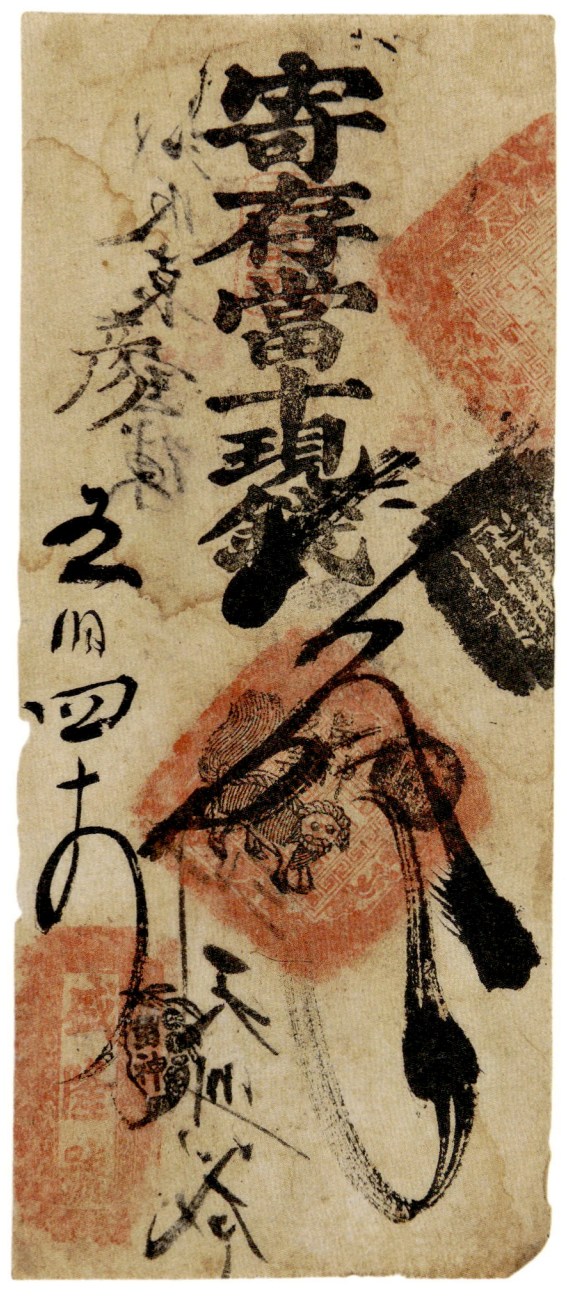

←— 246 /
盛隆号
北京
寄存当十现钱
叁吊
刘文和

←— 247 /
振盛兴钱店
北京珠市口南路东
凭帖取各省官版钱
叁吊
孙彬

—→ 248 /
震兴号
北京前门大街
寄存各省铜元
四吊
刘文和

—→ 249 /
源聚恒钱店
北京骡马市大街
寄存各省铜元
贰吊
刘文和

←— 250 /
隆和聚记
北京西四牌楼
凭帖取钱
四吊
石长有

←— 251 /
隆源永记
乙巳（1905年）
北京正阳门外大街路东
凭票取松江银
叁两
孙彬

—→ 252 /
复兴隆记
北京旧鼓楼大街
凭帖取当十钱
五吊
刘文和

—→ 253 /
鼎昌号
庚戌（1910年）
北京前门内西交民巷
凭票取京平足银
壹两
刘文和

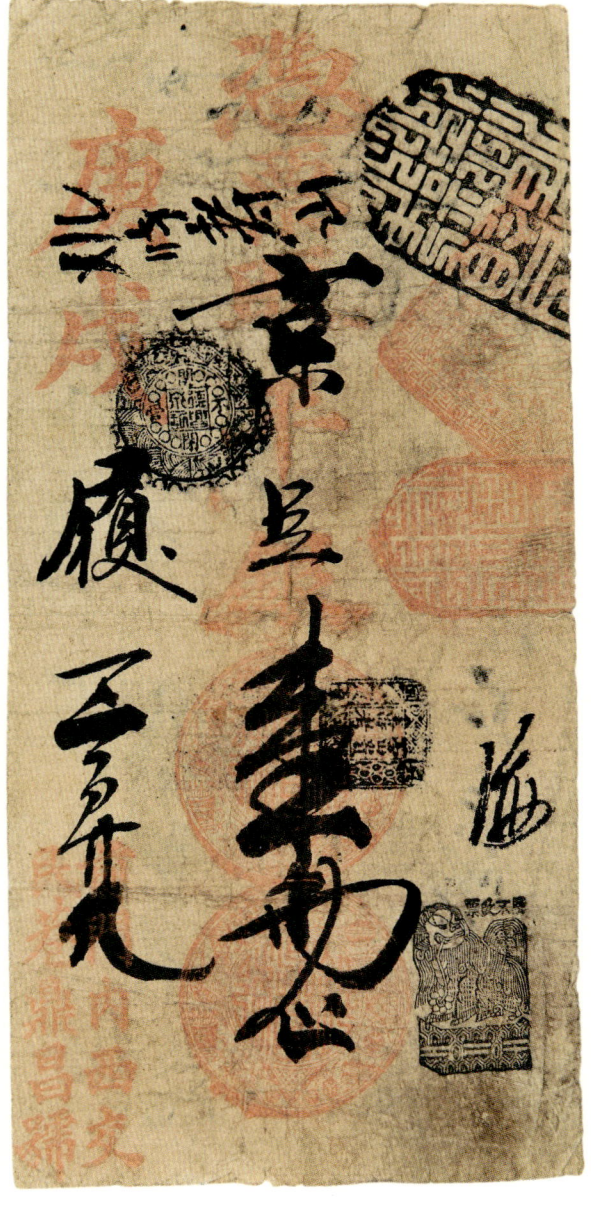

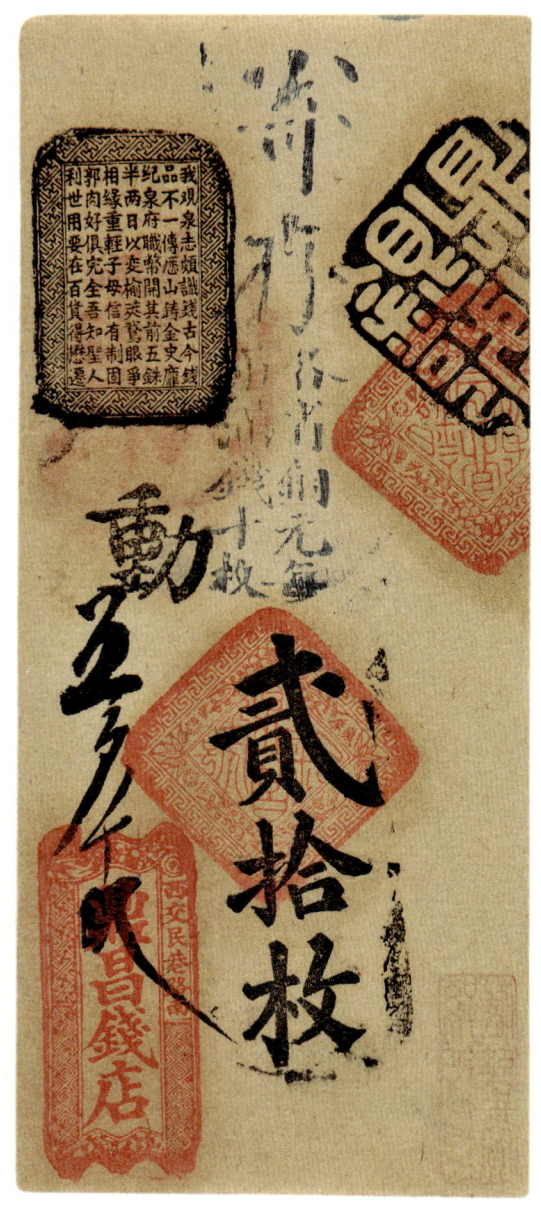

←— 254 /
晶昌钱店
北京西交民巷路南
寄存各省铜元
贰拾枚
孙彬

←— 255 /
聚和钱店
北京齐化门外
凭帖取当十钱
叁吊
孙彬

→ 256 /
聚元钱店
北京地安门外
凭帖取各省钱
贰吊
刘文和

→ 257 /
聚丰钱店
北京灯市口北路西
凭帖取各省铜元
肆拾枚
刘文和

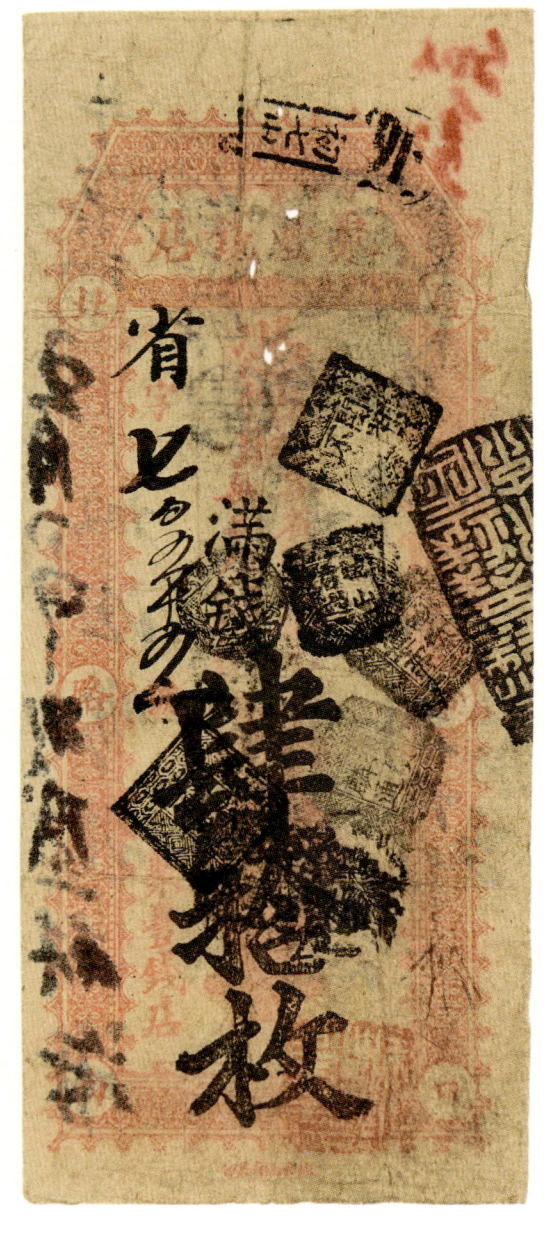

←— 258 /
谦兴钱店
北京骡马市
寄存当十大钱
四吊
刘文和

←— 259 /
汇恒钱铺
北京前门外纸巷子
凭帖取官版钱
四吊
刘文和

—→ 260 /
镒丰钱号
北京前门大街
凭帖取各省铜元
贰拾枚
孙彬

—→ 261 /
镒聚钱店
北京安定门内大街路东
凭帖取铜元
四吊
刘文和

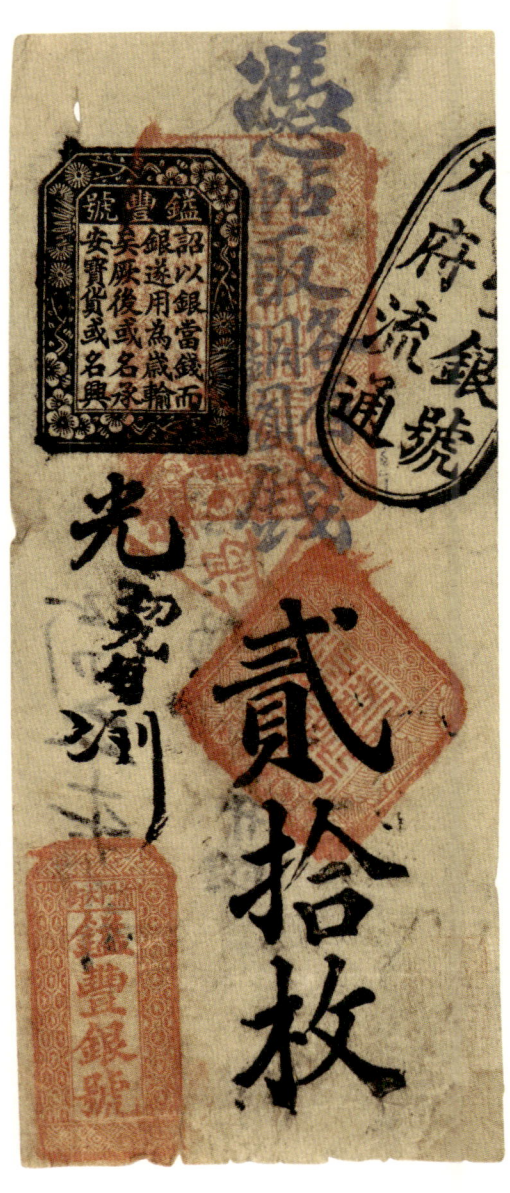

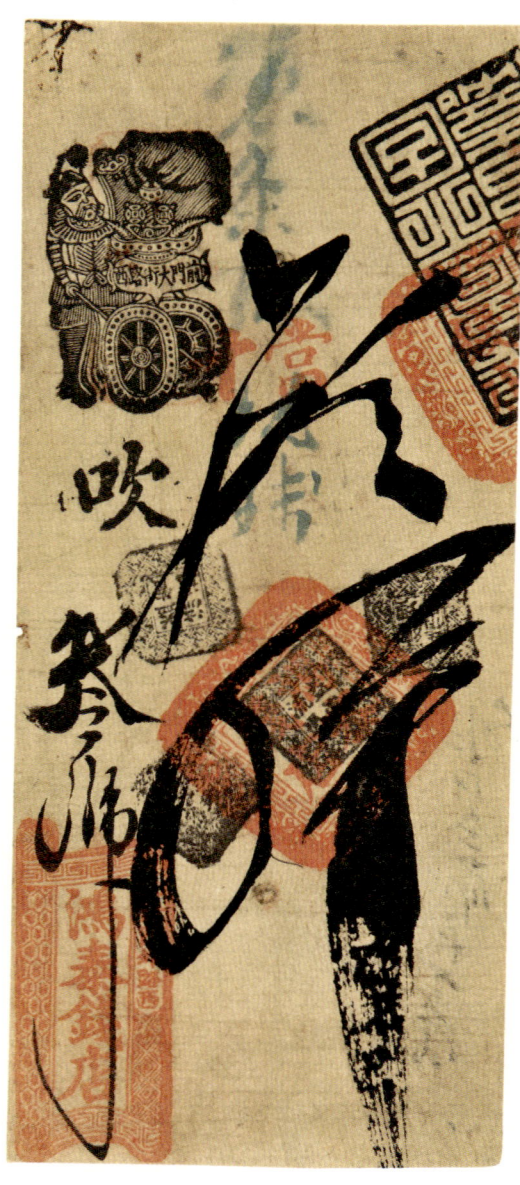
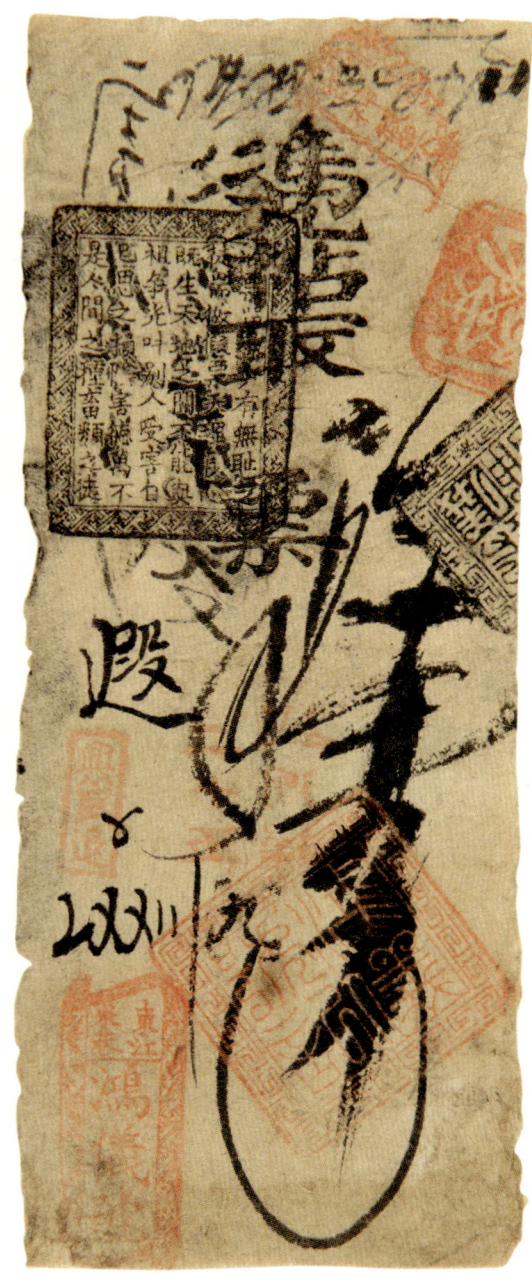

←262 /
鸿泰钱店
北京前门大街路西
凭条取当十钱
四吊
刘文和

←263 /
鸿仪号
北京东江米巷
凭帖取钱
壹吊
石长有

→264 /
德丰烟铺
北京前门外鲜鱼口内
见条付当十钱
贰吊
孙彬

→265 /
德兴厚号
北京北新桥
寄存各省铜元
贰拾枚
刘文和

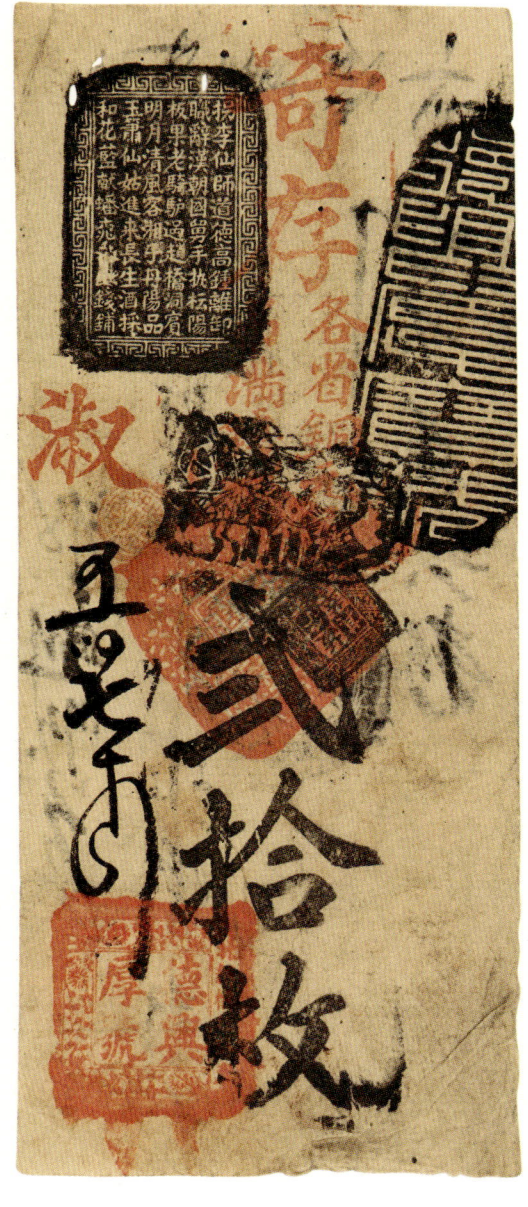

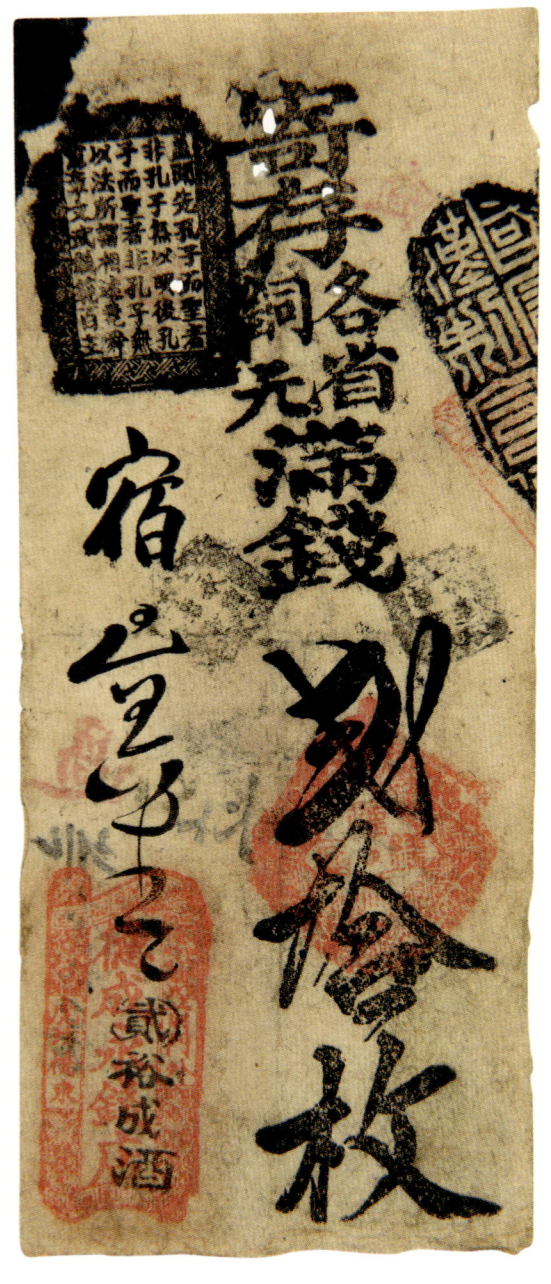
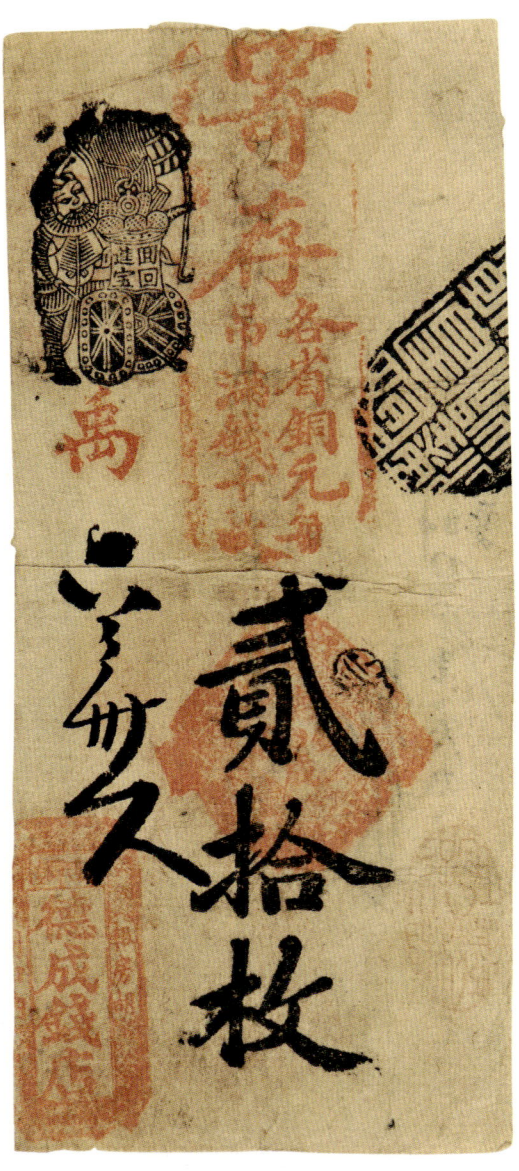

←— 266 /
德成永钱店
北京前门外虎坊桥东
寄存各省铜元
贰拾枚
石长有

←— 267 /
德成钱店
北京报房胡同口内
寄存各省铜元
贰拾枚
孙彬

→ 268 /
德昌钱铺
北京东华门外
凭帖取当十钱
五吊
刘文和

→ 269 /
德盛泰
北京东直门北小街
寄存当十九八现钱
贰吊
孙彬

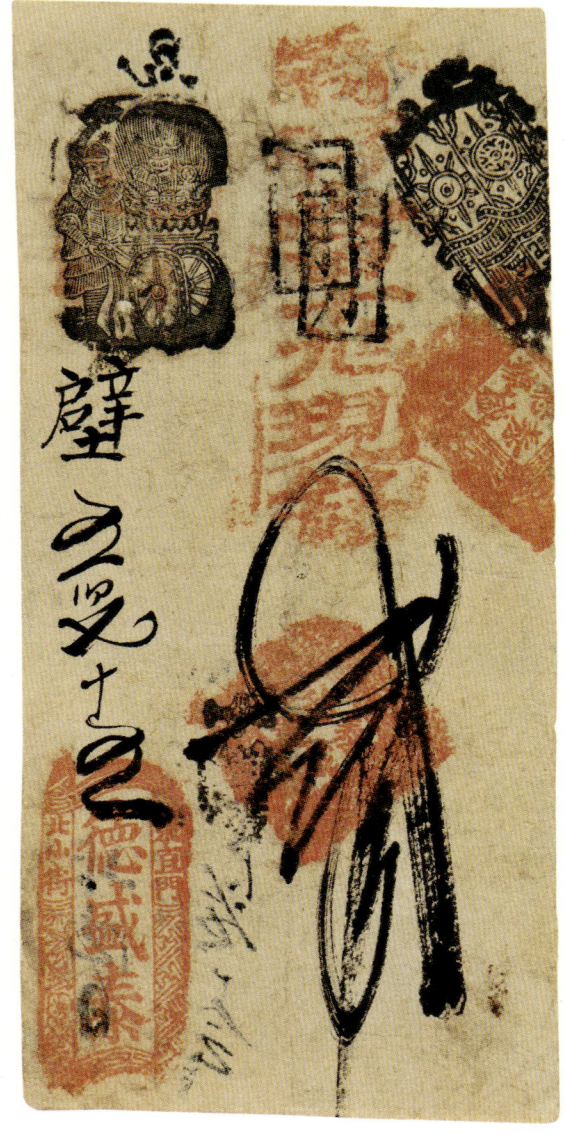

←— 270 /
德来钱铺
北京兵部洼
凭帖取当十钱
贰吊
刘文和

←— 271 /
德顺长钱店
北京前门大街
寄存当十现钱
叁吊
刘文和

→ 272 /
德盛号
北京新鲜胡同
凭帖取帖钱
五吊
孙彬

→ 273 /
德昌泰
北京东直门北小街
寄存当十九八现钱
叁吊
石长有

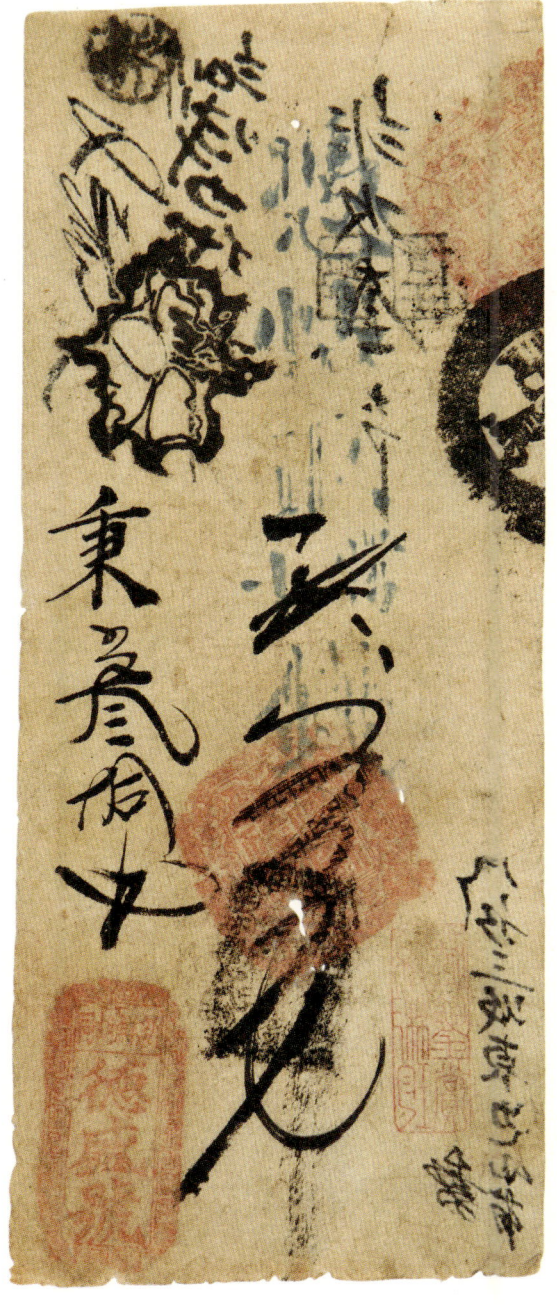
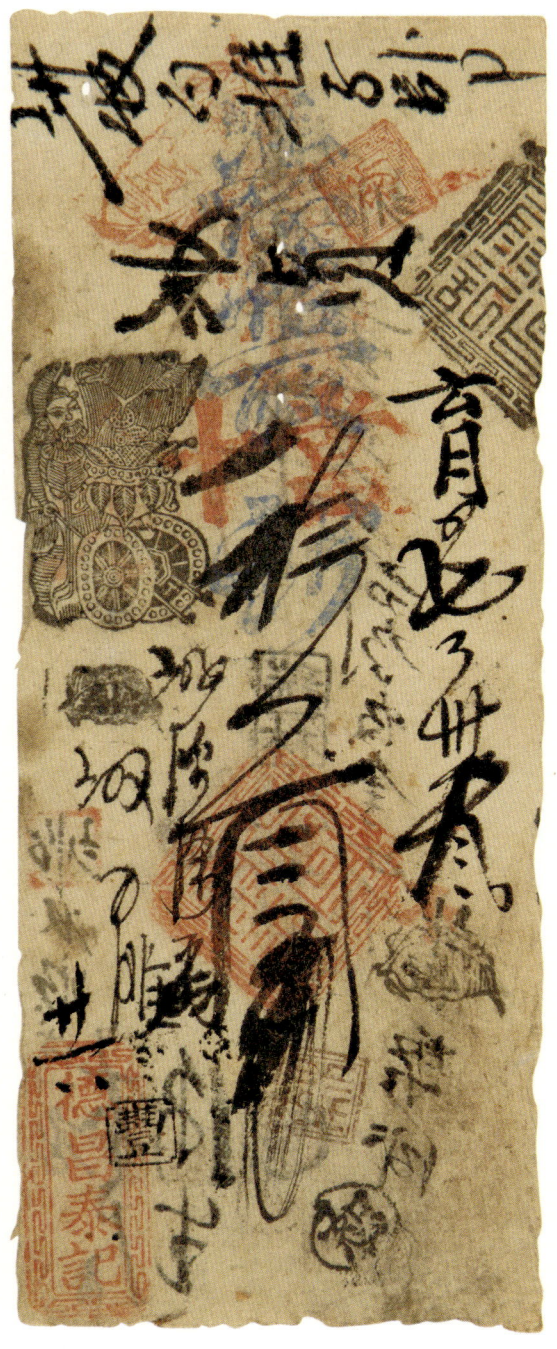

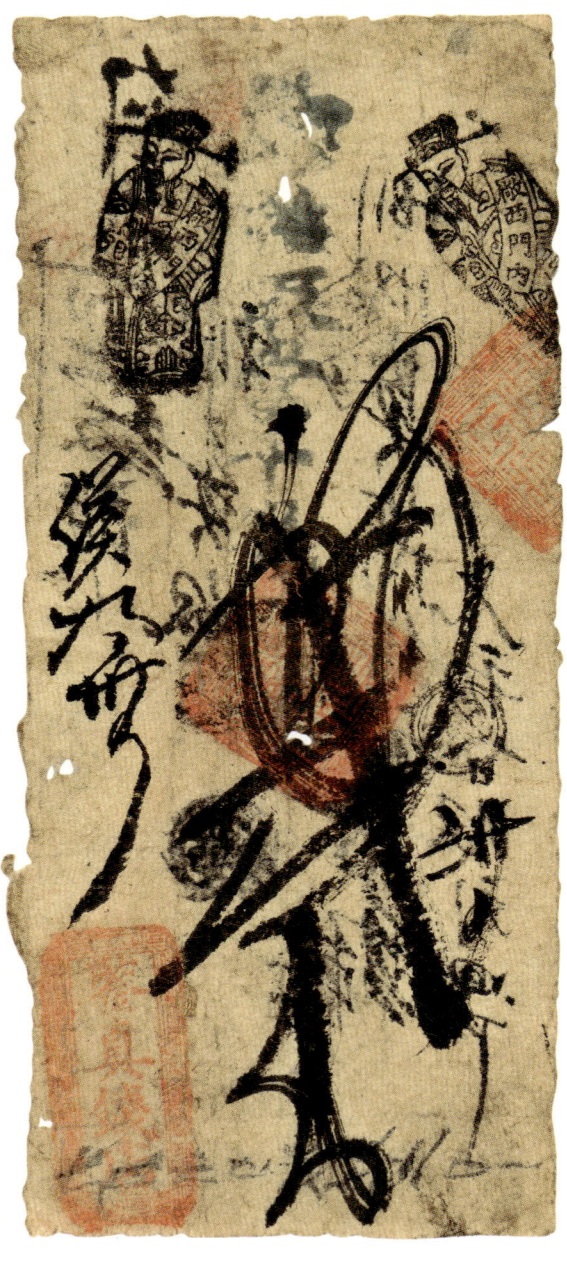

← 274 /
德盛成记
北京崇文门外羊市口
凭帖取票当十大钱
贰吊
孙彬

← 275 /
鉴真钱店
北京厂西门内
凭帖取当十钱
贰吊
刘文和

→ 276 /
广源银号
（宣统年）
北京前门外鲜鱼口豆腐巷路西
寄存京平银
肆两
刘文和

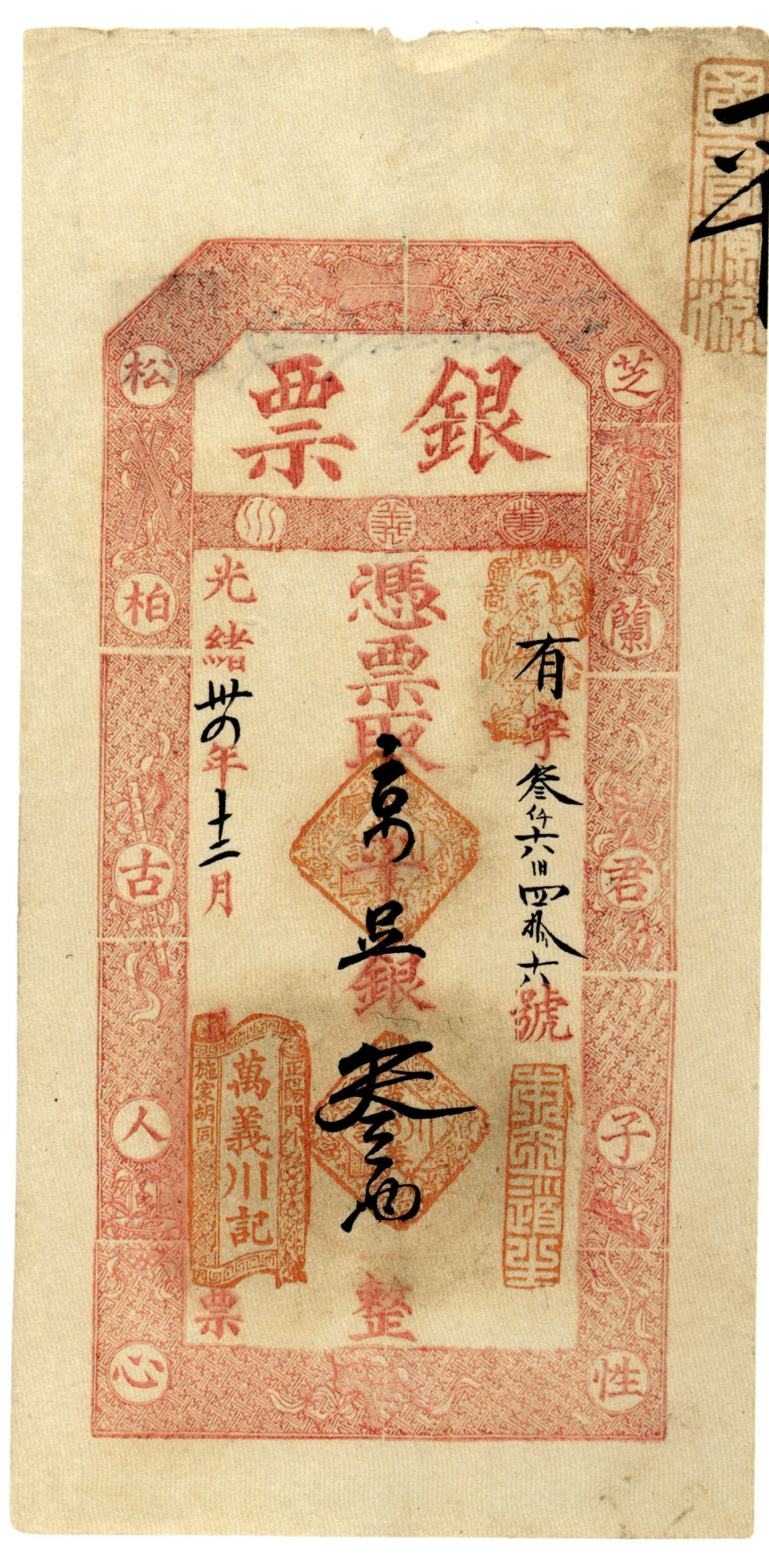

← 277 /
万义川记
（光绪三十四年）
北京正阳门外施家胡同
凭票取京平足银
叁两
刘文和

→ 278 /
天义银号
（光绪年）
北京苏州胡同中间路北
凭票取京平足银
贰两
刘文和

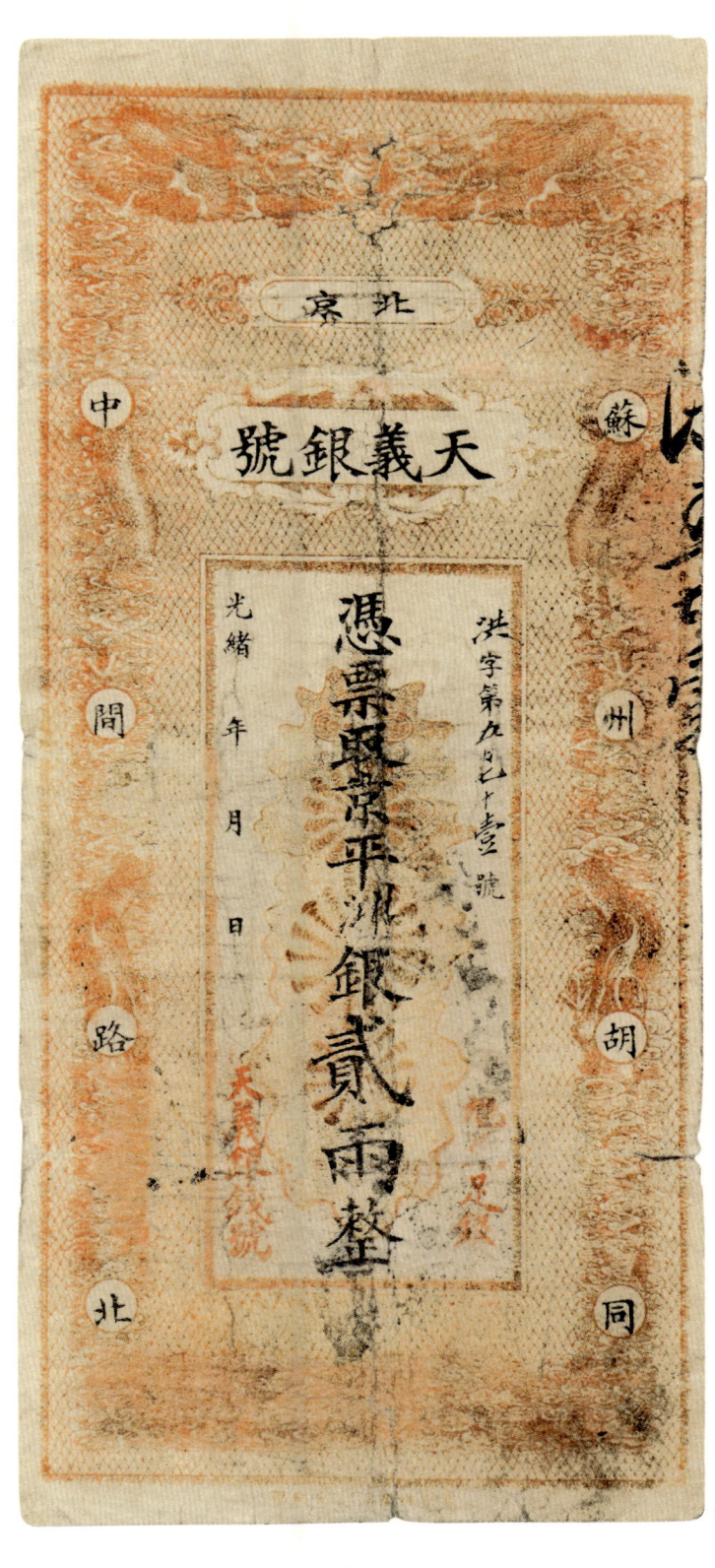

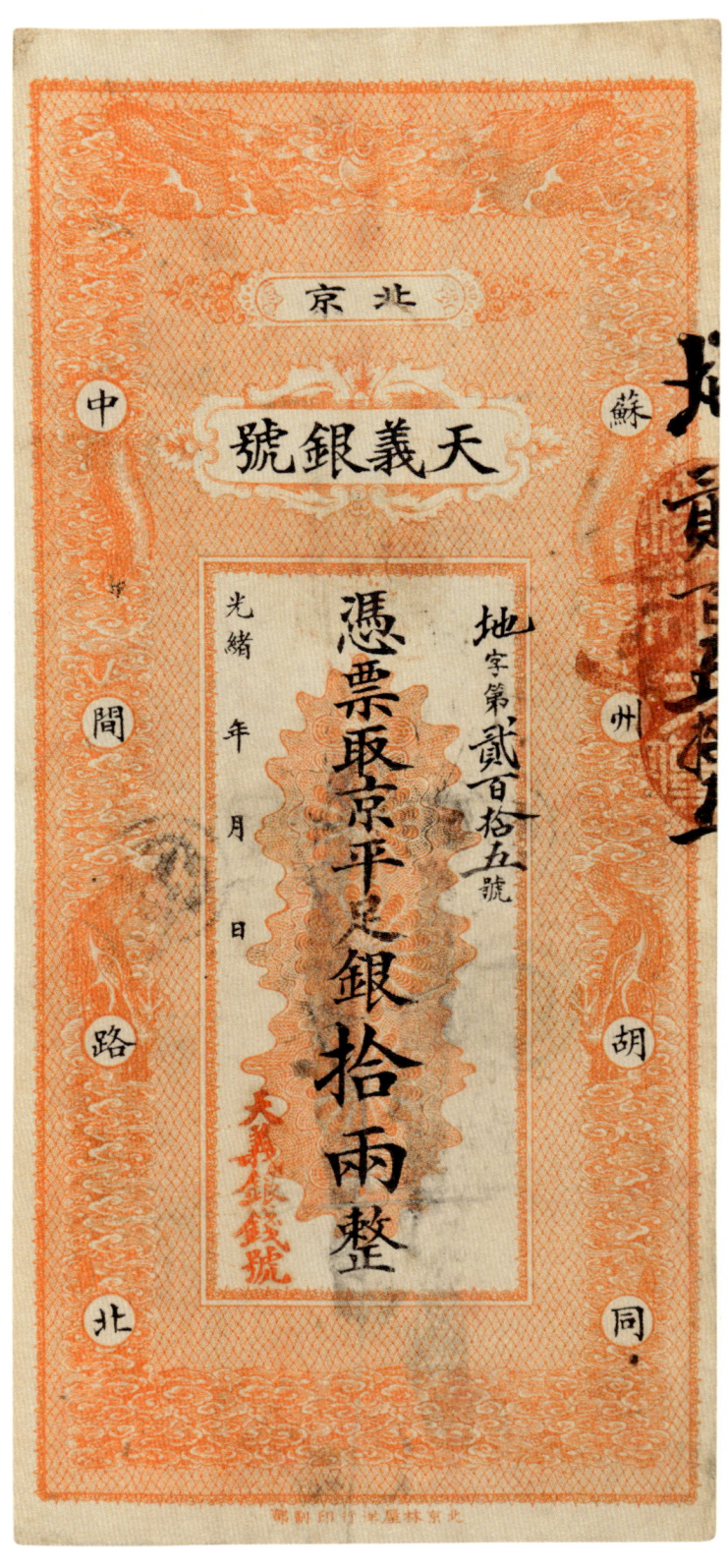

← 279 /
天义银号
（光绪年）
北京苏州胡同中间路北
凭票取京平足银
拾两
刘文和

→ 280 /
天义隆记
（光绪年）
京都前门外十间房
凭帖取京平九八足银
肆两
刘文和

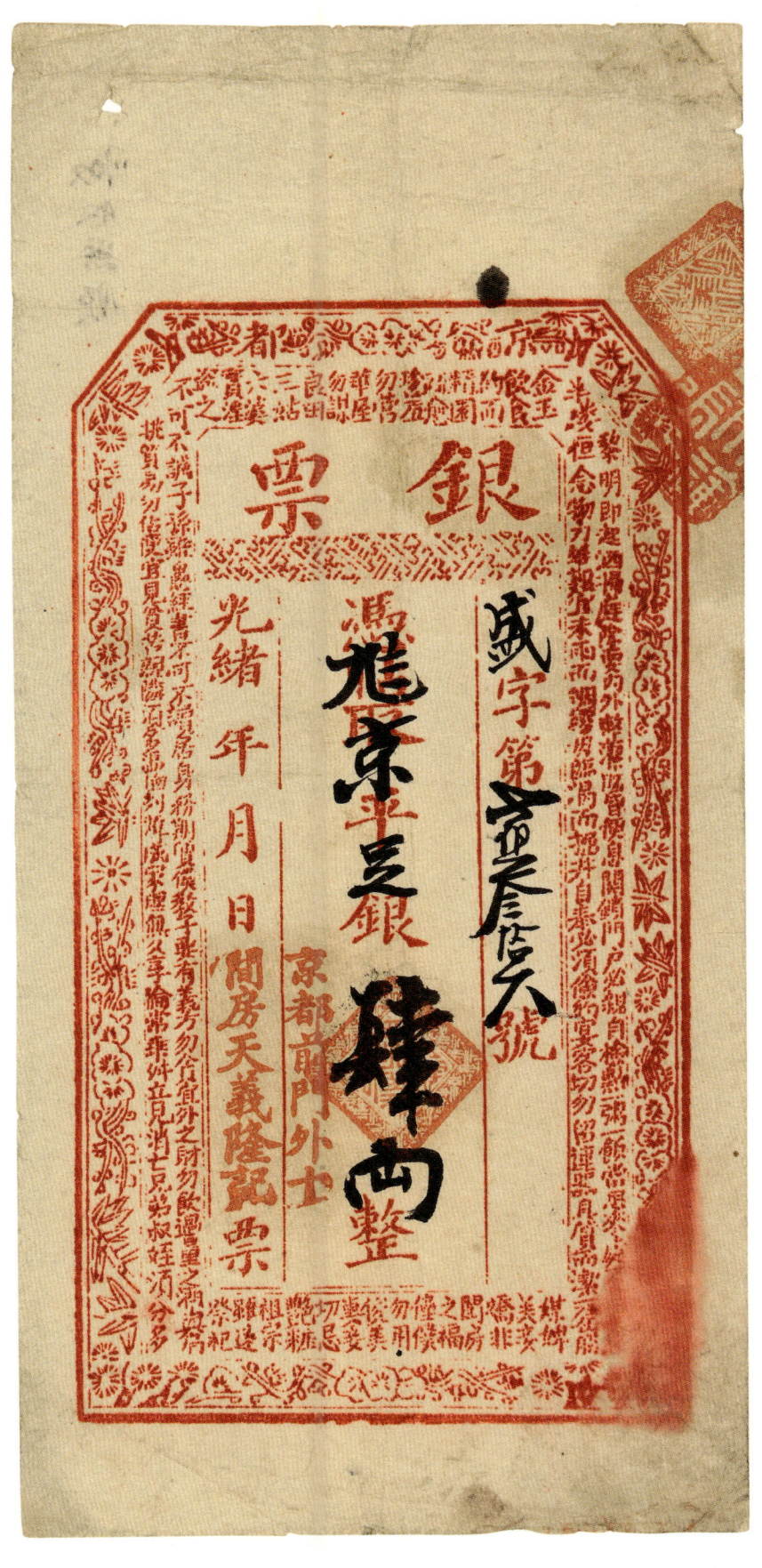

北京纸币八百年

←281 /
天成银号
（宣统年）
北京琉璃厂西门外路东
凭帖取京平松银
贰两
刘文和

→282 /
升昌银号
（光绪年）
京都前门外纸巷子
凭帖取京平银
叁两
刘文和

→283 /
日升昌记
（宣统年）
北京崇文门外草厂十条胡同南
凭条来取京平足纹银
壹百两
馨悟堂

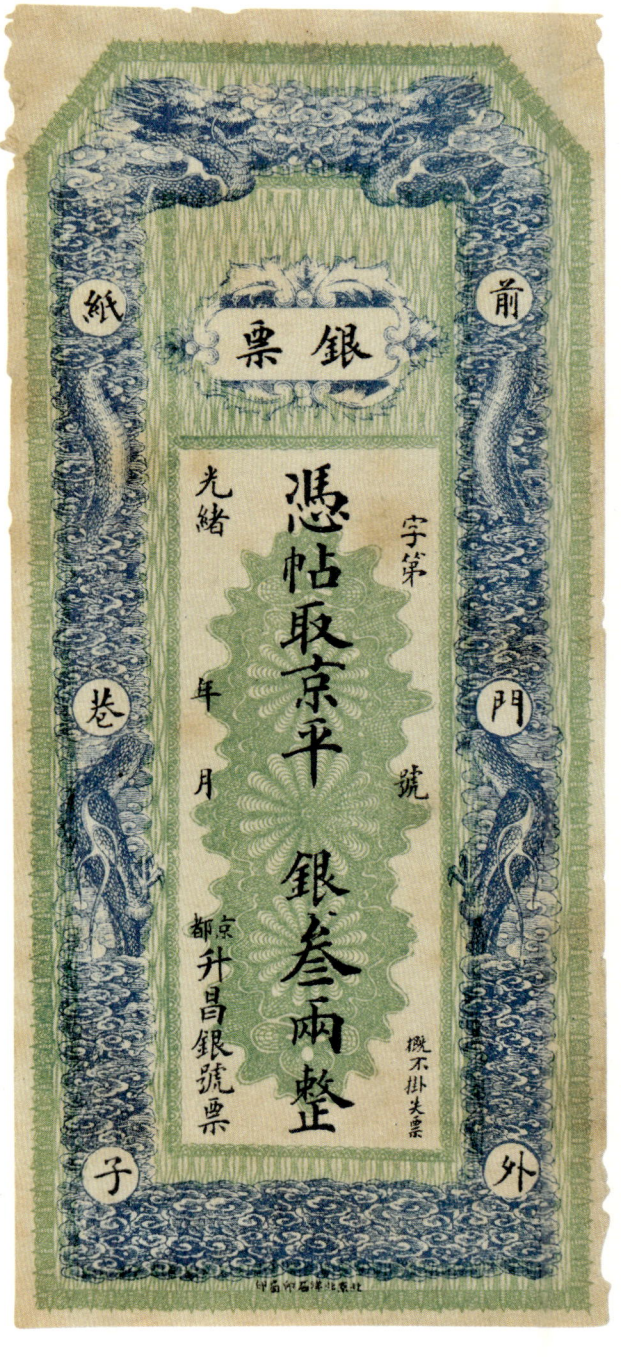

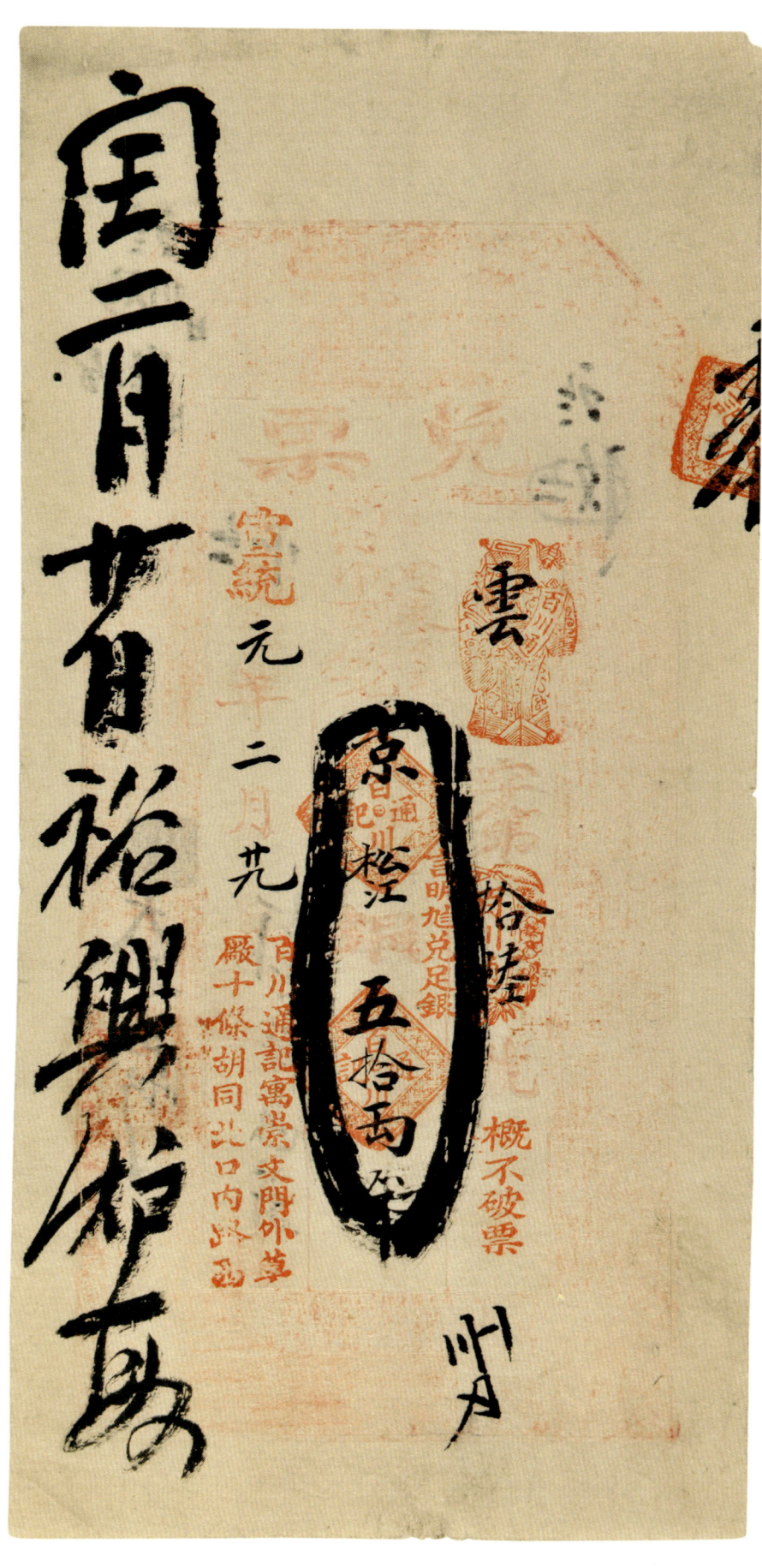

← 284 /
百川通记
（宣统元年）
北京崇文门外草厂十条胡同北口内路西
凭帖取原存京平松江银
伍拾两
刘继辉

→ 285 /
百川通记
（宣统元年）
北京崇文门外草厂十条胡同北口内路西
凭帖取原存京平足银
叁百两
嘉德拍卖

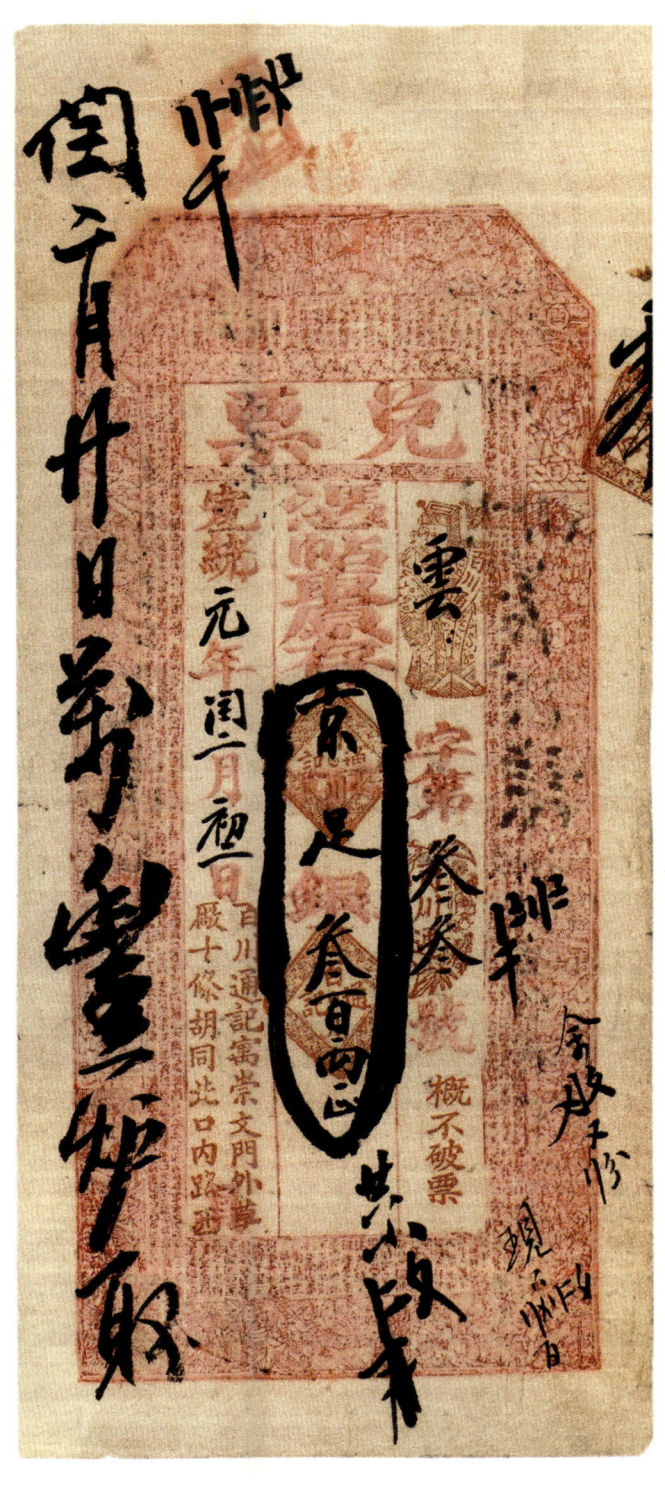

← 286 /
长发厚银号
(宣统元年)
北京骡马市大街
凭票取京平足银
贰两
李伟先旧藏

→ 287 /
长发厚银号
(宣统年)
北京骡马市大街
凭票取京平银
伍两
张安生

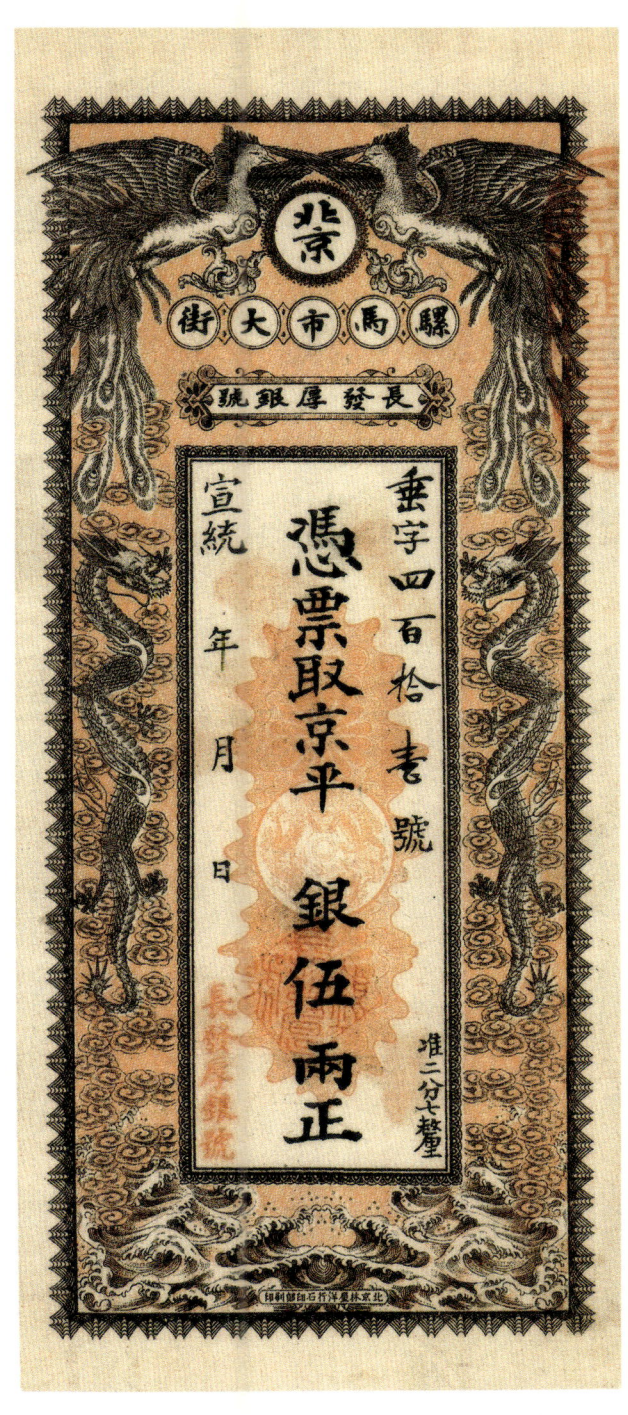

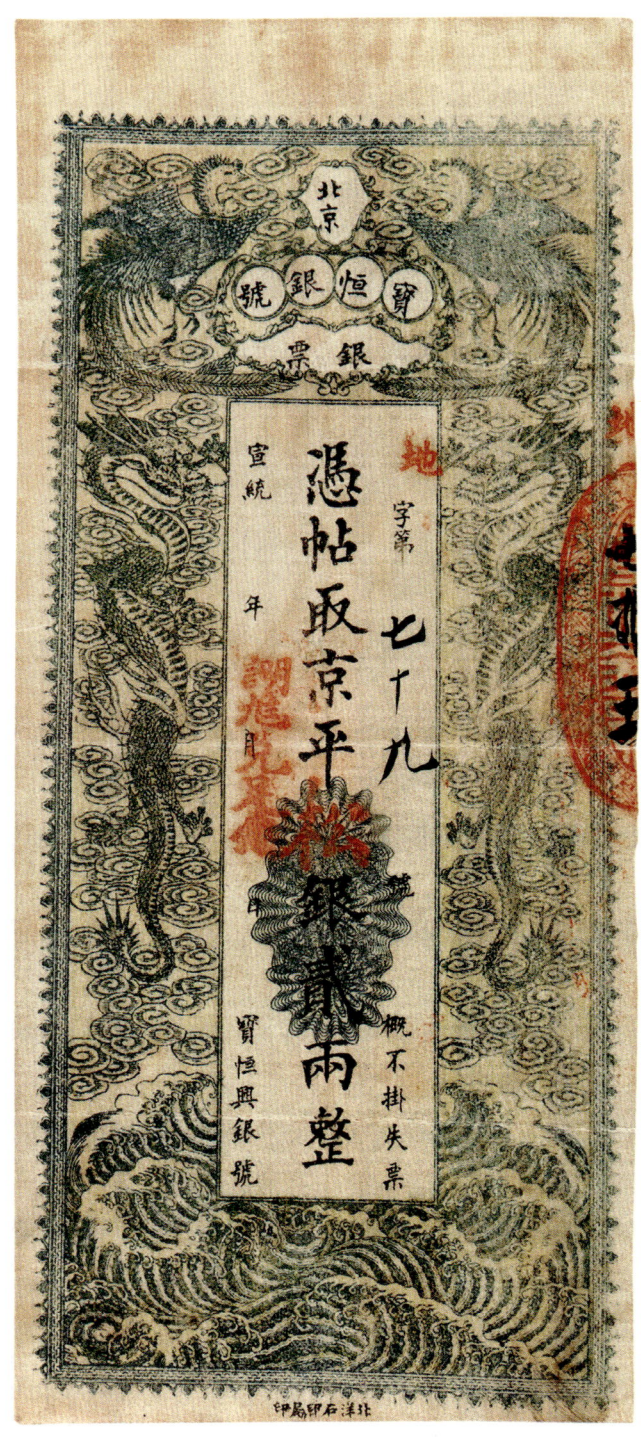

← 288 /
宝恒兴银号
（宣统年）
北京宣武门外草厂胡同
凭帖取京平松银
贰两
李伟先

→ 289 /
宝恒兴银号
（宣统年）
北京宣武门外草厂胡同
凭帖取京平松银
叁两
刘文和

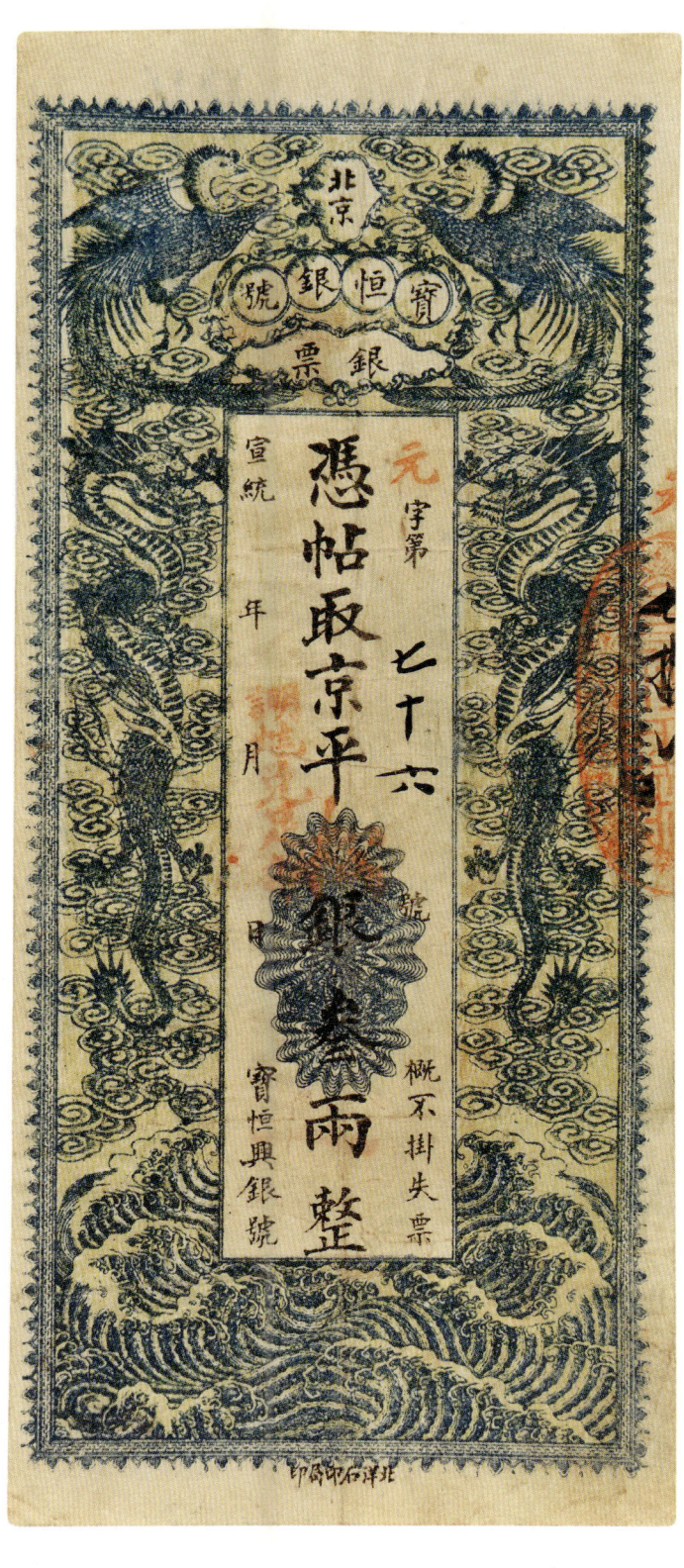

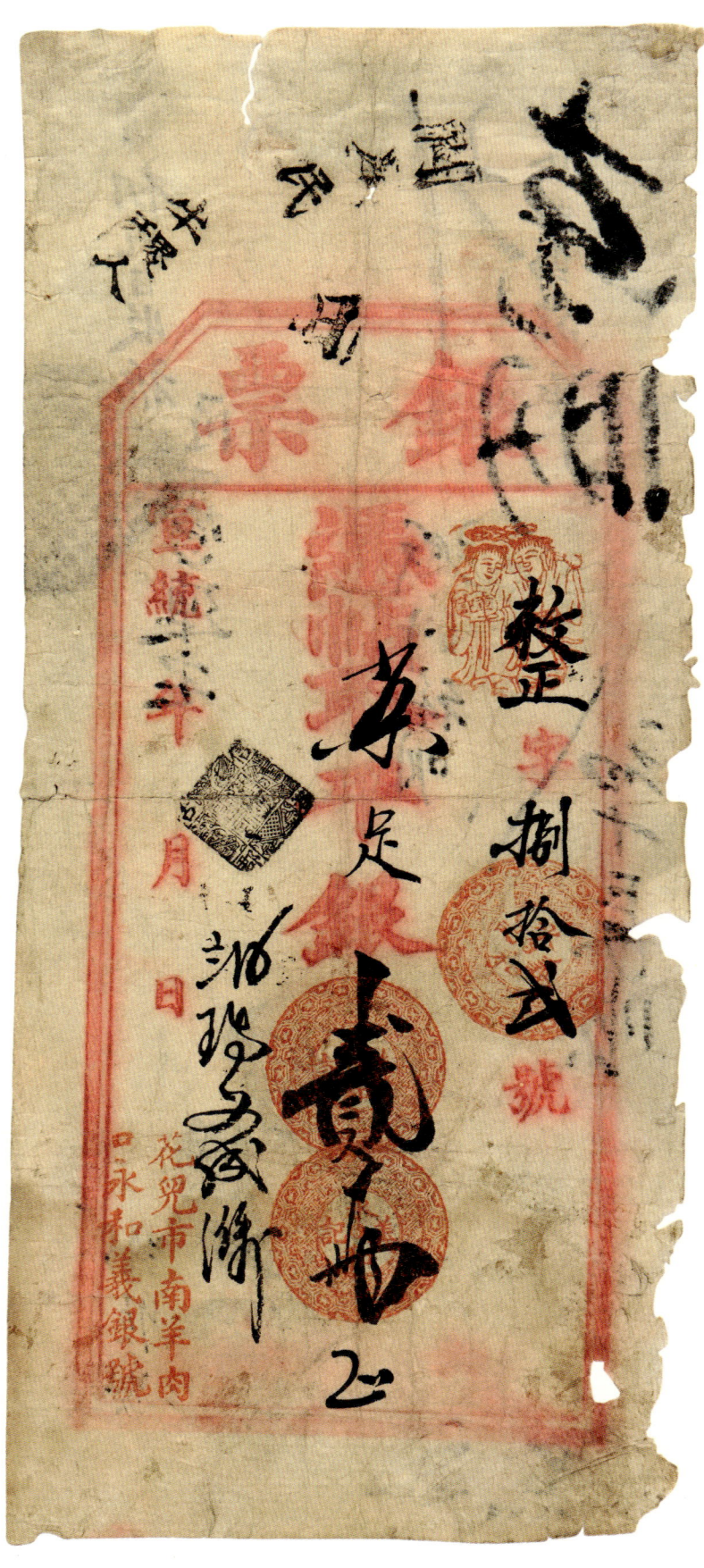

← 290 /
永和义银号
(宣统年)
北京花儿市南羊肉口
凭帖取平足银
贰两
刘文和

→ 291 /
阜兴成记
癸卯(1903年)
北京花儿市
凭帖取原寄存京平足银
叁拾两
刘文和

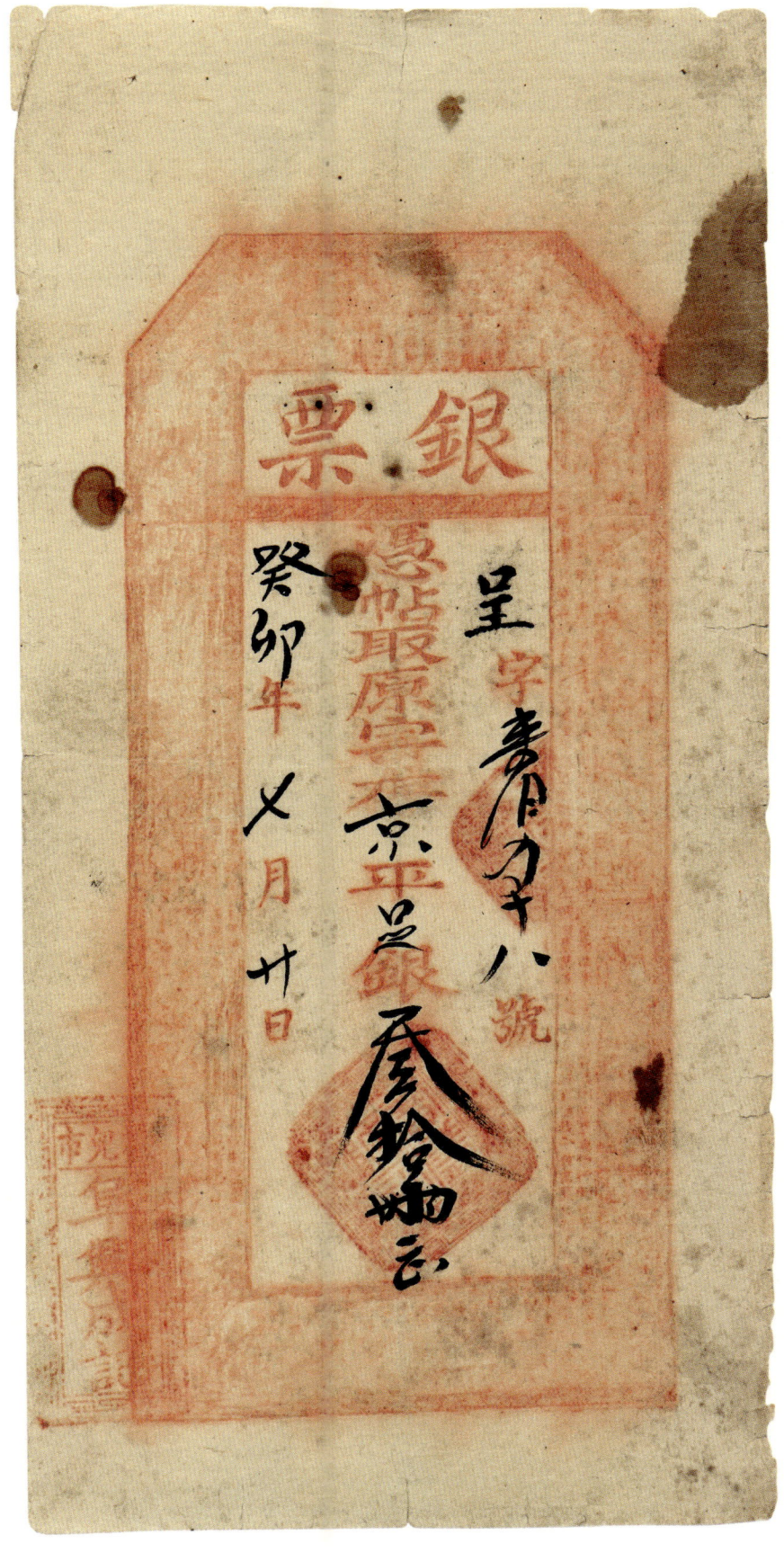

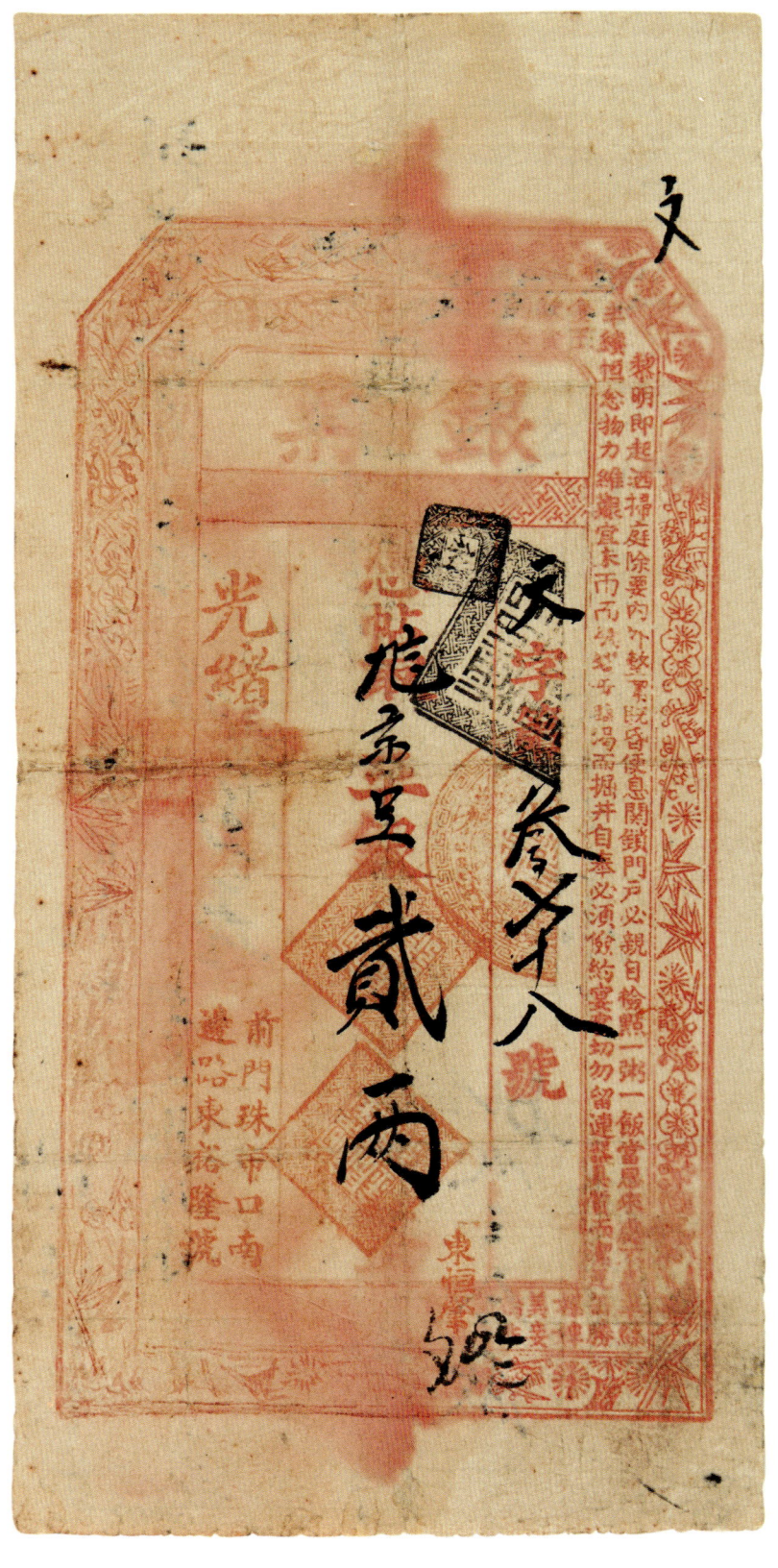

← 292 /
裕隆号
（光绪年）
北京珠市口南边路东
凭帖取九八京平足银
贰两
孙彬

→ 293 /
庆善号
京都前门外西河沿
凭票取平银
孙彬

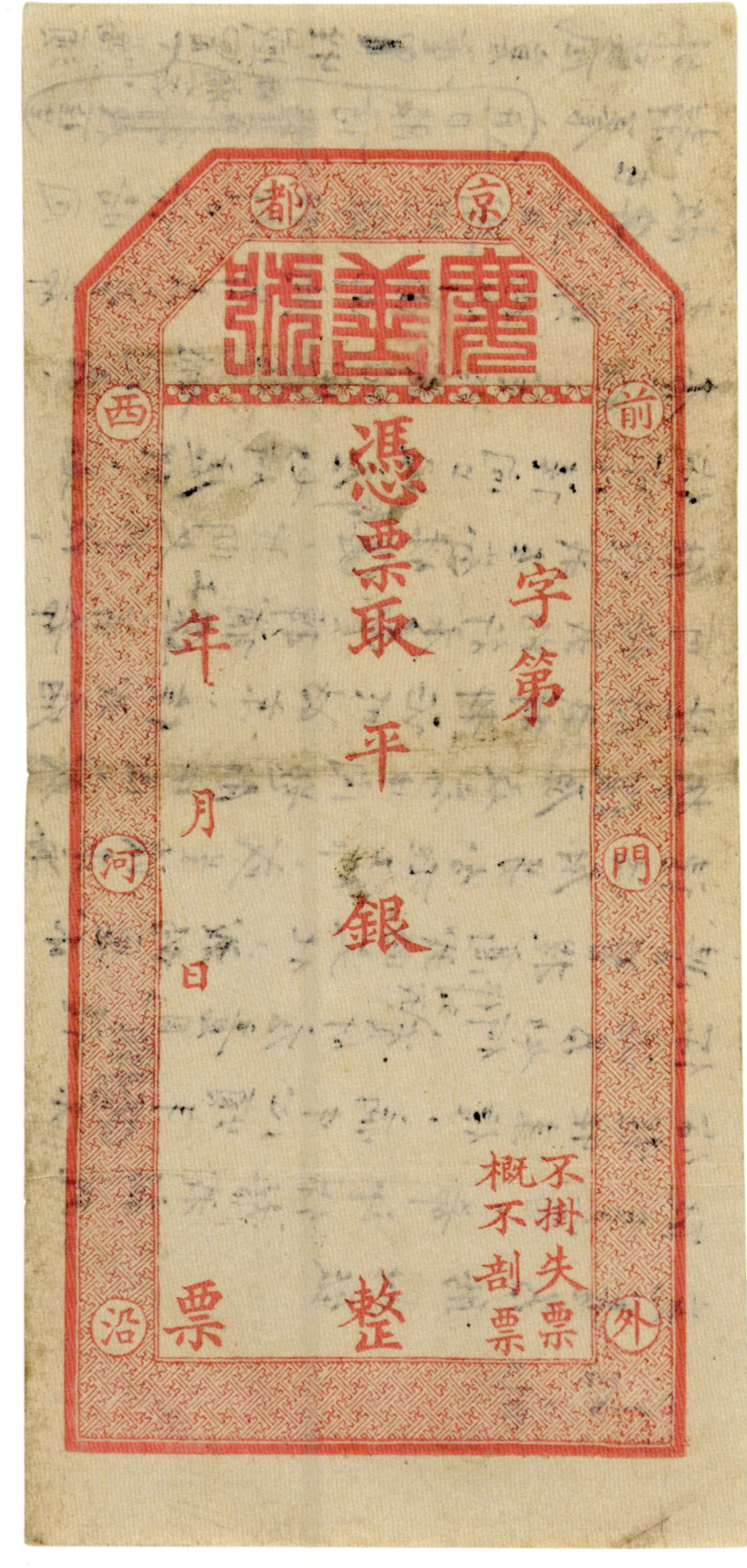

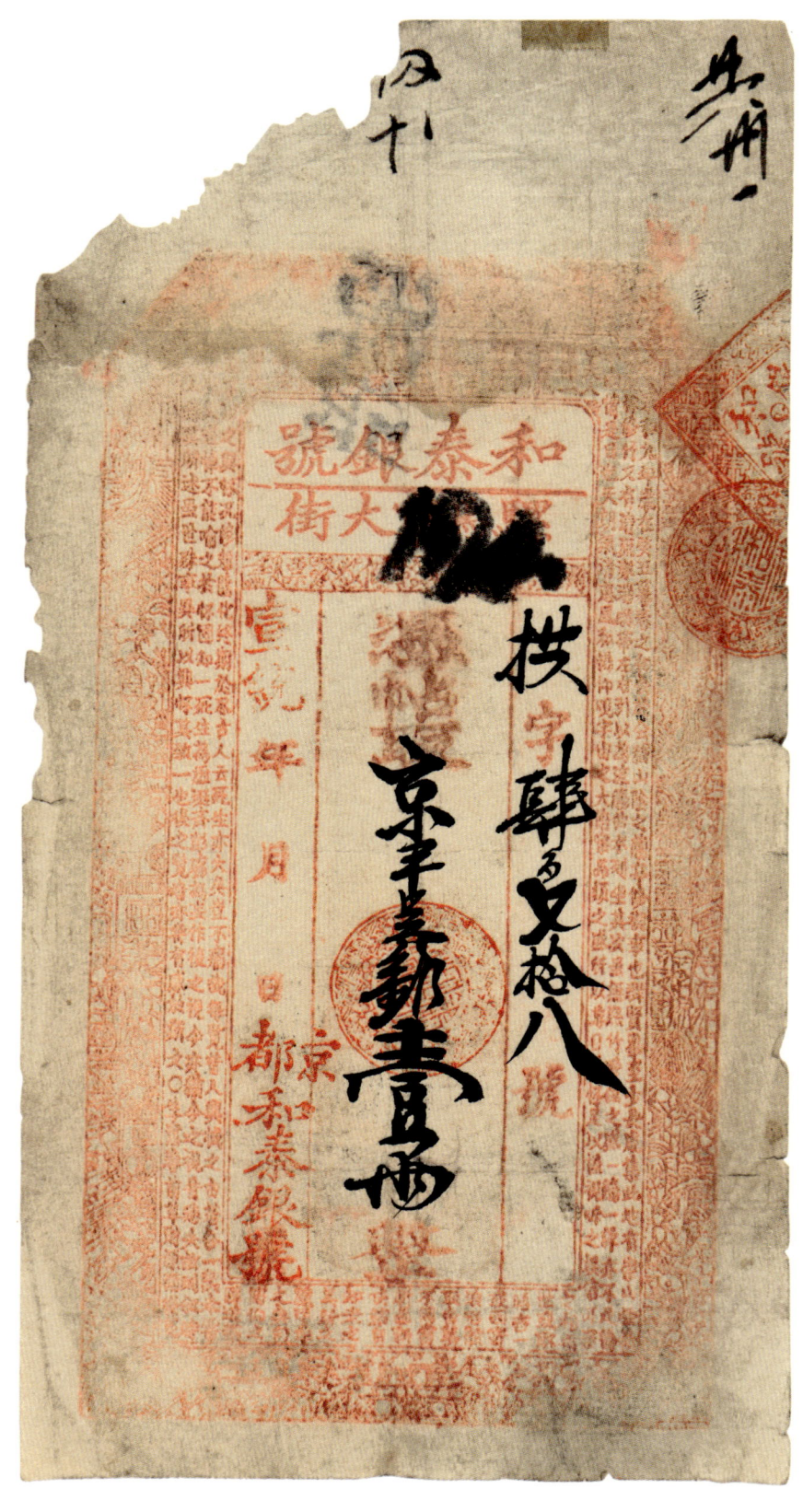

← 294 /
和泰银号
（宣统年）
北京骡马市大街
凭帖取京平足银
壹两
刘文和

→ 295 /
源顺祥银号
（宣统年）
北京西四牌楼南
凭条取京平松银
壹两
刘文和

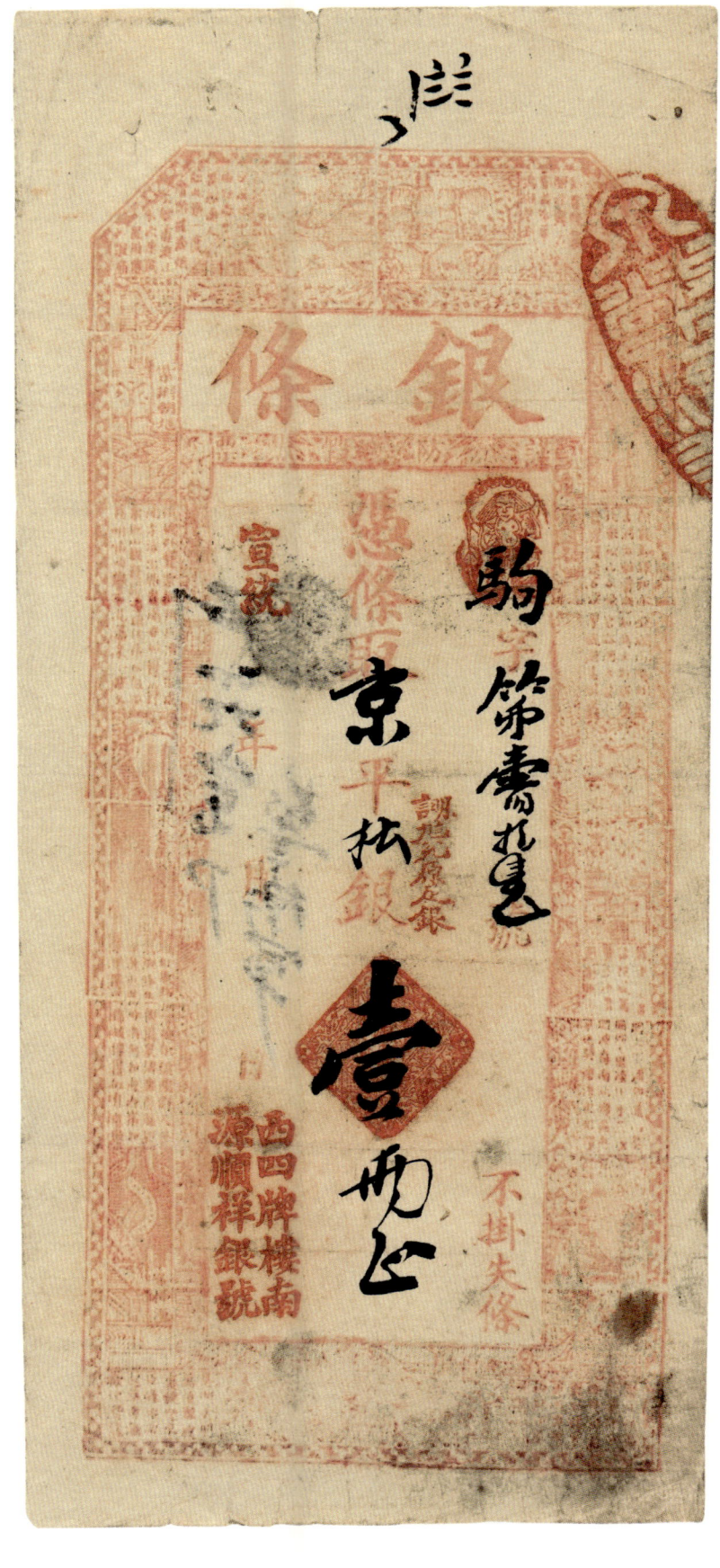

北京纸币八百年

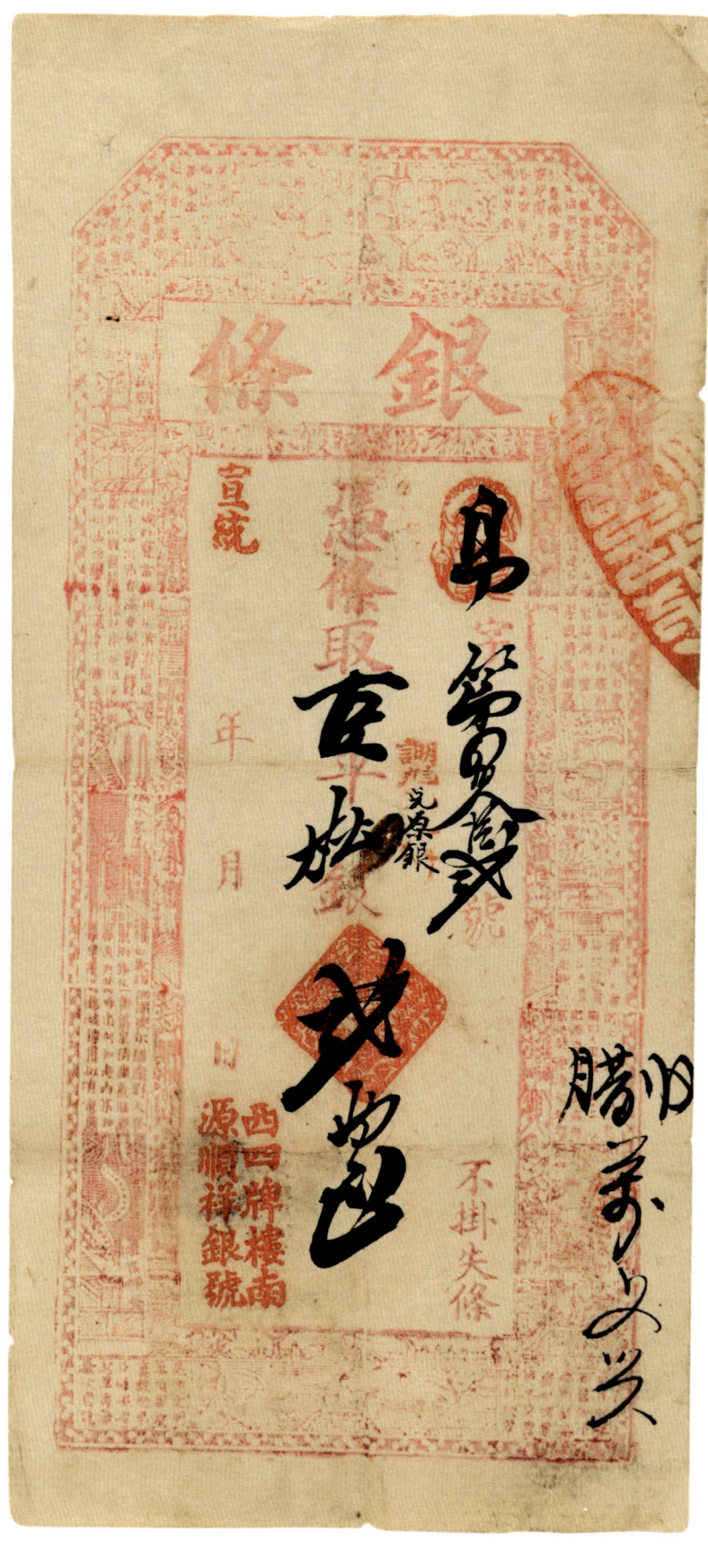

←296 /
源顺祥银号
（宣统年）
北京西四牌楼南
凭条取京平松银贰两
刘文和

→297 /
泰丰昌银号
（光绪三十三年）
京都正阳门外
凭帖取京平足银
壹两
李伟先旧藏

→298 /
泰丰昌银号
（光绪三十三年）
京都正阳门外
凭帖取京平松银
肆两
李伟先旧藏

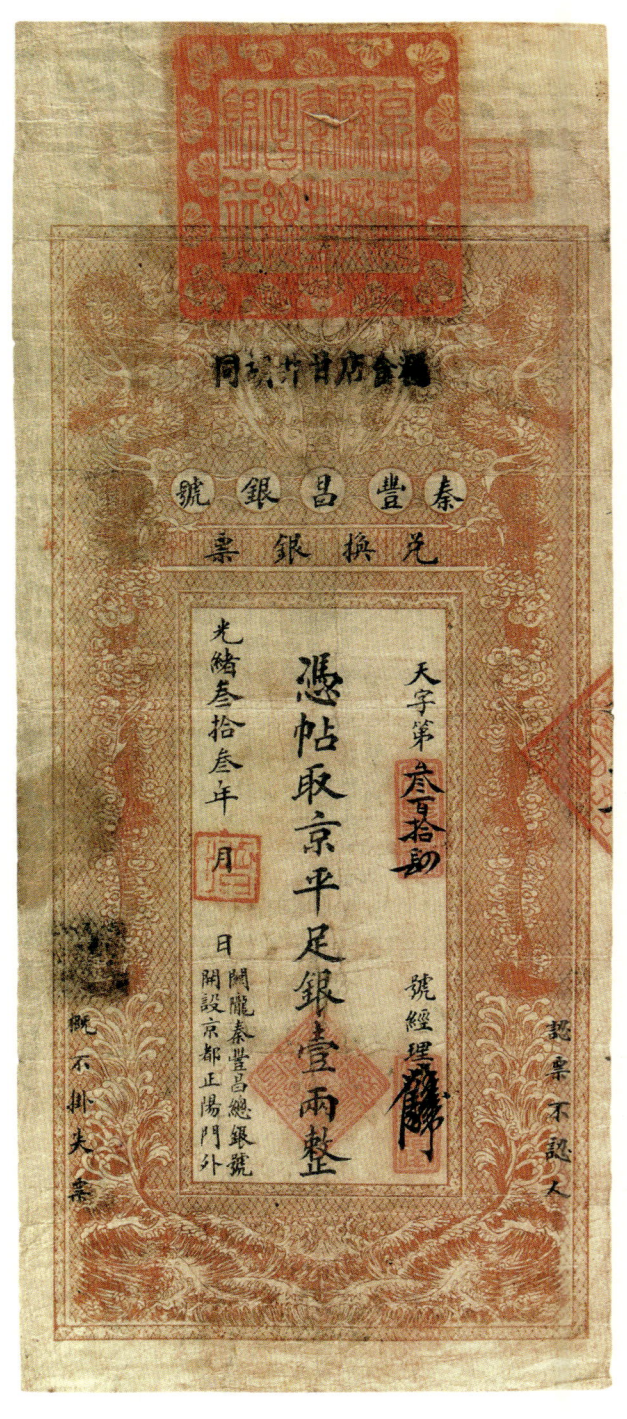
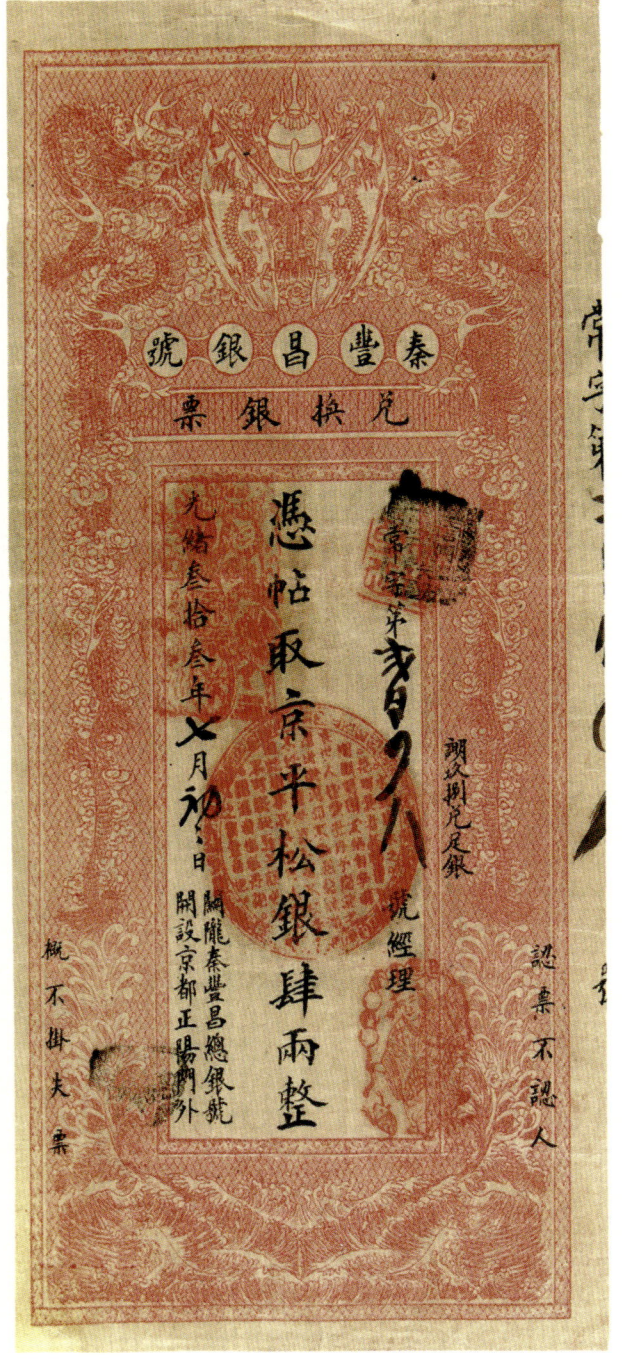

北京纸币八百年

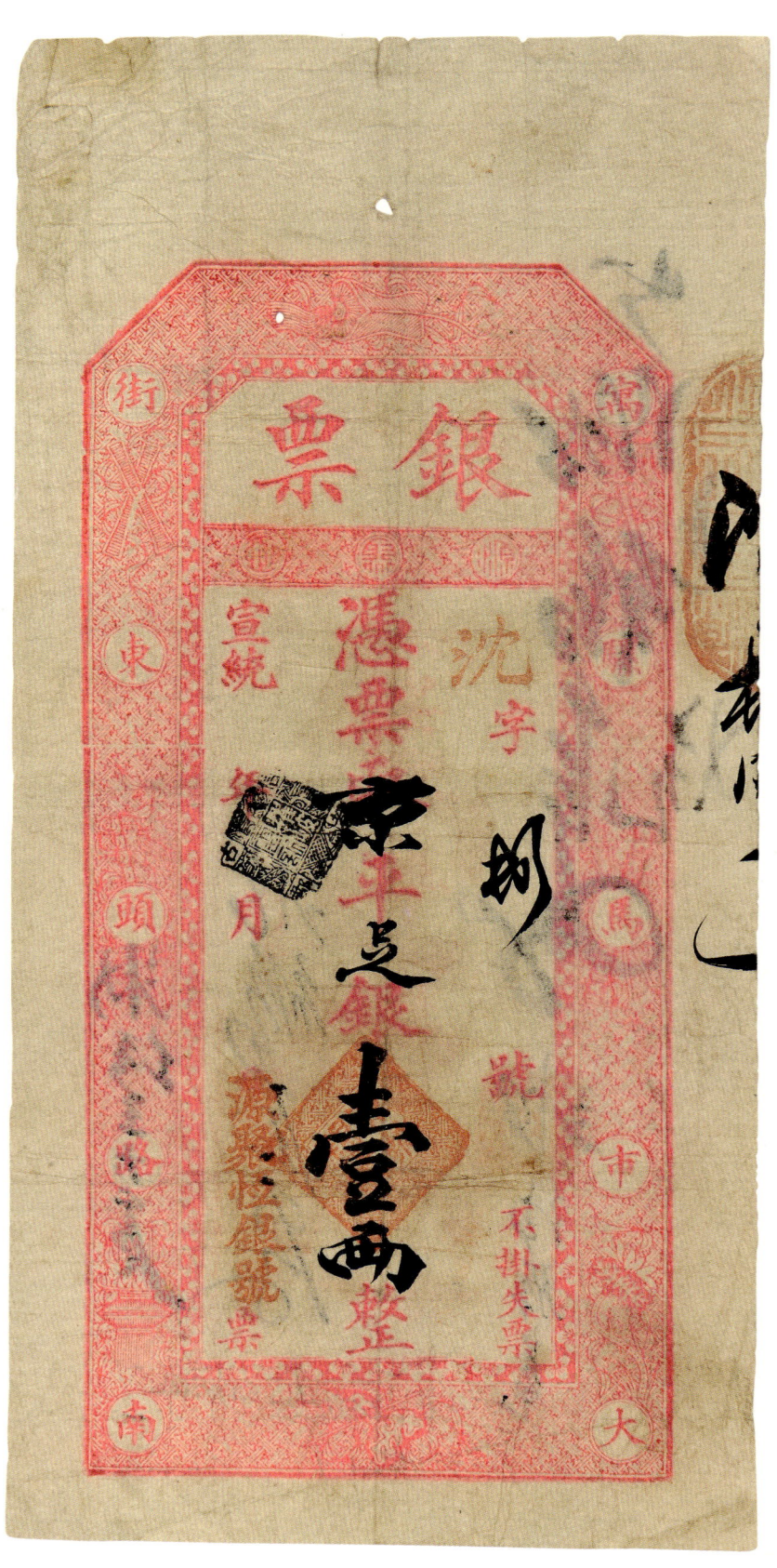

→ 299 ／
源聚恒银号
（宣统年）
北京骡马市大街东头路南
凭票取京平足银
壹两
刘文和

←300 ／
源聚恒银号
（宣统年）
北京骡马市大街东头路南
凭票取京平足银
贰两
刘文和

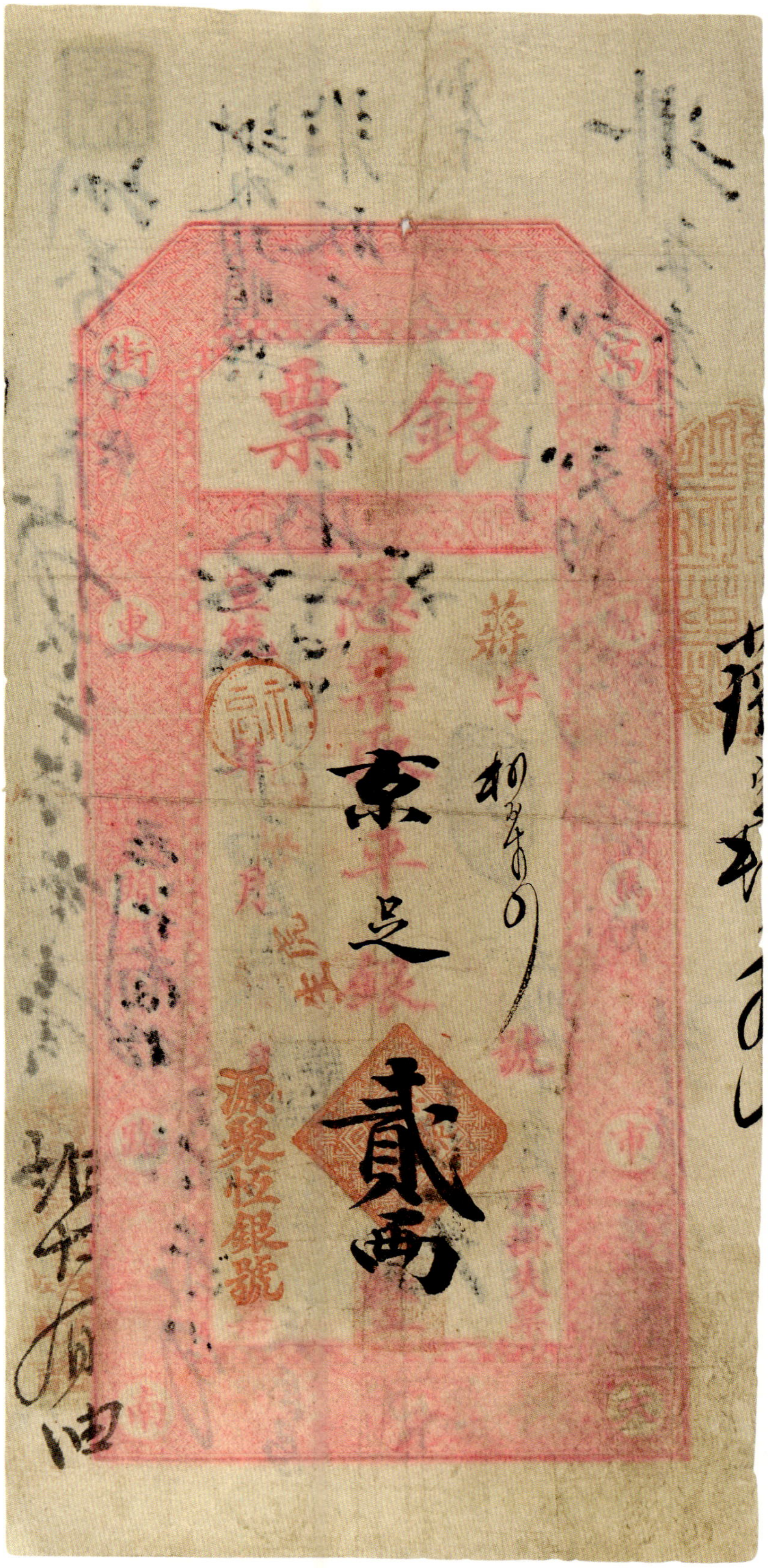

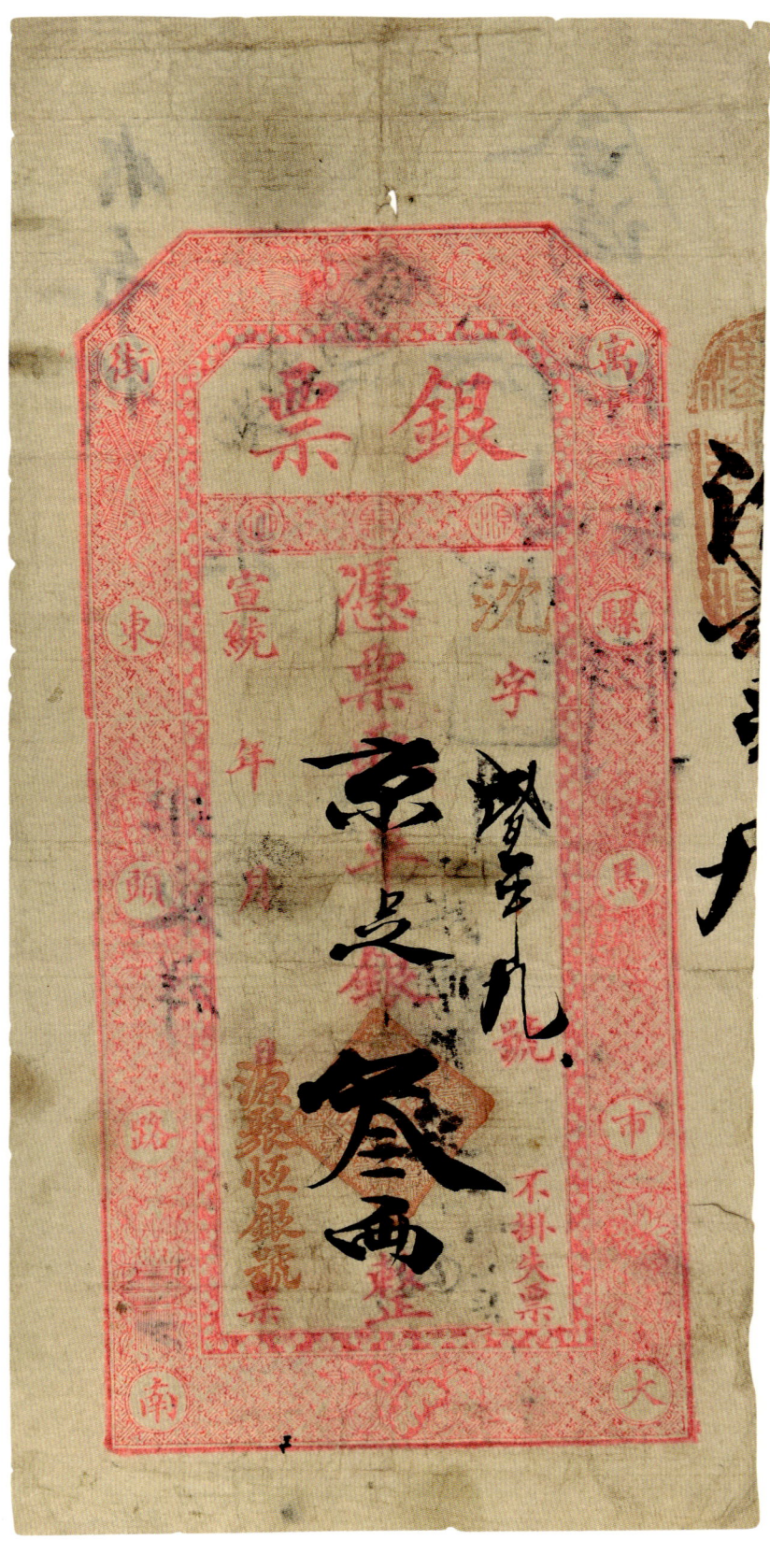

← 301 /
源聚恒银号
（宣统年）
北京骡马市大街东头路南
凭票取京平足银
叁两
刘文和

→ 302 /
源聚恒银号
（宣统年）
北京骡马市大街东头路南
凭票取京平足银
肆两
刘文和

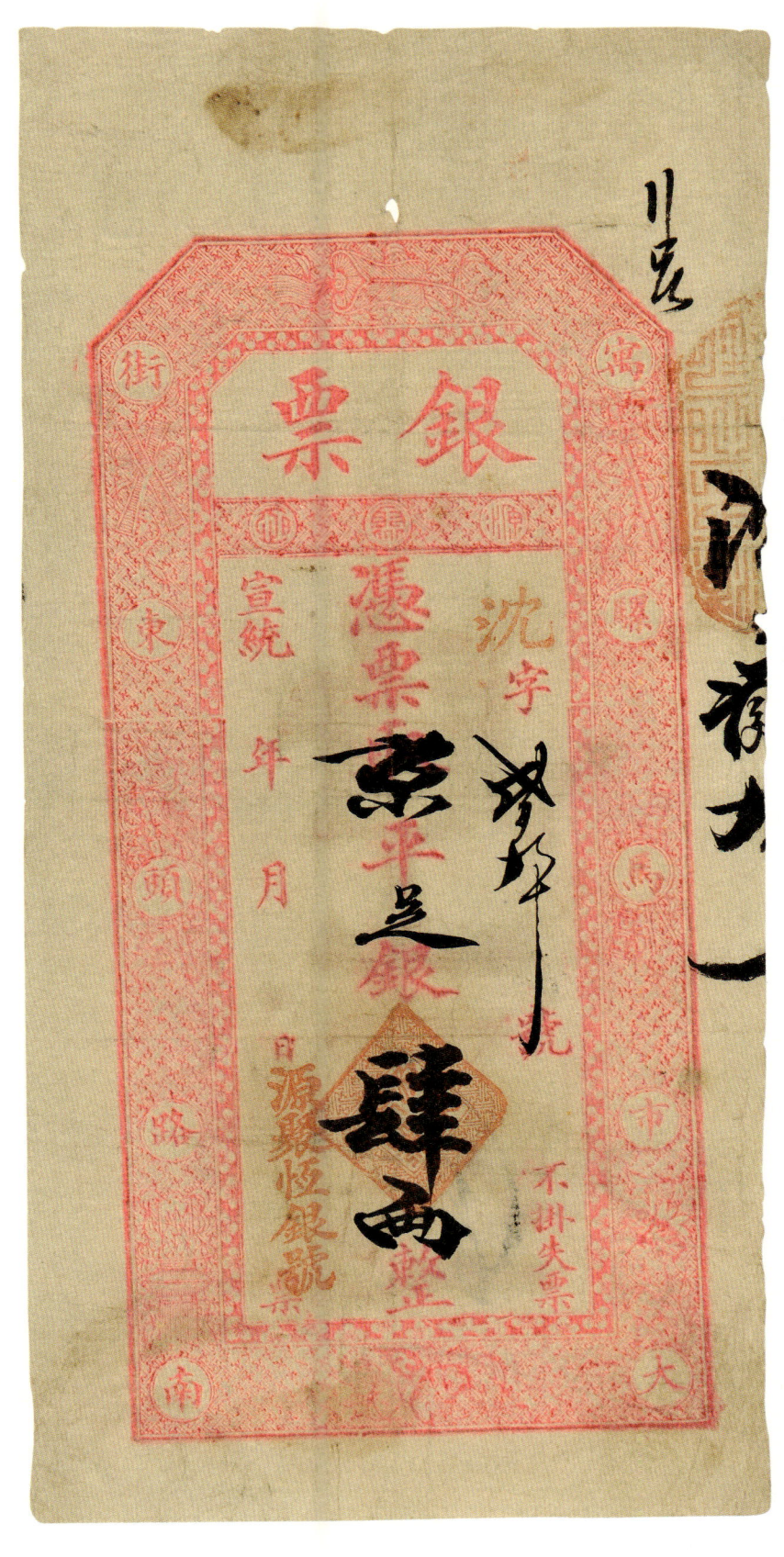

北京纸币八百年

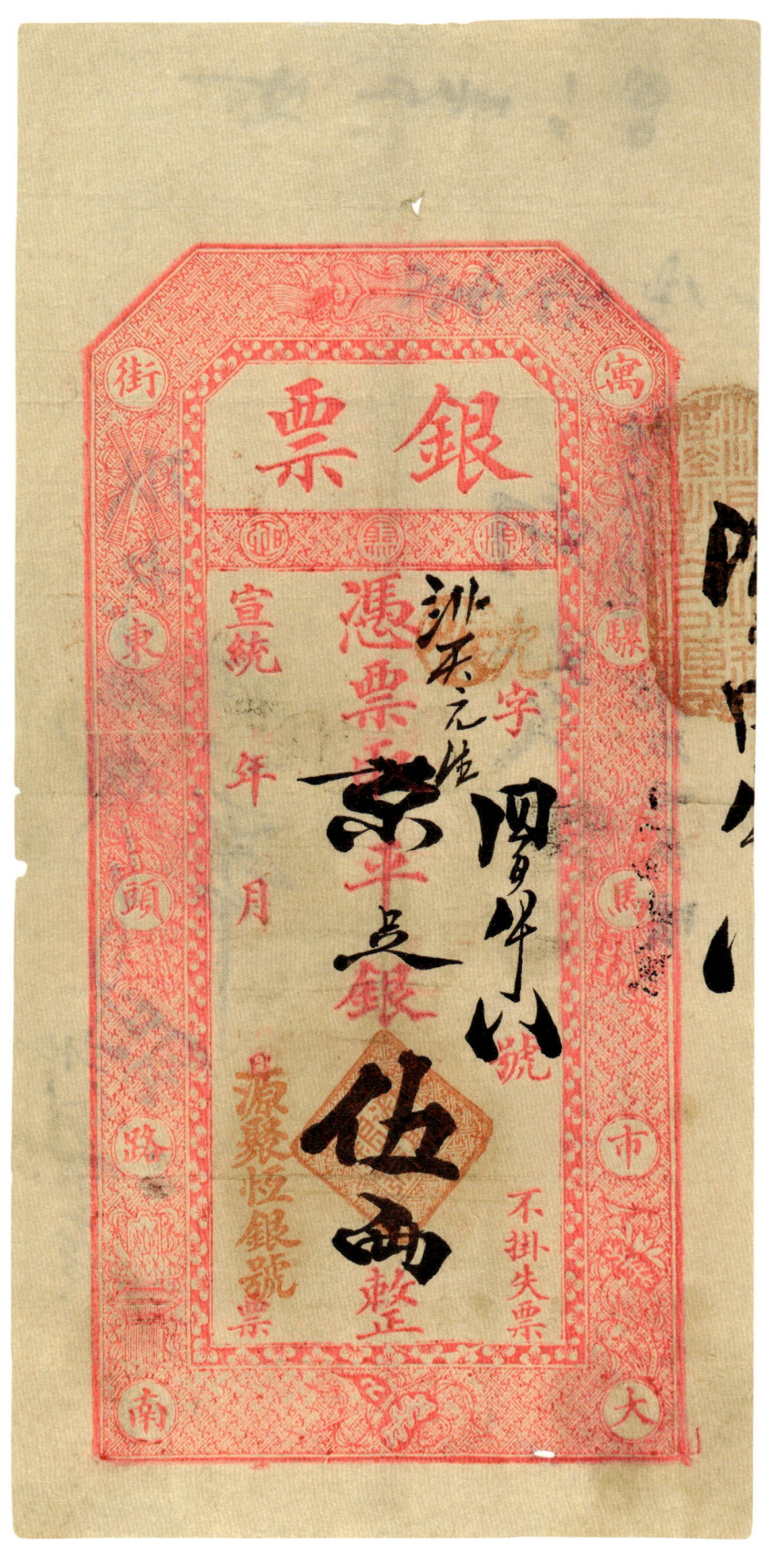

← 303 /
源聚恒银号
（宣统年）
北京骡马市大街东头路南
凭票取京平足银
伍两
刘文和

→ 304 /
德成永银号
（宣统年）
北京虎坊桥东边路北
凭帖取京平松银
叁两
刘文和

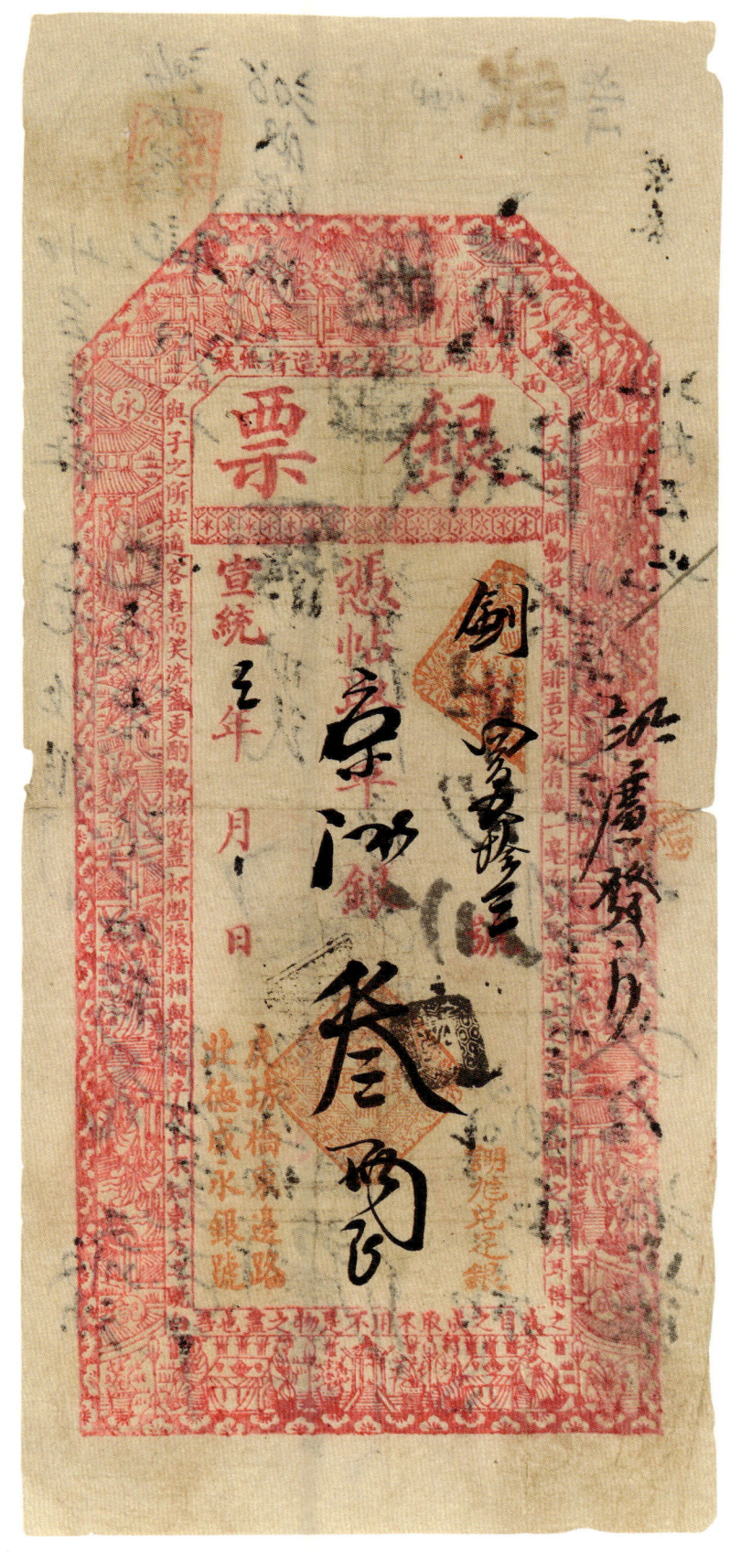

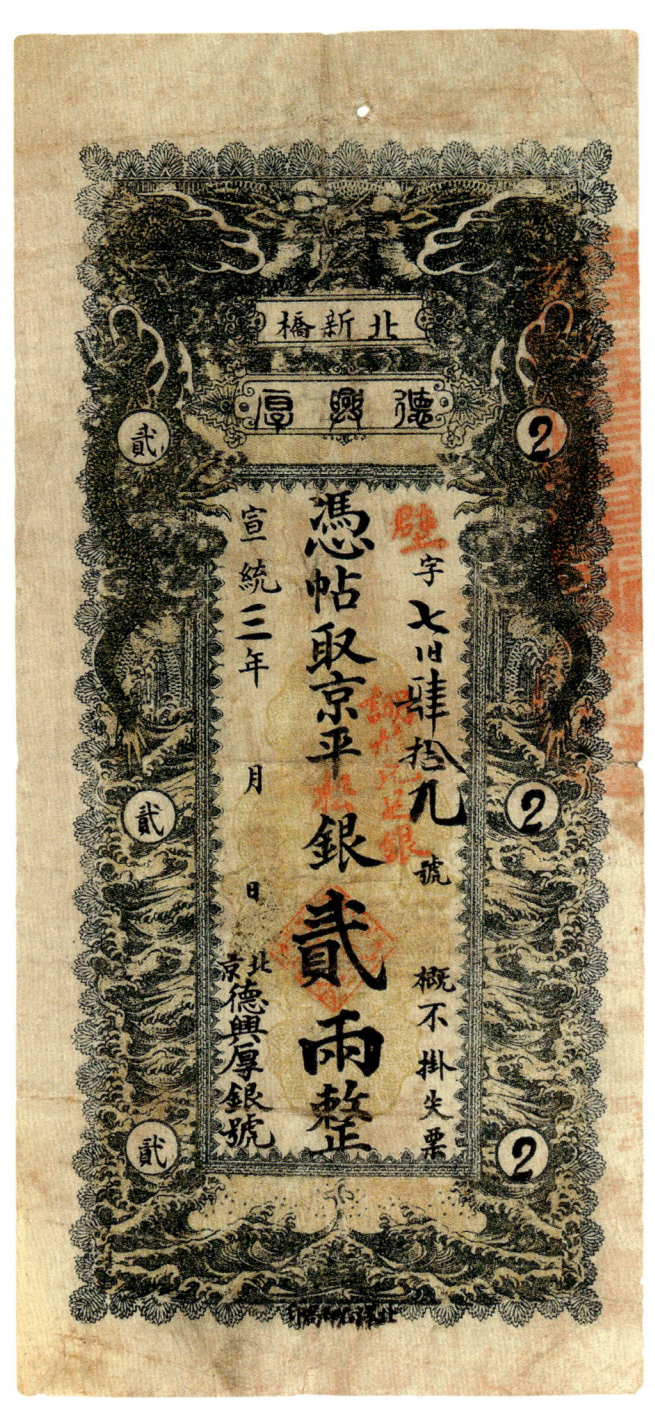

← 305 /
德兴厚银号
（宣统三年）
北京北新桥
凭帖取京平松银
贰两
李伟先旧藏

→ 306 /
豫丰银钱号
（光绪三十三年）
北京前门外打磨厂
凭票取京平足银
壹两
刘文和

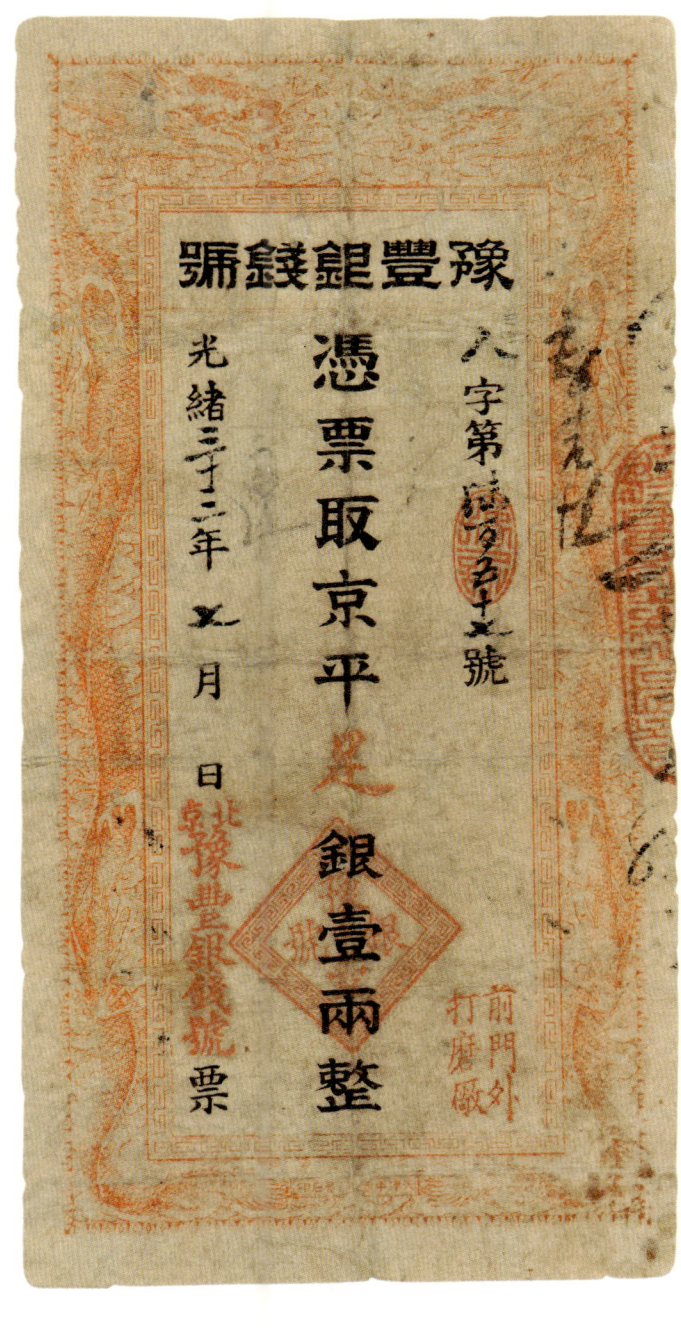

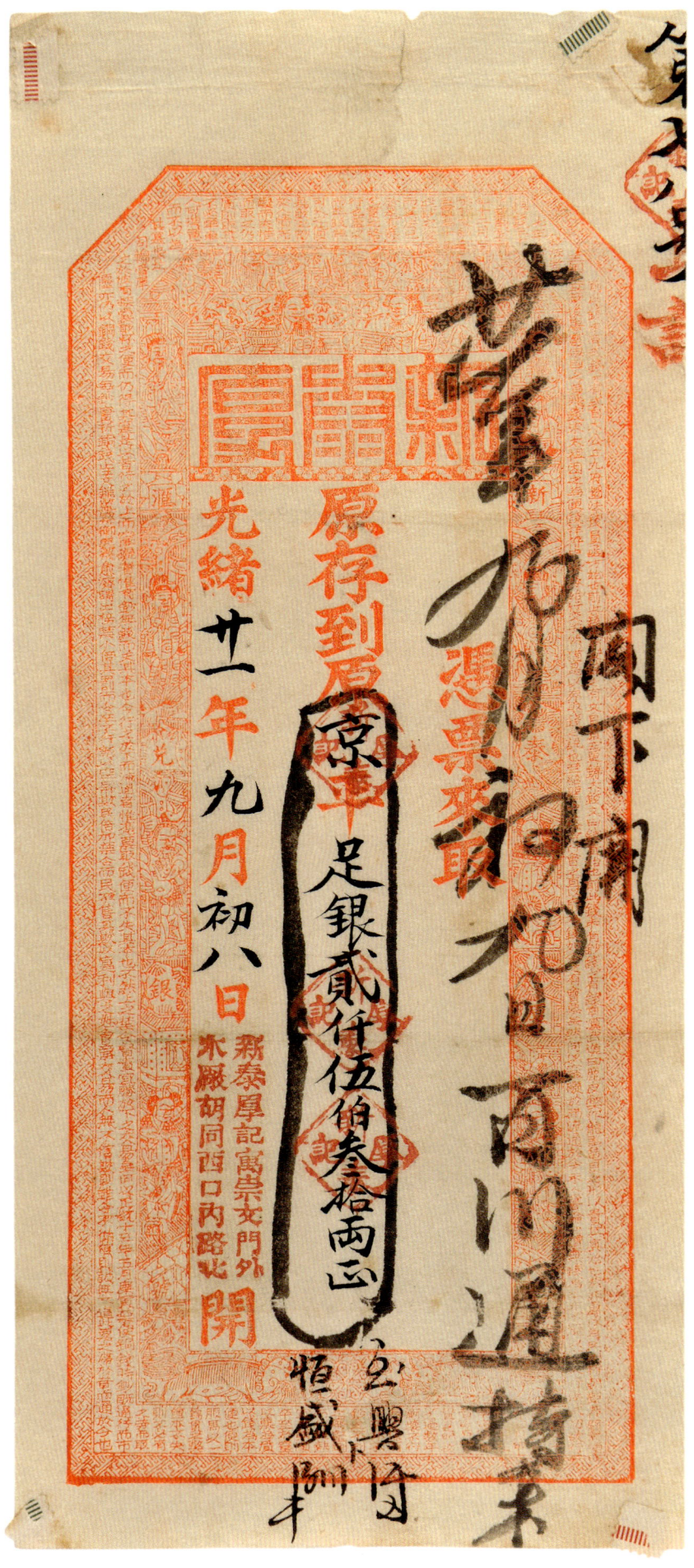

← 307 /
新泰厚记
（光绪二十一年）
北京崇文门外木厂胡同西口路北
原存到原京平足银
贰仟伍佰叁拾两
刘继辉

→ 308 /
聚丰银号
（宣统二年）
北京灯市口北路西
凭帖取京平松江银
壹两
刘文和

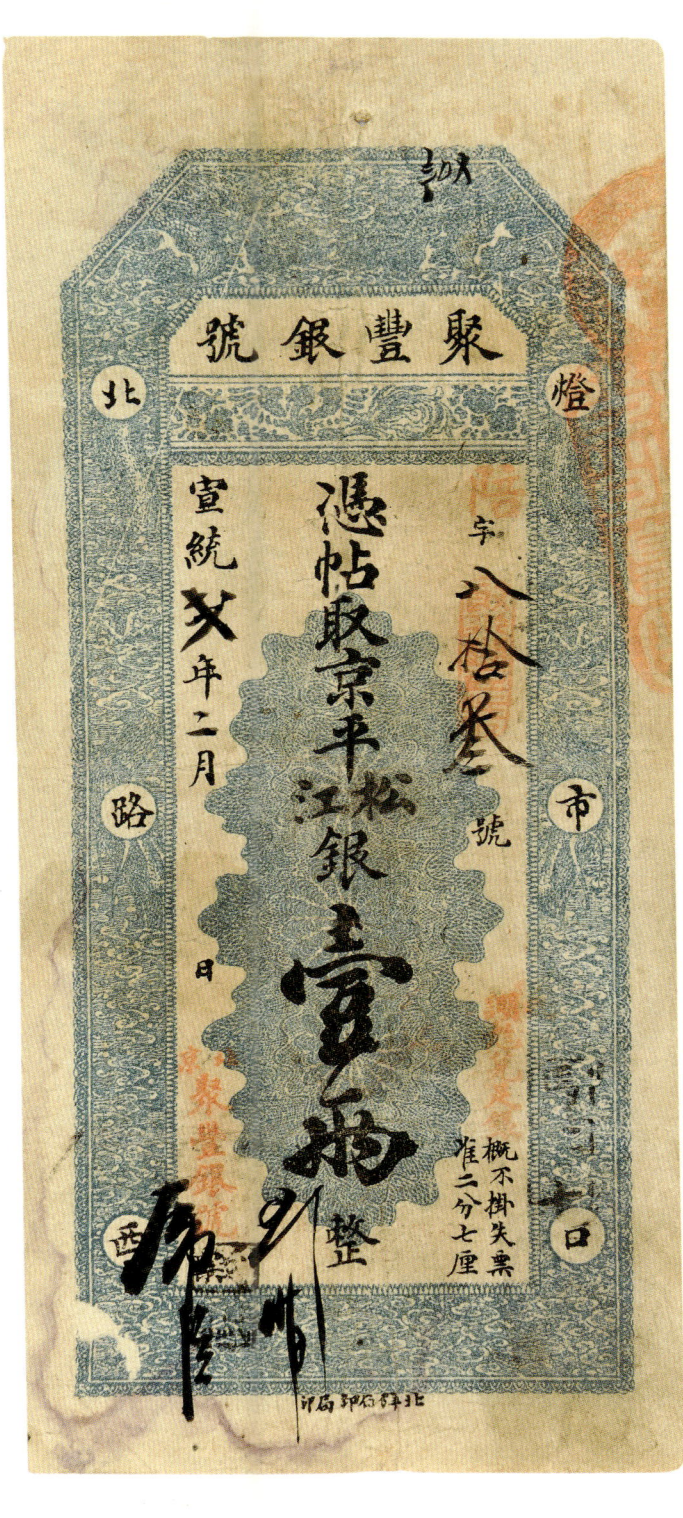

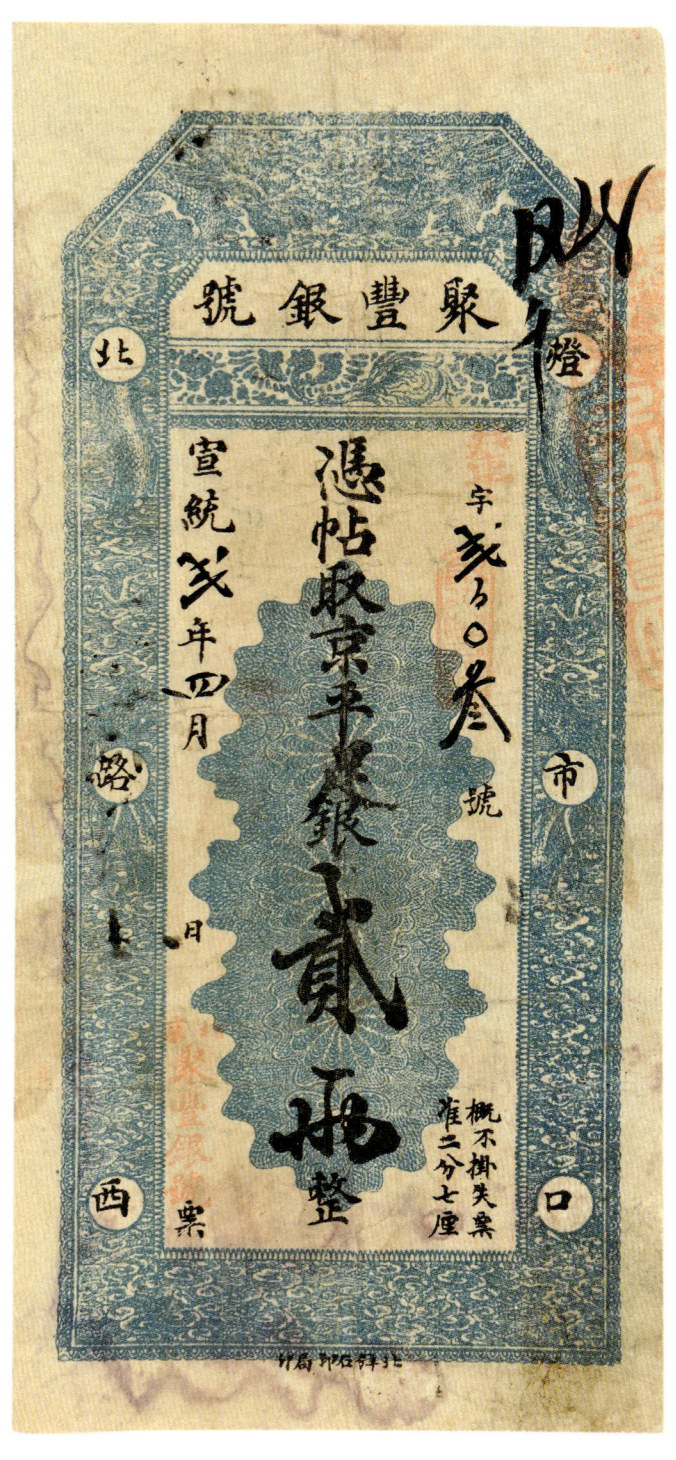
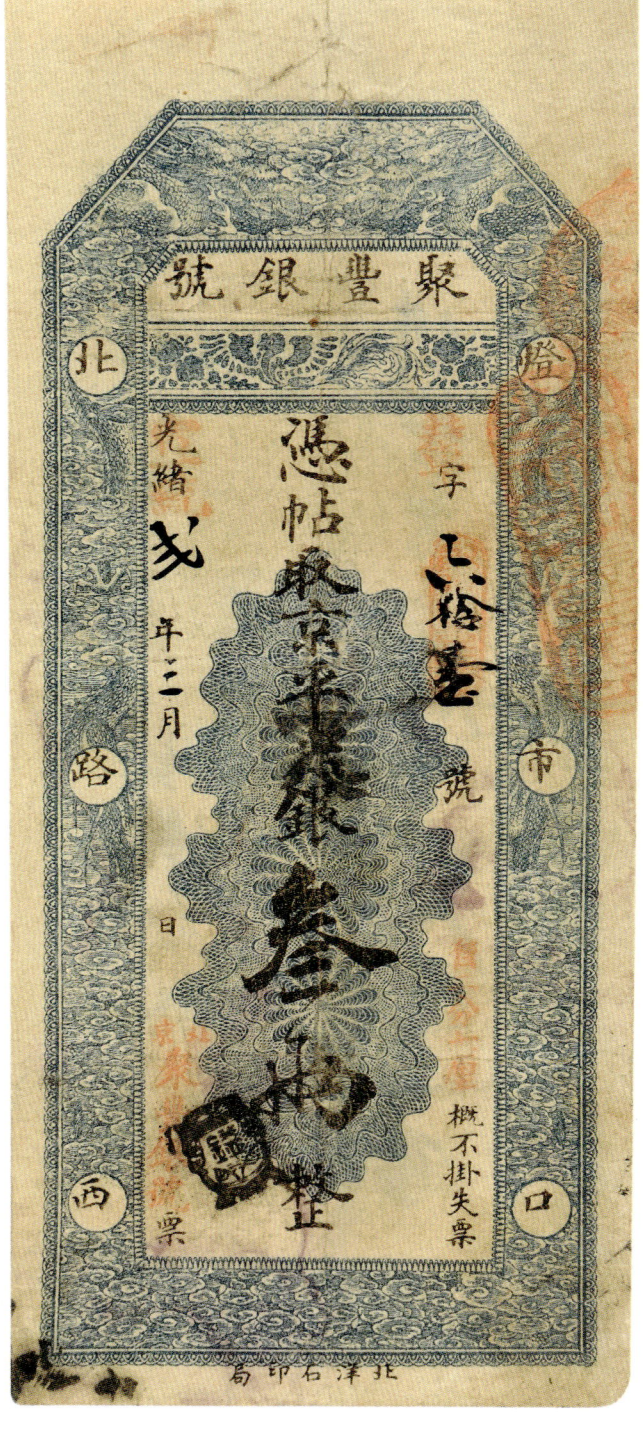

←— 309 /
聚丰银号
（宣统二年）
北京灯市口北路西
凭帖取京平足银
贰两
刘文和

→ 311 /
聚丰银号
（光绪改宣统元年）
北京灯市口北路西
凭帖取京平足银
肆两
刘文和

←— 310 /
聚丰银号
（光绪改宣统二年）
北京灯市口北路西
凭帖取京平足银
叁两
刘文和

→ 312 /
聚丰银号
（光绪改宣统元年）
北京灯市口北路西
凭帖取京平足银
伍两
刘文和

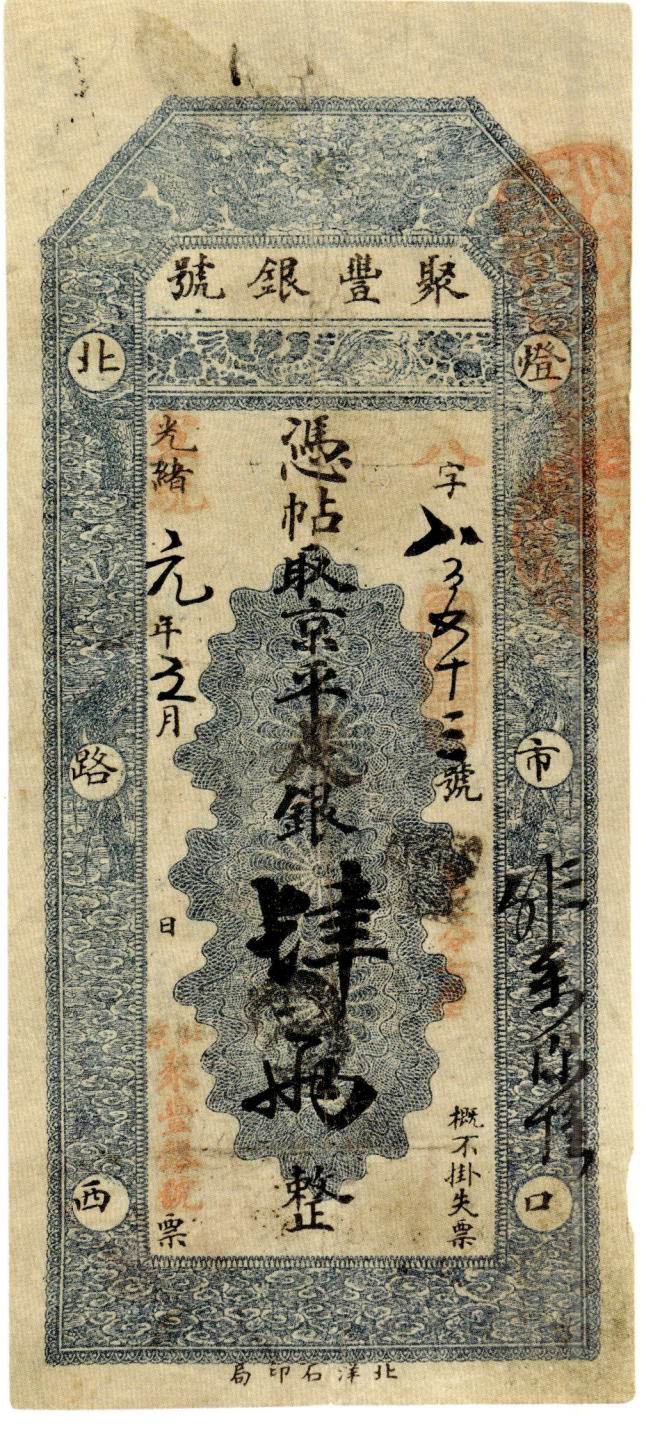
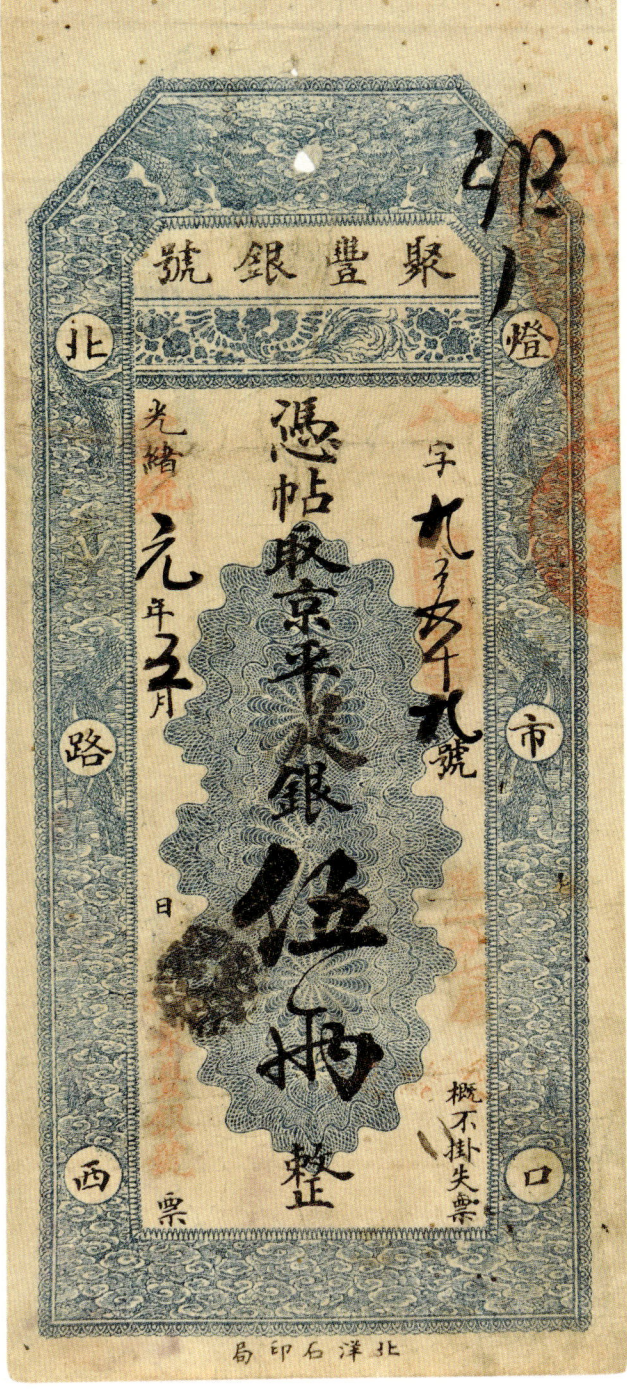

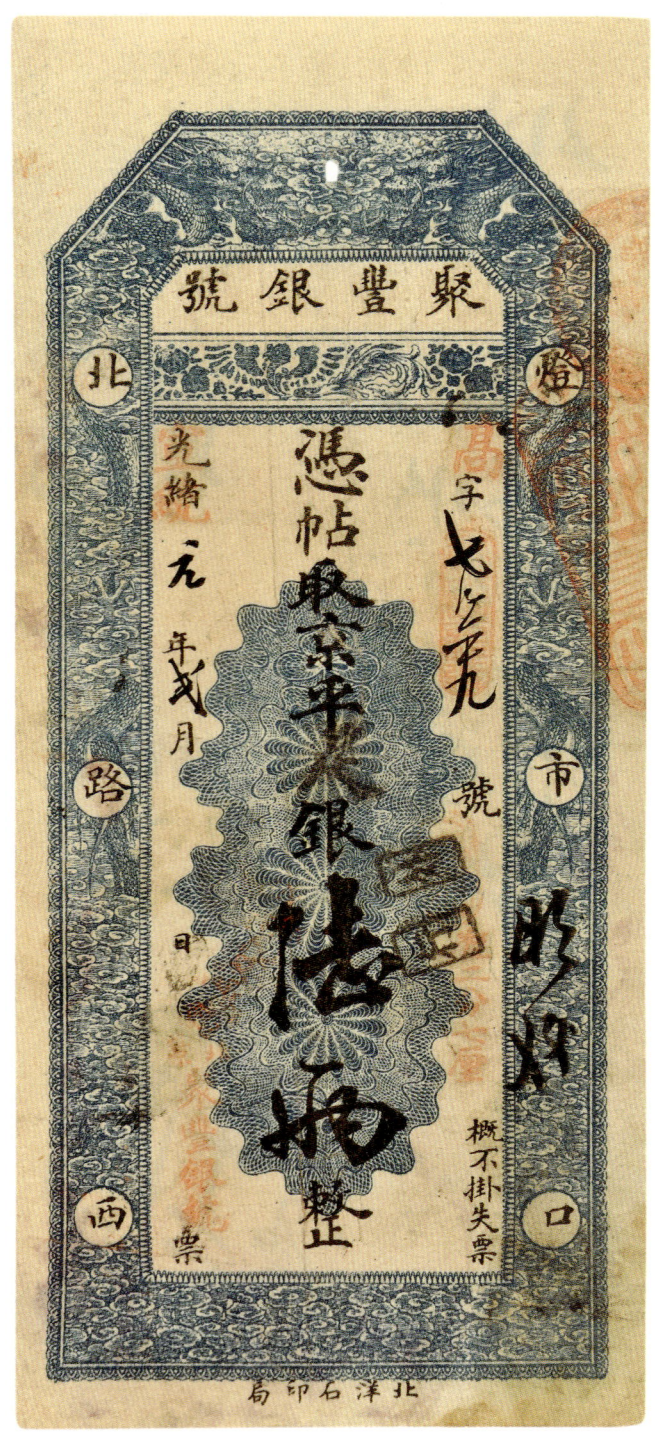
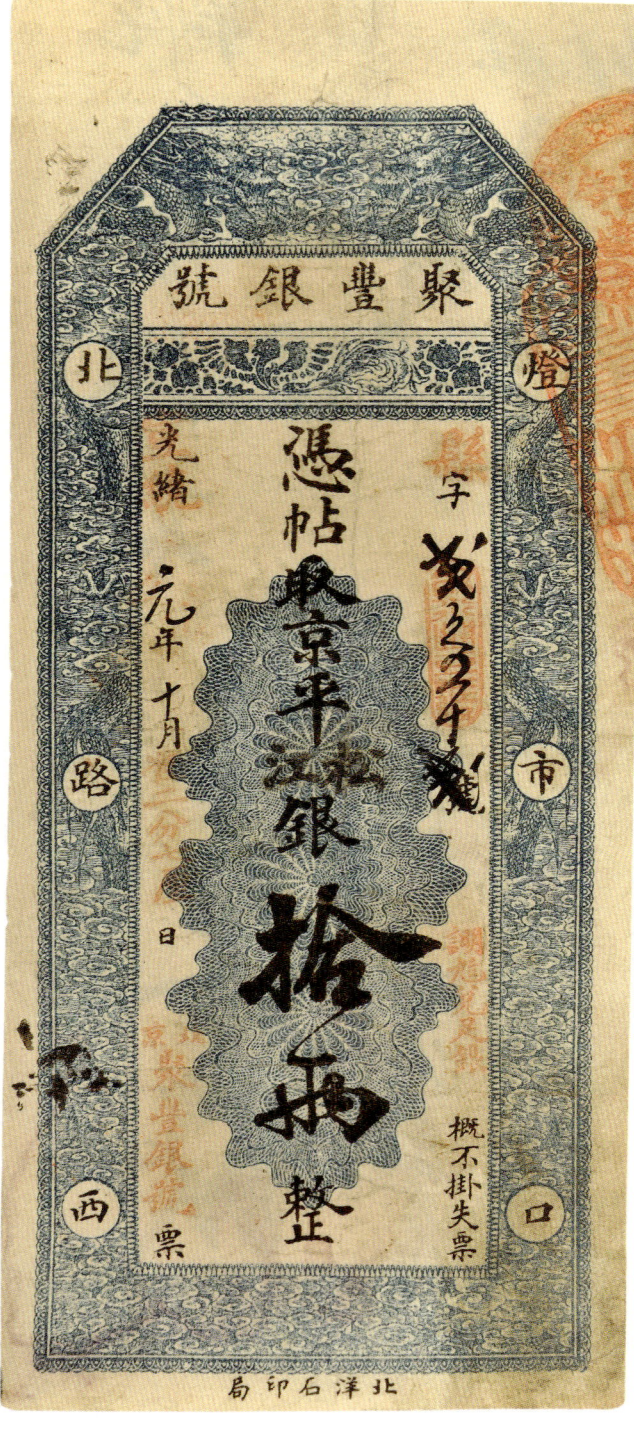

←313 /
聚丰银号
（光绪改宣统元年）
北京灯市口北路西
凭帖取京平足银
陆两
刘文和

←314 /
聚丰银号
（光绪改宣统元年）
北京灯市口北路西
凭帖取京平松江银
拾两
刘文和

→315-1 /
聚丰银号
（光绪三十四年）
北京灯市口北路西
凭帖取京平松江银
贰拾两
刘文和

→315-2 /
聚丰银号
（光绪三十四年）
北京灯市口北路西
凭帖取京平松江银
贰拾两（背）
刘文和

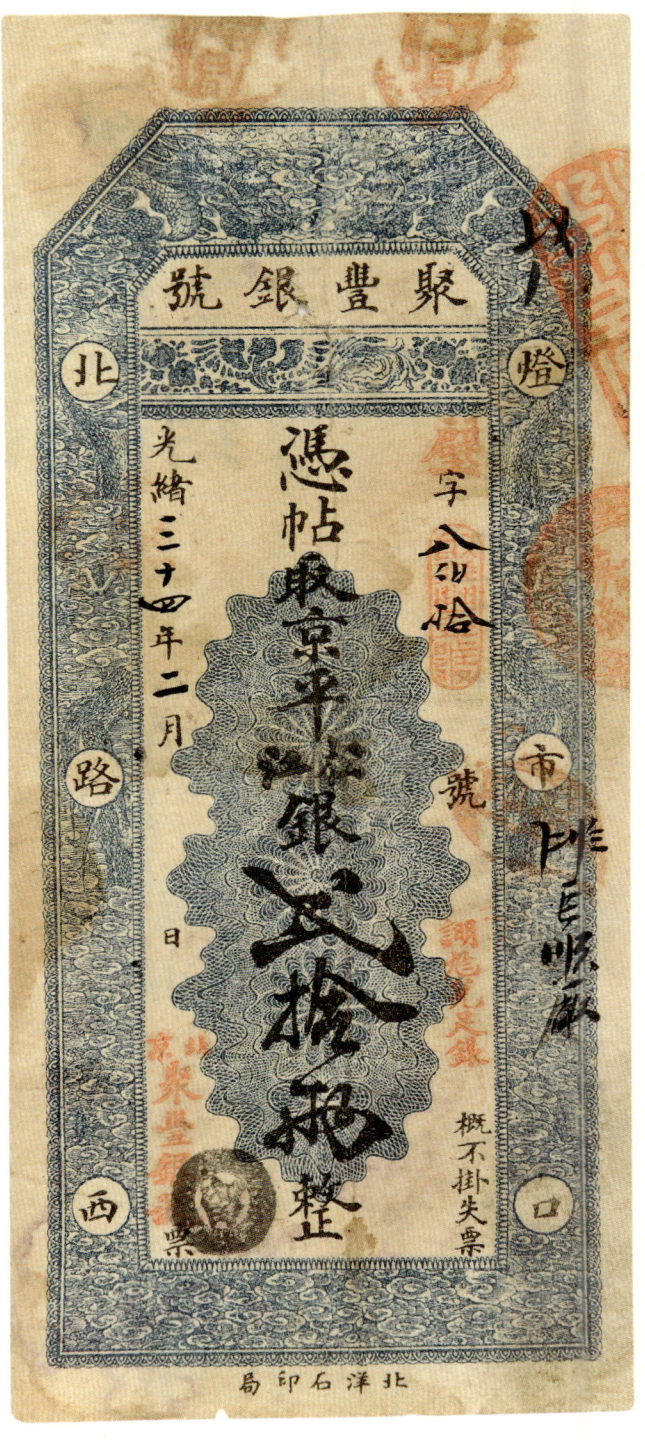
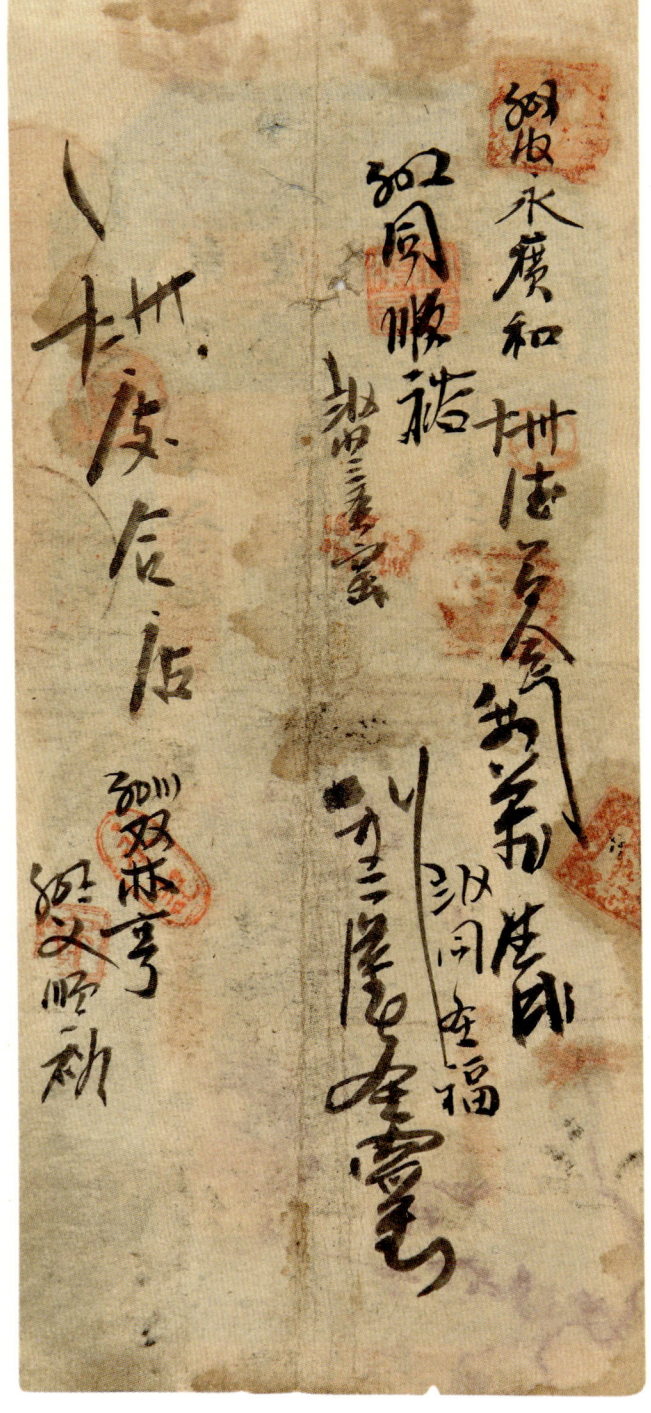

←↑ 316-1 /
广源银号
（宣统年）
北京前门外鲜鱼口豆腐巷内路西
凭票即付
壹圆
刘文和

←↓ 316-2 /
广源银号
（宣统年）
北京前门外鲜鱼口豆腐巷内路西
凭票即付
壹圆（背）
刘文和

→↑ 317-1 /
广源银号
（宣统年）
北京前门外鲜鱼口豆腐巷内路西
凭票即付
伍圆
刘文和

→↓ 317-2 /
广源银号
（宣统年）
北京前门外鲜鱼口豆腐巷内路西
凭票即付
伍圆（背）
刘文和

←318 /
广源银号
（宣统年）
北京前门外鲜鱼口豆腐巷内路西
凭票即付
拾圆
刘文和

→↑ 319-1 /
万裕银号
（宣统元年）
北京东四牌楼七条胡同
凭票即付北洋龙元
壹圆
刘文和

→↓ 319-2 /
万裕银号
（宣统元年）
北京东四牌楼七条胡同
凭票即付北洋龙元
壹圆（背）
刘文和

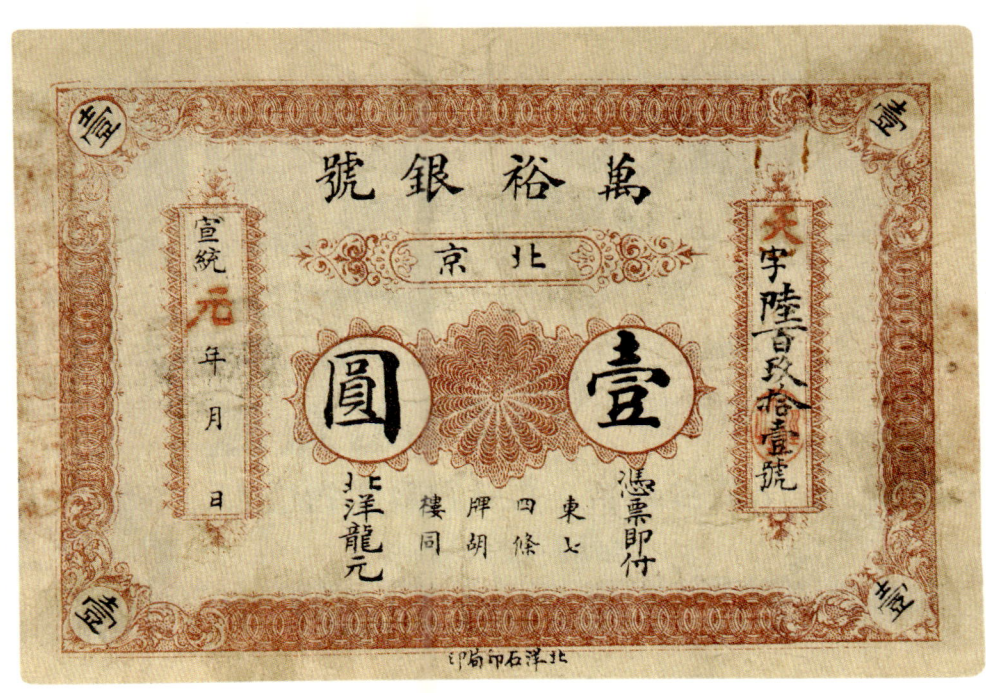

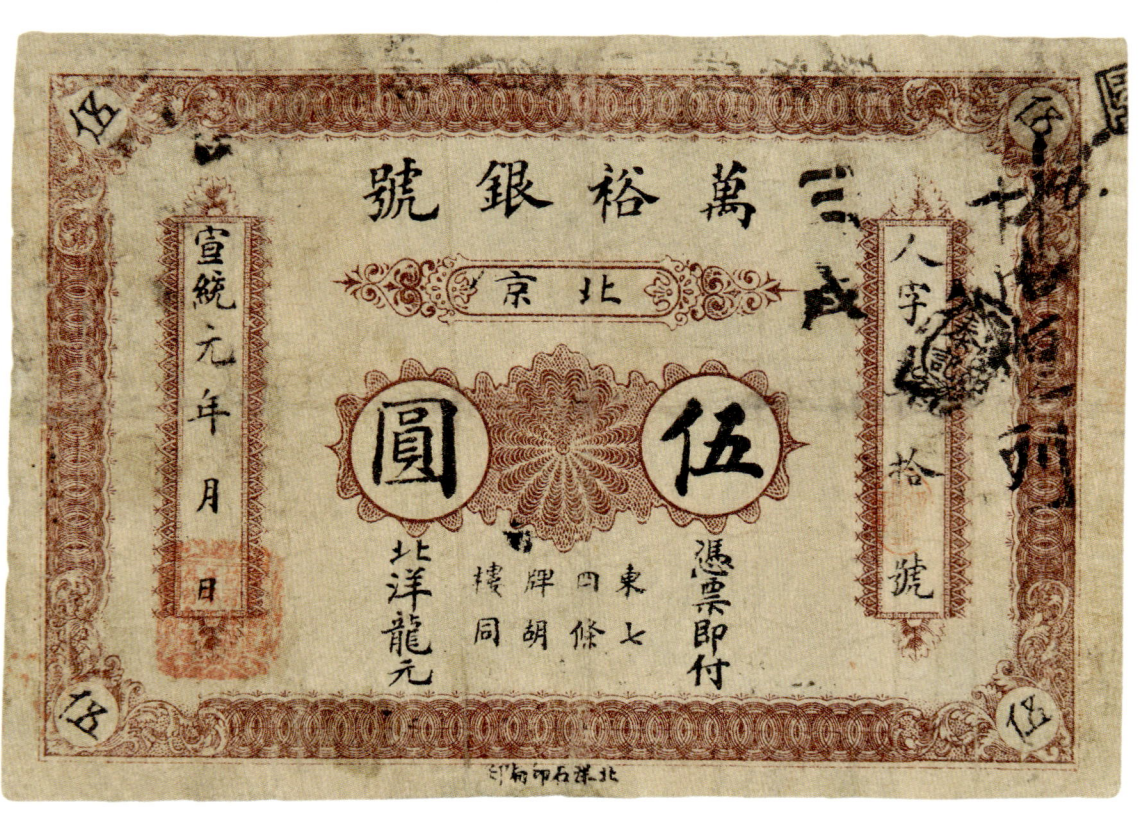

←↑ 320-1 /
万裕银号
（宣统元年）
北京东四牌楼七条胡同
凭票即付北洋龙元
伍圆
刘文和

←↓ 320-2 /
万裕银号
（宣统元年）
北京东四牌楼七条胡同
凭票即付北洋龙元
伍圆（背）
刘文和

→ 321-1 /
万义川银号
（光绪三十四年）
北京前门外施家胡同
京津通用银元
壹圆
刘文和

←↓ 321-2 /
万义川银号
（光绪三十四年）
北京前门外施家胡同
京津通用银元
壹圆（背）
刘文和

→↑ 322-1 /
同心银号
（宣统年）
北京宣武门外大街茶食胡同路南
凭票即付通用银元
壹圆
刘文和

→↓ 322-2 /
同心银号
（宣统年）
北京宣武门外大街茶食胡同路南
凭票即付通用银元
壹圆（背）
刘文和

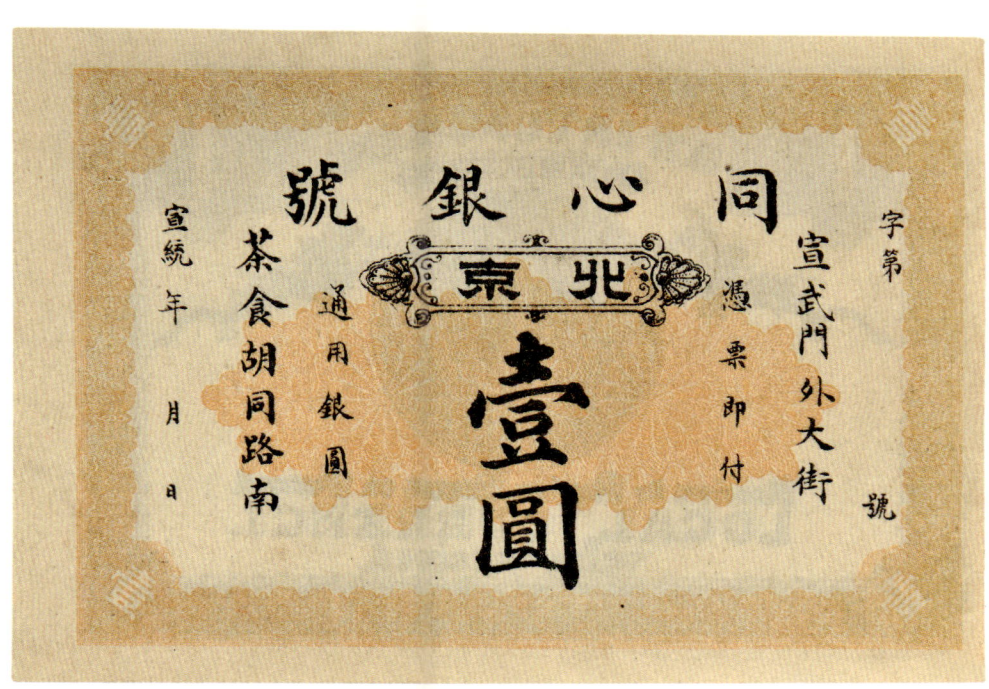

北京纸币八百年

←↑ 323-1 /
同心银号
（宣统年）
北京宣武门外大街
茶食胡同路南
凭票即付通用银元
叁圆
刘文和

←↓ 323-2 /
同心银号
（宣统年）
北京宣武门外大街
茶食胡同路南
凭票即付通用银元
叁圆（背）
刘文和

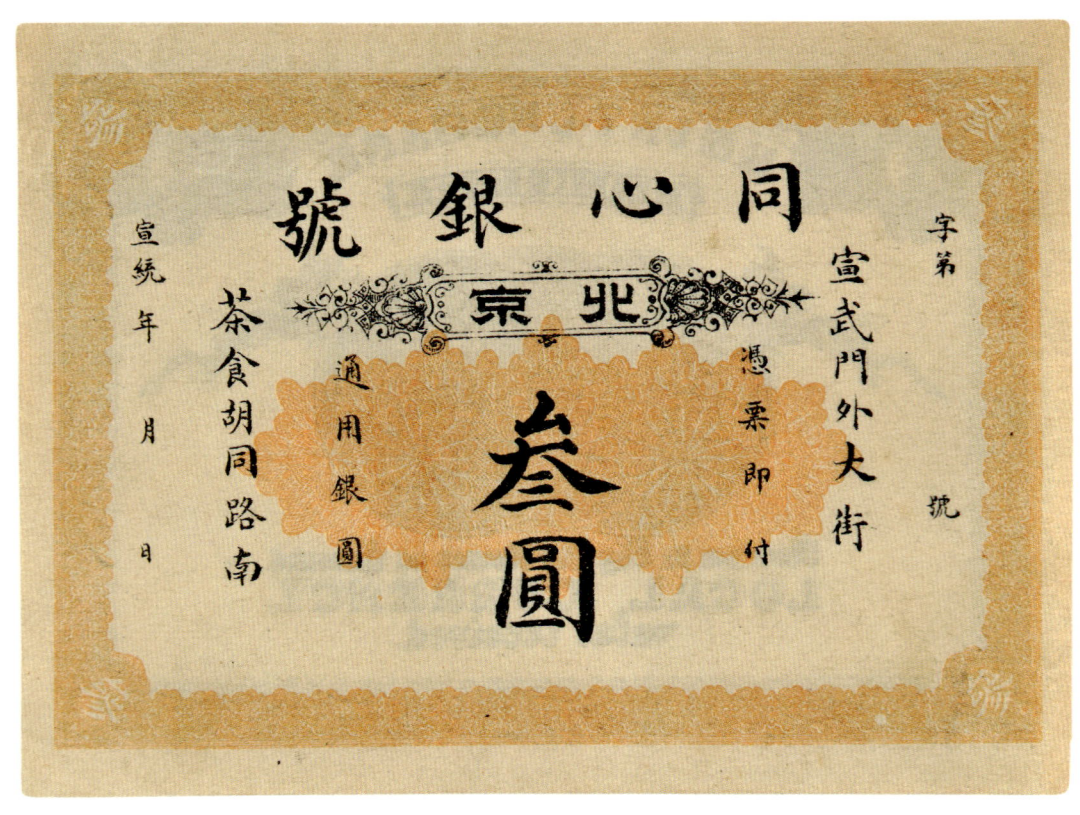

354

→↑ 324-1 /
同合公银号
（宣统年）
北京米市胡同
凭票即付通用银元
伍圆
刘文和

→↓ 324-2 /
同合公银号
（宣统年）
北京米市胡同
凭票即付通用银元
伍圆（背）
刘文和

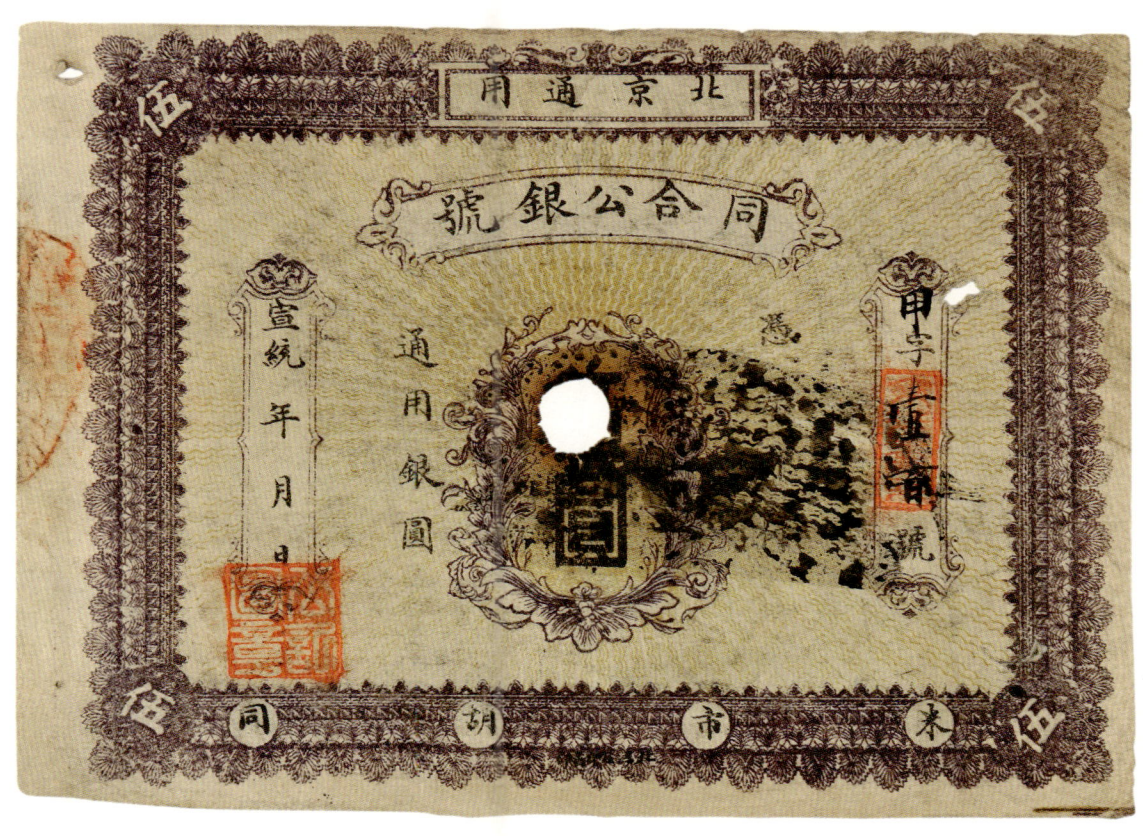

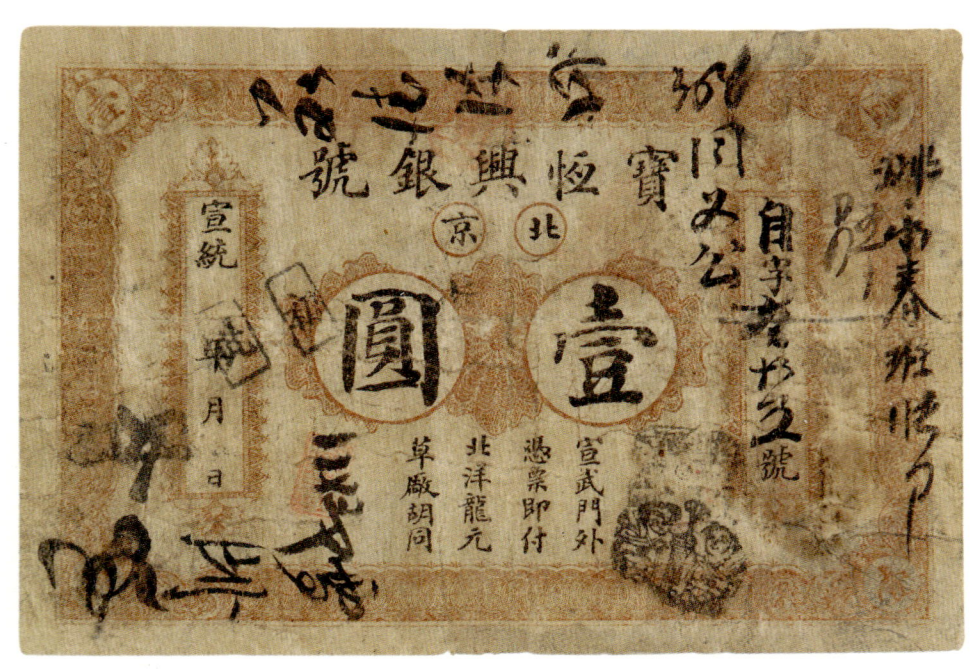

→↑ 325-1 /
宝恒兴银号
（宣统年）
北京宣武门外草厂胡同
凭票即付北洋龙元
壹圆
刘文和

→↓ 325-2 /
宝恒兴银号
（宣统年）
北京宣武门外草厂胡同
凭票即付北洋龙元
壹圆（背）
刘文和

←↑ 326-1 /
宝恒兴银号
（宣统年）
北京宣武门外草厂胡同
凭票即付北洋龙元
叁圆
刘文和

←↓ 326-2 /
宝恒兴银号
（宣统年）
北京宣武门外草厂胡同
凭票即付北洋龙元
叁圆（背）
刘文和

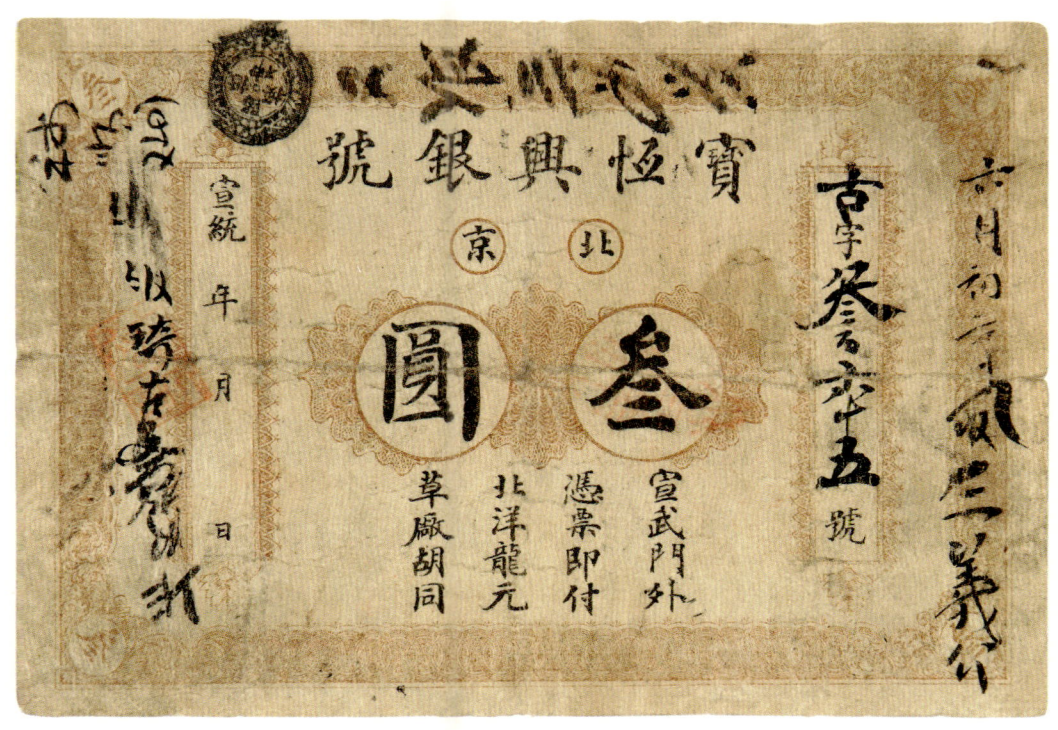

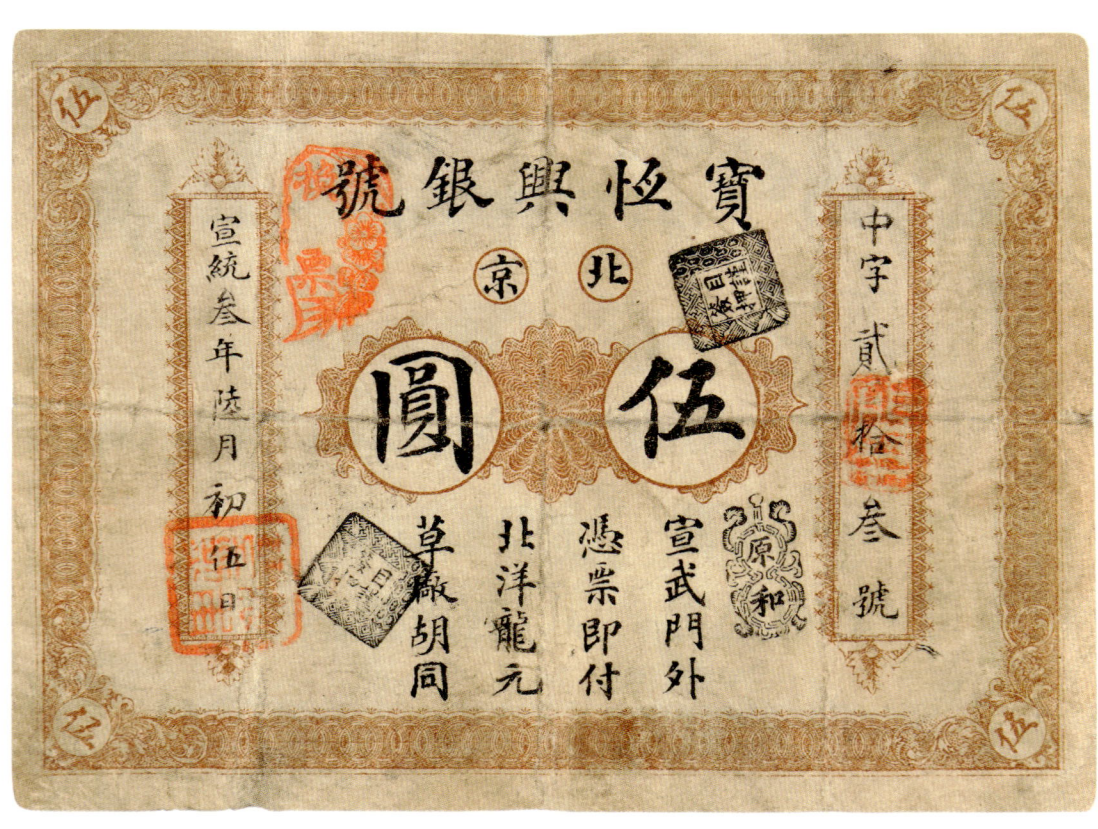

←↑ 327-1 ／
宝恒兴银号
（宣统三年）
北京宣武门外草厂胡同
凭票即付北洋龙元
伍圆
刘文和

→↑ 328-1 ／
晋益升
（光绪年）
北京
凭票即兑通用银元
壹圆
刘文和

←↓ 327-2 ／
宝恒兴银号
（宣统三年）
北京宣武门外草厂胡同
凭票即付北洋龙元
伍圆（背）
刘文和

→↓ 328-2 ／
晋益升
（光绪年）
北京
凭票即兑通用银元
壹圆（背）
刘文和

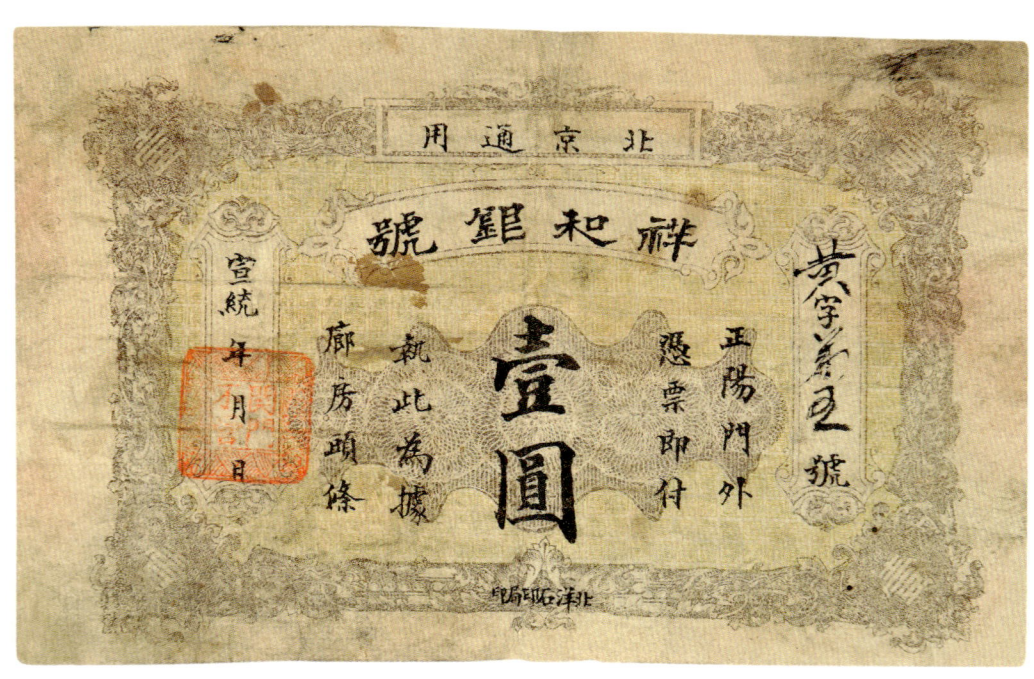

←↑ 329-1 /
祥和银号
（宣统年）
北京正阳门外廊房头条
凭票即付
壹圆
刘文和

←↓ 329-2 /
祥和银号
（宣统年）
北京正阳门外廊房头条
凭票即付
壹圆（背）
刘文和

→ 330 /
汇通银号
（光绪年）
北京正阳门外大街路西
北京通用银元
伍圆
刘文和

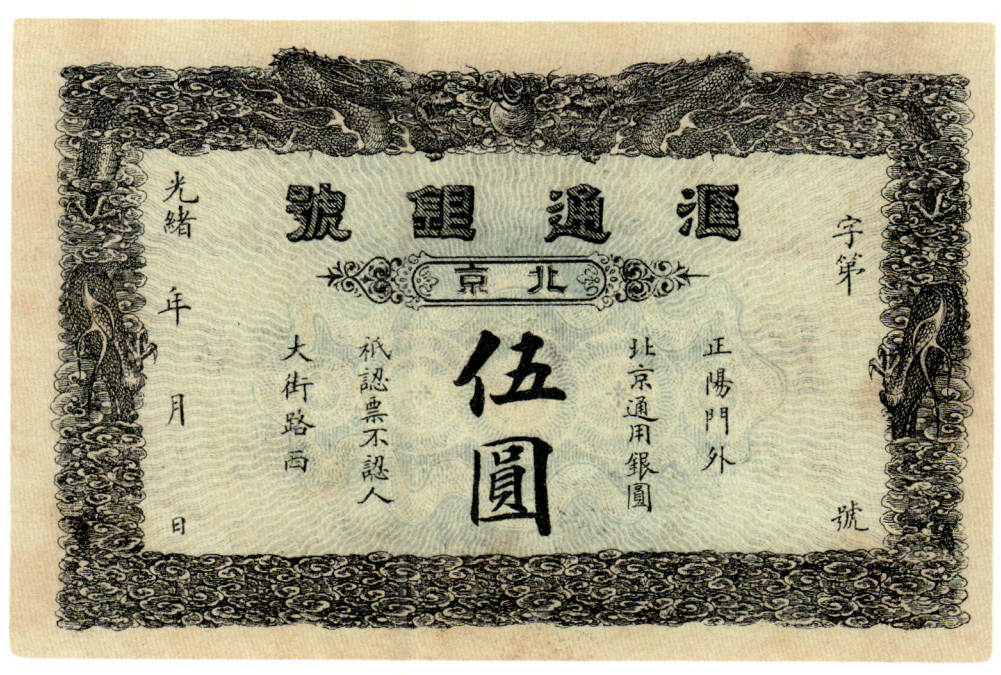

←↑ 331 /
升昌银号
（光绪年）
北京前门外纸巷子
凭票即付通用银元
叁圆
孙彬

→↑ 333-1 /
长发厚银号
（宣统年）
北京顺治门外骡马市街
凭票即付
贰圆
刘文和

←↓ 332 /
升昌银号
（光绪年）
北京前门外纸巷子
凭票即付通用银元
叁圆（背）
孙彬

→↓ 333-2 /
长发厚银号
（宣统年）
北京顺治门外骡马市街
凭票即付
贰圆（背）
刘文和

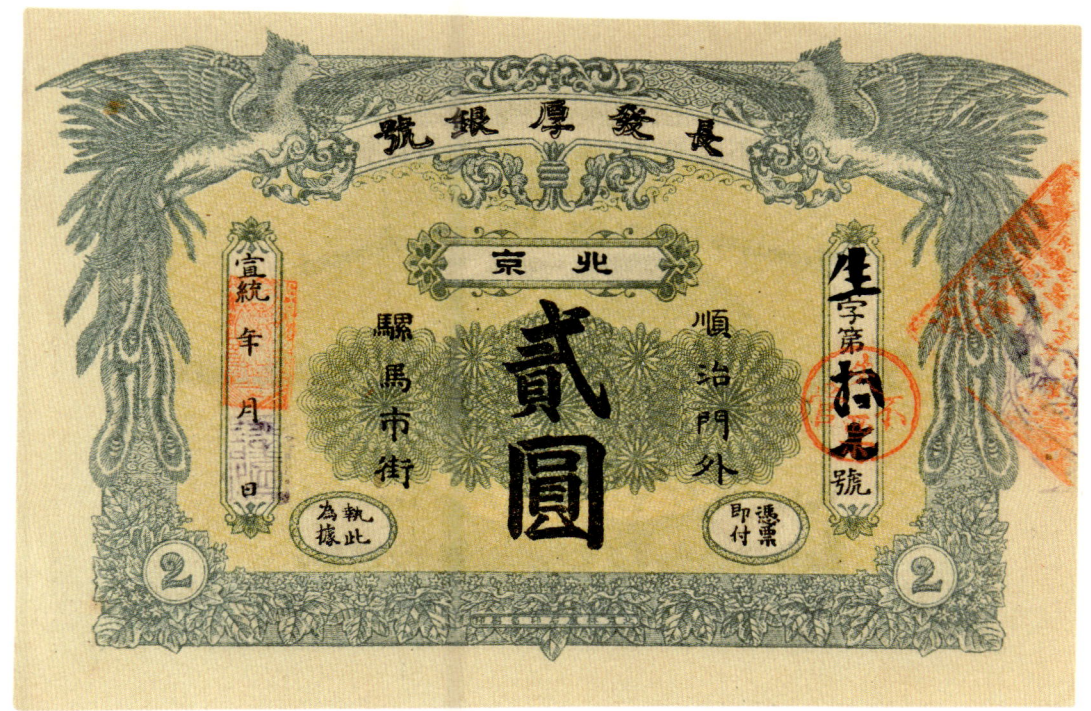

北京纸币八百年

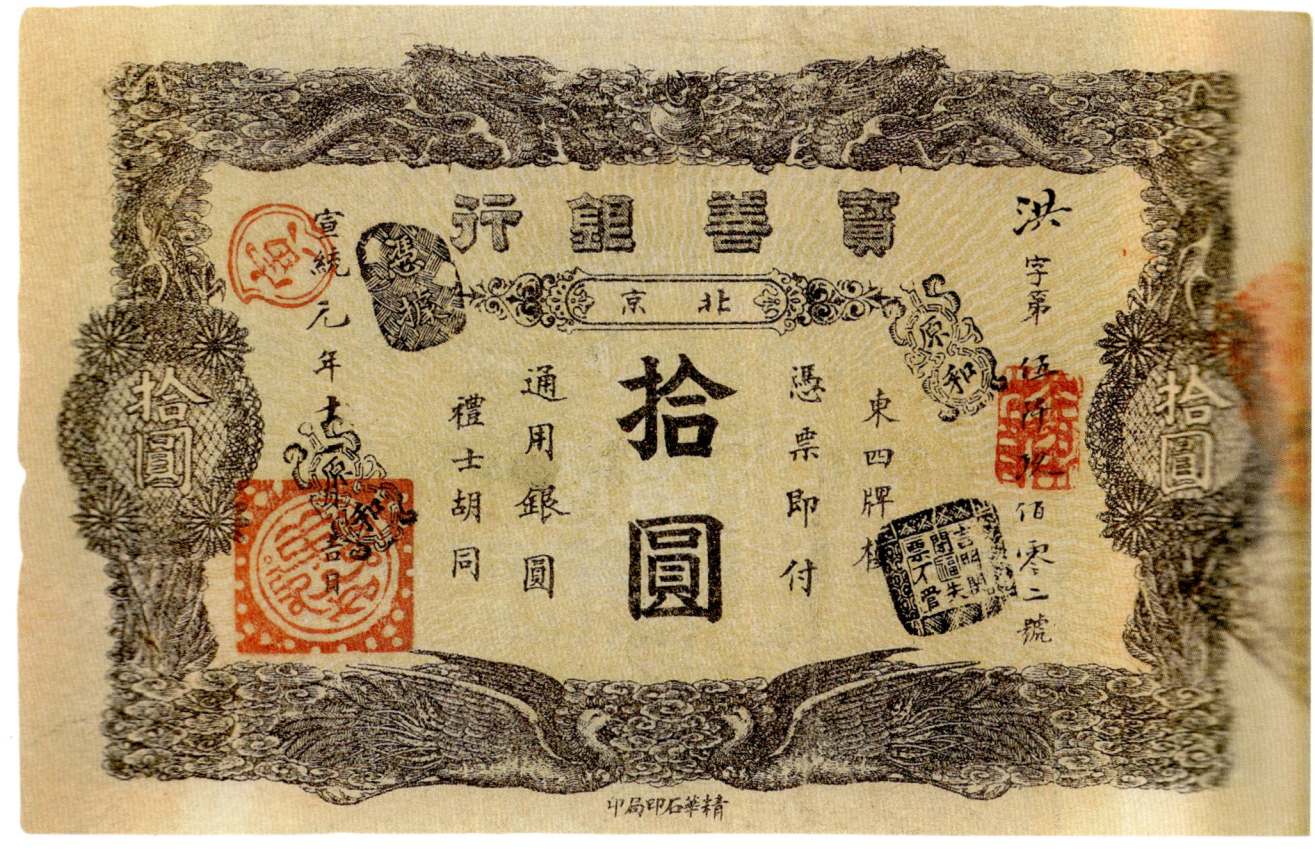

364

←↑ 334 /
合盛元汇兑庄
（宣统年）
京都打磨厂尚古店
汇款划拨支取龙圆
拾圆
吴筹中旧藏

→↑ 336-1 /
集成厚银号
（宣统年）
北京丁字街路西
北京通用银元
贰圆
刘文和

←↓ 335 /
宝善银行
（宣统元年）
北京东四牌楼礼士胡同
凭票即付通用银元
拾圆
吴筹中旧藏

→↓ 336-2 /
集成厚银号
（宣统年）
北京丁字街路西
北京通用银元
贰圆（背）
刘文和

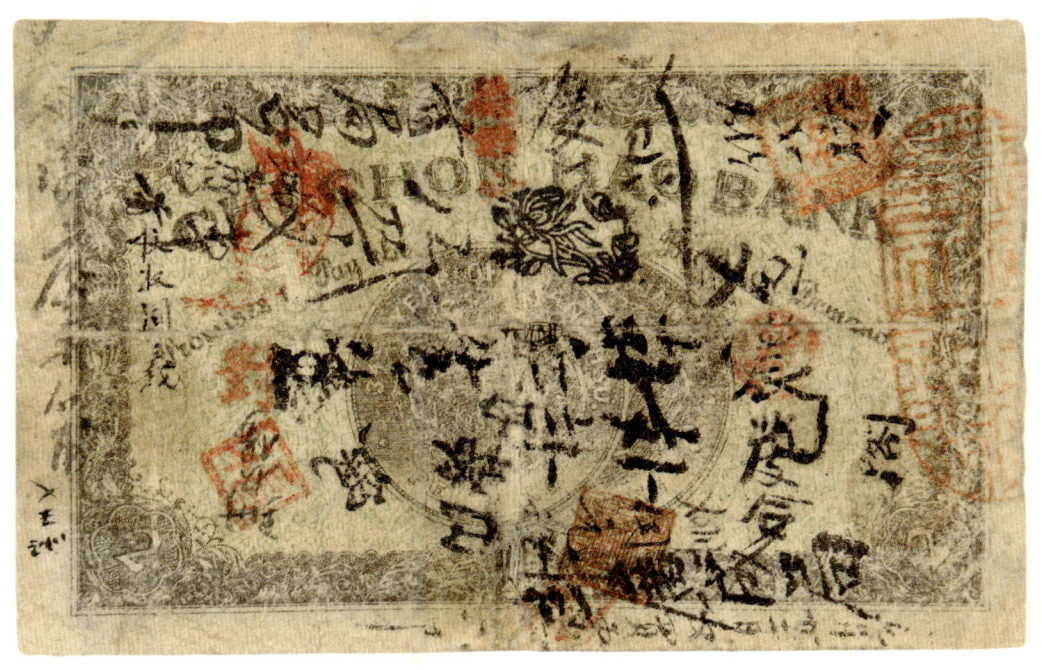

北京纸币八百年

← 337 /
集成厚银号
（宣统年）
北京东安门外丁字街
北京通用银元
拾圆
馨悟堂

→↑ 338-1 /
泰兴银号
（宣统元年）
北京延寿寺街南头路西
凭票即付
贰圆
刘文和

→↓ 338-2 /
泰兴银号
（宣统元年）
北京延寿寺街南头路西
凭票即付
贰圆（背）
刘文和

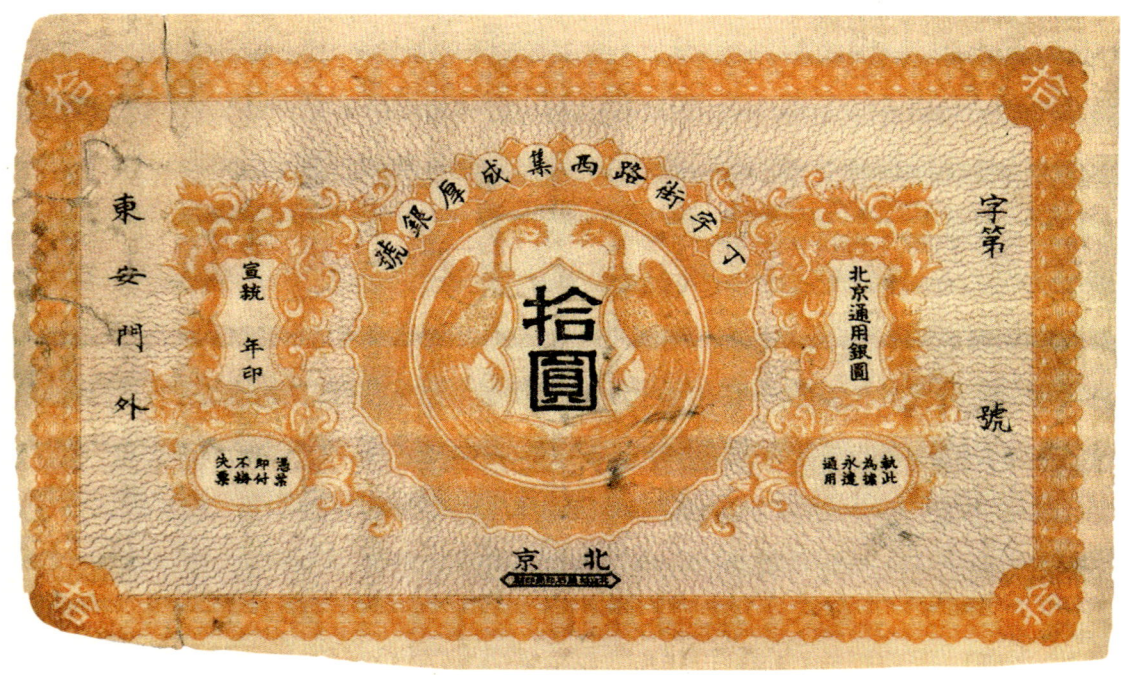

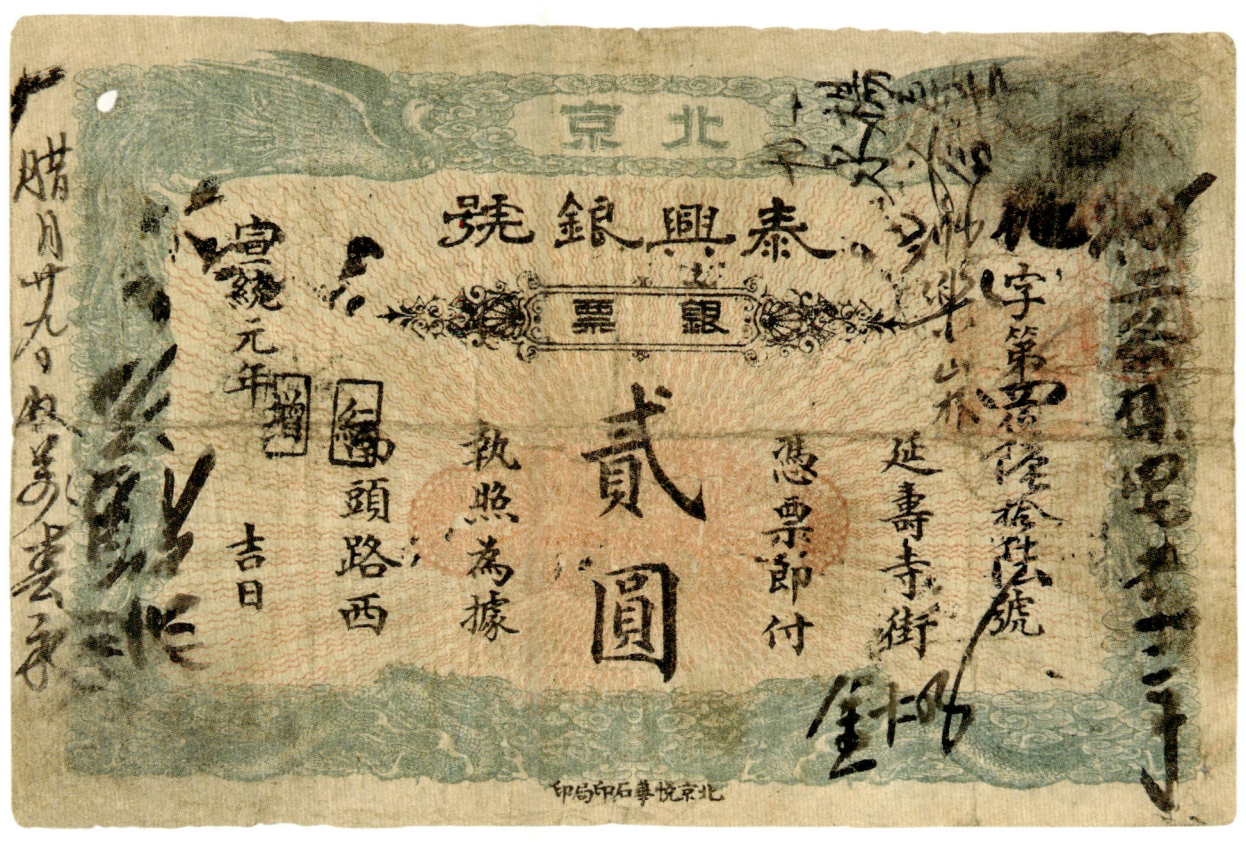

图书在版编目（CIP）数据

北京纸币八百年．上卷／北京市钱币学会纸币专题小组编．－－北京：北京燕山出版社，2014.11
ISBN 978-7-5402-3728-8

Ⅰ．①北⋯ Ⅱ．①北⋯ Ⅲ．①纸币－货币史－史料－北京市－图集 Ⅳ．① F822.9-64

中国版本图书馆 CIP 数据核字 (2014) 第 276474 号

北京纸币八百年·上卷

编者	北京市钱币学会纸币专题小组
文物摄影	杨京京
责任编辑	夏艳　刘朝霞
书籍设计	刘晓翔工作室

出版发行	北京燕山出版社有限公司
社址	北京市西城区陶然亭路 53 号
邮编	100054
电话传真	86-10-63587071（总编室）
印刷	北京雅昌艺术印刷有限公司
开本	787×1092　1/8
字数	400 千字
印张	48
版别	2014 年 12 月第 1 版
印次	2014 年 12 月第 1 次印刷
ISBN	978-7-5402-3728-8
定价	680 元

版权所有　盗版必究